教师资格考试 教师公招考试用书

教育知识应考训练

JIAOYU ZHISHI YINGKAO XUNLIAN

主　编○李元进　黄明友
副主编○方小强　张拴云

西南交通大学出版社
·成　都·

图书在版编目（CIP）数据

教育知识应考训练 / 李元进，黄明友主编. —成都：
西南交通大学出版社，2015.1（2015.1 重印）
ISBN 978-7-5643-3634-9

Ⅰ. ①教… Ⅱ. ①李… ②黄… Ⅲ. ①中小学－教师
－教学能力－资格考试－习题集 Ⅳ. ①G635.1-44

中国版本图书馆 CIP 数据核字（2014）第 310963 号

教育知识应考训练

主编　李元进　黄明友

责任编辑	吴　迪
特邀编辑	黄淑怡
封面设计	何东琳设计工作室
出版发行	西南交通大学出版社 （四川省成都市金牛区交大路 146 号）
发行部电话	028-87600564　028-87600533
邮政编码	610031
网　　址	http://www.xnjdcbs.com
印　　刷	四川煤田地质制图印刷厂
成品尺寸	185 mm × 260 mm
印　　张	24
字　　数	599 千
版　　次	2015 年 1 月第 1 版
印　　次	2015 年 1 月第 2 次
书　　号	ISBN 978-7-5643-3634-9
定　　价	49.80 元

前　言

为了进一步做好师范类专业学生的就业指导工作，满足“就业教育与引导”课程教学的需要，为参加教师资格考试、教师公招考试的同学提供备考资料，我们特地编写了这本《教育知识应考训练》。

2015 年，全国将推行教师资格考试，“凡进必考”的教师公招政策将使师范类专业学生面临双重考试压力。如果就读于师范类专业的学生在参加教师资格考试与毕业后参加各地中小学教师招聘考试中能够位居前列，就会减轻他们对前途的迷茫心理，以及对应考的畏惧与焦虑，能够更加认同、热爱教师职业和更安心地学习，这是我们所乐于见成和明确追求的。

虽然目前此类书籍较多，但经由我们自己之手所生产的“产品”却别具意义。作为第一线的教师，我们认为，缺乏研究的教学是没有灵魂的教学，脱离教学的研究是没有意义的研究。因此，我们把教学与研究紧密结合起来，针对教学中的实际问题进行研究，研究成果又用于教学，从而使教研室的教研活动有了实质性的意义。其效果是不仅为师范类专业的学生提供了翔实的学习材料，使学生学得更实、更活，也使教师的专业水平在共同探讨、合作学习、深入研究中有了提高。

本书也是四川省示范性高职院校重点培育建设单位项目成果与四川省 2014—2016 年高等教育人才培养质量和教学改革立项课题“高职师范生就业能力提升研究”（川教函〔2014〕450 号）的研究成果之一，由李元进、黄明友任主编，方小强、张拴云任副主编，欧晓燕、王彦、杨多、杨征权、曹玉春等参与编写，由黄明友、李元进统稿、定稿。在成书过程中，我们严格按照四川省中小学公开招聘教师《教育公共基础笔试和复习大纲》中《教育学基础》《教育心理学》的要求，参照教师资格统考考试大纲《教育知识与能力》（中学）与《教育教学知识与能力》（小学）中相关内容的规定，同时借鉴、参考了近年来各地教师招考的若干试题内容，使该资料具有较强的针对性与实用性。不过，这次编写只是一种探索和尝试，疏漏之处在所难免，诚望各位领导、专家及同学们的批评指正。

编　者

2014 年 10 月

目　录

教育学基础

第一章　教育与教育学……2
第二章　教育功能……9
第三章　教育目的……15
第四章　教育制度……22
第五章　教师与学生……28
第六章　课　程……36
第七章　课堂教学……44
第八章　学生评价……53
第九章　德　育……59
第十章　班主任工作与班级管理……68
第十一章　教师的教育研究……75
第十二章　教育改革与发展……80
综合练习一……86
综合练习二……92

心 理 学

第一章　绪　论……98
第二章　人的心理的实质……102
第三章　感觉与知觉……106
第四章　记　忆……111
第五章　注　意……116
第六章　思维与想象……121
第七章　情绪与情感……126
第八章　意　志……130
第九章　个性及其倾向性……134
第十章　能　力……137
第十一章　气　质……143
第十二章　性　格……146
综合练习一……151
综合练习二……155

教育心理学

第一章　教育心理学概述……160
第二章　心理发展与教育……163
第三章　学习的基本理论……169

第四章　学习动机……178
第五章　学习的迁移……186
第六章　知识的学习……192
第七章　技能的形成……198
第八章　学习策略……204
第九章　问题解决与创造性……210
第十章　态度与品德的形成……217
第十一章　心理健康教育……224
第十二章　教学设计……232
第十三章　课堂管理……237
第十四章　教学测量与评价……242
第十五章　教师心理……246
综合练习一……251
综合练习二……256

教育公共基础模拟试题

模拟试题一……262
模拟试题二……268
模拟试题三……274
模拟试题四……280
模拟试题五……285
模拟试题六……291
模拟试题七……297
模拟试题八……303

全真试题

全真试题一……310
全真试题二……318
全真试题三……325
全真试题四……334
全真试题五……342
全真试题六……350

附　录

附录一　四川省中小学公开招聘教师教育公共基础笔试和复习大纲……360
附录二　教师资格统考考试大纲《教育知识与能力》（中学）……365
附录三　教师资格统考考试大纲《教育教学知识与能力》（小学）……370
附录四　教师资格统考考试大纲《保教知识与能力》（幼儿园）……374
参考文献……378

教育学基础

第一章　教育与教育学

【内容辅导】

一、目标要求

（1）了解教育、教育的要素、教育的形态、教育的历史发展、教育学产生与发展的历程、教育学的价值等方面的基本概念。

（2）理解现代教育学流派的代表人物及主要观点，理解当代教育学的发展趋势。

（3）理解教育活动的三个基本要素及它们之间的关系，特别是这三个要素在当代的变化。

二、内容提示

（一）教育的认识

1．教育的概念

（1）广义的教育：凡是增进人们的知识和技能、影响人们的思想品德的活动，都是教育。

（2）狭义的教育：主要指学校教育，即教育者根据一定的社会或阶级的要求，有目的、有计划、有组织地对受教育者身心施加影响，把他们培养成为一定社会或阶级所需要的人的活动。

以上两种对教育概念的界定，某种意义上来说仍存有不足，根据对“教育”概念的分析，现将教育定义为：教育是在一定社会背景下发生的促进个体的社会化和社会的个性化的实践活动。

2．教育的要素

教育是一种相对独立的社会子系统，这个子系统包括三个基本要素：教育者、学习者和教育影响。

3．教育的形态

（1）从教育系统自身的标准出发，可将教育形态划分为非制度化的教育与制度化的教育。

（2）从教育系统运行的场所或空间标准出发，可以将教育形态划分为家庭教育、学校教育和社会教育。

（3）从教育系统运行的时间标准以及建立于其上的产业技术和社会形态出发，可以将教育形态划分为农业社会的教育、工业社会的教育以及信息社会的教育。

4．教育的本质

真正的教育，其责任必须以引导学习者成人为务，以发展人性、培养人格、改善人生为目的。教育的本质是促进人类生命个体健康成长，实现生命个体由自然人向社会人的高度转化。

（二）教育的历史发展

1. 教育的起源

（1）教育的神话起源说。

（2）教育的生物起源说。

（3）教育的心理起源说。

（4）教育的劳动起源说。

2. 教育的历史发展过程

（1）农业社会的教育。在农业社会，古代学校开始出现并缓慢发展，伴随着古代学校的出现，教育的阶级性得到了体现和强化，这个时候的学校教育与生产劳动是相互脱离的。

（2）工业社会的教育。进入工业社会，开始出现了现代学校并快速发展，教育与生产劳动从分离走向结合，教育的生产性日益突出，同时教育的公共性也日益突出；教育的复杂性程度和理论自觉性都越来越高，教育研究在推动教育改革中的作用越来越大。

（3）信息社会的教育。学校在办学目的、学校类型、组织形式、教育观念等诸多方面将发生一系列变革，教育的功能将进一步得到全面理解；教育的国际化与教育的本土化趋势都变得非常明显，教育的终身化和全民化理念成为指导教育改革的基本理念。

（三）教育学的产生与发展

1. 教育学的萌芽

《学记》是我国古代最早也是世界最早的成体系的古代教育学作品。

2. 教育学的创立

17～19世纪，前后经历了二百多年时间，教育学得以创立。捷克教育家夸美纽斯所著的《大教学论》被看成是近代第一本教育学著作。德国著名心理学家和教育学家赫尔巴特，在世界教育学史上被认为是“现代教育学之父”或“科学教育学的奠基人”，他的著作《普通教育学》被公认为是第一本现代教育学著作。

3. 教育学的发展

（1）实验教育学。用自然科学的实验法研究儿童发展及其与教育的关系的理论。

代表人物：梅伊曼、拉伊。

代表著作：《实验教育学纲要》（梅伊曼）、《实验教育学》（拉伊）。

（2）文化教育学。以历史文化作为一切教育实践和研究的依据，看中历史文化在教育当中的重要作用。

代表人物：狄尔泰、斯普朗格、利特。

代表著作：《关于普遍妥当的教育学的可能》（狄尔泰）、《教育与文化》（斯普朗格）、《职业陶冶、专业教育、人的陶冶》（利特）。

（3）实用主义教育学。实用主义教育学以实用主义作为哲学基础和理论依据；教育即生活，教育即个人经验的增长，教育即成长，学校课程以学生的经验为中心，注重儿童创造性的发挥。

代表人物：杜威、克伯屈。

代表著作：《民主主义与教育》《经验与教育》（杜威）、《设计教学法》（克伯屈）。

（4）马克思主义教育学。教育是一种历史现象，起源于生产劳动；现代教育的根本目的是促使学生个体的全面发展，其方法为现代教育与现代大生产劳动相结合。

（5）批判教育学。教育应该是政治的，教育从来不是公平的，教育没有促进社会公平而是社会差别和对立的根源；基本立场是站到弱势群体的一边，基本方法是阶级分析的方法。

代表人物：鲍尔斯、金蒂斯、阿普尔、吉鲁、布迪厄。

代表著作：《资本主义美国的学校教育》（鲍尔斯、金蒂斯）、《教育、社会和文化的再生产》（布迪厄）、《教育与权力》（阿普尔）、《批判教育学、国家与文化斗争》（吉鲁）。

4. 当代教育学的状况

教育学研究的问题领域急剧扩大；教育学的研究基础和研究模式呈现多样化；教育学发生了细密的分化，形成了初步的教育学科体系；教育学研究与教育实践改革的关系日益密切；教育学加强了对自身的反思，形成了教育学的元理论。

（四）教育学的价值

1. 反思日常教育经验

2. 科学解释教育问题

3. 沟通教育理论与实践

（1）启发教育实践工作者的教育自觉，使他们不断领悟教育的真谛。

（2）获得大量的教育理论知识，扩展教育工作的理论视野。

（3）养成正确的教育态度，培植坚定的教育信念。

（4）提高教育实践工作者的自我反思能力。

（5）为成为研究型的教师打下基础。

【练习思考】

一、单项选择题

1. 教育的心理起源说的代表人物是（　　）。

A. 勒图尔诺　　B. 沛西·能　　C. 孟禄　　D. 康德

2. 我国古代学校教育的主要内容为“六艺”，“六艺”指（　　）。

A. 算术、几何、文法、辩证法、天文、书数

B. 礼、乐、射、御、书、数

C. 文法、修辞、辩证法、书数、射御、音乐

D. 礼、乐、射、辞、书、数

3. 教育史上，师范教育最早出现于（　　）。

A. 奴隶社会　　B. 封建社会

C. 资本主义社会　　D. 原始社会

4. 学校教育始于（　　）。

A. 原始社会末期　B. 奴隶社会初期

C. 奴隶社会末期　D. 封建社会中期

5. 教育归根结底产生于（　　）。

A. 生产劳动　B. 本能

C. 无意识和模仿　D. 社会交往

6. 推动教育学发展的内在动力是（　　）。

A. 教育价值　B. 教育规律　C. 教育现象　D. 教育问题

7. 揭示看似自然的事实背后的利益关系，对教师和学生进行“启蒙”教育的是（　　）。

A. 实用教育学　B. 文化教育学

C. 批判教育学　D. 马克思主义教育学

8.“建国君民，教学为先”这句话反映了（　　）。

A. 教育与政治的关系　B. 教育与经济的关系

C. 教育与科技的关系　D. 教育与文化的关系

9.“教育与发展”的思想是（　　）提出来的。

A. 赫尔巴特　B. 巴班斯基　C. 布鲁纳　D. 赞可夫

10. 华生在《行为主义》一书中写道：“给我一打健康的儿童，如果在由我所控制的环境中培养他们，不论他们的前辈的才能、爱好、倾向、能力、职业和种族情况如何，我保证将其中任何一个人训练成我所选定的任何一种专家——医生、律师、艺术家、富商，甚至乞丐和盗贼。”这种观点过于低估了（　　）因素在人的发展中的作用。

A. 遗传　B. 环境　C. 教育　D. 教师

11. 认为教育起源于原始社会中儿童对成人行为的“无意识模仿”的是（　　）。

A. 教育的神话起源说　B. 教育的生物起源说

C. 教育的心理起源说　D. 教育的劳动起源说

12. 教育科学有诸多的分支学科，其中在整个教育科学体系中处于基础地位的是（　　）。

A. 教育哲学　B. 教育心理学　C. 教育学　D. 教学论

13. 被公认为第一本现代教育学著作的是（　　）。

A.《大教学论》　B.《爱弥儿》

C.《普通教育学》　D.《林哈德与葛笃德》

14. 教育内容是教育者与受教育者共同认识的（　　）。

A. 主体　B. 客体　C. 教的主体　D. 学的主体

15. 20世纪初，创立实验教育学，主张用实验的方法研究教育活动，为教育学研究提供新方法，进一步推动教育学科学化的德国教育学家、心理学家是（　　）。

A. 鲍尔斯和金蒂斯　B. 斯普朗格

C. 梅伊曼和拉伊　D. 克伯屈

二、多项选择题

1. 教育活动的基本规律包括（　　）。

A. 教育与生产力之间的矛盾或关系

B. 教育与社会发展之间的矛盾或关系

C. 教育现象内部各要素之间的矛盾或关系

D. 教育与人的身心发展之间的矛盾或关系

2. 从教育的场所看，教育的基本形式有（　　）。

A. 家庭教育　　B. 学校教育　　C. 业余教育　　D. 职业教育

三、填空题

1. 教育是人类社会特有的活动，______是人的教育活动与动物所谓的“教育”活动的本质区别。

2. ________对教育的发展具有决定性作用，从各方面对教育施加影响。

3. 全民教育的内涵主要包括教育的________化和教育的普及化。

4. ________是人生接受教育的第一场所，主要负责情感与认识之间的联系及价值观和行为准则的传授。

5. 德国哲学家______认为人的所有禀赋都有待于发展，才能生存，“人是唯一需要教育的动物”。

6. 正规教育的主要标志是，近代以学校系统为核心的教育制度，又称________。

四、判断简析题

1. 教育阶级性的出现和强化是工业社会的教育特征。

2. 教育学对教育问题进行科学解释的目的就是为了促进教育知识的增长。

3. 全民教育是指人人都有接受教育的权利，但没有教育程度的限制。

五、简答题

1. 教育学的研究经历了哪些阶段？

2. 简述20世纪以后世界教育改革和发展的新特点。

3. 简述现代教育制度发展的一般趋势。

六、论述题

试论述教育学是如何沟通教育理论与实践的。

七、案例（材料）分析题

在苏联教育家苏霍姆林斯基任校长的帕夫雷什学校，发生了一件事，一年级新生格里沙，由于母亲工作忙，开学第一天来上课时，耳朵没有洗干净。在第一节课上，女老师发现格里沙的耳朵很脏，就叫他站起来给大家看，把他作为典型，教育其他学生要爱清洁讲卫生。老师的这种粗心大意的做法，给格里沙幼小的心灵造成了很大的伤害。在这以后，每当上这位女老师的课时，格里沙就感到似乎大家的眼睛都盯着他的耳朵，让他抬不起头来。这种反常的心理妨碍了他集中精力听课，所以对女老师所教的算术和阅读课，格里沙都学得很差，女老师对自己的教育措施所产生的后果却丝毫没有察觉。她不了解格里沙的痛苦，反而把他学习不好的原因归罪于他上课思想不集中、不肯用功，并多次进行指责。这一切更加重了孩子的思想负担。结果，格里沙的数学和阅读只得了“2分”。格里沙终于忍受不住了，他流着泪向母亲倾诉了自己全部的痛苦。母亲向学校要求调换班级。学校领导在了解事实真相后，同意将格里沙调到其他班级。后来，就是这个被女老师认为学习不好的格里沙，到五、六年级时，在数学方面表现出极大的才能。

问题：结合案例谈谈为什么要学习教育学。

【参考答案】

一、单项选择题

1. C　2. B　3. C　4. B　5. A　6. D　7. C　8. A　9. D　10. A　11. C　12. C　13. C　14. B　15. C

二、多项选择题

1. BD　2. AB

三、填空题

1. 社会性　2. 生产力的发展　3. 民主　4. 家庭　5. 康德　6. 制度化教育

四、判断简析题

1. 错误。工业社会的教育有以下特征：第一，现代学校的出现和发展。第二，教育与生产劳动从分离走向结合。第三，教育的公共性日益突出。第四，教育的复杂性程度和理论自觉性都越来越高，教育研究在推动教育改革中的作用越来越大。题干中提到的教育阶级性的出现和强化是农业社会的教育的特征。

2. 错误。教育学对教育问题进行科学解释尽管是要促进教育知识的增长，但是并不止于教育知识的增长。从古今中外教育学者们以及一切从事教育研究的思想家们的研究来看，他们的主要目的是为了更好地开展教育实践。从这个方面来看，对教育进行科学认识，既是教育实践所提出的客观要求，又最终需要回到教育实践。教育学对教育问题进行科学解释起着沟通教育理论与实践的作用。

3. 错误。全民教育是指人人都有接受教育的权利且必须接受一定程度的教育。

五、简答题

1.（1）古代，教育学的萌芽；（2）近代，教育学的形成；（3）现代，教育学的繁荣发展；（4）20 世纪 50 年代后，教育走向成熟。

2.（1）教育终身化；（2）教育全民化；（3）教育民主化；（4）教育多元化；（5）教育技术现代化。

3. 现代教育制度呈现出一些共同的发展趋势，主要体现在：（1）加强学前教育并重视与小学教育的衔接；（2）强化普及义务教育并延长义务教育年限；（3）普通教育与职业教育朝着相互渗透的方向发展；（4）高等教育的类型日益多样化；（5）学历教育与非学历教育的界限逐渐淡化；（6）教育制度有利于国际交流。

六、论述题

对教育进行科学认识，既是教育实践所提出的客观要求，又最终需要回到教育实践。教育学对教育问题进行科学解释起着沟通教育理论与实践的作用。这种作用主要体现在以下几个方面：

（1）启发教育实践工作者的教育自觉，使他们不断地领悟教育的真谛。教育学的实践价值首先就在于对广大的教育实践工作者进行理论的教化，促使他们的内在反省，从而不断地提高教育活动的自觉程度，深刻地理解教育活动的价值和意义。

（2）获得大量的教育理论知识，扩展教育工作的理论视野。在当今世界变化日益深刻的今天，教育实践工作者要想跟上时代的步调，积极地参与教育教学改革事业，就更要认真地、努力地学习教育学知识，提高自己的理论素养，开阔自己的眼界，从而提高教育教学工作的理性自觉。

（3）养成正确的教育态度，培养坚定地教育信念。教育学的学习和研究，是形成一个人正确的教育态度、培养坚定的教育信念的一个入口或基础。

（4）提高教育实践工作者的自我反思和发展能力。一个好的教育工作者，应该是一个能够不断自我反思和发展的教育工作者。只有教育理论才能帮助教育实践工作者超越经验的限制，摆脱习惯的束缚，在不断地自我反思中发展自我、完善自我和实现自我。

（5）为成为研究型教师打下基础。教育学的学习和研究可以帮助教育实践工作者成长为研究者。它不仅可以给予教育实践工作者以一些教育的基本问题、概念和理论，而且也可以帮助他们学习如何思考教育问题、如何表达自己的见解、如何与不同的教育观点对话。

七、案例（材料）分析题

（1）从这则案例中，我们可以看出，这位女老师在教育方法上出现了错误。她的行为违背了德育教育的“正面教育、疏通引导的原则”。对学生的问题，她不是循循善诱，利用榜样来正面教育学生、关爱学生，而是不顾学生的自尊心和内心感受，采用“示众”“出丑”的方式，用该同学来警示其他学生。这种行为对格里沙的心灵造成了严重的创伤和精神上的痛苦，从而加重了孩子的思想负担，严重影响了孩子的正常学习，阻碍了孩子的智力发展。

（2）对于这位女老师的做法，苏霍姆林斯基认为她完全可以采用正面的教育方法，如可以找一位衣着整齐，手和脸洗得干净的学生，叫这个学生站起来给大家做榜样。而对格里沙，只要看他一眼就行了。所以，如果我们能在学习了教育的理论、原理、原则与方法的基础上，在现实的教育实践中加以自觉的运用，就不会犯这样的错误。这不仅没能促进学生身心健康发展，反而摧残了孩子幼小的心灵，严重的甚至造成儿童犯罪。

（3）中国青少年犯罪研究所所长皮艺军曾经说过这样一句发人深省的话：“孩子们的压力已经够大的了，千万不要再把他们的脸也拿走。”皮艺军发现，有些学生走上犯罪的道路，就是由于一些教师不注意的“禁语”对学生造成的伤害，以及给学生贴上的“坏孩子”的标签。就是这些看似问题不大的教育行为，最终导致这些孩子失去自尊，破罐子破摔，成为真正的、名副其实的“坏孩子”。

（4）这些例子说明，我们一定要学好教育学，要以教育的理论来武装我们的头脑，以教育的理论来指导我们的教育实践，使我们的教育行为更加符合教育规律，符合学生的身心发展的规律和需要。

第二章　教育功能

【内容辅导】

一、目标要求

（1）理解教育功能与教育价值、教育目的的区别。
（2）掌握教育功能的类型及个体和社会功能的具体内容。

二、内容提示

（一）教育功能与教育价值、教育目的的区别

教育功能主要回答“教育的作用”问题，是一种客观的结果而不是主观的期待，是教育的“实然”表现。而教育价值、教育目的是人们对教育的主观期待，它反映的是“教育应该干什么”的理想，是教育的“应然”表现。

（二）教育功能的类型

1. 从作用的对象看

可分为个体功能和社会功能。

2. 从作用的方向看

可分为正向功能和负向功能。

3. 从作用的呈现形式看

可分为显性功能和隐性功能。

4. 多维度的复合分类

（1）显性正向功能、隐性正向功能、显性负向功能、隐性负向功能。
（2）对人的正向功能、对社会的正向功能、对人的负向功能、对社会的负向功能。

（三）教育的个体功能

1. 教育的个体功能

教育的个体功能是教育对个体发展的影响和作用，是教育活动的内部结构和外部环境影响的结果。内部环境如师资水平、课程设置及内容、教育手段等；外部环境如社会环境、经济环境、观念等。

2．教育对个体发展的功能

个体发展包括身心两方面的发展、完善。

（1）教育促进个体的社会化。具体表现在：学习生活技能；内化社会文化；形成社会性的发展目标；学会身份认同和所处的不同角色。而学校则促进个体思想意识的社会化；促进个体行为的社会化；培养个体的职业意识和角色。

（2）教育的个体个性化功能。具体表现在：促进人的主体意识的形成和主体能力的发展；促进个体差异的充分发展，形成人的独特性；发掘人的创造性，促进个体价值的实现。同时，学校也应提供个体个性化发展的条件：注重学生自我的发展，提供他们需要的课程；因材施教；张扬个性，独特思维。

（3）教育的个体谋生功能。具体表现在：通过教育，学生获得一定的职业知识和技能，为谋生创造条件；着眼于社会生产和职业生活对职业人的专门知识技能的要求，是“成才”的教育，而教育促进个体发展，是“成人”的教育。

（4）教育的个体享用功能。教育的个体享用功能指向个体的内在需要，成为个体生活的需要，通过接受教育满足求知欲望、获得高层次的精神享受，如自由和幸福。

此外，教育对个体发展还有负向功能。如标准化的训练、考试；客观化、规范化的要求；教育异化，过分强调智育；学校刚性管理模式；教育功利性突出，失去了人文关怀。

（四）教育的社会功能

1．教育对人口的正向功能

人口状况包括人口的数量、质量和人口结构。

（1）对调整人口数量和人口结构。

（2）对提高人口质量和全民族素质。人口质量主要体现在人的科学技术水平、文化修养、思想觉悟和道德水准等精神层面。也有身体素质、心理素质，这些也是现代社会人口质量的重要指标。因此，基础教育和高等教育都各自发挥着重要的作用。

2．教育对文化的正向功能

（1）对文化的保存和传承。文化有物质文化、制度文化和精神文化。教育对文化的保存和传承表现在两个方面：纵向的文化传承和横向的文化传播。

（2）文化选择的功能。表现为对某文化的自动选择或排斥，教育并不是对所有文化的传承和传播。具体有：选择有价值的文化精华，排斥糟粕；选择主流文化；按学生发展需要，选择系统的、科学的、基本的文化。

（3）文化融合的功能。文化有一定的地域性和封闭性，然而，现代社会在诸领域都已经打破了封闭而走向开放，出现了文化的交流与融合。具体表现为：通过教育交流，促进文化的交流与融合，如互派留学生、国际学术交流、出国访问、学校间的国际合作办学；对不同文化的学习，如介绍国外的学术成果和理论、对异域文化的介绍和学习。

（4）文化创造功能。教育根据社会发展变化的需要，对文化进行选择、批判和融合来构建新的文化特质和文化体系；教育直接产生新的文化。如教师的研究成果、师生的创作等；通过创造性人才的培养创造文化。

3. 教育对经济的正向功能

当代经济的发展由依靠物质、资金的物力增长模式转变为依靠人力和知识资本增长的模式，“人力资本”成为当代社会发展最重要的因素，而教育则是形成人力资本的重要因素。早在20世纪90年代就提出了“教育先行”的概念，就是要为社会的发展率先培养和储备人才。

教育对经济的正向功能具体表现在两个方面：一是教育通过劳动力的生产促进经济的发展；二是教育通过科学技术的生产促进经济的发展。

4. 教育对政治的正向功能

古代社会，教育完全服务于政治。近代以来，教育与政治的分离同样要求教育强化维护统治阶级的政治功能，而现代社会，教育要维护政治的稳定、促进政治的民主并不断向前发展。教育对政治的正向功能表现为：培养合格的公民和政治人才；进行思想传播和舆论引导；促进社会民主化。

此外，教育对社会发展也有负向功能。当社会发展处于负向时期，教育对社会表现出总体的负向功能；当社会发展处于正向时期，教育对社会发展整体是正向的，但也可能因某些因素导致教育与环境的失调而出现局部的负向功能。

【练习思考】

一、单项选择题

1.“劳心者治人，劳力者治于人”的中国传统儒家思想把（　　）相分离。

A. 教育与生活　　B. 教育与经济

C. 教育与政治　　D. 教育与生产劳动

2. 从影响形式看，文化对教育的制约作用具有（　　）。

A. 间接性　　B. 直接性　　C. 开放性　　D. 公开性

3. 关于教育发展与社会之间的关系，下列说法正确的是（　　）。

A. 教育发展决定着社会的物质生产

B. 教育的内容不受社会物质生产的制约

C. 社会政治制约着教育发展

D. 教育发展决定着社会政治

4. 一个社会的教育发展进程与其政治经济发展进程之间的关系是（　　）。

A. 教育超前于政治经济发展

B. 教育滞后于政治经济发展

C. 教育常常与社会政治经济发展不平衡

D. 政治经济制度决定教育发展状况

5. 被称为人力资本理论创立的“宪章”的讲演是由（　　）做的。

A. 夸美纽斯　　B. 赫尔巴特　　C. 舒尔茨　　D. 马克思

6. 发展教育是发展经济的（　　）。

A. 物质条件　　B. 基础和前提条件

C. 制约条件　　D. 决定条件

7. 下列说法中，教育对人的发展起主导作用这一观点理解不正确的一项是（ ）。

A. 教育是一种有目的地培养人的活动，它规定着人的发展方向

B. 教育，特别是学校教育给人的影响是比较全面、系统和深刻的

C. 学校有专门负责教育工作的教师

D. 教育的发展对人的发展起决定性作用，好的教育一定能培养出优秀的学生

8. 狼孩的故事说明了教育必须顺应儿童发展的（ ）特点。

A. 顺序性 B. 不平衡性 C. 阶段性 D. 个别差异性

9. 人的身心发展的源泉和动力在于（ ）。

A. 遗传因素 B. 环境因素 C. 教育活动 D. 个体因素

10. 教育要适应年轻一代身心发展的规律，要求从学生实际出发，即（ ）。

A. 教育教学要求不能超越学生现有的发展水平

B. 教育教学内容要浅显，易于为学生接受

C. 教育教学要走在学生发展的前面，促进学生的发展

D. 教育教学只能适应学生的发展，不能走在学生发展的前面

二、多项选择题

1. 教育对政治经济制度的影响表现为（ ）。

A. 培养所需人才 B. 形成舆论力量

C. 促进民主 D. 教育相对独立于政治经济制度

2. 校园的设施文化，包括（ ）。

A. 教学仪器、图书、实验设备 B. 办公设备

C. 后勤保障设施 D. 校园绿化和美化

3. 下列属于学生文化特征的是（ ）。

A. 过渡性 B. 非正式性 C. 多样性 D. 互补性

三、填空题

1. “经济要发展，教育要先行”，说明教育发展__________于生产力和经济的发展。

2. 决定教育领导权的是__________。

3. 学校教育通过促进个体思想意识的社会化、促进__________以及培养个体的职业意识和角色等方面来实现个体的社会化。

4. 教育是一种影响政治的__________力量。

四、判断简析题

1. 教育在人的发展中发挥主导作用是无条件的。

2. 经济发展水平决定社会成员的受教育权利。

五、简答题

1. 简述教育对政治的影响作用。

2. 教育怎样使人的价值得到实现？

3. 信息技术改变着人们的教育观念体现在哪些方面？

六、论述题

为什么有“教育为本、教育先行、教育超前”的说法？试加以论述。

七、案例（材料）分析题

有一次，女儿的语文作业出了两处错误。这两处错误是这样的：“题目要求，根据句子意思写成语”。一个题是：“思想一致，共同努力”，女儿填了“齐心协力”，老师判错。老师的标准答案是“同心协力”。另一个题是：“刻画描摹得非常逼真”，女儿填“栩栩如生”，老师又判错。老师的标准答案是“惟妙惟肖”。真可怕，不知曾几何时，具有丰富词汇的中国语言，竟变得比数学还精确。这种情况在教学中可以说是随处可见。如“看图写话”，图上画的是：一个小朋友在金黄色的麦田里捉蝴蝶。老师的答案是“小朋友捉蝴蝶”，若有同学的答案是“庄稼丰收了”，老师就判错。语文教学中，全国数以万计的老师在教同一篇课文、一样的段落大意、一样的中心思想，这一思想，不是每个教师的思想，也不是每个学生的思想，而是编写教材的人的思想。语文教学变得如此僵化和教条，语言和文学的“神”怎么能存在呢！

问题：请根据教育对个体发展的功能的相关理论分析以上案例。

【参考答案】

一、单项选择题

1. D　2. B　3. C　4. C　5. C　6. B　7. D　8. C　9. D　10. C

二、多项选择题

1. ABC　2. ABC　3. ABCD

三、填空题

1. 优先　2. 政治经济制度　3. 个体行为的社会化　4. 舆论

四、判断简析题

1. 错误。教育在人的发展中发挥主导作用是有条件的，因为教育必须遵循人的身心发展规律，必须正确处理内因和外因的关系，必须正确处理教育与遗传、环境的关系。

2. 错误。政治制度决定着社会成员的受教育权利；在一个国家，什么样的人接受什么样的教育，基本上是由政治决定的，政治制度决定了教育的性质。

五、简答题

1. 教育对政治经济制度的影响作用表现在：

（1）教育为政治经济制度培养所需的人才；（2）教育通过传播思想、形成舆论，影响政治经济制度的稳定和发展；（3）教育可以促进民主。

2.（1）教育提高人们对自身价值的认识，提高人们对人与人、人与社会、人与自然关系的认识，充分认识到人的生命价值、主体地位及尊严；（2）教育教给人知识和技能，同时也教会人们驾驭知识和技能、怀疑知识和技能，使人们认识到，知识是为人所用的。

3. 信息技术影响下，教育观念的转变一般包括以下几方面：

（1）能力比知识更重要；（2）教育形式个别化；（3）培养目标个性化更加受到关注；（4）强调对学生创新能力的培养。

六、论述题

这样的说法符合当前社会和教育发展的趋势。超前是指教育的发展水平比现有政治、经济和生产力的发展水平相对要高，发展速度相对要快。一方面是认识到了社会发展的规律，根据社会发展趋势，预见到教育发展方向，出现了超越现有社会发展水平的新思想。另一方面是教育的本质是为未来社会培养人才，必须面向未来发展教育，为能适应飞速发展的社会需要，在教育目的、教育投入及教育内容方面，超越现有发展水平，培养未来所需要的人才。

七、案例（材料）分析题

在应试教育下，为了追求高分数，特别强调标准化教学。过于追求客观化、规范化而束缚了人的想象力和创造性，成为扼杀创新精神的最大凶手。难怪有人讽刺现存的中国教育，说学生进学校是个“问号”，但出学校就成了“句号”。教育对个体的发展有着正向功能：（1）促进个体社会化：促进个体思想意识的社会化，促进个体行为的社会化，培养个体的职业意识和角色。（2）促进个体个性化：教育促进人的主体意识的形成和主体能力的发展；教育促进个体差异的充分发展，形成人的独特性；教育开发人的创造性，促进个体价值的实现，此外，教育还有个体谋生和享用功能。

教育对人的身心发展有着极大的促进作用，甚至可以说在人的发展中起主导作用。然而，这种作用的发挥是有条件的，并非所有的教育都能发挥正向的促进作用。教育对个体发展同样存在负向功能。

现存教育由于某种异化而阻碍了学生的全面发展和个性潜能的充分实现。第一，过重的学业负担、惟“智”是举的做法，严重摧残了学生的身心健康；第二，现存学校的管理模式，只能教学生学会顺从，不利于学生主体性的发挥和创造性的培养。在现存的学校管理和班级管理中，大部分学校对学生进行刚性的规范管理，重视校长和教师的权威，运用各种规则、规范，告诉学生应该做什么，应该怎样做，而不管学生是否口服心服。更有甚者，采用体罚和变相体罚等简单、粗暴的方式对待学生。这样做只能使学生规规矩矩，学生富有活力的生命在规范的框架中遭到压抑，限制了人的主体性的发展。

针对已经出现的负向功能，不是回避，而要认真分析原因，采取积极措施去克服和矫正。针对上述例子，克服教育负向功能的关键是树立“以人为本”的教育理念。以人为本的教育，首先要把人看作是目的，而不是手段；把学生的个性发展看作教育的唯一出发点和归宿，而不是为了外在的目的（如遵守纪律、保持安静）迫使学生就范。以人为本的教育，把人看作具体的、能动的人，尊重他们的人格和生命，以积极的目光期待他们、赏识他们。

第三章 教育目的

【内容辅导】

一、目标要求

（1）准确理解教育目的的内涵，理解教育目的的类型及功能。

（2）了解教育目的选择确立的基本依据，清楚教育目的的价值取向所面临的问题。

（3）明确我国教育目的确立的理论基础和教育目的实现的策略。

二、内容提示

（一）教育目的的类型及其功能

1．教育目的及其基本特点

（1）教育目的。教育目的即教育意欲达到的归宿所在或预期实现的结果。它是教育活动的出发点和归宿，本身就反映着办教育的主体对教育活动在努力方向、社会倾向性和人的培养规格标准等方面的要求和指向。

（2）教育目的的基本特点。第一，教育目的对教育活动具有质的规定性；第二，教育目的具有社会性和时代性。

（3）教育目的与培养目标、教育方针。教育目的不同于教育方针。教育方针是教育工作者的宏观指导思想，是总的方向，是阶级或政党确定的在一定时期内教育发展的基本指导思想；教育目的反映的是一定社会对人才培养的总要求，规定教育培养人才的质量规格。概括地说，教育方针和教育目的都是由国家规定的，都是对教育的基本要求，全国必须统一执行，但教育方针是对教育工作的总体规定，它包括对教育性质和方向、教育目的的实现途径等总的要求；教育目的仅是对人才的质量标准和培养规格的专门规定。因此，教育方针包括教育目的，教育目的是教育方针的重要组成部分之一。

教育目的不同于培养目标。首先，教育目的是一个国家对其各级各类学校的总体要求，即不论初等、中等、高等教育，还是理、工、农、医、师等，都要按这个总的要求培养人；而培养目标是根据教育目的制定的某一级或某一类学校或某一专业人才培养的具体要求，是国家总体教育目的在不同教育阶段或不同类型学校的不同专业的具体化，二者是一般和个别的关系。其次，一个国家的教育目的是唯一的，而培养目标却是多种多样的。培养目标必须依据教育目的来制定，不能脱离教育目的，而教育目的又必须通过各级各类学校的各专业的培养目标来体现和落实。

2. 教育目的的基本类型

（1）价值性教育目的和功能性教育目的。

（2）终极性教育目的和发展性教育目的。

（3）正式决策的教育目的和非正式决策的教育目的。

（4）内在教育目的和外在教育目的。

3. 教育目的的功能

（1）对教育活动的定向功能。教育目的是一切教育活动的出发点，任何教育活动都要以教育目的为总的目标导向，以便把受教育者培养成一定社会和时代所需要的合格人才。教育目的无论是对受教育者，还是对教育者都具有目标导向功能。事实上，教育制度的建立、教育内容的选择以及教育方法和手段的使用，都必须按照教育目的进行。教育目的的导向功能既通过教育者对教育目的的认同并转化为实际教育行为得到体现，又必须通过转化为受教育者自我追求的目标而得到真正实现。

（2）对教育活动的评价功能。教育目的既为教育活动指明了方向，又为检查和评价教育活动的质量提供了衡量尺度和根本标准。无论是过程性评价还是终结性评价，都必须以教育目的为根本依据，教育目的是教育质量评判的重要依据与指标，学校教育质量的好坏主要体现其达成教育目的的程度。同时，教育目的只有具体体现在学校办学的各个环节与评价体系之中，才能切实发挥其导向和调控功能。

（3）对教育活动的调控功能。

（4）对教育活动的激励功能。

（二）教育目的的选择和确立

1. 教育目的的选择、确立的基本依据

（1）社会依据。

（2）人的依据。

2. 教育目的选择确立中的基本价值取向

（1）个人本位的价值取向。此观点认为教育目的应当由人的本性、本能的需要决定，教育的最根本目的就是人的本性和本能的高度发展；应当从受教育者的本性出发、以个人需要为本，应充分发展受教育者的个性，而不是从社会出发；个人价值高于社会价值，个人决定社会，而不是社会决定个人；人生来就有健全的本性和本能，教育就应使这种本性和本能顺利地得到发展。

（2）社会本位的价值取向。此观点认为教育目的是由社会的需要所决定的，它应当根据社会的要求来确定，培养社会所需要的人就是教育目的。这种目的观一般强调人是社会的产物，教育就是要使受教育者成为社会需要的、维护社会稳定和促进社会进步的人。

（3）价值取向中人与社会关系的基本确认。

3. 教育目的价值取向的确立应注意的问题

（1）社会价值取向确立应注意的问题。第一，以可持续发展的理念为指导；第二，适应

与超越的问题；第三，功利价值和人文价值的问题；第四，民族性与世界性的问题。

（2）人的价值取向确立应注意的问题。第一，人的社会化和个性化的问题；第二，人的理性和非理性问题；第三，科技素质和人文素质问题。

（三）我国的教育目的

1．我国教育目的的精神实质

（1）社会主义——我国教育性质的根本所在。

（2）使受教育者德、智、体、美等方面全面发展。

（3）注重提高民族素质。

（4）为经济建设和社会的全面发展进步培养各级各类人才。

2．我国教育目的的理论基础

（1）马克思主义关于人的全面发展学说的基本思想。

（2）马克思主义全面发展学说对我国教育目的确立有重要意义。

3．我国全面发展教育的基本构成——德育、智育、体育、美育

4．教育目的实现的理性把握

（1）要以素质发展为核心。

（2）要确立和体现全面发展的教育观。

【练习思考】

一、单项选择题

1. 马克思主义观点认为，培养全面发展的人的唯一方法是（ ）。

A. 教育与生产劳动相结合　　B. 脑力劳动与体力劳动相结合

C. 城市与农村相结合　　D. 知识分子与工人农民相结合

2.（ ）是根据各级各类学校任务确定的对所培养的人的特殊要求。

A. 教育方针　B. 教育目的　C. 教学目标　D. 培养目标

3. 当国家竞争加剧，强调各方面尤其是科技实力时，就会强调教育质量，反映在教育目的上，就是强调培养国家精神和（ ）。

A. 文雅教育　B. 英才教育　C. 教育平等化　D. 价值多元化

4.（ ）是西方教育史上第一位将教育与生产劳动相结合这一思想付诸实践的教育家。

A. 第斯多惠　B. 裴斯泰洛齐　C. 赫尔巴特　D. 夸美纽斯

5. 个人本位的教育目的论的代表人物是（ ）。

A. 卢梭和裴斯泰洛齐　　D. 夸美纽斯和裴斯泰洛齐

C. 卢梭和涂尔干　　D. 涂尔干和夸美纽斯

6.（ ）是全部教育活动的主题和灵魂，是教育的最高理想。

A. 教育政策　B. 教育方针　C. 教育目的　D. 教育目标

7. 社会对教育所要成就的社会个体的质量规格的检查和规定是（　　）。

A. 教育目标　B. 教育目的　C. 教学目标　D. 教学计划

8. 教育目的可以发挥（　　）。

A. 导向、规范和权威作用　B. 激励、评价和统一作用

C. 导向、激励和评价作用　D. 宣传、引导和激励作用

9. 20 世纪教育发展总目标中的“两基”是（　　）。

A. 基础知识和基本技能

B. 基本普及九年义务教育，基本扫除青壮年文盲

C. 基本普及九年义务教育，基本实现素质教育

D. 基础知识和基本素质

10. “君子欲化民成俗，其必由学乎”“古之王者，建国君民，教学为先”，体现了（　　）的教育目的观。

A. 教育无目的论　B. 社会本位论　C. 科学本位论　D. 个人本位论

11.（　　）是教育活动的出发点和归宿。

A. 教育内容　B. 教育质量　C. 教育目的　D. 教育方针

12. 体育的根本任务是（　　）。

A. 通过体育对学生进行思想品德教育

B. 增强学生体质

C. 向学生传授体育和卫生的基本知识和基本技能

D. 向国家输送优秀运动员

13. 在教育目的的问题上，实用主义教育流派的代表人物杜威所持的观点是（　　）。

A. 个人本位论　B. 社会本位论　C. 教育无目的论　D. 国家利益论

二、多项选择题

1. 学校教育的目的比一般的教育目的更具有（　　）。

A. 科学性　B. 预见性　C. 有效性　D. 主体性

2. 下列属于社会本位目的论的观点有（　　）。

A. 君子欲化民成俗，其必由学乎

B. 古之王者，建国君民，教学为先

C. 今生只是永生的准备

D. 君子学道则爱人，小人学道则易使也

3. 我国教育目的的基本特征有别于其他社会制度，概括起来有（　　）。

A. 以马克思主义的全面发展学说为指导思想

B. 教育目的有鲜明的政治方向

C. 优越的社会制度保证教育的极高的社会效益

D. 坚持全面发展与个性发展的统一

三、填空题

1. 教育目的具有导向作用、__________作用和评价作用。

2. ______________是实现人的全面发展的唯一方法。

3. 教育目的层次包括国家的教育目的，各级各类学校的__________和教师的教学目标。

4. 马克思主义关于人的__________是确定我国教育目的的理论基础。

5. 我国的教育目的不仅包含对人的全面发展的要求，而且还含有对__________全面发展提高的要求。

四、判断简析题

1. 教育目的即教育方针，二者并没有什么区别。

2. 教育目的的实现要在内容上关注人的全面发展，全面发展就是人的各方面平均发展、均衡发展。

五、简答题

1. 简述教育思想史上有代表性的教育目的观及其基本观点。

2. 简述马克思主义关于“人的全面发展”的内涵。

3. 简述确定教育目的的主客观依据。

六、论述题

试论述我国教育目的的基本特征以及如何落实教育目的。

七、案例（材料）分析题

成都市教育局《关于进一步规范基础教育办学行为有关问题的通知》中规定：“坚持义务教育阶段公办学校就近免试入学，任何公办、民办和各类进行办学体制改革的小学、初中不得以考试的方式择优选拔新生，也不得以小学阶段各类学科竞赛（如小学数学奥赛等）成绩作为录取新生的依据。”

问题：你对成都市教育局的规定有什么看法？请从全面发展的教育目的出发对奥赛进行评价。

【参考答案】

一、单项选择题

1. A　2. D　3. B　4. B　5. A　6. C　7. D　8. C　9. B　10. B　11. C　12. B　13. C

二、多项选择题

1. ABC　2. ABD　3. ABD

三、填空题

1. 激励　2. 教育与生产劳动相结合　3. 培养目标　4. 全面发展学说　5. 整个民族素质

四、判断简析题

1. 错误。教育目的反映的是一定社会对人才培养的总要求，规定教育培养人才的质量规格；教育方针是阶级和政党确定的在一定时期内教育发展的基本指导思想。两者出发点不同、指向对象不同、实际功用不同、隶属范畴不同。

2. 辩证地看待题干中所提到的问题，对于整句话的表述，“教育目的的实现要在内容上关注人的全面发展”是正确的，而“全面发展就是人的各方面平均发展、均衡发展”却是错误的。人的全面发展已经成为当代世界各国教育普遍重视并努力实现的目标，缺乏全面发展的观念，甚至忽视全面发展，都不能培养和造就出适应现代和未来社会发展需要的全面发展的人才。要确立和体现全面发展的教育目的，必须正确理解和把握全面发展。全面发展不应机械地看作是人的各方面平均发展、均衡发展，而是指人的各方面素质的和谐发展。

五、简答题

1.（1）神学的教育目的论。一些教育思想家从宗教的角度或从信仰出发论述教育目的，主张培养青年对于上帝的虔诚信仰作为教育的最高目标。（2）社会本位的教育目的论。其基本主张是以社会的稳定和发展为教育的最高宗旨，教育目的应当依据社会的要求来决定。（3）个人本位的教育目的论。个人本位的教育目的论认为，个人价值远高于社会价值，因此应当根据个人的本性和个体发展的需要来确定教育目的。（4）教育无目的论。这主要是美国教育思想家杜威的观点，他将教育目的与教育活动本身联系起来，反映了教育活动主体的自觉；同时他也注意到了真正有效的教育目的必须是内在于教育，或通过教育过程去实现的目的。

2. 人的全面发展是指马克思主义尤其是马克思和恩格斯对“人的全面发展”概念的具体界定。其一，指劳动能力的全面发展，即在劳动过程中实现体力和智力的充分运用和发展，实现体力和智力在充分发展基础上的完整结合；其二，指克服人发展的一切片面性，实现人的个性的真正全面和自由的发展。

3. 确定教育目的的主观依据，从主观方面来看，教育目的首先是教育活动中人的价值选择。人们在考虑教育目的时往往会受其哲学观念、人性假设和理想人格等观念和价值取向的影响。确定教育目的的客观依据，首先是指教育目的的制定必须要考虑到一定的社会历史条件，主要受生产力与科技发展以及社会经济政治制度的制约，受历史发展进程的制约。此外，教育对象的身心发展实际及规律也是教育目的制定的重要制约因素。

六、论述题

（1）我国教育目的的基本特征：一是我国教育目的以马克思主义的人的全面发展学说为指导思想；二是我国教育目的有鲜明的政治方向；三是坚持全面发展与个性发展的统一。

（2）我国教育目的的落实。教育目的实际上就是教育活动所要培养的人的质量标准和规格要求，要认真落实我国的教育目的必须正确处理以下几方面的关系：

① 教育目的与教育目标的关系。教育目标是根据教育目的而制定的。除了考虑落实教育目的之外，教育目标还应结合各级各类学校教育的性质和任务，以及特定教育对象的身心特点及规律来确立。从教育目的到教育目标的转换实际上就是教育目的由一般到具体的过程。学校教育必须做到“两个全面”，即“面向全体”和“全面发展”。② 德、智、体、美诸育之间的关系。教育目的，如从内容结构上说，可以理解为应当进行德育、智育、体育和美育等几个方面的全面教育；正确处理诸育关系对于教育目的的实现至关重要。③ 全面发展与因材

施教的关系。全面发展的一个维度是自由发展。全面发展不仅不排斥个性发展，而且是以个人合乎本性的自由发展为条件的。全面发展不等于平均或平面的发展。不同个体所处环境不同，具有的自身素质和客观条件也不同，因而会形成不同的个性、兴趣和特长。所以，必须根据每一个学生的特殊性对学生因材施教，在充分发挥每一个人的长处的同时求得他的全面发展。④ 全面发展与职业定向的关系。个性发展的一个重要意义就在于使有特殊个性和才干的受教育者更有可能适应未来不同社会工作的需要；全面发展的人才终究要在一定社会中生活，要满足社会发展的需要，教育就必须为不同的社会岗位培养人才。在促进学生全面发展的同时，应当鼓励学生对社会上不同职业的特点和要求有一些直观、感性的认识，激励学生努力学习，为祖国的明天做好充分的准备。

七、案例（材料）分析题

我认为成都市教育局的规定除了进一步规范基础教育的办学，避免教育偏离它的轨道之外。这个规定也促进了全面发展教育目的的实现。实施全面发展教育是社会主义教育目的的必然要求。全面发展教育由德、智、体、美、劳动技术教育等五育组成。在新技术革命的挑战面前，注重智力发展是当代世界各国教育的共同趋向。奥赛正是发展学生的智力，用知识的精华去武装学生，迎合教育的趋向。但许多人却一味地为了奥赛，只注重去发展学生的智育，而忽视其他四育的发展，厚此薄彼，有所偏废，这样培养出来的学生只知竞赛，而不知其他是不是健全的。

第四章 教育制度

【内容辅导】

一、目标要求

（1）掌握教育制度的概念、现代学校教育制度的类型。

（2）了解教育制度的历史发展过程和我国现行学校教育制度的结构。

（3）把握教育制度的改革和发展趋势。

（4）运用教育制度的有关知识来分析我国现行学校教育制度。

二、内容提示

（一）教育制度概述

1. 教育制度的含义及特点

教育制度是指一个国家各级各类教育机构与组织的体系及其管理规则。它包括相互联系的两个基本方面：一是各级各类教育机构与组织的体系；二是教育机构与组织体系赖以存在和运行的一套规则，如各种各样的教育法律、规则、条例等。学校教育制度是一个国家教育制度的主体部分。

2. 制约教育制度的社会因素

学制的制定不是随意的，它不但被生产力发展水平和科学技术发展水平所制约，而且还被政治经济制度、文化传统所制约，受个体发展特点的影响。但最终的决定因素还是社会生产力发展的水平。因为政治经济制度的变革和文化传统的变革，最终还是由社会生产力发展的水平所决定，生产力发展水平和政治经济制度大致相近的国家，教育制度也比较接近，即具有更多的共同点。

3. 教育制度的历史发展

（1）古代学制（奴隶和封建社会）的特点。没有严格的学习年限的规定，学校层次单一；入学资格有明显的阶级性、等级性、宗教性、象征性；教育内容缺乏科学技术、生产劳动知识；教学形式、方法死板。

（2）近、现代学制的特点。有严格的学习年限，各级各类学校的出现；世俗化、非宗教性、普及性；科学技术等知识丰富多样；教学形式方法灵活多样化。

（3）当代学制的特点。更规范、更完善、更丰富、更灵活。

（二）现代学校教育制度

1. 现代学校教育制度的形成

学校教育制度简称学制，是指一个国家各级各类学校的系统及其管理规则，它规定着各级各类学校的性质、任务、入学条件、修业年限以及它们之间的关系。

现代学校教育系统包括：小学、初级中学、职业中学、高级中学、短期大学和大学、研究生教育机构、幼儿教育机构、成人教育机构。

2. 现代学校教育制度的类型

（1）双轨学制。出现最早，于18世纪出现，19世纪定型，代表为二战前的德、法、英等西欧国家。双轨学制中一轨由上而下，结构是大学（后来也包括其他高等学校）、中学（包括中学预备班），这一轨是为上层社会服务的，是有优良师资和设备条件的教育体系，以学术性为主；另一轨从下而上，结构是小学（后来是小学和初中）及其后的职业教育（先是与小学相连的初等职业教育，后发展为和初中联结的中等职业教育），主要是考虑到普及性与职业性，为下层劳动阶级服务的，办学条件较差的教育体系。

这两轨既不相通，也不相接，最初甚至不对应。

（2）单轨学制。出现于19世纪后半期，以横向的学校阶段占绝对优势的学制结构属单轨学制，美国的学校制度属于此类。特点是一个起点、一个系列、多种分段，如“六三三”“六六”“四四四”等分段制。美国单轨学制，在形式上，任何儿童、少年和青年都可以由小学至中学，直升入大学。这种制度有利于教育逐级普及，适应现代科技和生产，阶级差别小，但教育参差不齐，质量不一。

（3）分支型学制。出现最晚，于20世纪初出现，介于以纵向的学校系统占绝对优势的学制结构和以横向的学校阶段占绝对优势的学制结构两级之间的学制结构，叫作分支型学制，以二战前的日本、前苏联以及中国为代表。前段是单轨，后段是分支的分支学制。上通（高等学校）下达（初等学校），左右（中等专业学校和中等职业技术学校）畅通，是分支型学制的特点。

3. 现代学校教育制度的变革

（1）从纵向学校系统分析，双轨制向单轨制靠拢。

（2）从纵向学校阶段来看，各阶段都发生了重大变化。

（3）从施教机构系统来看，由学校教育变为终身教育。

（三）我国现行学校教育制度

1. 我国现行学制是由单轨学制发展而来的分支型学制

2. 我国现行学校教育制度的改革

（1）适度发展学前教育。

（2）完全普及义务教育。

（3）继续调整中等教育结构。

（4）大力发展高等教育。

【练习思考】

一、单项选择题

1. 现代教育制度的核心部分是（　　）。

A. 学制　　B. 教育思想

C. 各级各类教育机构　　D. 教育管理制度

2. 1902年，清政府颁布了《钦定学堂章程》，亦称（　　），是我国第一个现代学制。

A. 癸卯学制　　B. 壬子·癸卯学制

C. 壬子学制　　D. 壬寅学制

3. 古埃及、古希腊以及古代中国的学校大多采用（　　）。

A. 个别教学制　　B. 分组教学制　　C. 班级授课制　　D. 道尔顿制

4. 现代学制中，双轨学制以（　　）为典型。

A. 欧洲国家　　B. 美国　　C. 苏联　　D. 中国

5. 中国古代学校教育制度完备于（　　）。

A. 魏晋南北朝　　B. 隋朝　　C. 唐朝　　D. 宋朝

6. 现代教学的基本组织形式是（　　）。

A. 个别教学制　　B. 班级授课制　　C. 现场教学　　D. 小组教学

7. 目前，我国中小学实行的是（　　）。

A. 校长负责制　　B. 党委领导下的校长负责制

C. 董事会领导下的校长负责制　　D. 校务委员会制

8. 我国学制沿革史上，借鉴美国教育体制，初次确立了“六·三·三”的学习阶段和年限的学制是（　　）。

A. 壬寅学制　　B. 癸卯学制

C. 壬子癸丑学制　　D. 壬戌学制

9. 我国目前主要由下列（　　）承担普及九年义务教育的责任。

A. 地方　　B. 中央　　C. 社会力量　　D. 学生家长

10. 1985年中共中央颁布《关于教育体制改革的决定》，指出要调整中等教育结构（　　）。

A. 大力加强普通高中教育

B. 大力发展职业技术教育

C. 实现中等职业技术教育与高等职业技术教育的更好衔接

D. 进一步加强中等专业教育

11. 反映一个国家配合政治、经济、科技体制而确定下来的学校办学形式、层次结构、组织管理等相对稳定的运行模式和规定，这是指（　　）。

A. 教育制度　　B. 学校教育制度

C. 教育体制　　D. 学校领导制度

12. 黄炎培认为职业教育的“第一定义”是（　　）。

A. 谋个性之发展　　B. 为个人谋生做准备

C. 为国家及世界增进生产力做准备　　D. 为个人服务社会做准备

13. 为适应科学知识的加速增长和人的持续发展要求而逐渐形成的教育思想和教育制度称为（　　）。

A. 终身教育　　B. 普通教育　　C. 职业教育　　D. 义务教育

14. 将课程分为基础型课程、拓展型课程、研究型课程，这是（　　）。

A. 从课程制定者或管理制度角度划分的

B. 从课程的功能角度划分的

C. 从课程的组织核心角度划分的

D. 从课程的任务角度划分的

二、多项选择题

1. 18、19 世纪，在建立了资本主义制度后，西欧普遍出现了供富家子弟上学的贵族式学校和供少数劳动人民子女入学的群众性学校并立的现象，于是就形成了欧洲现代教育的双轨学制。下面说法不正确的是（　　）。

A. 这反映了学制的确立要依据生产力发展水平

B. 这反映了学制的确立要依据政治经济制度

C. 这反映了学制的确立要依据人口状况

D. 这反映了学制的确立要依据人的身心发展的规律

2. 教育制度既有与其他类型的社会制度相类似的特点，又有（　　）等自身独特的特点。

A. 客观性　　B. 组织性　　C. 计划性　　D. 强制性

3. 关于现代学制的变革，表述正确的是（　　）。

A. 把小学教育列入学制系统，是现代学制向终身教育制度发展的重要标志之一

B. 发达国家的小学教育已无初高级之分

C. 把幼儿教育列入学制，是现代学制的一个重要特点

D. 可以预料，随着普及教育达到高中阶段，中小学学制的三种类型终将会被单轨学制的一种类型所代替

三、填空题

1. 当前，职业教育在发达国家基本上都是在________阶段进行的。

2. ________是指一个国家各级各类教育机构与组织的体系及其管理规则。

3. 现代教育制度的核心部分是________。

4. 现代学校教育制度的形成是与________的产生和发展联系在一起的。

5. 我国现代学制的建立是从________开始的。

四、判断简析题

教育制度就是学校教育制度。

五、简答题

1. 建立学制的依据有哪些？

2. 简述学校教育制度的发展趋势。

3. 简述我国当前学制改革的主要内容。

六、论述题

试论述现代学校教育制度的变革。

【参考答案】

一、单项选择题

1. A 2. D 3. A 4. A 5. C 6. B 7. A 8. D 9. A 10. B 11. A 12. D 13. A 14. D

二、多项选择题

1. ACD 2. AD 3. BCD

三、填空题

1. 高中 2. 教育制度 3. 学校教育制度 4. 现代学校 5. 清末

四、判断简析题

错误。教育制度是一个国家在一定的历史条件下形成的教育体系，以及为保证该体系的正常运行而确立的种种规范或规定。学校教育制度简称学制，是指一个国家各级各类学校的系统，它规定各级各类学校的性质、任务、入学条件、修业年限以及它们之间的关系。学制是教育制度的核心部分。不能把学校教育制度等同于教育制度。

五、简答题

1.（1）生产力发展水平和科学技术发展状况。（2）社会政治经济制度。（3）青少年儿童身心发展规律。（4）人口发展状况。（5）本国学制的历史发展和国外学制的影响。

2.（1）加强学前教育及其与小学教育的衔接。（2）强化普及义务教育、延长义务教育年限。（3）普通教育与职业教育朝着相互渗透的方向发展。（4）高等教育的类型日益多样化。（5）学历教育与非学历教育的界限逐渐淡化。（6）教育制度有利于国际交流。

3.（1）加强基础教育，落实义务教育。（2）调整中等教育结构，发展职业技术教育。（3）稳步发展高等教育，走以内涵发展为主的道路。（4）重视成人教育，发展终身教育。

六、论述题

现代学制在形成后的近百年来，不论是从学校系统还是从学校阶段来分析，都发生了重大的变化。

（1）从学校系统分析，双轨制在向分支型学制和单轨学制方向发展。根据双轨学制的并轨情况，我们可以看出，义务教育延长到哪里，双轨学制就要并轨到哪里，单轨学制是机会均等地普及教育的好形式；综合中学是双轨学制并轨的一种理想形式，它成为现代中等教育发展的一种趋势。

（2）从学校阶段来看，每个阶段都发生了重大变化。① 幼儿教育阶段。在当代很多国家已经把幼儿教育列入学制系统，这是现代学制的一个重要特点，也是现代学制向终身教育制度发展的重要标志之一。此外幼儿教育的结束期有提前的趋势，因此，要加强小学和幼儿教育的联系。② 小学教育阶段。发达国家的小学教育结构有了一系列变化：小学已经无初高级之分、小学入学年龄提前、小学年限缩短、小学和初中直接衔接、取消小升初入学考试。③ 初中教育阶段。义务教育年限的延长，促使初中阶段已经成为科学基础教育的重要阶段。初中学制延长，把初中阶段看作是普通教育的中间阶段。④ 高中教育阶段。三种学制类型都有了高中教育阶段，高中阶段学制的多类型，即高中阶段教育结构的多样化，是现代学制在当代发展中的一个重要特点。可以预料，随着普及教育达到高中阶段，中小学学制的三种类型终将会被单轨制的一种类型所代替。⑤ 职业教育。从总体讲，职业教育在当代有两个突出特征，一是文化科学技术基础越来越高，二是职业教育的层次、类型多样化。⑥ 高等教育阶段。高等教育的转变：一是多层次，过去主要有本科一个层次，现在则有大专、本科、硕士、博士多个层次；二是多类型，现代高等学院的院校、科系、专业类型十分繁多。

第五章　教师与学生

【内容辅导】

一、目标要求

（1）知道教师的定义，掌握教师的角色、基本素质，明确教师个体专业发展的内涵、过程与途径。

（2）知道学生的定义，掌握学生的本质特点，学生发展的一般规律和时代特点。

（3）领会师生关系的意义，了解理想师生关系的特点。

（4）掌握良好师生关系构建的基本策略。

二、内容提示

（一）教　师

1. 教师职业

（1）教师的概念。我国《教师法》对教师的概念作了全面、科学的界定：教师是履行教育教学职责的专业人员，承担教书育人、培养社会主义事业建设者和接班人、提高民族素质的使命。第一次从法律上确认了教师社会地位的专业性。从广义上看，教师与教育者是同一语；从狭义上看，教师专指学校的专职教师。

（2）教师职业的作用和地位。教师职业有着社会作用和个体作用。教师职业的地位主要包括政治地位、经济地位、法律地位和专业地位四个方面。

（3）教师职业的基本特征。首先，教师职业是一种专业性职业。其次，教师职业是以教书育人为职责的创造性职业。

2. 教师专业发展

（1）内涵。教师专业发展，又称教师专业成长，是指教师在整个专业生涯中，依托专业组织、专门的培养制度和管理制度，通过持续的专业教育，习得教育教学专业技能，形成专业理想、专业道德和专业能力的过程。它有两个层面的含义：第一，教师群体的专业发展。第二，教师个体的专业发展。教师专业发展包括专业理想的建立、专业知识的拓展、专业能力的发展、专业自我的形成。

（2）教师专业发展的过程。教师专业发展是一个持续社会化和个性化的过程，具有多阶段特征。

（3）教师专业发展的途径。从教师个体专业发展途径来看，主要包括师范教育、新教师的入职辅导、教师的在职培训、教师专业发展学校以及教师的自我教育。

3. 现代教师的专业素质、职业角色与形象

（1）专业素质。

① 先进、科学的教育理念。要具有时代特征的教育观，这要求教师对教育功能有全面的认识，对素质教育有全面的理解。要具有时代特征的学生观，这要求教师全面理解学生的发展，理解学生全面发展与个性发展、全体发展与个体发展、现实发展与未来发展的关系。要具有全面发展的教育质量观，这要求教师能够认识到，评价教育教学质量高低的标准是学生整体素质的发展状况，而不能仅凭考试成绩；考试成绩可以作为评价教学质量的一个指标，但不应成为主要和唯一的标准。教育质量的评价标准，应当是德、智、体综合素质的全面发展；教学质量的评价标准，应当根据学科的性质和特点，衡量学生各项基础素质的发展状况。

② 合理的专业知识。教师必须精通所教学科的基础性知识和技能，熟悉学科的基本结构和各部分知识之间的内在联系，了解与该学科相关的知识，学科的发展动向和最新的研究成果，以及学科领域的思维方式和方法论。教师所掌握的学科知识必须大大超出教学大纲的要求，要能做到“多走一步，深入三分”。教师在学科专业知识方面造诣愈深，教学才愈有足够的回旋余地。

③ 复合型的专业能力。主要包括处理教学内容的能力、分析研究学生的能力、设计教育教学活动的能力、良好的表达能力、教学组织管理能力、教学自我调控与反思能力、教学研究能力、终身学习能力、课程开发能力、专业发展规划能力等。

④ 崇高的专业道德。主要包括爱岗敬业、甘为人梯、热爱学生、为人师表等。作为教师，敬业是使其他素养成为可能的重要推广，也是成为一名优秀教师的第一要素。也就是说，热爱教育事业是做好教育工作的基本前提。教师对学生的爱是一种巨大的教育力量，也是一种重要的教育手段；应表现在对学生学习、思想和身体的全面关心上，严格要求学生，尊重、信任学生。

⑤ 强健的身体素质。

⑥ 健康的心理素质。

（2）职业角色。

现代教师的角色是多重的，是不断变化和创新的。其基本角色有：学习者和学者，知识的传授者，学生心灵的培育者，教学活动的设计者、组织者和管理者，学生学习的榜样，学生的朋友。教师职业是一种专门职业，教师是专业人员；教师是教育者，教师职业是促进个体社会化的职业。不同职业的性质，使不同职业所扮演的角色、承担的职责都表现出不同的特点。教师职业的最大特点在于职业角色的多样化。角色是个人在一定的社会规范中履行一定社会职责的行为模式。每个人在社会中同时扮演许多角色，但职业角色是相对单一的，而教师这一职业却具有多种角色的特点，具体如下：

① 传道者角色。教师负有传递社会传统道德、价值观念的使命。进入现代社会，虽然道德观、价值观呈现出多元化的特点，但学校、教师的道德观、价值观总是代表着居社会主导地位的道德观、价值观，并用这种观念引导学生。除了社会一般道德观、价值观外，教师对学生的“做人之道”“为业之道”“治学之道”等也有引导和示范的责任。

② 授业解惑者角色。教师是社会各行各业建设人才的培养者，他们在掌握了人类经过长期的社会实践活动所获得的知识经验、技能的基础上，对其进行加工整理，然后以特定的方法传授给年轻一代，并帮助他们解除学习中的困惑，激发他们的智慧，帮助他们形成一定的知识结构和技能技巧，成为对社会有用的建设者。

③ 示范者角色。教师的言行是学生学习和模仿的榜样。夸美纽斯曾说过，教师的职务是用自己的榜样教育学生。学生具有向师性的特点。教师的言论行为、为人处世的态度对学生具有潜移默化的作用。

④ 管理者角色。教师是学校教育教学活动的组织者和管理者，需要肩负起教育教学管理的职责，包括确定目标、建立班集体、制定和贯彻规章制度、维持班级纪律、组织班级活动、协调人际关系，等等，并对教育教学活动进行控制、检查和评价。

⑤ 父母与朋友角色。教师往往被学生视为自己的父母或朋友。

⑥ 研究者角色。教师的工作对象是充满生命力的、千差万别的活的个体，传授的内容是不断发展变化着的人文、科学知识。这就决定了教师要以一种变化发展的态度对待自己的工作对象、工作内容，要不断学习、不断反思、不断创新。

（3）职业形象。

教师职业形象至少包括道德形象、文化形象、人格形象。

（二）学　生

1. 学生的本质特点

学生是教育活动的另一个主体，它是相对于教师而言的，是指在教师的指导下从事学习的人。

（1）以系统学习间接经验为主。

（2）是具有主体性的人。

（3）具有明显的发展特征。

2. 学生的地位

学生的地位包括学生的社会地位和学生在教育过程中的地位。前者是后者的基础和依据，后者是前者的具体化。学生的社会地位属学生权利问题，其包括学生的受教育权、学生的人身权。

3. 学生的发展

（1）含义。学生在遗传、环境和学校教育以及自我内部矛盾运动的相互作用下身体和心理两个方面所发生的量、质、结构方面变化的过程与结果。

（2）一般规律。第一，顺序性和阶段性；第二，稳定性和可变性；第三，不均衡性；第四，个别差异性；第五，整体性。

学生发展的可能、可塑转变为现实，取决于学生发展的需要和个体与环境的相互作用。

（3）中小学生发展的时代特点。第一，生理成熟期提前。第二，学习目的的多元化、实用化。第三，价值观念多元化，具有较高的职业理想和务实的人生观。第四，自我意识增强，具有一定的社会交往能力。第五，心理问题和行为问题增多。

（三）师生关系

1. 师生关系在教育中的作用

（1）良好的师生关系是教育教学活动顺利进行的重要条件。

（2）师生关系是衡量教师和学生学校生活质量的重要指标。

（3）师生关系是一种重要的课程资源和校园文化。

2. 师生关系的类型

从对师生关系的意义及稳定性等的综合分析，师生关系主要有：以年轻一代成长为目标的社会关系；以直接促进学生发展为目的的教育关系；以维持和发展教育关系为目的的心理关系。

3. 理想师生关系的建立

（1）影响师生关系的因素。影响师生关系的因素归纳起来有教师方面、学生方面以及环境等。

（2）理想师生关系的基本特征。第一，尊师爱生，相互配合；第二，民主平等，和谐亲密；第三，共享共创，教学相长。

（3）良好师生关系构建的基本策略。第一，要了解和研究学生；第二，树立正确的学生观；第三，热爱、尊重学生，公平对待学生；第四，主动与学生沟通，善于与学生交往；第五，努力提高自我修养，健全人格。

【练习思考】

一、单项选择题

1. 职业道德具有适用范围的（　　）。

A. 有限性　B. 宽广性　C. 无限性　D. 狭窄性

2. 教师在所从事的教育教学活动中，严格按照《宪法》和教育方面的法律、法规以及其他相关的法律、法规，使自己的教育教学活动符合法制化。这就是（　　）。

A. 依法执教　B. 爱岗敬业　C. 严谨治学　D. 热爱学生

3. 教师礼仪的核心是（　　）。

A. 友善　B. 尊重　C. 信任　D. 增进情感

4. 第斯多惠曾说："教师本人是学校最重要的师表，是最直观的最有效的模范，是学生最活生生的榜样。"这说明教师劳动具有（　　）。

A. 广延性　B. 创造性　C. 连续性　D. 示范性

5. 作为基本的师生关系，其他师生关系皆服务于这一关系的是（　　）。

A. 社会关系　B. 心理关系　C. 教育关系　D. 经济关系

6. 建立良好的师生关系，从根本上说取决于（　　）。

A. 家长的配合　B. 学校领导的积极配合

C. 教师的实际水平　D. 学生的实际水平

7. 教师社会地位的最直接表现是（ ）。

A. 政治地位 B. 法律地位 C. 经济地位 D. 专业地位

8. 教师角色扮演的先决条件是（ ）。

A. 角色认知 B. 角色体验 C. 角色期待 D. 角色评价

9. 教师在课堂时学生不声不响，教师离开课堂后学生的纪律开始混乱。与这种课堂纪律相关的教师领导方式可能是（ ）。

A. 专制型 B. 放任型 C. 管理型 D. 民主型

10. “才高八斗”“学富五车”体现了教师的（ ）。

A. 道德形象 B. 文化形象 C. 人格形象 D. 教育形象

11. 教师在教学过程中，对正在进行的教学活动进行不断的自我认识和反思的能力是（ ）。

A. 教学设计能力 B. 教学组织能力

C. 教学决策能力 D. 教学监控能力

12. 学生主体性的最高表现形式是（ ）。

A. 自觉性 B. 独立性 C. 创造性 D. 主动性

13. 从伦理学的角度看，教师要公正地对待学生，首先是要真正（ ）。

A. 给学生权利 B. 教给学生知识

C. 尊重和信赖学生 D. 尊重学生家长

14. 教师综合素质最突出的外在表现，以及评价教师专业性的核心因素是（ ）。

A. 教师的专业理性 B. 教师的专业知识

C. 教师的专业能力 D. 教师的专业自我

15. 学生在教育过程中，处于（ ）。

A. 主导地位 B. 主体地位 C. 被动地位 D. 辅助地位

二、多项选择题

1. 关于教师专业化，下列说法正确的是（ ）。

A. 教师需要具备专业知识技能

B. 教师需要具备专业精神

C. 教师专业化是要师范生毕生从事教学工作

D. 教师专业化的实现需要社会多方面共同努力

2. 教师培养学生的主体性，措施有（ ）。

A. 建立民主和谐的师生关系，重视学生自学能力培养

B. 尊重学生的个体差异，进行针对性教育

C. 重视学生主体参与课堂，获得体验

D. 将课堂的主导权、主控权还给学生

3. 聘任教师的形式有（ ）。

A. 招聘 B. 续聘 C. 解聘 D. 辞聘

三、填空题

1. 学生是生活在一定的社会关系中，具有特定________的人。

2. 学生是学习的________，是具有能动性的教育对象。

3. 学生具有________的特点，教师的言论行为、为人处世的态度会对学生具有耳濡目染、潜移默化的作用。

4. 师生关系从本质上是一种______关系。

5. 师生在教育内容的教学上构成________。

6. 教师的表率作用的主要表现是________。

7. __________是教师从事教育教学的重要工具，是传播知识和影响学生的重要手段。

8. 学生是权利的主体，享有法律所规定的各项________。

9. 与环境对个体自发的、零碎的、偶然的影响相比，学校教育对学生的成长起着________作用。

10. 良好师生关系建立的首要途径是________。

四、判断简析题

1. 教师教育就是师范教育。

2. 教师职业化（专业化）就是要获得教师资格证。

3. 有的老师说："只要有专业知识就能上好课，何必还要学习教育学？"

五、简答题

1. 学生特有的本质属性表现在哪些方面？

2. 简述教师的教育专业素养。

六、论述题

教师作为学生的良师益友，应做好与学生的交流沟通工作，必须有意识地改变与学生沟通的方式方法。请论述，在沟通方式上教师应注意些什么？

七、案例（材料）分析题

1968年，美国心理学家罗森塔尔及其助手进行了一次所谓"预测未来与发展"的著名实验：在一番虚张声势的测量之后，实验者随意地勾画出一些人的名字，神秘地告诉老师，他们是"天才"。十一个月后，他们发现这些"天才"的智力发展水平超过平均值，且个个精神活泼，积极上进，与教师的关系也比其他学生更密切了——这就是著名的"罗森塔尔效应"的来源。

而我国的一位年轻教师曾遇到这样一件令他终生愧疚的事情：一个学生一次作业不理想，他一生气地在作业本上划了一个通页的大"×"。没想到他的这个行为竟然使得这位同学的自尊心受到了极大的伤害，最后辍学去做小买卖了。

问题：请结合以上事例，谈谈师生互动的心理机制和师生交往的艺术。

【参考答案】

一、单项选择题

1. A　2. A　3. B　4. D　5. C　6. C　7. C　8. A　9. A　10. B　11. D　12. C　13. C　14. C　15. B

二、多项选择题

1. ABD　2. ABC　3. ABCD

三、填空题

1. 社会属性　2. 主体　3. 向师性　4. 人—人　5. 授受关系　6. 言行一致　7. 语言　8. 社会权利　9. 主导　10. 课堂教学

四、判断简析题

1. 错误。教师教育是对师范教育的发展，不仅包括职前的师范教育，还包括入职教育和在职培训。

2. 错误。教师资格证是教育行业从业人员的许可证。教师职业化（专业化）是指教师在整个专业生涯中，依托专业组织、专门的培养制度和管理制度，通过持续的专业教育，习得教育教学专业技能，形成专业理想、专业道德和专业能力，从而实现专业自主的过程。教师职业化应具备以下几个条件：（1）具备专门的知识技能；（2）具有以奉献和服务精神为核心理念的职业道德；（3）具有为学生和社会所公认的复杂知识技能的权威和影响力；（4）具有充分的自治和自律性，有正式的专业组织对行业服务、培训及资格认证进行管理。由此可见，获得教师资格证只是教师职业化的一个前提条件，并不意味着教师职业化的完成。

3. 错误。作为一名合格的人民教师，不仅要具有精深的专业知识，而且还要具有比较广博的相关学科知识和比较扎实的教育理论知识。有的教师虽然专业渊博，但教学效果差，主要是因为缺少心理学、教育学的知识；有的老师虽然没有教育学和心理学的知识，教学效果仍然很好，这是由于他在长期的教学实践中，摸索和总结出了教学的技巧和方法，他是在不自觉地运用教育学的有关知识。

五、简答题

1. 学生特有的本质属性表现在：（1）学生处于人生中身心发展最迅速时期的人。第一，学生具有发展的可能性和可塑性；第二，学生发展的可能性和可塑性转变为现实性的条件是个体与环境的相互作用。（2）学生是学习的主体，是具有能动性的教育对象。

2. 教师职业是教书育人，因此，教师不仅要有所教学科的专业素养，还要有教育专业素养。教师的教育专业素养包括以下几个方面：第一，具有先进的教育理念；第二，具有良好的教育能力；第三，具有一定的研究能力。

六、论述题

良好的师生关系是产生教育效能的首要条件。只有加强与学生的沟通，师生情感才能和谐融洽，才能达到更好的教育教学效果。在沟通方式上，教师应注意以下几方面内容。

（1）学会了解。了解学生是师生沟通的首要条件，教师要了解学生的家庭、性格、学习成绩、兴趣爱好等。（2）面对现实。要接受学生进入青春期的现实。青春期是一个风暴期，某些过激行为是正常的表现。作为教师，要做学生的知心朋友，帮助其解决成长中的困惑。（3）爱心感化。与学生沟通的内容方面，爱心比讲道理更为重要。师爱可以引导学生产生巨大的内动力，让学生自觉地、主动地沿着教师指导的方向迈进。（4）平等对待。教师应热爱每一位学生，不能因为他们的学习成绩好坏、行为端正与否而区别对待，而应当一视同仁、平等对待。(5)倾听。倾听学生可以更加深入地了解学生，同时学生在倾诉后也可以减轻自己的心理压力，学生觉得自己得到了教师的重视和理解，精神上就会感受到支持和鼓励。(6)态度和蔼。教师的态度投射在学生心灵上会产生巨大的影响，和善的态度会使学生感受到教师对自己的尊重而更加愿意接受教师的教育引导。

七、案例(材料)分析题

以上正反两个案例实际上都说明:(1)一个教师只要真正地爱学生，对孩子寄予期望，这些孩子(包括差生)都会取得较大的进步，反之则会使孩子的学习倒退，甚至彻底丧失学习的信心。所谓教师的期望是指教师对学生所作的关于当前与未来学业成绩和行为表现的推断和预测。它通过教师的话语、暗示、行动等表现出来，会对学生的心理和行动产生复杂的效应。教师的期望效应的产生，主要取决于教师。教师的期望有积极和消极的差别，教师应力求发挥人际期望的积极效应，防止消极的效应，这取决于教师形成的期望是否切合学生的实际水平，以及根据期望采取的行动是否适当。这两个案例就说明了这一点。(2)师生交往还是一门艺术。在教师与学生的交往过程中，除了遵循理解、尊重、宽容、平等原则之外，还要学会一些师生交往的技巧。讲究一些方法和技巧，对于促进学生学习态度的转变、学习成绩的提高是大有益处的。比如，作为一个老师，要知道学生的心里想什么，要培养一点幽默感，最好能记住学生的各种自然情况(如年龄、生日、家庭状况)等。而期望或激励在某种意义上就是一种师生交往的技巧，比如将一个任务交给一个能力较弱的学生，相信他能完成这个任务，这实际上就包含了一种期待和信任。

第六章 课 程

【内容辅导】

一、目标要求

（1）理解几种主要的课程定义，能用自己的语言就每种课程理论流派的基本主张做出表述。

（2）掌握学科课程、活动课程、综合课程、核心课程、国家课程及校本课程等常见的几种课程类型，了解课程的组织和管理。

（3）熟悉我国课程改革的历史回顾，掌握新课程改革的总体要求、具体目标、课程标准及其地位、作用和特点。

（4）了解新课程带来的变革，掌握世界及我国课程改革的发展趋势。

二、内容提示

（一）课程与课程理论

1．课程的含义

课程是对育人目标、教学内容、教学活动方式的规划和设计，是教学计划、教学大纲和教材全部内容及其实施过程的总和。

2．课程的理论流派

（1）经验主义课程论。代表人：杜威。基本观点为：① 课程应以儿童的活动为中心。课程必须与儿童的生活相沟通，应该以儿童为出发点，以儿童为中心和目的。② 课程的组织应心理学化。应考虑到心理发展的次序以利用儿童现有的经验和能力。优点：以学生的活动为中心，有利于调动学生的兴趣，培养社会实践能力；缺点：过分强调学生的兴趣，课程设置缺乏系统性。

（2）学科中心主义课程论。主要分为两类：要素主义（代表人物：巴格莱）和永恒主义（代表人物：赫钦斯）。① 要素主义：强调课程的内容应该是人类文化的共同要素，课程应给学生提供分化的、有组织的经验，即知识。② 永恒主义：课程应以永恒学科组成，它推演出我们人性的共同要素。优点：有利于学生掌握系统的科学文化知识，继承优秀的人类文化遗产；缺点：容易使各门知识发生断裂现象，加重学生的学习负担，忽视学生的兴趣，理论和实践相脱离。

（3）社会改造主义课程论。代表人：布拉梅尔德。基本观点为：课程不应该帮学生适应社会，而是要建立一种新的社会秩序和社会文化。主张学生尽可能地参与到社会中去，以广泛的社会问题为中心。优点：重视课程与社会的联系，有利于为社会服务；缺点：缺乏系统的知识学习，夸大了教育的作用。

（4）存在主义课程论。代表人：奈勒。基本观点：课程最终要由学生的需要来决定。人文学科应以社会问题为中心。优点：注重学生的情感、责任和人生价值，有利于建立和谐的师生关系；缺点：缺乏系统知识的传授和评价标准，学习评价流于主观。

（5）后现代主义课程论。代表人：多尔。基本观点：分析和批判泰勒模式，将后现代课程标准概括为4R：丰富性（richness），体现了课程的一种开放性的特点；循环性（recursion），旨在发展能力；关联性（relation），教育上的关联，文化方面的联系；严密性（rigor），意味着一种有意识的企图。优点：将课程当作不断展开的动态过程，丰富了知识的内涵，重视学生的个体经验，有利于建立和谐的师生关系；缺点：多元化发展趋势，且批判远多于建设，在实践中较难操作。

（二）课程组织

1. 课程目标

课程目标是指课程本身要实现的具体目标和意图。课程目标有这样一些特征：整体性、阶段性、持续性、层次性、递进性、时间性。确定课程目标的方法主要有筛选法和参照法。

2. 课程内容

课程的构成通常包括：① 课程标准。课程标准又称教学大纲，是课程计划中每门学科以纲要的形式编定的、有关学科教学内容的指导性文件，一般由说明部分和本文部分构成。② 教材。教材是教师和学生据以进行教学活动的材料，包括教科书、讲义、讲授提纲、参考书、活动指导书以及各种视听材料。其中教科书和讲义是教材的主体部分，故人们常把教科书与讲义简称为教材。教科书又称课本，它是依据课程标准编制的、系统反映学科内容的教学用书。教科书是课程标准的具体化。③ 教师用书。④ 练习册。

3. 课程类型

（1）学科课程与活动课程。学科课程又称为分科课程，它以有组织的学科内容作为课程组织的基础。活动课程又称“经验课程”或“儿童中心课程”。

（2）综合课程和核心课程。综合课程又称为广域课程、统合课程、合成课程，采取合并相关学科的办法，减少教学科目，把几门学科的教学内容组织在一门综合学科中。核心课程既指所有学生都要学习的一部分学科或学科内容，也指对学生有直接意义的学习内容。

（3）显性课程和隐性课程。显性课程也叫显在课程、正规课程、官方课程，指的是为实现一定的教育目标而正式列入学校教学计划的各门学科以及有目的、有组织的课外活动。显要特征之一就是计划性。隐性课程，指学生在学校情景中无意识地获得经验、价值观、理想等意识形态内容和文化的影响。也可以说是在学校情境中以间接的内隐的方式呈现的课程，具有非预期性、潜在性、多样性、不易觉察性。

（4）国家课程和校本课程。所谓国家课程，是由中央教育行政机构编制和审定的课程，其管理权属中央教育机关。国家课程是一级课程。所谓学校课程，是在具体实施国家课程和地方课程的前提下，通过本校学生的需求进行科学评估，充分利用当地社区和学校的课程资源而开发的多样性的、可供学生选择的课程。

4．课程实施

课程实施是指把课程计划付诸实践的过程，它是达到预期的课程目标的基本途径。实施应至少考虑七个方面的问题。一是安排课程表，明确各门课程的开设顺序和课时分配；二是确定并分析教学任务；三是研究学生的学习活动和个性特征，了解学生的学习特点；四是选择并确定与学生的学习特点和教学任务相适应的教学模式；五是对具体的教学单元和课的类型和结构进行规划；六是组织并开展教学活动；七是评价教学活动的过程与结果。

影响课程实施的因素：课程计划本身的特点；教师的特征；学校的特点；校外环境。

5．课程评价

（1）课程评价的分类。学生学业的评价与课程本身的评价；终结性评价与形成性评价；科学——实证主义课程评价观与人文——自然主义课程评价观。

（2）课程评价的目的。改进课程；改进教学。

（3）课程评价的功能。诊断功能；修正功能；决策功能。

（4）课程评价的方法。观察法；调查与访谈；纸笔测试；表现评估。

（三）我国新一轮基础教育课程改革的基本理念

1．新课程的目标定位

（1）为了学生的发展。① 为了学生的终身发展。为了学生的终身发展是本次课程改革的根本理念。② 为了全体学生的发展。基础教育是奠基工程，关系到未来中华民族的整体素质，课程改革要面向全体学生，充分考虑到各地区的差异，增强课程对地方、学校、学生的适应性，使全体学生都能得到充分的发展。③ 为了学生的全面发展。未来社会需要高素质的、具有广泛适应性的、全面发展的人。④ 为了学生的个体发展。现行课程体系强调整齐划一、规模效应，忽视学生的个性发展，忽视学生发展的具体性、差异性。新课程追求学生的个性发展，承认学生是发展的、有潜力的、有差异的人，是活泼的、具有独立个性的人。教育要尊重学生的独特性和具体性。

（2）各学科的课程目标。以“知识与技能、过程与方法、情感态度价值观”作为各学科的课程目标，力求体现素质教育的要求。

（3）新课程总的培养目标。培养具有爱国主义、集体主义精神，热爱社会主义，继承和发扬中华民族的优秀传统和革命传统；具有社会主义民主法制意识，遵守国家法律和社会公德；逐步形成正确的世界观、人生观、价值观；具有社会责任感，努力为人民服务；具有初步的创新精神、实践能力、科学和人文素养以及环境意识；具有适应终身学习的基础知识、基本技能和方法；具有健壮的体魄和良好的心理素质，养成健康的审美情趣和生活方式，成为有理想、有道德、有文化、有纪律的一代新人。

2．新课程的内容选择

学科课程标准表现出新的特点：强调课程内容与学生的生活相联系；强调课程内容反映当代社会生活，联系社会实际。

3. 新课程的结构调整

整体设置九年一贯的课程门类和课时比例，并设置综合课程，强调课程结构的均衡性、综合性和选择性。课程结构的均衡性是指学校课程体系中的各种课程类型、具体科目和课程内容能够保持一种恰当、合理的比重。课程结构的综合性体现在加强学科的综合性、设置综合课程、增设综合实践活动。课程结构的选择性是针对地方、学校与学生的差异而提出的，它要求学校课程要以充分的灵活性适应于地方社会发展的现实需要，以显著的特色性适应于学校的办学宗旨和方向，以选择性适应于学生的个性发展。

4. 新课程的教学策略

（1）学生是学习的主体。

（2）倡导自主、合作、探究的学习方式。

（3）倡导学生要富有个性的学习。

（4）努力推进信息技术在教学过程中的应用，促进信息技术与学科课程的整合。

（5）教师角色的新定位。教师角色由知识传授者转变为：探求者、合作者、指导者、学习者、反思者、研究者。

5. 新课程的评价体系

评价的目的和功能：促进学生发展、教师提高和改进教学实践。

评价体系：建构以人为本，促进人的全面发展和个性发展的评价体系。

评价内容、方法、标准、主体多元化。评价不仅要关注学生的学业成绩，还要发现和发展学生多方面的潜能；评价方式强调过程与结果的统一、质与量的结合。

评价主体强调教师、学生自评，校长、家长等共同参与。

重视评价的过程，强调评价的即时性，提倡建立学生成长档案袋。

6. 新课程的管理政策

教师、学生是课程资源的建设者和开发者。课程是由各级政府、学校、教师、学生共同决定、共同参与建设和开发的。

【练习思考】

一、单项选择题

1. 基础型课程注重培养学生的“三基”，即（　　）。

A. 读、写、算　　B. 画、写、算　　C. 读、写、画　　D. 读、画、算

2. 我国义务教育阶段的课程计划应该具有的三个特征是（　　）。

A. 强制性、基础性、科学性　　B. 普遍性、基础性、科学性

C. 强制性、基础性、普遍性　　D. 强制性、普遍性、科学性

3. 新课程改革中提出的课程“三维目标”是（　　）。

A. 知识、情感、技能

B. 世界观、人生观、价值观

C. 面向世界、面向未来、面向现代化

D. 知识与技能、过程与方法、情感态度与价值观

4. 衡量教师教学和学生学习质量的标准是（　　）。

A. 教科书　　B. 考试成绩　　C. 课程标准　　D. 教学计划

5.（　　）提出“重视学生对系统知识的学习，重视教材的逻辑组织，强调训练的价值”。

A. 社会中心课程理论　　B. 学科中心主义

C. 学习者中心课程理论　　D. 经验主义课程理论

6. 真正的课程是教师与学生联合创造的教育经验，课程实施本质上是在具体教育情境中创生新的教育经验的过程，既有的课程计划只是供这个经验创生过程选择的工具而已。这是课程实施的（　　）。

A. 忠实取向　　B. 相互适应取向　　C. 创生取向　　D. 综合取向

7. 新课程教学改革要求我们首先确立起（　　）。

A. 先进的教学观念

B. 与新课程相适应的、体现素质教育精神的教学观念

C. 教师为主导、学生为主体的教学观念

D. 以课堂教学为中心的教学观念

8. 相对而言，对于调动学生的积极性、主动性和创造性，培养学生的兴趣特长，丰富学生的精神生活，促进学生个性发展和思想品德的形成具有重要意义的课程是（　　）。

A. 分科课程　　B. 经验课程　　C. 综合课程　　D. 隐性课程

9. 根据教育部课改纲要，关于新课改的几大“改变”，下列说法不正确的是（　　）。

A. 改变“难、偏、旧”的教学内容，让学生更多地学习与生活、科技相关联的知识

B. 变“要学生学”为“学生要学”，要激发学生的兴趣，让学生主动参与、乐于探索、勤于动手、学会合作

C. 不同功能和价值的课程要有一个较均衡、合理的结构，符合未来社会要求和学生的身心发展

D. 课程评价上，在改进教学、促进发展的基础上，加强甄别与选拔功能

10. 学校校风、学风属于（　　）。

A. 物质性隐性课程　　B. 观念性隐性课程

C. 制度性隐性课程　　D. 心理性隐性课程

11. 课程目的为个体发展和幸福服务，课程内容提倡广泛，课程实施尊重儿童、讲究方法。这是（　　）课程观的观点。

A. 人文主义　　B. 科学主义　　C. 知识本位　　D. 能力本位

12. 新课程的核心理念是（　　）。

A. 促进教师专业成长　　B. 转变旧的学习方式

C. 倡导建构的学习　　D. 为了每一个学生的发展

13. 新课程改革倡导（　　）的课程评价。

A. 强调学生学会学习　　B. 强调新的学习方式

C. 突出甄别和选拔功能　　D. 立足过程，促进发展

14. 新课改提出初中课程的设置是（　　）。

A. 综合课程为主　　B. 分科课程为主

C. 综合和分科课程相结合　　D. 综合实践活动为主

15. 活动课程的主要倡导者是（ ）。

A. 杜威　　B. 布鲁纳　　C. 斯金纳　　D. 夸美纽斯

二、多项选择题

1. 课程与教学内容组织的最基本标准包括（ ）。

A. 宏观组织与微观组织　　B. 横向组织与纵向组织

C. 逻辑顺序组织与心理顺序组织　　D. 直线式组织与螺旋式组织

2. 泰勒提出的课程编制的步骤包括（ ）。

A. 确定教育目标　　B. 选择教育经验

C. 组织教育内容　　D. 评价教育效果

3. 新课改要求教师角色由知识传授者转变为（ ）。

A. 合作者　　B. 指导者　　C. 学习者　　D. 研究者

三、填空题

1. 建立在不同的教育哲学理论基础上的课程论及课程的历史传统叫________。

2. 拓展课常常以________的形式出现。

3. 教科书的编写应遵循的原则之一是强调内容的________。

4. 新课程理念倡导________、合作、探究的学习方式。

5. 课程评价的主要模式有目标评价模式、________模式、CIPP 评价模式。

6. 课程文件有三个层次，分别是教学计划、课程标准和________。

7. 在泰勒“课程原理”的四个阶段中________是最为关键的一步。

8. 新课改理念认为，课程是由各级政府、学校、教师、________共同决定、参与建设和开发的。

9. 新课改强调课程结构的均衡性、________和选择性。

四、判断简析题

1. 学科课程标准是编写教材和开展教学活动的依据。

2. 新课程强调学生的主体地位，排斥教师的介入和指导。

五、简答题

1. 简述新课程的实施需要教师强化哪些能力？

2. 简述新课程改革中的学生观。

3. 请简要比较学科课程和活动课程的不同。

六、论述题

为什么说活动课程是针对传统学科课程的弊端提出来的？它的进步意义在哪里？试分析我国当前基础教育改革在借鉴其合理成分之外，还应该在哪些方面引起注意？

七、案例（材料）分析题

1. 某校对高一学生进行了一次有关新教材课外读本阅读情况的调查，结果 2/3 以上学生的完成情况很不理想。这一数字让语文老师们十分震惊，如果不扩大知识面，单靠课本上的材料，怎么能全面提高学生们的语文水平呢？一部分教师认为，应该改革阅读教学模式，更多地发挥学生的主动性。王老师还设计了“语文课进阅览室”的具体方案：学生在阅览室阅读自己喜欢的刊物，并组成兴趣小组，阅读与研究、交流相结合；搭建“语文课进阅览室交流平台”，以学生为主持人发表同学们的“荐杂文”“知类文”“谈方法”“说感悟”，让学生在阅读中发现问题，激发学习的成就感。方案提出以后，老师们都觉得这个方法不错，但它要求任课教师花费更多的心血来备课和提高自己的文学修养，这对于已经非常繁忙的老师们来说，无疑是个重负。学校领导对此给予了很大的支持，并选择了高一、高二年级的五个班进行每周在阅览室上一节语文课的实验。一段时间下来，王老师惊讶地发现两个“没想到”：第一个“没想到”，是课堂秩序会这么好。原来体育课后上语文课，刚刚进行完剧烈活动的学生要有一段时间才能平静下来。现在进了阅览室，大家各就各位，很快进入阅读环节；第二个“没想到”是见效这么快。半个学期的十多节课下来，学生们的阅读能力和作文水平普遍有了改观。期中考试，语文成绩也明显提高。学生们都说喜欢这种新的上课方式。

问题：结合新课程改革，谈谈对王老师语文阅读教学改革实验的看法。

2. 对学生来说，由于知识基础的差异和个性品质的不同，对新课程有很多不适应的地方。比如，新课程提倡研究性学习，就使许多学生不知所措。一个班少则有四五十人，多则有六七十人，要进行有效的合作探究，难度很大。据上课教师分析，在研究性学习过程中受益多的是那些主动性强的学生，三分之二的学生是跟着走或跟不上。在众多的课堂实践活动中，表现突出的只是那些性格外向的学生，性格内向的学生只能做旁观者。这种状况很容易导致学生中出现两极分化。

问题：对于新课程改革中遇到的这个问题，你认为应该如何调动全体学生的积极性，并且采取什么有效的方法才能使所有的学生在新课程改革中受益。

【参考答案】

一、单项选择题

1. A　2. A　3. D　4. C　5. B　6. C　7. B　8. B　9. D　10. B　11. A　12. D　13. D　14. C　15. A

二、多项选择题

1. BCD　2. ABCD　3. ABCD

三、填空题

1. 课程理论　2. 选修课　3. 基础性　4. 自主　5. 目的游离评价　6. 教科书　7. 确定课程目标　8. 学生　9. 综合性

四、判断简析题

1. 正确。因为学科课程标准是国家根据课程计划以纲要的形式，编写的有关某门课程的内容及其实施、评价的指导性文件。所以，学科课程是编写教材和开展教学活动的依据。

2. 错误。新课程虽然强调突出学生的主体地位，但同时也注重教师的指导作用。

五、简答题

1.（1）新教材、新课标的透析能力。（2）课堂教学与信息技术整合的能力。（3）与其他老师进行学术交流和探讨的能力。（4）不断学习的能力。

2. 关注学生，一切为了每一个学生的发展，是新课程的最高宗旨和核心观念。根据现代教育教学的要求和学生实际，正确的学生观应包含以下内容：（1）尊重每个学生的人格。（2）坚持学生是学习的主体。（3）重视学生的全面发展。（4）关注学生间的差异。（5）培养学生的社会意识。

3.（1）学科课程也称分科课程，是以有组织的学科内容作为课程组织的基础。（2）活动课程是以活动为主设置的课程，影响深远而广泛，其特点是，以儿童的生活或经验为课程的中心，课程内容的选择取决于学生的兴趣和需要，局限于儿童日常的生活经验，变分科的组织形式为综合作业的组织形式，强调儿童学习的主动性，特别重视儿童能力的培养。

六、论述题

因为传统学科课程具有呆板、枯燥、忽视儿童需要的弊端，而活动课程开阔了学生的思维，打破了传统学科的框架，以生活题材为学习单元，通过解决学习者面临的各种问题，重构经验，尊重学生的主动精神，强调课程适合儿童兴趣，需要经验，在培养学生创造性、自学能力以及个性发展方面都 有借鉴意义。近年来，活动课程有了新的发展，力图使其与学科课程有机地结合起来，取长补短。当前，活动课程还应该注重地区性，因为地区、城镇、农村的学生智力、视野、知识有差异，需要分别对待。

七、案例（材料）分析题

1.（1）我国传统的教育体系过分强调知识的灌输，把传授知识作为唯一的教学目标，忽视了学生的主体作用，使学生成了单纯的知识容器，压抑了学生创造能力和实践能力的发展。因此，新课程改革强调教师角色的转变。（2）王老师的可贵之处在于：他在教学实践中，善于交出学生思维的主动权，让学生在教师精心设计的问题情境中积极思考。通过“语文课进阅览室”，让学生学得生动活泼；在愉悦的情境中，享受学习知识的快乐。（3）在“语文课进阅览室”活动中，教师由单纯的知识传授者转变为学生学习的促进者；由管理者转化为引导者，师生之间形成一个真正的“学习共同体”。（4）在“语文课进阅览室”活动中，学生的学习方式发生实质性转变，打破了教师“一言堂”的局面，建立了一个宽松的课堂气氛。教师从培养学生的学习兴趣、激发学生的学习动机出发，为他们创设有利于其获取信息、相互交流、主动思考的环境，使学生的语文素养得到了全面提高。

2. 对于新课程改革中遇到的这个问题，应采取的方法如下：（1）重视智力开发与学生能力的培养。在基础知识教学中，重视思维能力和学习能力的培养，特别是重视培养学生分析问题和解决问题的能力，使学生“学会学习”。（2）重视个别差异，加强个别指导。每个学生已有的知识基础及其天资、禀赋、兴趣、性格等心理品质差别很大，教师应对每个学生进行个别指导。

第七章 课堂教学

【内容辅导】

一、目标要求

（1）了解教学思想的历史发展、当代主要教学理论流派的基本主张。

（2）理解课堂教学设计的含义、基本程序、主要模式、内容和方法。

（3）理解教学策略的含义，掌握常用的课堂教学策略。

二、内容提示

（一）教学思想的发展

1．古代教学思想的精华

中国：孔子——打破“学在官府”的局面，提出有教无类、启发式教学、因材施教、学思行结合；《学记》是世界上最早系统地论述教育教学思想的专著。

古希腊和古罗马：苏格拉底——产婆术；柏拉图——寓教于乐，重视思想训练；亚里士多德——德、智、体和谐教育思想；昆体良——根据儿童的年龄特点因材施教和量力而行，劳逸结合并给学生以鼓励，反对体罚。

2．近代教学思想精华

夸美纽斯“班级授课制”的兴起，对“教”提出了要求。

梁启超：趣味教学思想；联系实际，使学生有所发明；自动、自主、自治、自立教学。蔡元培：自动自学，自助自研。

陶行知：教的法子必须根据学的法子。

3．当代教学的新概念

（1）从重视教师向重视学生转变。

（2）从重视知识传授向重视能力培养转变。

（3）从重视教法向重视学法转变。

（4）从重视认知向重视发展转变。

（5）从重视结果向重视过程转变。

（二）主要教学理论流派

1. 哲学取向的教学理论

（1）知识—道德本位的目的观——知识的学习。

（2）知识授受的教学过程。

（3）科目本位的教学内容——系统的学科知识。

（4）语言呈示为主的教学方法——讲授法。

2. 行为主义教学理论

（1）预期行为结果的教学目标。教学的目的是提供特定的刺激，以便引起学生特定的反应，因此教学目标越具体、越精确越好。

（2）相倚组织的教学过程。相倚组织是对强化刺激的系统控制，即刺激—行为—强化性的结果。

（3）程序教学方法。理论基础是强化作用（刺激—行为—强化性结果）。斯金纳根据强化相倚关系，提出塑造（通过安排特定的强化相倚关系使有机体做出他们行为库中原先不曾有的复杂动作）和渐退（通过有差别的强化，缓慢减少两种及以上刺激的特征，从而使有机体最终能对两种只有很小差异的刺激做出有辨别的反应）。

3. 认知教学理论——布鲁纳的认知结构教学理论

（1）教学的主要目的是发展学生的智力。

（2）四条教学原则：动机（儿童都有天生的好奇心和欲望，教师如何利用其促进学生智慧的发展）—结构（选择适当的知识结构和适合于学生认知结构的方式）—序列（最佳顺序呈现教学内容）—强化（适时让学生知道学习结果）。

（3）学科知识结构：有利于学生理解该门课程、有利于知识的迁移、有利于记忆具体细节、有利于年幼儿童学习高级的知识。

（4）发现教学法（教师提供有利于学生发现的情境）。

4. 情感教学理论——人本主义心理学

（1）教育的最终目标。让学生成为充分发挥作用的人、自我发展的人和形成自我实现的人。

（2）非指导性教学过程。把心理咨询的方法移植到教学中，以解决学生的情感问题为主要目标。

（3）意义学习与非指导性学习。意义学习不仅指涉及事实累积的学习，还是一种使个体的行为、态度、个性以及在未来选择行动方式时发生重大改变的学习。非指导性学习是一种教学模式，既是理论，也是实践。其理论假设是每个人都有健康发展的自然趋势，有积极处理多方面生活的可能性，充满真诚、理解、信任的人际关系会促成健康发展潜能的实现。

（4）师生关系。师生关系应该是真诚、信任、理解。

5. 建构主义教学理论

建构主义教学理论是认知结构学习理论在当代的发展，强调学生的巨大潜能，教学要把学生现有的知识经验作为新知识的生长点，引导从原有知识中生长出新知识。建构主义认为，学习是在社会文化背景下，通过人际间的协作活动而实现的意义建构的过程。

（1）知识观。知识并不是对现实的准确表征，是一种解释、一种假设。学生对知识的“接受”是靠自己的建构来完成的，以他们自己的经验、信念为背景来分析知识的合理性，不仅是对知识的理解，也是对新知识的分析、检验和批判。

（2）学习观。学习者在一定的社会文化背景下，借助于其他人的帮助，利用必要的学习资料，通过意义建构的方式获得知识。

（3）课程观。用情节真实、复杂的故事呈现问题。营造解决问题的环境，以便帮助学生活化知识，变事实性知识为解决问题的工具；用产生于真实背景中的问题启发学生的思维；课程既要基于学科，又要超越学科，使学生始于课堂，又走出课堂，融于社会。

（4）教学观。通过设计重大的任务或问题以引导学生学习及支撑其学习的积极性，帮助学习者成为学习的主体。

（5）学生观。学生有丰富的知识经验和认知能力，在此基础上，他们能进行合乎逻辑的推理。

（6）教学模式。① 支架式教学：为学习者构建知识体系、提供概念框架的教学。② 抛锚式教学：抛锚式教学有时也称“实例式教学”或“基于问题的教学”。这种教学要求学生到实际的环境中去感受和体验问题，而不是听这种经验的间接介绍和讲解。在实际情境中一旦确立一个问题，整个的教学内容和教学进程就被确定了（就像轮船被锚固定一样）。③ 随机进入式教学：对同一内容，不同时间、不同情境、基于不同目的、着眼于不同方式、用不同方式多次加以呈现，实现学习者对同一对象全方位、多方面的理解。

（三）课堂教学设计

1. 教学设计含义

对教学设计的概念没有统一界定，教学设计基本就是对教学活动过程的整体把握，根据教学情景的需要和教学对象的特点确定合理的教学目标，实施可行的评价方案，从而保证教学活动的顺利进行。

2. 教学设计的基本程序

（1）教学所要达到的目标。

（2）为达到目标，要选择什么样的教学内容。

（3）如何组织（教学策略、教学媒体）。

（4）得到反馈信息（教学评价）。

（5）课堂教学设计。

3. 教学内容设计

（1）陈述性知识设计。陈述性知识，主要是关于“是什么”的知识。如数学、物理中的基本事实、概念、命题、原理等；化学中的元素符号、反应方程式等；历史、地理中的人物、事件、时间、地址等属于陈述性知识。设计应注意了解学生的知识储备、引入多媒体以及知识之间的逻辑联系。

（2）程序性知识及设计。程序性知识是关于方法和应用的知识，是关于“怎么办”的知识。除陈述性知识之外的大部分知识都是程序性知识。设计应注意在运用概念、原理解决问题的能力——设计练习方面下功夫。

（3）策略性知识及设计。策略性知识也是回答“怎么办”的知识，但与程序性知识不同的是它强调的是个体调控自己认识活动和个体自身认识活动的知识。如，注意的策略、记忆的策略、提取的策略、创造性思维策略等。设计应注意用提问控制学生的注意力，教会学生在听课和看书时做笔记，将知识加以组织，便于学生记忆和回忆等。

4. 教学时间设计

主要是把握好整体时间分配，如一学年或一学期的时间分配、每个单元的分配、必学课和选学课的时间分配、在一堂课中各环节的时间分配。

5. 教学结构设计

教学工作一般包括备课、上课、课外作业、课外辅导、学生学业成绩的检查与评定。

6. 教学评价设计

教学评价可分为终结性评价和形成性评价。

（四）课堂教学策略

1. 教学策略的含义

教学策略是为了达成教学目的、完成教学任务，在对教学活动清晰认识的基础上，对教学活动包括方法的选择、材料的组织、对师生行为的规范等进行调节和控制的一系列执行过程。

2. 几种主要的课堂教学策略

（1）讲授策略。先行组织者在学习新材料之前向学生呈现引导性材料。

（2）对话策略。问答和讨论。

（3）指导策略。如活动指导、练习指导、阅读指导等。

【练习思考】

一、单项选择题

1. 练习式教学模式的目的是（　　）。

A. 养成良好的自学习惯

B. 引导学生探索问题，主动地解决问题

C. 巩固知识，达到熟练程度，培养技能、技巧

D. 使学生达到对教材内容的真正理解

2. 教学活动在我国的主要体现形式是（　　）。

A. 学校教学　　B. 课堂教学　　C. 课本教学　　D. 知识教学

3. 下列哪种教学模式容易加大学生的负担？（　　）。

A. 讲授式　　B. 讨论式　　C. 自学式　　D. 练习式

4.“臧息相辅”这一教学思想的要点在于（　　）。

A. 学与思相结合　　B. 教与学相结合

C. 教学与劳动相结合　　D. 课内与课外相结合

5. 传统教学的“三中心”指（　）。

A. 教师中心、课堂中心、课本中心

B. 教师中心、实践中心、生活中心

C. 学生中心、活动中心、生活中心

D. 学生中心、社会中心、实践中心

6. 兼容班级上课与个别教学的优点，将大班上课、小班讨论、个人自学结合在一起的教学组织形式是（　　）。

A. 道尔顿制　　B. 兰贝制　　C. 特朗普制　　D. 文纳特卡制

7. 主张把学生放在中心位置，把学生的自我看成是教学的根本要求，教师竭尽所能地创造和谐的课堂气氛，使学生在学习过程中感到安全与自信的教学模式是（　　）。

A. 非指导性教学模式　　B. 程序教学模式

C. 掌握学习教学模式　　D. 暗示教学模式

8. 孔子主张对学生要“视其所以，观其所由，察其所安”，其目的是便于遵循（　　）教学原则。

A. 启发诱导　　B. 学思行并重　　C. 因材施教　　D. 预时循摩

9. 苏格拉底“产婆术”的教学原则与下列（　　）教学原则相一致。

A. 学不躐等　　B. 长善救失

C. 温故而知新　　D. 不愤不启，不悱不发

10. “授之以鱼，仅供一饭之需；授之以渔，则终身受用无穷。”这主要说明教学中（　　）的意义。

A. 传授科学知识　　B. 反复练习巩固

C. 发展智力　　D. 加强“双基”教学

11. 课外活动与课堂教学（　　）。

A. 是同一种活动

B. 方向一致，但课外活动不是一种正规教育活动

C. 都是一种正规的教育活动，但方向不一致

D. 都是一种正规的教育活动，且方向一致

12.“教学”两字最早见于（　　）。

A.《尚书》　　B.《师说》　　C.《学记》　　D.《论语》

13. 在教学计划和课程标准之外，社会力量利用课余时间，对学生实施的各种有目的、有计划、有组织的教育活动是（　　）。

A. 课外教育　　B. 校外教育

C. 业余教育　　D. 课外、校外教育

14. 与课堂教学相比，课外活动更有利于（　　）。

A. 发展学生个性　　B. 促进温故知新

C. 加强“教学相长”　　D. 坚持“循序渐进”

15. 澳大利亚的教师在向学生讲解“雪花”这一事物时，采用观看录像带并向空中抛洒大量碎纸片以引导学生体会下雪场景的方式，这种直观的手段是（　　）。

A. 实物直观　　B. 模像直观　　C. 语言直观　　D. 虚拟直观

二、多项选择题

1. 在教育活动中，教师负责组织、引导学生沿着正确的方向、采用科学的方法、获得良好的发展。对这句话的理解不正确的是（　　）。

A. 学生在教育活动中是被动的客体

B. 教师在教育活动中是被动的客体

C. 要充分发挥教师在教育活动中的主导作用

D. 教师在教育活动中不能起到主导作用

2. 下列关于教学的功能的描述，正确的有（　　）。

A. 教学是适应并促进社会发展的有力手段

B. 教学是培养学生个性全面发展的重要环节

C. 教学是学校教育的中心工作

D. 教学是进行智育的唯一途径

3. 教学过程的三种过程包括（　　）。

A. 教的过程　　B. 学的过程

C. 评价、反思过程　　D. 互动过程

4.（　　）是贯彻因材施教教学原则的基本要求。

A. 了解学生，全面把握学生　　B. 根据学生的差异有区别地教学

C. 正确对待个别差异　　D. 教学要有一定的深度和难度

5. 关于教学策略，下列说法正确的是（　　）。

A. 不存在一个能适应任何情况的教学策略

B. 讲授为目前中小学主要的教学策略

C. 讲授有利于发挥教师的主导作用

D. 讨论不易控制且耗时长，一般不宜采用

三、填空题

1. __________的质量和效率最直接、最集中地反映了教育目的、培养目标与价值的实现。

2. 教学的作用概括起来就是授受基础知识、形成__________、发展基本能力和促进个性健康发展。

3. 中小学常用的指导有练习指导、________和活动指导。

4. ________教学理论强调教学促进个体行为、态度、个性以及在未来选择行动方式时发生重大变化的意义学习方法。

5. 教学的任务主要是通过__________来完成。

6. 除上课外，教学任务的完成还可以通过__________、生产劳动等形式。

7. 赫尔巴特的弟子莱因将他的教学四阶段理论改造为五阶段，也就是后世的“五段教学法”，即准备、________、联想、概括与运用。

8. ________是指为学习者建构知识体系、提供概念框架的教学。

9. 有效且适合于学习与记忆陈述性知识的策略或方法有复述策略、精加工策略、________。

四、判断简析题

1. 班级授课制有利于培养学生的兴趣和实践能力。
2. 备课环节是上好课的先决条件，备课时教师应把全部精力放在钻研教材上。
3. 没有惩罚的教育是不完整的教育。

五、简答题

1. 简述教学过程的基本阶段。
2. 谈谈教学活动中掌握知识与发展智力之间的关系。
3. 中小学常用的教学原则有哪些？
4. 在教学中如何贯彻理论联系实际的原则？

六、论述题

试论教师主导作用和学生主体作用相统一的教学规律。

七、案例（材料）分析题

1. 阅读下列材料，运用课堂纪律管理的有关理论进行分析。

对于新教师，一件有趣的事情是，我自以为了解了课堂，毕竟已经在学校生活了17年。然而只有真正地站在课堂上，我们才会清楚地认识到教学到底有多复杂。我痛苦地认识到教师职业中一个未被充分认识到的艺术之一，就是课堂管理。刚开始教学的时候还算顺利，我和学生一起先分析了课堂上应遵守的规章制度，强调他们要礼貌待师，并且彼此之间要礼貌相待。我清楚地记得10月末的一天，在做完实验后，我要求学生回到自己的座位上来讨论一下实验中遇到的问题。但是，学生们根本不听我的招呼，我连说几次，没有丝毫效果。我就一直催促，仍旧如此。直到我的指导教师走进教室，这种乱糟糟的局面才得以制止。在我随后的教学中，这种情况仍然照旧。我的指导教师对我说，他会坚定地站在我这一边。接下来的一周，我的指导教师继续观察课堂并给予我帮助。我对班级管理采取了严厉的措施，并讲了我的新规则要求。那天，我的指导教师说，我有些太婆婆妈妈了。接下来的几天，我对他们进行严格控制。对于犯错达到两次的学生，我罚他们放学后留校15分钟。我在学生中失去了信任，我被彻底孤立起来。此后不久，我的大学老师来听课，也许那天是节日的缘故，我的心态比平时放松得多，课也讲得很精彩，并且学生们也很为他们那天在课堂上的一些发现欣喜不已。我被他们围在中间。我突然意识到这种教学方式比管教的方式好得多。

2. 阅读下列案例并回答问题。

单元检测后，照例是一节讲评课。上课不到十分钟，王谨同学又在翻来覆去弄卷，我用严厉的目光看着他，他稍有收敛。过了一会他又在下面翻找着什么，我只得来一个“杀一儆百”了。“王谨”我大声喝道：“你在干什么？”他脸陡地涨红了，旋即一梗脖子：“我不想听！”我听了气不一打处来，“你……”竟一时语塞。但考虑到教学任务还没有完成，于是我深深吸了一口气，竭力平复自己内心的愤懑。“你——既然不想听，那就请到我的办公室去休息吧！”我故作轻松地说。他可能考虑到当时的态度，也有些后悔，于是走向办公室，尽管极不情愿……

问题：当学生在上课时分心甚至“捣蛋”时，教师怎么办？这时如何协调好师生之间的关系？

【参考答案】

一、单项选择题

1. C 2. B 3. D 4. D 5. A 6. C 7. A 8. C 9. D 10. D 11. D 12. A 13. D 14. A 15. B

二、多项选择题

1. ABD 2. AB 3. ABC 4. ABC 5. ABC

三、填空题

1. 课堂教学 2. 基本技能 3. 阅读指导 4. 情感 5. 上课 6. 课外活动 7. 提示 8. 支架式教学 9. 组织策略

四、判断简析题

1. 错误。班级授课制是以教师为中心，强调系统的书本知识的传授和间接经验的学习。这种教学的“唯书化”，易于导致理论与实践相脱节的现象，妨碍形成生动、活泼、积极、主动的学习气氛。所以，班级授课制是不利于培养学生的兴趣与实践能力的。

2. 错误。备课环节是上好课的先决条件，只有备好课才有可能上好课。但教师在备课时，一般需要做好钻研教材、了解学生、考虑教法的工作，而不是把全部精力放在钻研教材上面。

3. 正确。教育不仅仅是改造人，更是唤醒人，唤醒人内心中沉睡的巨人。当一个孩子犯了错，要惩罚他。惩罚的目的是让孩子知道为自己的过失负起责任。惩罚绝不等于体罚，更不是伤害，不是心理虐待、歧视。孩子犯了错，在不伤害其自尊的前提下实施惩罚，是必要的。没有惩罚的教育是一种虚弱的教育、脆弱的教育、不负责任的教育。惩罚是个双刃剑，是一种危险的、高难度的教育技巧，弄不好会伤害人。所以，没有惩罚的教育是不完整的教育。

五、简答题

1.（1）引起求知欲（激发动机）；（2）感知教材（领会知识）；（3）理解教材（领会知识）；（4）巩固知识；（5）运用知识；（6）检查学习效果。

2. 传授知识与发展智力二者之间是辩证统一的。（1）传授知识与发展智力这两个教学任务统一在同一个教学活动之中，统一在同一个认识主体的认识活动之中；（2）知识是发展智力的基础；（3）发展智力又是掌握知识的重要条件。

3.（1）科学性与教育性相结合原则；（2）理论联系实际原则；（3）直观性原则；（4）启发性原则；（5）循序渐进原则；（6）巩固性原则；（7）因材施教原则。

4. 理论联系实际原则是指在教学过程中教师要从实际出发，让学生从理论与实际的联系上去理解和掌握知识，并引导学生把所学的理论知识应用到实际中去，解决实际问题，做到学以致用。理论联系实际原则，是人类认识规律的反映。贯彻理论联系实际的基本要求：一是加强基础知识教学；二是根据教材特点和学生的实际情况，有目的地联系实际；三是重视培养学生运用知识的能力。

六、论述题

（1）教学过程是教师和学生共同活动的过程，是教师领导下的学生的学习过程，既要有教师的主导作用，又要有学生的主体作用。

（2）教师是教育者，他要将国家社会规定的知识内容传授给学生。在这一过程中，教师闻道在先，是已知者，而学生是未知者，所以，教师要对教学过程起主导作用。

（3）在教学过程中，学生是教育的对象，又是学习的主体。文化知识要内化为学生自身的智力才能，要通过学生自己的独立思考和实践活动，因而，教师要尊重学生的主体地位，充分发挥其学习主动性。

（4）我们既不能片面地强调教师的绝对权威，也不能主张儿童中心主义，而要把发挥教师的主导作用和调动学生的自觉积极性正确地结合起来。

七、案例（材料）分析题

1. 首先，我们应该明确这样一个观点：课堂纪律作为一种约束的手段，不是终极目的。通过这种手段帮助学生形成一种良好的习惯，需要发挥它的制约力，但不能成为学习的目的。而发挥它的制约力需要教师具有一定的管理策略，而不仅仅是口舌之功。案例中的新教师把学生不服从管教错误地归因于课堂管理制度的不完善，进而不断地将管理措施严格化，这是不合理的处理方式。案例中讲到指导教师帮忙制止混乱场面已经充分证明了这一点。因此，案例中的教师应该通过反思自我查找原因。其次，处理突发事件需要三思后行。案例中多次提到学生在课上与教师作对，新教师的处理方式一般是硬性对待：案例中讲到学生做完实验后不回座位时，新教师采取的方法是一直催促，而不是观察学生不回座位的原因，从而找出解决的方法。后来对待犯两次错误的学生采取的措施是处罚其留校 15 分钟，而没有提到在 15 分钟里是否去与学生沟通，了解情况进而做到说服教育。因此，作为教师要善于观察，在了解学生的基础上，做到因材施教。

2. 我认为课堂上提倡教学民主非常重要，师生之间的“换位思考”是协调师生关系的关键。我们在教学时应该敞开心扉，以平等的心态去和学生交流，只有走进他们，深入其中，知其所想，给其所需，站在学生的角度设计他们喜闻乐见的教案，遵循因材施教的原则，采取适合学生心理特点和接受能力的教学方法，才是学生最为欣赏的。学生不愿意听就不能强迫他去听。

第八章　学生评价

【内容辅导】

一、目标要求

（1）了解教育评价与学生评价的区别。
（2）理解学生评价的标准、类型和功能，学生评价在当代的走向。
（3）理解掌握学生学业评价、品德评价和综合素质评价的具体内容。

二、内容提示

（一）学生评价概述

1. 教育评价与学生评价

教育评价指在一定的教育价值观的指导下，依据教育目标，通过使用一定的技术和方法，对各种教育活动、教育过程、教育结果进行科学判定的过程。学生评价指依据一定的标准，通过使用一定的技术和方法，以学生为评价对象所进行的价值判断。学生评价是教育评价的基础和重点。

2. 学生评价的标准

主要以国家教育的总目标、各级各类学校的培养目标、课程目标为依据。由以前的强调德、智、体全面发展转向近年来培养学生的创新精神和实践能力为重点。

3. 学生评价的类型

（1）诊断性评价、形成性评价和终结性评价。

诊断性评价：一般在教育、教学或学习计划实施的前期阶段开展的评价，重在对学生已形成的知识、能力、情感等发展状况作出合理的评价，为计划的实施提供可靠的信息资源，以获取更好的效果。如测验、学习要素调查，查阅历史成绩记录等。

形成性评价：在教学和学习过程中进行的，一般以学习内容的一个单元为评价点，采用及时反馈和根据学生个体的差异进行有针对性的矫正。测验较频繁，重在根据获得的信息调整和改善教育教学过程和学习过程。

终结性评价：主要是在教学和学习后进行的评价，是对学习和教学全过程的检验。

（2）相对评价法、绝对评价法和个体内差异评价法。

相对评价法：根据评价对象的整体状态确定评价标准，以被评价对象中的某一个或若干个为基准，通过把各个被评价对象与基准进行对照比较，判断出每个被评价对象在这一集体中所处位置的方法。优点是其客观性，不足则是很难反应个体真实的发展水平。

绝对评价法：在被评价对象的整体之外，确定一个客观标准，将被评价对象与该标准进行比较，以判断其是否达到标准程度的一种评价方法。优点是易于使被评价者了解自己的发展状况，不足是客观标准难以制定得客观、公正、合理。

个体内差异评价法：以被评价对象某一时期的发展水平为标准，判断其发展状况的方法。优点体现了对个体差异的尊重，减轻个体的压力；不足是评价本身没有客观标准，不易给评价对象提供明确的目标。

4. 学生评价的功能

学生评价具有诊断、导向、发展、管理四个功能。

（二）学生评价理论与实践的当代走向

（1）倡导构建“以发展为本”的学生评价体系。在对传统的以奖惩为主的单一性评价制度的反思和批判的基础上，提出的发展性教育评价制度，以促进被评价者的发展为目的，强调评价者与被评价者之间的合作和交流、尊重个体差异和多样性，评价的过程是开放的。

（2）以质性的评价模式取代量化的评价模式。质性评价模式是在对量化评价模式不断反思和批判中形成的，并且有机地包含了量化评价。

（3）强调测评的真实性和情境性。

（4）鼓励学生评价中的合作行为。

（5）重视思维过程的评价。

（三）学生学业评价

根据布卢姆的教育目标分类，学习活动分为认知、情感和技能活动三类；加涅根据学习的结果把学习分为认知学习、动作技能学习和态度学习；我国学者潘菽根据内容和结果把学习分为知识的学习、技能和能力的学习、道德品质和行为习惯的学习。三者的标准不同，但结论却大体一致：学生活动分为认知活动、技能活动和情感活动三个基本领域。

1. 学生认知学习的评价

（1）评价的种类。种类有准备性测验和结果性测验，标准化测验和教师自编测验，客观性试题测验和主观性试题测验。

（2）测验的有效编制。信度：指测验结果的可靠性或一致性程度。如一个测验在不同的条件下对学生进行多次测验，得到的结果大体一致，成绩好的和成绩差的学生都是相对稳定的人群，则信度较高。效度：测验结果的准确性或有效性程度，即通过测验能否准确地反应学生的实际水平，一个好的有效的测验应该是最大限度地测量它所要测量的东西。

2. 学生技能学习的评价

（1）技能评价的内容。技能包括动作技能和心智技能。

（2）学生技能评价的实施。口头语言表达技能的评价，如语用、语脉、语态、语意、语汇、语量；实际操作技能的评价，如化学物理实验中的操作，包括对知识的理解、分析、实验态度、实验技术等。

（3）动作技能的评价。

3. 学生情感学习的评价

《全日制义务教育数学课程标准》对情感态度的要求：① 积极参与数学学习活动，对数学有好奇心和求知欲；② 在数学学习活动中获得成功的体验，锻炼克服困难的意志，建立自信；③ 初步认识数学与人类生活的密切联系以及对人类历史发展的作用，体验数学活动充满着探索与创造，感受数学的严谨性以及结论的确定性；④ 形成实事求是的态度以及进行质疑和独立思考的习惯。

（四）我国中小学学生品德评价的常用方法

（1）整体印象评价法。如每一学期结束，班主任要对每一个学生的发展状况作出优、良、及格、不及格的评定并提供学生操行评语。

（2）操行评定评价法。主要是通过对学生平时的观察和了解，用书面语言描述评价的方法。它是中小学使用最广泛的一种品德评价法。它有整体评价的优点，同时更具体和及时。

（3）操行计量评定法。用百分制评分的方法，是一种侧重于量化品德评价的方法。它有一定的好处，但是要与定性品德评价法相结合使用效果更好。

（五）学生综合素质评价

学生综合素质评价是新课程改革的重要方面。

1. 学生综合素质评价实施的意义

（1）促进发展性学生评价体系的建构。

（2）有效发挥学生评价的引领作用。

（3）完善人才的选拔方式。

2. 学生综合素质评价实施的基本原则

（1）导向性原则。

（2）发展性原则。

（3）公平性原则。

（4）多样性原则。

（5）可行性原则。

3. 中小学学生综合素质评价的主要内容和方法

（1）道德品质。

（2）公民素养。

（3）学习能力。

（4）交流与合作能力。

（5）运动与健康。

（6）审美与表现。

学生综合素质评价主要着眼于学生的成长过程和整体表现，既反映学生德、智、体、美等方面的综合素质，又彰显学生的个性、特长和发展潜能。因此评价要采用自评和他评相结合的方式，有机结合形成性评价和终结性评价，既要有写实性的文字描述，又要有实证性的材料，坚持用发展的眼光看待学生。

【练习思考】

一、单项选择题

1. 基于某种特定的标准来评价学生对与教学密切相关的具体知识和技能的掌握程度，这种评价方式称为（　　）。

A. 正式评价　B. 非正式评价　C. 标准参照标准　D. 常模参照评价

2. “矮子里找高个” 是一种（　　）。

A. 相对评价　B. 绝对评价　C. 定性评价　D. 定量评价

3. 测验结果的准确性或有效性的程度是（　　）。

A. 信度　B. 效度　C. 难度　D. 区分度

4. 从评价的目的区分，中小学教育评价的类型分为（　　）。

A. 正式评价和非正式评价　B. 相对评价和绝对评价

C. 形成性评价和总结性评价　D. 正确评价和错误评价

5. 根据评价的价值标准不同，学生评价方法一般可分为相对评价法、个体内差异评价法和（　　）。

A. 形成性评价法　B. 终结性评价法

C. 诊断性评价法　D. 绝对评价法

6. 使用最多、最经常和最便利的认知学习评价方法是（　　）。

A. 测验　B. 行为观察　C. 实验　D. 评定

7. 最常使用的技能学习评价方法是（　　）。

A. 书面测验　B. 作品表现　C. 表演评价法　D. 观察法

8. 既是教育评价的基础和重点，也是学校教育评价的核心的是（　　）。

A. 学业评价　B. 品德评价　C. 技能评价　D. 学生评价

9. 中小学使用最广泛的一种品德评价法是（　　）。

A. 整体印象评价法　B. 操行评定评价法

C. 操行计量评定法　D. 个体内差异评价法

二、多项选择题

下列说法正确的是（　　）。

A. 诊断性评价一般是在教育、教学或学习计划实施的前期阶段开展的评价

B. 形成性评价是在教学和学习过程中进行的

C. 形成性评价重在对学生已形成的知识、能力、情感等发展状况作出合理的评价

D. 终结性评价主要是在教学和学习后进行的评价，是对学习和教学全过程的检验

三、填空题

1. ________指测验结果的可靠性或一致性程度。

2. 根据布卢姆的教育目标分类，学习活动分为认知、______和技能活动三类。

3. 学生评价的标准主要依据国家教育的总目标、各级各类学校的培养目标、________为依据。

4. 学生综合素质评价主要着眼于学生的成长过程和整体表现，采用自评和________相结合的方式。

四、判断简析题

教育评价依据其评价主体可分为形成性评价与总结性评价。

五、案例（材料）分析题

1. 这是一个真实的故事，期末考试刚刚结束，几位学生怯生生地找到班主任，几乎是用哀求的语气对班主任说："别给我们排名了。"孩子们的目光里充满了惶恐与不安。这位教了20 多年书的教师心头一热，眼睛湿润了。事后，他对记者说："那一刻，我真切地感到了那一份沉重。"根据某课程专家小组的一项调查显示：96%的学校给学生按考试成绩排名次，经常排名次的占 68%，75%的学生对全班公布分数和排名次感到紧张、害怕，甚至讨厌。

问题：请依据以上事例，分析"排名榜"带来了什么。

2. 有一位学生在课堂上总是默默无言，老师为他写道："在老师的眼里，你是一个聪明文静的孩子，每一次作业，你总是那么认真，每一节课上，你是那么专心，什么时候，能让老师听到你甜美的声音。"亲切的语言像漫漫春风，不仅让老师和学生之间不可逾越的鸿沟消失了，而且把学生的兴趣吸引到学习过程和良好的心理体验之中。

问题：请你分析一下这位老师评价的成功之处。

【参考答案】

一、单项选择题

1. C　2. A　3. B　4. C　5. D　6. A　7. D　8. D　9. B

二、多项选择题

ABD

三、填空题

1. 信度　2. 情感　3. 课程目标　4. 他评

四、判断简析题

错误。教育评价依据评价主体分为个体评价和社会评价，依据评价目标分为形成性评价与总结性评价。

五、案例（材料）分析题

1.（1）以上的实例告诉我们，“排名榜”给相当一部分学生带来沉重的心理压力。可能会有一些学生把这种压力转化为奋起直追的动力，但不容否认，必定有为数不少的学生因承受不住这种心理压力而造成心理障碍，厌学、厌食，甚至轻生。这是违背“排名榜”的初衷的。（2）“排名榜”还带来了老师对学生教育的简单化。一个教师所面对的学生集体，总有各方面发展好的学生，也会有各方面发展差的学生。教师要使优等生得到更好的发展，使差生跟上整个学生集体的发展水平，就不能不研究优等生和差生的特点及教育对策。“排名榜”想通过排名次达到优的更优、差的变优的目的，愿望虽好，但往往事与愿违，把教育的复杂性简单化了，肯定达不到预想的效果。（3）“排名榜”还把衡量学生学习成果的标准简单化了。排名次往往是排学生学习书本知识的名次。用这样一种标准来衡量学生的学习效果，显然是不科学的。根据多元智能理论，人的智能是多方面的，学习成绩不好，并不说明他的其他智能差；同样，学习成绩好，不等于其他方面的智能好。因此，“排名榜”不科学，应废止。

2. 教师用评语的形式给予学生评价，这是充分发挥质性评价的功能，及时发现学生的优点和闪光之处，体现了教师对学生的尊重和鼓励，使评价成为学生走向成功的起点。

第九章　德　育

【内容辅导】

一、目标要求

（1）理解并掌握德育的概念、功能、任务以及德育的目标、内容。

（2）理解德育过程的含义，德育过程与教学过程、思想品德形成的关系，了解德育过程的理论、德育过程的规律。

（3）识记并掌握德育的原则、途径与方法。

二、内容提示

（一）德育概述

1. 德育的概念

教育者按照一定社会的要求，运用德育规律有目的、有计划地对受教育者的思想、政治、道德等方面施加积极影响的教育活动，是培养学生特定的政治思想意识和道德品质的活动。

2. 德育的功能

（1）社会功能。学校德育对社会的作用。

（2）个体功能。影响个体的生存、发展和享用三方面，其核心任务是赋予每一个个体科学的价值观、道德原则和行为规范。

（3）教育性功能。一是其教育或价值属性；二是对智、体、美等的促进作用，如对行为习惯的支持和指导。

（二）我国学校德育的任务、目标、内容

1. 任　务

培养学生成为热爱社会主义祖国，具有社会公德、文明行为习惯、遵纪守法的公民，在此基础上，引导他们逐步树立正确的世界观、人生观、价值观，不断提高思想觉悟。

2. 目　标

小学德育工作目标：培养学生初步具有爱祖国、爱人民、爱劳动、爱社会主义的思想感情和培养学生形成良好品德，遵守社会公德的意识和文明行为习惯。培养学生形成良好的意志、品格和活泼开朗的性格，锻炼自己管理自己、帮助别人、为集体服务和辨别是非的能力，

为使他们成为有理想、有道德、有文化、有纪律的社会主义公民，打下初步的思想品德基础。

中学德育工作目标：培养学生热爱祖国，拥护党在社会主义初级阶段的基本路线的政治热情，帮助他们初步树立为人民服务的思想和为实现社会主义现代化而奋斗的志向，使他们具有良好的道德品质和文明行为，具有诚实正直、自尊自强、勤劳勇敢、开拓进取等品质和一定的道德判断能力以及自我教育的能力，成为有理想、有道德、有文化、有纪律的社会主义公民。

3. 内　容

（1）政治教育。政治理论、法制教育和社会行为规范教育。

（2）思想教育。人生观、价值观等思想观念。

（3）道德教育。美德、社会公德、道德情感、道德思维和道德信念等。

（4）心理健康教育。

（5）遵纪守法教育。公民权利与义务、宪法及法律法规教育、知法守法、用法律自我保护、遵守校规校纪。

（三）德育过程

1. 德育过程的含义

德育过程即思想品德教育过程，是教育者和受教育者双方借助于德育内容和方法，进行施教传道和受教修养的统一活动过程，是促使受教育者道德认识、道德情感、道德意志和道德行为协调发展的过程，是个体社会化与社会规范个体化的统一过程。

2. 德育过程与思想品德形成的关系

（1）区别。① 活动主体不同。德育过程主体是教育者和受教育者；品德形成过程主体是受教育者。② 影响因素不同。德育过程受社会道德规范的影响；品德形成过程是个体受外界多种因素影响。③ 影响结果不同。德育过程是受教育者形成社会所需要的思想品德；思想品德形成过程与社会可能一致，也可能不一致。④ 各自的矛盾不同。前者是教育者施教的内容与受教育者原有的思想品德之间直接的矛盾；后者是外界复杂影响与个体内部思想品德的矛盾。

（2）联系。德育过程包括思想品德形成过程。

3. 德育过程与教学过程的关系

（1）区别。① 目的不同。教学是掌握人类社会认识成果；德育是掌握一定社会道德规范。② 任务不同。教学解决学生的知识和能力问题；德育是主观态度的问题。③ 依据不同。教学根据学生的认知规律；德育则根据学生品德发展的规律。

（2）联系。① 目的一致。都为了促进学生的发展。② 在内容方面相互渗透。

4. 德育过程的规律

（1）学校德育过程是教师引导下的学生能动的思想品德活动过程。

（2）学校德育过程是促进学生思想品德的知、情、意、行协调发展的过程。

（3）学校德育过程是促进学生思想品德发展矛盾实现积极转化的过程。

（4）学生自我教育能力在学校德育过程中具有重要意义。

（四）德育原则

（1）集体教育和个别教育相结合。

（2）知行统一。联系实际，讲清理论；组织实践活动，引导学生分析、评价、解决实践中的德育问题；教育学生要言行一致、知行统一。

（3）正面教育与纪律的约束相结合。坚持正面说理，疏导思想，以理服人；树立先进典型，利用榜样教育引导学生进步；以表扬、鼓励为主，批评、处罚为辅；正面教育与纪律约束结合起来。

（4）发挥积极因素与克服消极因素相结合。

（5）严格要求与尊重信任相结合。要尊重、信赖、爱护学生；根据学校德育任务和学生现有的思想道德水平，提出合理、明确、具体的、序列化的德育要求；把尊重爱护学生与严格要求结合起来 。

（6）照顾年龄特点与照顾个别特点相结合。要深入了解和掌握学生身心发展的年龄特点；要根据学生个人特点和品德现实水平有的放矢地进行教育，切忌采用成人化、一般化的做法；要从学生的实际思想状况出发有计划、有步骤地进行德育。

（7）教育影响的一致性与连续性。校内各方面的教育影响要协调一致；统一社会各方面的教育影响；要加强德育的计划性。

（五）德育方法

（1）说服教育。应注意：明确目的性；富有知识性、趣味性；注意时机；以诚待人。

（2）情感陶冶。应注意：创设良好的情景，如美观、朴实、整洁的学习、生活环境，团结向上、民主平等的班风、校风等，陶冶学生美的情操，激发学生对美的向往，培养他们爱家、爱校、爱国的情怀；教育者的人格感化；与启发说服相结合；引导学生参与情景的创设。

（3）实践锻炼。坚持严格要求、调动学生的主动性、注意检查与评价。

（4）自我教育。

（5）榜样示范。应注意：树立的榜样要有典型性和示范性；选定的榜样要真实可靠，具有导向性；榜样的崇高和伟大要能激起学生对榜样的敬慕之情。

（6）品德评价法。要以鼓励、表扬为主，惩罚、批评为辅，切忌体罚、心罚；要以事实为依据，做到客观、公正；发扬民主，注重实践。

（六）德育途径

（1）思想品德课与其他学科教学。这是学校有目的、有计划、系统地对学生进行德育的基本途径。

（2）共青团、学生会组织的活动。

（3）课外活动与校外活动。

（4）社会实践活动。劳动、社会公益活动、社会调查。

（5）校会、周会、晨会和时政学习。

（6）班主任工作。

（七）德育模式

1. 道德认知发展模式

这是当代德育理论中流行最为广泛，占据主动地位的德育学说，由瑞士皮亚杰提出，美国科尔伯格进一步深化。该学说的特征：① 人的本质是理性的，因此，必须利用智慧达到对理解的把握，并在此基础上构建合乎理性的道德原则和道德规范。② 必须注重个体认知发展与社会客体的相互作用，因此，人的道德理性是主客体在实践的过程中互动的结果。③ 注重研究个体道德认知能力的发展过程，强调按道德认知能力发展的要求进行学校道德教育，选择内容和方法。

2. 体谅模式

20 世纪 70 年代英国彼得·麦克费尔及其同事所创。把道德情感的培养置于中心地位。该学说的特征：① 坚持性善论，主张儿童是德育的主体和中心，德育应尊重儿童的发展需求。② 坚持人具有一种天赋的自我实现趋向，德育的关键是人的潜能得到充分自由的发展。③ 把培养健全人格作为德育目标，把培养主动的、集体的、创造性的丰富人格作为现代德育的任务，并据此建构起各自的德育理论体系。④ 大力倡导民主的德育观，主张教师要采取中性立场，以促进者或引导者身份出现，倡导平等民主的师生关系。

3. 价值澄清模式

当儿童面临复杂多变的现代社会和多种相互矛盾的价值观无所适从时，主张通过价值评价和选择的学习，获得最合适和清晰的个人价值观。

4. 社会学习模式

美国班杜拉创立；建立在替代基础上的观察学习是人类学习的重要形式，是品德教育的主要渠道；榜样示范是道德教育的主要手段。

5. 集体教育模式

集体教育模式提出在集体中，为了集体、通过集体来进行教育。教育的对象是集体，教育的方式是集体教育，通过教育集体来教育个体。

【练习思考】

一、单项选择题

1. 学生对道德知识的掌握，常常是以（　　）的形式表现出来。

A. 道德认识　B. 道德评价　C. 道德概念　D. 道德观念

2. “桃李不言，下自成蹊”这句话所体现的德育方法是（　　）。

A. 榜样法　B. 陶冶法　C. 锻炼法　D. 说服教育法

3. 从道德认识到道德行为，再到（　　），是学生思想品德形成的全过程。

A. 道德标准　B. 道德习惯　C. 道德信念　D. 道德意志

4. 学校德育对政治、经济、文化发生影响的功能是指（　　）。

A. 个体性功能　B. 社会性功能　C. 教育性功能　D. 发展性功能

5. 德育过程是一个教育与（　　）的统一过程。

A. 锻炼　B. 受教育　C. 自我教育　D. 修养指导

6. 衡量人的品德的主要标志是（　　）。

A. 道德认识　　B. 道德情感　　C. 道德意志　　D. 道德行为

7. 当儿童面临复杂多变的现代社会和多种相互矛盾的价值观无所适从时，主张通过价值评价和选择的学习，获得最合适和清晰的个人价值观，这种道德教育模式是（　　）。

A. 认知道德发展模式　　B. 体谅模式

C. 价值澄清模式　　D. 社会学习模式

8. 进行德育要从学生的思想认识和品德发展的实际出发，根据他们的年龄特征和个性差异进行不同的教育，使每个学生的品德都能得到最好的发展，这一原则是（　　）。

A. 导向性原则　　B. 疏导原则

C. 因材施教原则　　D. 教育的一致性与连贯性原则

9. 德育过程是对学生知、情、意、行的培养提高过程，其进行的顺序是（　　）。

A. 以知为开端，知、情、意、行依次进行

B. 以情为开端，知、情、意、行依次进行

C. 以意为开端，知、情、意、行依次进行

D. 视具体情况，可有多种开端

10. 一学生决心改掉迟到的毛病，遵守学校纪律，可冬天一到，他迟迟不肯起床，结果又迟到了。对于该生的教育应该培养（　　）。

A. 道德认识　　B. 道德情感　　C. 道德意志　　D. 道德行为

11. 苏联教育家马卡连柯所倡导的“平行教育”的德育原则是指（　　）。

A. 知行统一原则　　B. 尊重信任与严格要求学生相结合原则

C. 教育影响的一致性与连贯性原则　　D. 集体教育与个别教育相结合的原则

12. 德育过程的基础是（　　）。

A. 活动和交往　　B. 自我教育　　C. 学校教育　　D. 道德内化

13. 从知、情、意相结合的视角来设置的德育课程是（　　）。

A. 综合型德育课程　　B. 整合型德育课程

C. 情意取向型德育课程　　D. 行为取向型德育课程

14. 在道德教学中，以儿童的体验、感受为主要特征的教学方式是（　　）。

A. 现场调查　　B. 观摩、作品欣赏

C. 问题讨论　　D. 情境分析

15. 学校管理中，德育隐性课程的核心因素是（　　）。

A. 一定领导体制下的校内管理规章、常规管理模式

B. 一定领导体制下的班级管理与指导制度

C. 一定领导体制下的管理运作方式、领导风格

D. 一定领导体制下的班级体系、班级规范

二、多项选择题

1. 下列说法，正确的是（　　）。

A. 教师对学生的德育影响，必须经过他们主体的选择、吸取与能动的实践活动，才能转化为他们的品德

B. 自我教育能力是德育的一个重要条件，只有注意培养学生的这种能力，学生品德内部矛盾才能转化

C. 学校的德育工作必须主要放在调节学生品德发展的外部环境方面

D. 德育要注重发挥知、情、意、行的整体功能

2. 说服教育法是学校对学生进行德育的基本方法。说服教育法的要求包括（　　）。

A. 要有明确的目的性和针对性　　B. 要有感染性

C. 要注意科学性　　D. 要讲究艺术性

3. 在进行道德传授时，教育者应注意（　　）。

A. 向儿童传授的规则必须经过严格的选择和检查

B. 道德传授要建立在教育者与儿童之间良好的感情关系上

C. 道德传授旨在使儿童掌握处理社会生活的方式，而不是为了使儿童盲从服从

D. 进行道德传授时不要忘记发展儿童的道德认识能力

4. 下列能够促进儿童道德发展的形式有（　　）。

A. 游戏　　B. 师生交往　　C. 上课　　D. 交往

5. 对儿童进行道德教育的方法正确的是（　　）。

A. 儿童道德教育应避免成人化倾向

B. 道德知识的传授不应该在儿童早期进行

C. 儿童的道德教育应注意发展自律道德

D. 虽然不同年龄的儿童其智慧水平是不同的，但是为了集体教学的方便实施，对于不同年龄儿童依然可以采用相同水平的道德教育形式

三、填空题

1. ________是通过德育活动在受教育者品德形成发展上所要达到的总体规格要求。
2. 德育过程是个体品德社会化与________个体化的统一。
3. ________既是德育的客体，又是德育的主体。
4. 在德育的认识模式中，同时涉及两种道德规范两者不可兼得的情境或问题叫作_____。
5. 陶冶法主要包括人格感化、________和艺术熏陶等。
6. 德育模式的三种形式：认知模式、________和社会模仿模式。
7. 榜样包括伟人的典范、________的示范和学生中的好榜样。
8. 中小学德育最基本、最有效的途径是________。
9. 德育原则是学校教育工作者在组织实施________工作时应遵循的规范性要求。
10. 德育过程要培养学生的知情意行，必须要做到晓之以理、持之以恒、动之以情、________。

四、判断简析题

1. 学校德育体系的构建应以社会规范的学习为核心。
2. 中小学德育最基本、最有效的途径是团队活动和集体活动。
3. 学校德育工作中最基本、最经常、最有效的途径是班主任工作。
4. 德育普遍存在于一切教学之中。

五、简答题

1. 为什么说德育过程是一个长期反复逐步提高的过程？

2. 简述德育方法中的说服法。

3. 简述依靠积极因素、克服消极因素的德育原则。

六、论述题

论述学生品德不良的成因及其纠正方法。

七、案例（材料）分析题

1. 阅读下列材料，回答问题。

开学不久，赵老师发现杨明同学有许多毛病。赵老师心想，像杨明这样的同学缺少的不是批评而是肯定和鼓励。一次，赵老师找他谈话说："你有缺点，但你也有不少优点，可能你自己还没有发现。这样吧，我限你在两天内找到自己的一些长处，不然我可要批评你了。"第三天，杨明很不好意思地找到赵老师，满脸通红地说："我心肠好，力气大，毕业后想当兵。"赵老师听了说："这就是了不起的长处。心肠好，乐于助人，到哪里都需要这种人。你力气大，想当兵，保家卫国，是很光荣的事，你的理想很实在。不过当兵同样需要科学文化知识，需要有真才实学。"听了老师的话，杨明高兴极了，脸上露出了微笑。

问题：案例中赵老师在教育过程中主要运用了哪些德育原则和方法？

2. 一次上班会课时，万琳老师发现教室地上丢着三个纸团。当时还有三位同学尚未走进教室，万老师指着地上纸团对大家说："这儿摆着三个纸团，你们都没有捡起来，现在看看后面三个同学怎么做。"全班同学都瞪大眼睛在看，第一个同学看也不看冲进教室。第二个同学看一眼，无动于衷地来到座位上。第三个同学出现在门口，看到纸团就弯下腰捡了起来。同学们对此报以热烈的掌声。这时万老师表扬了这个捡纸团的同学。从此教室地上再也看不到纸屑了。

问题：请用德育理论分析上面的教育案例。

3. 由于学校放学早于工作下班时间，某校初二年级学生放学后处于自流状态，于是打架斗殴、破坏公物及环境的事情屡有发生。为此班主任张老师对学生进行了"学雷锋，爱集体"的宣传教育，并建议同学们放学后到校外找砖头为学校砌花台，美化校园环境，谁找的砖头越多，张老师越给予表扬。没多久，花台砌成了，在此期间，学生打架斗殴及破坏公物的情况再没有发生，但外单位却告状，原来是有的学生到人家工地上偷了砖头。

问题：请问上例中的张老师贯彻或违背了什么德育原则？

【参考答案】

一、单项选择题

1. C　2. A　3. B　4. B　5. C　6. D　7. C　8. C　9. D　10. C　11. D　12. A　13. A　14. B　15. C

二、多项选择题

1. ABD 2. ABCD 3. ABCD 4. ABD 5. AC

三、填空题

1. 德育目标 2. 社会规范 3. 受教育者 4. 两难问题 5. 环境陶冶 6. 体谅模式 7. 教育者 8. 教学 9. 德育 10. 导之以行

四、判断简析题

1. 正确。社会规范学习是区别于认知学习和技能学习的特殊学习，是以情感为核心的认知学习、情感学习和行为学习的整合。所谓认知学习，指规范意义与内容学习，获得规范的陈述性知识、程序性知识和策略性知识，形成道德观念与道德认知能力。所谓情感学习，指形成与规范相一致的情感体验与需要状态。所谓行为学习指通过规范操作性经验的积累，获得与规范相一致的行为方式和行为习惯。社会规范学习是在三类学习的基础上，通过道德自主活动的反复实践，构建以情感为核心的知情行一体化结构，形成对人对己的基本态度，从而获得参与社会生活的交往性经验。因而，品德的形成是在社会规范学习中形成的。学校德育体系的构建应以社会规范学习为核心，这也是学校有可能通过系统干预来实现对品德形成过程的有效控制的条件。

2. 错误。中小学德育最基本、最有效的途径是教学。

3. 错误。教学是学校的中心工作，在学校全部工作中所占的时间最多，而学生在学校的主要活动是学习，所以教学是对学生进行德育工作的最基本、最经常、最有效的途径。

4. 正确。德育途径主要包括直接的道德教学和间接的道德教育，直接的道德教学包括思想品德课和时事政治课。间接的道德教育包括思想教育外的其他各科教学、活动课程和课外活动等一切教学形式。所以，德育普遍存在于一切教学之中。

五、简答题

1.（1）德育过程的长期性是由人类认识规律决定的。（2）青少年正处于成长时期，可塑性比较强，思想不成熟，其发展也具有双向性，某一阶段出现某些倒退是正常的，这使得德育过程是一个反复的持续的过程。（3）德育过程中，学生除了接受学校的有目的有计划有组织的正规教育影响外，还受到来自社会的、家庭的多种影响，这些影响中难免会有负面的，因而一个人思想品德的提高过程中出现反复是正常的。（4）当前意识形态领域中斗争的复杂性，也使得对学生社会主义品德的培养是长期的、反复的过程。

2. 这是主要运用口头语言向学生说理传道，使学生明晓事理，分清是非，以提高道德认识的方法。说服法包括讲解法、谈话法、讨论法、阅读指导法等。运用说服法要注意以下几点：（1）明确目的性。（2）富有知识性、趣味性。（3）注意时机。（4）以诚待人。

3. 在德育工作中，教育者要善于依靠和发扬学生品德中的积极因素，限制和克服消极因素，扬长避短，因势利导，使学生思想品德不断进步。贯彻这一原则的要求是：（1）要用一分为二的观点，找出学生思想品德中的积极和消极因素。（2）善于创造条件使积极因素健康成长，并逐步使这一因素成为学生思想因素中的主导力量。（3）要培养学生的进取心，启发他们自我教育，发扬优点，克服缺点。

六、论述题

学生的不良品德是指学生经常违反道德要求或犯有较为严重的道德过错。他们最初的表现是一般的过错行为，这些过错行为虽然在其严重性和稳定性上还没有达到违法的程度，但是如不及时地加以矫正，就会沉积为严重的道德过错，从而酿成了不良品德，甚至走上违法道路。

学生品德不良的客观原因：（1）家庭。家庭是学生接受品德教育的启蒙学校，家庭环境中的某些不当教育和环境中的某些不良因素，是形成学生不良品德的一个重要原因。（2）学校。学校是专门培养人的教育机构，学生的品德主要是通过学校教育来培养的。但是，如果教育者思想不端正，教育措施不力，教育方法不当，都可能妨碍学生良好品德的形成，从而造成学生不良品德的蔓延和恶化。（3）社会。随着学生年龄的增大，越来越广泛地接触社会的各个方面，社会对他们的影响也越来越大。从总体看，社会主义的社会环境是有利于学生品德健康成长的，但是，对于那些形形色色的腐朽思想和不正之风对学生产生的侵蚀和影响也不能低估。

学生品德不良的主观原因：（1）缺乏正确的道德观念和法制观念淡薄。（2）缺乏道德情感或情感异常。（3）明显的意志薄弱与畸形的意志发展。

品德不良的纠正与教育：不良品德首先与社会环境有关，这里仅分析学校教育所能做到的。（1）对学生要有充分的信任与爱，从而消除他们的疑惧心理与对立情绪。（2）改变微观环境：通过集体教育、集体活动改变原有环境和伙伴，培养学生的自尊心和集体荣誉感，使外部的微观环境内化为心理因素，从而逐步改变其原有的消极心理结构。（3）通过集体进行教育时，特别要着眼于提高学生辨明是非的能力，形成是非观念和荣誉感。（4）要培养学生与错误做斗争的能力，增强道德意志，巩固新的良好道德习惯。学生产生不良品德，一方面有其内部错误的心理结构，但另一方面也与外部消极诱因有关。（5）考虑学生的年龄特征和个别差异，运用教育机智，针对不同学生的特点采取不同的教育措施。

七、案例（材料）分析题

1. 赵老师的方法用得恰到好处，树立了学生的信心，挽救了一个后进生。从德育方面来看，赵老师在教育过程中主要运用了知行统一原则，正面教育、疏通原则，以及发扬积极因素、克服消极因素的原则。赵老师主要运用的德育方法是品德评价法。

2.（1）这位教师的做法符合将集体教育与个别教育结合起来的德育要求。（2）这位教师以表扬为主，坚持正面教育，用榜样影响全体学生。（3）这位教师注意树立正确的集体舆论和培养优良的班风。

3.（1）贯彻疏导原则。（2）违背尊重学生与严格要求相结合原则。

第十章　班主任工作与班级管理

【内容辅导】

一、目标要求

（1）明确班级的含义与特点、班级的历史发展、班级的结构与功能、班级的发育过程。

（2）掌握班级组织建设、制度管理、教学管理和活动管理的内容、原则与方法。

（3）深刻领会班主任在班级组织中的角色作用、任务要求、职责与素质，掌握班主任提高自身素质的途径和方法。

（4）掌握班主任建设和管理班级组织的策略。

二、内容提示

（一）班　级

1. 班级的含义

班级是学校为实现一定的教育目的，将年龄相同、文化差异大体相同的学生按照一定的人数规模建立起来的教育组织。班级是学校的基本单位，是学校行政管理的最基层组织。

班级不仅是学生接收知识教育的资源，也是学生社会化的资源，学生进行自我教育的资源。

2. 班级的特点

（1）学习性。学生以学习为主。

（2）不成熟性。班级区别于其他社会组织之处在于它是非成人组织，学生的身心正处于发展过程中。依赖性强、自主意识正在发展，因此一定程度上依靠成人的管理。

（3）教育性。促进学生社会化和个性化方面的发展。

（4）社会性。

3. 班级的结构

（1）教育管理活动的主体为教师和学生。

（2）教育管理活动的环境包括物质、精神、制度。

（3）教育管理过程分为目标、内容、方法、形式、评价、氛围。

（二）班级管理

1. 班集体的基本特征

班集体指通过班主任等各种主要教育力量的教育和培养而形成的班级群体，一般以集体主义思想为导向，具有共同的奋斗目标，具有较强的骨干力量，良好的纪律、舆论、班风，良好的人际关系，能促进班级全体成员成长的学生群体。一个良好的班集体一般有以下特征：① 共同的班级奋斗目标；② 一个健全的组织系统；③ 严格的规章制度与纪律；④ 平等、民主的班级氛围。

2. 班级管理的模式

（1）班级常规管理。

（2）班级平行管理。它是把对集体的管理和对个别的管理结合起来的班级管理方式。

（3）班级民主管理。

（4）班级目标管理。围绕全班成员共同确立的班级奋斗目标，将学生的个体发展与班级进步紧密地联系在一起，并在目标的引导下，实施学生的自我管理。

（三）班主任工作

1. 班主任的角色作用

（1）班主任是学生全面成长的关护者。

（2）班主任是对学生产生全面影响的教育因素。

（3）班主任是班级的领导者。

2. 班主任建设和管理班组织的策略

（1）创造性地设计班集体目标。

（2）合理地确定班级角色位置。

（3）协调好班内外各种关系。

（4）建构“开放、多维、有序”的班级活动体系。

（5）营造健康向上、丰富活跃的班级文化环境。

3. 班主任的领导方式

方式有放任型、民主型、专制型。

【练习思考】

一、单项选择题

1. 班主任工作的中心环节是（　　）。

A. 了解和研究学生　　B. 做好个别教育工作

C. 统一多方面教育力量　　D. 组织和培养班集体

2. 班主任在班级管理中的领导影响力主要表现在两个方面，一是职权影响，二是（　　）。

A. 学术影响力　B. 个性影响力　C. 年龄影响力　D. 教学影响力

3.（　　）是班主任的一项任务和重点工作。

A. 思想品德教育　B. 文化学习指导

C. 身心健康教育　D. 集体意识和行为规范教育

4. 衡量一个班集体成功与否的重要标志是（　　）。

A. 群体凝聚力　B. 群体规范

C. 课堂气氛　D. 课堂里的人际交往和人际关系

5. 教育者在制定、执行校规、班规时，应根据学生的具体情况做到正确、合理、严宽适度，才能有利于学生的健康成长，这符合（　　）。

A. 理论和实践相结合的原则　B. 发扬积极因素、克服消极因素原则

C. 严格要求与尊重学生相结合　D. 教育影响一致性和连贯性原则

6. 班主任是班级的（　　）。

A. 组织者　B. 管理者　C. 领导者　D. 指导者

7. 班主任的工作是从（　　）开始的。

A. 评定学生操行　B. 教育个别学生

C. 了解和研究学生　D. 组建班集体

8. 优秀班主任首先应立足于增强（　　）。

A. 教学意识　B. 育人意识　C. 成就意识　D. 创新意识

9. 群体是中学生健康成长、顺利完成个体社会化所必需的（　　）。

A. 教育条件　B. 社会条件　C. 客观条件　D. 物质条件

10. 班主任了解学生的基本方法是（　　）。

A. 观察法　B. 问卷法　C. 谈话法　D. 调查法

11. 班集体形成的主要标志之一是（　　）。

A. 成立了班委会　B. 开展了班级工作

C. 形成了正确舆论　D. 确定了班级工作计划

12. 把对集体的管理和对个别的管理结合起来的班级管理方式是（　　）。

A. 常规管理　B. 目标管理　C. 平行管理　D. 民主管理

13. 在班集体建设中，最关键的因素是（　　）。

A. 目标和规范　B. 学生人数　C. 班主任　D. 班干部

14. 通过制定和执行规章制度去管理班级的经常性活动，属于（　　）。

A. 常规管理　B. 平行管理　C. 民主管理　D. 目标管理

15. 班级组织的结构内容可分为（　　）。

A. 组织目标、组织机构、组织规范　B. 近期目标、中期目标、长期目标

C. 班委会、党团支部、少先队组织　D. 班主任、班干部、学生

二、多项选择题

1. 班级组织具有（　　）。

A. 教育化功能　B. 社会化功能　C. 个性化功能　D. “准自治”功能

2. 班主任在班级组织建设中行使着多种职能，扮演着多种角色，其中包括（　　）。

A. 是学生健康成长的守护者　　B. 是班级群体组织的领导者

C. 是学校教育计划的贯彻者　　D. 是各种教育力量的协调者

3. 班主任经常性的工作实践包括（　　）。

A. 了解和研究学生　　B. 建设和培养班集体

C. 协调和统筹教育影响　　D. 做好个别教育工作

4. 偶发性事件的特点有（　　）。

A. 突发性　　B. 象征性　　C. 多样性　　D. 冲击性

5. 班主任进行操行评定的要求有（　　）。

A. 教育鼓励　　B. 全面个性　　C. 严厉批评　　D. 公平客观

三、填空题

1. 班级通常由老师、一群学生及________组成。

2. 班级管理体现了教师和学生之间的双向活动，是一种________的关系。

3. 班级目标的设计主要依据两方面的因素，一是国家教育方针政策和学校的培养目标；二是班级群体的________。

4. 传统班级管理所追求的目标是纪律、秩序、控制和________。

5. 正确的班集体舆论对班集体的每个成员都有约束、感染、同化、________的作用。

6. 班级目标管理是一种以______为中心的管理，目的是为更好地调动被管理者的积极性。

7. 班集体的正常秩序包括必要的规章制度，共同的________以及一定的活动节律。

8. 主题班会的组织包括________、精心准备、具体实施、效果深化等几个阶段。

9. 现代班级管理强调以________为核心，建立一套能够持久地激发学生主动性、积极性的管理机制。

10. 对后进生的教育，除了关心爱护和尊重他们的人格，还应培养和激发他们的_______。

四、判断简析题

采用班级授课制的形式，有利于培养学生的兴趣与实践能力。

五、简答题

1. 简述班级管理的功能。

2. 简述如何建立以学生为本的班级管理的机制。

3. 简述班主任如何争取和运用家庭和社会教育力量。

4. 简述班主任如何做个别教育工作。

六、论述题

班主任应怎样组织和培养班集体？

七、案例（材料）分析题

1. 阅读下列材料，回答问题。

王老师是一位青年教师，工作热情非常高，对学生的要求十分严格。他经常要求学生不要讲脏话，不要乱扔废纸……而这位教师讲课情急时，“笨猪”“死脑子”等语就脱口而出。

吸烟后，随手将烟蒂抛在课桌下面……教育后的班级怎样呢？虽然王老师没少用嘴皮子，没少用各种惩罚手段，但是班上说脏话、粗话的学生并没减少，纸屑杂物随处可见。王老师百思不得其解。

问题：王老师教育的班级为什么会出现这样的情况？

2. 以下是一位实习教师的教学日记，请根据材料回答问题。

小黎是初二的女生，父母双双外出打工。她的个性很特殊，她与同学关系不太融洽，甚至有点紧张。开学初曾与一男生打架，对班主任的批评教育反映强烈，存在明显抵触情绪。有次自习，她戴耳机听音乐，被班干部值日提醒并记下名字，她当众撕掉记录本，并辱骂班干部。同学们基本上对她敬而远之，避免与她发生正面冲突。表面上她与同学相安无事，实际上特别渴望别人对她的认同和欣赏。可是她又把自己封闭起来，不能真诚地与人交流，时时以自我为中心，所以在班级里，她没有真正要好的朋友。在学习上，她几乎丧失了兴趣，老师上课时，她表现出爱理不理的样子，有时候连课本都不愿意打开；甚至有时候自顾自地写东西、做小动作等，用这样的方式逃避现实，而且她读的大多是离奇鬼怪的故事书。她在日记中写到："课根本就听不进去，整天在混日子，学校像座监狱把人关在里面，而我需要自由……"小黎的表现跟她的生活环境和成长经历有关。我在实习期间尝试努力去改变她，但收效甚微。面对小黎，我感到力不从心……

问题一：如果你是小黎的班主任，你将采取什么措施来转化她？

问题二：根据小黎的特点，对她进行思想品德教育时应遵循哪些德育原则？

问题三：请从教育心理学的角度，分析小黎独特的心理特点，如何实施有针对性的教育？

问题四：以小黎等留守儿童的成长为例，你怎样看待学校教育在人的发展中的作用？

【参考答案】

一、单项选择题

1. D　2. B　3. A　4. A　5. C　6. A　7. C　8. B　9. B　10. A　11. C　12. C　13. A　14. A　15. D

二、多项选择题

1. ABCD　2. ABCD　3. ABCD　4. ACD　5. ABD

三、填空题

1. 环境　2. 互动　3. 现实发展水平　4. 服从　5. 激励　6. 自我管理　7. 生活准则　8. 确定主题　9. 学生　10. 学习动机

四、判断简析题

错误。班级授课制是以教师为中心，强调系统的书本知识的传授和间接经验的学习。这种教学的"唯书化"，易于导致理论与实践相脱节，妨碍形成生动、活泼、积极、主动的学习气氛。所以，班级授课制是不利于培养学生的兴趣与实践能力的。

五、简答题

1.（1）有助于实现教学目标，提高学习效率。（2）有助于维持班级秩序，形成良好的班风。（3）有助于锻炼学生能力，学会自治自理。

2.（1）当前班级管理中存在的问题。① 由于受到分数压力和教师权威的制约，班主任对班级实施管理的方式偏重于专断型。② 班级管理制度缺乏活力，学生参与班级管理的程度较低。（2）建立以学生为本的班级管理的机制。① 以满足学生的发展需要为目的。② 确立学生在班级中的主体地位。③ 训练学生自我管理班级的能力。

3. 班主任要积极争取家庭、社会对学校教育的支持，形成学校、家庭、社会教育的一体化。（1）要定期对学生家庭进行访问，通过建立家长委员会、开办家长学校、实行家长接待日、举行家长座谈会，接待家长来访等方式帮助家长树立正确的教育理念，提高家庭教育水平。同时，及时和家长互通信息，全面了解家长和学生情况。（2）充分利用家长的教育资源，将家长的各种教育条件，化为共同搞好班级工作的教育力量。（3）要积极争取、鼓励社会各界人士、各种积极的教育因素对学校提供支持，开展活动。

4.（1）个别教育工作包括各种类型学生的思想品德教育。（2）对优等生的教育主要是提高学生的自我意识和自我教育能力，处理好各方面发展的关系。（3）转变后进生的工作主要包括：分析落后方面及其原因、根据其特点进行耐心引导、多方配合因势利导。（4）其他类型的学生教育主要有针对性地调动积极因素，消除不良因素，促进全面发展。（5）要贯彻德育原则。

六、论述题

（1）确定班集体的发展目标。目标是集体发展的方向和动力，一个班集体只有具有共同的目标，才能使班级成员在认识上和行动上保持一致，才能推动班集体的发展。为此，教师要精心设计班级发展的目标。

（2）建立班集体的核心队伍。一个良好的班集体都会有一批团结在教师周围的积极分子，他们是带动全班同学实现集体发展目标的核心。因此，建立一支核心队伍是培养班集体的重要任务。

（3）建立班集体的正常秩序。班集体的正常秩序是维持和控制学生在校生活的基本条件，是教师开展工作的重要保证。

（4）组织形式多样的教育活动。班集体是在全班同学参加各种教育活动中逐步成长起来的，而各种教育活动又可使每个学生都有机会为集体出力并显示自己的才能。设计并开展班级教育活动是教师的经常性工作。

（5）培养正确的舆论和良好的班风。班集体舆论是班集体生活与成员意愿的反映。正确的班集体舆论是一种巨大的教育力量，对班集体每个成员都有约束、感染、同化、激励的作用，是形成、巩固班集体和教育集体成员的重要手段。良好的班风是一个班集体舆论持久作用而形成的风气，是班集体大多数成员的精神状态的共同倾向与表现。良好的班风一旦形成，就会无形地支配着集体成员的行为，它是一种潜移默化的教育力量。

七、案例（材料）分析题

1. 王老师教育的班级之所以会产生这样的后果，原因有以下三个：

（1）“身教”不利。没有“身教”，“言教”就显得苍白无力。“身教”既可以增加“言教”

的可信性和感染力，而且还能像春雨润物一样起着细微的、不易觉察的、耳濡目染的、潜移默化的作用。教师只有严格要求自己，随时随地把自己置身于“榜样”和“镜子”的位置，事事从自我做起，才能顺利地“内化”为学生的需要。

（2）“言教”不服。“言教”必须以理服人，否则无教育可言。学生中出现问题，一味地“管、卡、压”固然不行，只有言之以理，以理服人，才能达到教育效果。否则一切教育都是徒劳的。

（3）“心教”不诚。教育是为了让学生弄清楚什么是对的，什么是错的，错在什么地方，怎样去改正，而不应该把学生的错误转化成给学生惩罚的理由。如果这样学生会产生对立情绪，对教师产生戒备和反感，甚至会“背道而驰”。由此可见，教师在教育学生时，必须抱着关心、帮助、谅解、鼓励的态度，用“心”去爱学生，让学生明白“老师是爱你，才教育你”。让学生感到你的“爱心”和“诚意”，乐于接受你的教育，这样教育才会有效果。

2. 问题一：（1）对其关心爱护，尊重学生的人格尊严；（2）善于捕捉学生的亮点，从正面加以引导；（3）讲究一定的方法，善于抓住时机进行转化指导。在采取以上措施时，最关键的是教师要尊重学生、爱护学生，用宽容的心来包容学生，在转化的过程中尤其要注意保护学生的自尊心，善于发现学生身上的亮点。

问题二：（1）课堂与生活相结合的原则；（2）疏导性原则；（3）长善救失的原则；（4）集体教育与个别教育相结合的原则；（5）灵活因材施教的原则。

问题三：根据对材料的分析可以看出，小黎的心理特点具有以下特征：

（1）由于其父母长时间不在身边，所以，使得她缺少普通孩子所拥有的家庭温暖。心理的归属感和安全感都由于其父母不在身边而受到严重的影响。这就要求，班主任在教育时要给予她更多的关心和爱护，从学习上、生活上和心理上都对其进行帮助和安慰。

（2）小黎的性格比较孤僻、不善于与同学交往，造成了她经常与周围的同学产生摩擦，同学与她的对峙行为，更加造成了她与周围同学及教师的逆反情绪，加重了她的性格孤僻。在教育的过程中，班主任老师不但要更多地关心她，用自己的宽容心和爱心去感化她，同时还要发动班级的同学去帮助她，理解她并且感化她。

（3）小黎虽然与周围的同学和老师不断地产生冲突，但是她的自尊心是相当强烈的，同时她也和其他的学生一样，希望能够获得别人的尊重和赞赏。另外，小黎目前是初二的学生，这时的儿童处于青春期，她会具有青春期孩子的冲动、对抗、自尊心强及自我独立等一些性格特点。教师在教育的过程中要认识到青春期孩子的特质，有的放矢地进行教育。同时要适时地处理学生的心理矛盾，使得学生无论在身体上还是心理上都获得正常的发展。

问题四：学校教育在人的发展中起到主导作用。学校教育对人的发展的主要作用源于学校教育的特殊性。第一，学校教育具有明确的目的性和方向性。第二，学校教育具有较强的计划性、系统性以及高度的组织性。第三，学校教育是由一支经过专门训练的教师队伍担负的培养人的工作。第四，学校教育能对影响学生发展的因素加以调节、控制和利用，最大限度地利于学生的发展。此外，教育可以抓住儿童受教育时期的最佳时期。

第十一章　教师的教育研究

【内容辅导】

一、目标要求

（1）了解教师参与教育研究的必要性和重要性。
（2）明确教师的教育研究所具有的特性。
（3）掌握教师的专业发展、教育行动研究等概念。
（4）初步掌握从事教育行动研究的主要方法。

二、内容提示

（一）“教师即研究者”观念的提出

传统教育过程中，一方面，教师只是教书，并没有研究的意识和要求；另一方面，教育研究者远离教育教学实际。

从20世纪80年代开始，社会发展对教育教学有了更高的要求，加之，对“教师专业化”的探讨也达到空前高度。同时，教育教学实践也对教师研究提出了要求。在这样的情况下，提出了“教师即研究者”的观念。

（二）教师进行教育研究的优势

（1）教师工作于真实的教育教学情境之中，最了解教学的困难、问题与需求，能及时清晰地知觉到问题的存在。

（2）教师与学生的共同交往构成了教师的教育教学生活，因此，教师能准确地从学生的学习中了解到自己的教学成效，了解到师生互动需要改进的方面，尤其能从教学现场中获得第一手资料，这为研究提供了良好的条件。

（3）实践性是教育教学研究的重要品性，教师是教育教学实践的主体，针对具体的、真实的问题所采取的变革尝试能在实践中得到检验，进而产生自己的知识，建构适合情境的教学理论。

（三）教师进行教育研究的素养

（1）教师要有对于教育教学改革的热情，有对于教育教学问题研究的意识。
（2）有终身学习和思考的习惯，及时了解和把握教育教学改革与发展的新动向和新知识。

（3）具有自我反思和批判的能力。

（4）掌握教育教学研究的基本方法，使教育教学研究体现客观、科学的本真特性。

（5）具有独立的研究精神。

（四）教师教育研究的特点（与研究者相比）

（1）改进教育的研究与描述和解释教育的研究。

（2）置身于教育之中的研究和置身于教育之外的研究。

（3）为了教育的研究和关于教育的研究。

（五）行动研究

行动研究不是一种独立的研究方法，而是一种研究活动，是一种与基础研究、应用研究并列的研究活动类型。

行动研究是一种由实际工作者在现实情境中自主进行的反思性探索，并以解决工作情境中特定的实际问题为主要目的，强调研究与活动的一体化，使实际工作者从工作过程中学习、思考、尝试和解决问题。

教育行动研究的过程有以下几点：

（1）选择和确定研究课题。发现问题的方式：① 通过不断反思自己的教育教学活动和效果，以及整理自己的亲身感受和困惑，来发现问题；② 从新的教学观念、思想与自己教学实践的对照中发现问题；③ 通过自己的做法与别人经验的比较来发现问题；④ 主动向学生、家长征询意见也可以发现问题。

作为课题应具有的特点：① 实践性；② 可行性；③ 科学性，不能是“伪问题”，如“如何惩罚学生效果会更好”。

（2）分析所要研究的问题。如问题是普遍的还是特殊的；问题是长期的还是临时的；问题的原因可能有哪些；怎么解决这个问题；根据是什么；研究该问题可能遇到的困难和不足是什么；自己要做哪些方面的准备；这个问题还可以从哪个角度去研究；等等。

（3）拟定解决问题的可能方案与策略。

（4）实践尝试行动策略。

（5）反馈与评价行动结果。

（6）归纳总结。

（六）教师教育研究的意义

（1）教师的教育研究有利于解决教育教学实际问题，提高教育教学质量。

（2）教师的教育研究可以使课程、教学与教师真正融为一体。

（3）教师的教育研究也是教育科学发展的需要。

（4）教师的教育研究可以促进教师专业的成长与发展，不断提高教师的自我更新能力和可持续发展能力，增强教师职业的价值感和尊严感。

（5）教师的教育研究有利于教师不断积累实践知识。

（七）教师教育研究的基本方法

1. 调　查

调查方式有：问卷调查、访谈、座谈。

2. 观　察

（1）结构性观察。以规定好观察的项目，选定观察对象，采用观察工具，在观察中填写观察量表等方式进行。

（2）非结构性观察。事先没有提纲和量表，只有观察的思路。

3. 个案研究

4. 收集研究资料

（1）文献资料。阅读有关著作，浏览新的期刊，利用工具书，剪报和卡片，使用检索工具。

（2）实际资料。发生在自己身边的信息。

5. 研究结果的表达

（1）研究报告。

（2）教育教学经验总结。

（3）教育教学案例。

【练习思考】

一、单项选择题

1. 身处教育实践第一线的研究者与受过专门训练的科学研究者密切协作，以教育实践中存在的 某一问题作为研究对象，通过合作研究，再把研究结果应用到自身从事的教育实践中，这种研究方法是（　　）。

A. 读书法　B. 观察法　C. 文献法　D. 行动研究法

2. 在对课题研究进行设计时，不包括的一项是（　　）。

A. 确定研究方法　B. 论证课题　C. 制定研究计划　D. 选择研究对象

3. 在自然情境下进行的，比较灵活且适用范围较广的一种观察方法是（　　）。

A. 教育实验观察　B. 严格控制的观察

C. 全结构式观察　D. 教育现场观察

4. 中小学教师参与校本研修的学习方式有很多，其中教师参与学校的案例教学活动属于（　　）。

A. 一种个体研修的学习方式　B. 一种群体研修的学习方式

C. 一种网络研修的学习方式　D. 一种专业引领的研修方式

5. 教师提高研究技能的三种途径是（　　）。

A. 自主、合作、探究　B. 阅读、合作、行动研究

C. 学习、讨论、创新　D. 兴趣、发现、研讨

6. 下列说法不正确的是（　　）。
   A. 访问者及介绍人的被信任程度，可能使被试的反应失真，使调查资料产生较大误差
   B. 访谈调查常常是个人之间进行的，样本的代表性不会影响访谈调查的资料价值
   C. 遗失被试的资料可能会造成取样的偏差
   D. 对调查对象的群体资料必须有明确的了解，这样才能群体的基本单位
7.（　　）是获取科学信息的一种重要方式，是科学研究的重要方法。
   A. 实验与观察　B. 假设　C. 统计　D. 测量
8. 非常适合教师对研究结果表达的是（　　）。
   A. 研究报告　B. 教育教学案例
   C. 调查报告　D. 教育教学经验总结
9.（　　）是教师最为常用的研究方法。
   A. 观察法　B. 访谈法　C. 实验法　D. 行动研究法
10. 教育行动研究最关键最核心的环节是（　　）。
   A. 选择和确定研究课题　B. 分析问题
   C. 实践尝试行动策略　D. 反馈与评价行动结果

二、多项选择题

教师的教育研究是（　　）。
   A. 为了教育教学的研究　B. 通过教育教学的研究
   C. 在教育教学中的研究　D. 改进教育的研究

三、填空题

1. 教师的教育研究可以使课程、________与教师真正融为一体。
2. 实践性是教育教学研究的重要品性，________是教育教学实践的主体。

四、判断简析题

1. 所有的教育现象都会成为教师的教育研究对象。
2. 有人说："学习和研究教育学是学校领导的事情，教师是从事教学的，只要把学生教好就行了，学不学教育学无所谓。"

五、简答题

1. 教师进行教育研究的优势主要有哪些？
2. 教师的教育研究和专门研究者的教育研究有何不同之处？

六、论述题

试论述行动研究法有别于其他研究方法之处。

【参考答案】

一、单项选择题

1. D　2. B　3. D　4. B　5. A　6. B　7. A　8. B　9. A　10. C

二、多项选择题

ABCD

三、填空题

1. 教学 2. 教师

四、判断简析题

1. 错误。研究是以教育现象为研究对象的，目的在于揭示教育现象背后的规律，但并非所有的教育现象都会成为教育研究的对象。

这种现象必须是那种具有潜在探索研究价值的教育现象才行，有些教育现象是偶然的、个别发生的现象，不具有研究价值。

现象作为一种可被观察到的“事实”，它本身并不会自动成为研究的对象，只有当研究者对他们所观察到的现象产生疑问，这种现象才会进入我们的研究视野，才能真正成为教育研究的对象。因此，这一说法是不准确的。

2. 错误。首先，教育学是研究人类教育现象，提示教育规律的一门科学。科学的教育理论追求的是真理，反映的是规律，它以客观的身份对实践说话，使符合教育规律的教育实践内容更丰富，方向更明确，效果更理想，从而增强其科学性和应用的普遍性。教师在教学第一线，只有认真学习和研究教育学，才能使自己的教学遵循教育规律。其次，教育理论能指导实践。在学校教育过程中，教育理论可以帮助教师按照教育教学规律及学生的身心发展特点去完成教育和教学任务。认真研究教学过程的本质和特点，研究学生的智力和非智力状况，研究教学方法和教学原则，吸收古今中外优秀的教育遗产，从而提高教育和教学的效果和质量。最后，教育理论推动教育改革。教师是教育改革的直接参与者，学习和研究教育学理论，才能做一名合格的教师。那种认为教师“学不学教育学无所谓”的观点是不正确的。

五、简答题

1.（1）教师工作于真实的教育教学情境中，最了解教学的困难、问题与需求，能及时清晰地感知到问题的存在。（2）教师与学生的共同交往构成了教师的教育教学生活，因此教师能准确地从学生的学习中了解到自己教学的成效，了解到师生互动需要改进的方面，尤其是能从教育教学现场中、从学生文件中获得第一手资料，这为研究提供了良好的条件。（3）实践性是教育教学研究的重要品性，教师是教育教学实践的主体，针对具体的、真实的问题所采取的变革尝试，能够在实践中得到检验，进而产生自己的知识，建构适合情境的教学理论。

2.（1）改进教育的研究与描述和解释教育的研究。（2）置身教育之中的教育研究和置身教育之外的教育研究。（3）为了教育的研究和关于教育的研究

六、论述题

研究是指在自然、真实的教育环境中，教育实际工作者按照一定的操作程序，综合运用多种研究方法与技术，以解决教育实际问题为首要目标的一种研究模式。

（1）行动研究以提高行为质量，解决实际问题为首要目标。（2）强调科学研究者与实际工作者的合作，行动与研究的结合。（3）重视及时反馈，特别是正反馈。（4）可变性。行动研究允许在总目标的指导下，边行动边调整方案。

第十二章　教育改革与发展

【内容辅导】

一、目标要求

（1）了解20世纪教育改革与发展的阶段背景和特征。

（2）掌握教育发展水平的主要指标，明确我国在世界教育发展中的地位。

（3）明确教育国际化思潮的内容、终身教育观念和理论、全民教育的基本含义、教育平等观念、教育信息化对学校的要求。

二、内容提示

（一）教育改革与发展历程的世纪回顾

1. 现代教育的曙光（19世纪末至20世纪30年代）

（1）欧美教育革新运动。欧美教育革新运动是19世纪末20世纪初在西欧一些国家和美国兴起的旨在改造传统教育，使之适应现代社会变化的教育革新运动。西欧的教育革新运动被称为“新教育运动”，美国教育革新运动被称为“进步主义教育运动”。

（2）现代教育的倡导者——杜威。针对传统教育使学校教育同儿童现实生活经验相割裂的问题，杜威提出“教育即生活”，教育就是儿童现在生活的过程，而不是将来生活的准备。针对学校与生活隔离的问题，杜威提出了“学校即社会”，强调学校应成为一个小型的社会，使校内学习与校外学习相互连接、相互影响。针对传统教育惯用的“静听”的学习方式，杜威提出“从做中学”，主张教学从儿童的经验和生活出发，让儿童主动从自身的活动中进行学习。

（3）19世纪末至20世纪前期的各国教育改革。为适应工业化的需求，先进资本主义国家的教育发展和改革呈现出如下变化：一是延长普及教育年限；二是发展初等教育；三是发展中等职业技术教育；四是改革中等教育。

2. 二战后的教育大发展（20世纪50年代中期至70年代）

（1）教育投资大幅度增加，教育规模迅速扩大。

（2）教学内容科学化，教学手段现代化。

3. 面向新世纪的教育改革（20世纪80年代至今）

（1）高度重视教育改革，突出教育的战略地位。

（2）教育改革的重点转向提高教育质量。

（3）课程改革是教育改革的核心。

（4）加强和改进道德教育；重视提高师资水平。

（5）教育公平渐成教育改革的主题。

（二）当代世界教育思潮的宏观演变

（1）从“学会生存”到“学会关心”。

（2）从科学主义、经济主义到推崇教育的社会价值取向。

（3）从国家主义教育到国际化教育。

（4）从阶段性教育到终身教育。

（三）21 世纪世界教育发展的趋势

1．全民教育

全民教育思想的提出，始于 1990 年 3 月在泰国宗迪恩召开的“世界全民教育大会”。其基本含义是：① 全民教育既是经济发展的需要，也是道德发展的需要。② 全民教育是广义的，它的范围从学前教育到继续教育、终身教育；教育不仅是投入，更是产出。③ 全民教育是一项新的社会责任，赞助者、家庭和非政府组织都要贯彻这一政策。

2．教育民主化

教育民主涉及的主要问题是：① 加强地方分权、地区自治权、学校自主权；② 家长、居民、教师、科研人员、学生、社会各部门参与教育管理，任何利益代表都不占优势；③ 参与项目扩大，包括经费、课程、教学法、人事、决策等；④ 工商界、科技界、政界、新闻界、文艺界、法学界等社会各界参与重大教育决策及科研决策。

3．教育信息化

教育信息化有两个含义：一是教育培养适应于信息化社会的人才，二是把教育信息技术手段有效应用于教学与科研。教育信息化要求：① 让学生学会使用电子计算机；② 让学生学会收集、选择、处理信息，进而学会创造信息；③ 促进学校教育手段的信息化、现代化；④ 进一步建立信息库、信息网络，等等。

4．教育全球化

教育全球化的特征包括：各国的教育交流与合作日益加强；相互借鉴其教育发展和改革经验的自觉性日益提高；各国相互承认学历和学位证书的趋势日益加强，并由此带来各国之间学历、学位教育水平大致衔接；各国都日益注意培养能使本国经济、科技与世界接轨的人才等。其基本表现形态有：① 教育资源的跨国界流动；② 全球性的教育现象；③ 基于互联网的全球教育。

5．教育个性化

教育个性化是为了克服教育中存在的划一性、僵化和封闭性，树立尊重个人、发展个性、培养自我责任意识的需要。

【练习思考】

一、单项选择题

1. 《中华人民共和国义务教育法》颁布于（　　）。

A. 1985 年　　B. 1986 年　　C. 1987 年　　D. 1988 年

2. 现代教育改革的核心是（　　）。

A. 课程改革　　B. 教学方法改革

C. 教育结构改革　　D. 教育评价制度改革

3. 现代教育与传统教育的根本区别在于，现代教育重视（　　）。

A. 创新能力的培养　　B. 实践能力的培养

C. 思维能力的培养　　D. 想象能力的培养

4. 人们并不是也不可能随心所欲地制定或废止教育制度，这说明教育制度具有（　　）。

A. 历史性　　B. 规范性　　C. 客观性　　D. 强制性

5.（　　）认为，改革的最终目的在于：通过教育制度内部权力与资源的重新调整和优化配呈，来提高教育的效益以及教育适应变革的能力。

A.《国务院关于基础教育改革与发展的决定》

B.《中共中央关于教育体制改革的决定》

C.《中国教育改革和发展纲要》

D.《中共中央、国务院关于深化教育改革，全面推进素质教育的决定》

6. 全民教育思想的正式提出，始于（　　）。

A. 1995 年　　B. 1996 年　　C. 1999 年　　D. 1990 年

7. 教育现代化最重要的标志就是受教育者的（　　）。

A. 阶段性　　B. 个性　　C. 阶级性　　D. 广泛性和平等性

8. 现代教育的倡导者是（　　）。

A. 杜威　　B. 赫尔巴特　　C. 蒙台梭利　　D. 布鲁纳

9. 普及义务教育始于（　　）。

A. 原始社会　　B. 奴隶社会　　C. 资本主义社会　　D. 社会主义社会

二、多项选择题

1. 面向新世纪的教育改革措施有（　　）。

A. 课程改革是教育改革的核心

B. 加强和改进师德教育

C. 教育公平渐成教育改革的主题

D. 教育改革的重点转向提高教育质量

2. 21 世纪世界教育发展的趋势为（　　）。

A. 全民教育　　B. 教育民主化　　C. 教育全球化　　D. 教育终身化

三、填空题

1. ________是为了克服目前教育中存在的划一性、僵化和封闭性，树立尊重个性、发展个性、培养自我责任意识的需要。

2. ________教育思潮强调民族、国家的利益，推崇教育在促进国家和社会发展中的作用。

四、判断简析题

教育现代化主要在于教育设施的现代化。

五、简答题

1. 简述当代世界教育思潮的宏观演变。
2. 简述终身教育观念和理论的要点。

六、论述题

1. 试述20世纪以后世界教育的特征。
2. 为什么说现代教育与传统教育的根本区别在于重视培养学生的创新能力?

七、案例(材料)分析题

1. 当代有一位教育专家兼作家这样叹息中国的教育:“要想使中国的每一个孩子都有一个好前程，现在中国的父母唯一要做的恰恰不再是帮助学校把他们的考分再提高一些，而是保护好自己孩子的天赋别再受到学校的侵害!”

问题:分析这段话中的教育现象。

2. 2004年《中国教师》杂志对儿童的生存状态进行了调查。调查发现:833名从小学一年级到高中三年级的学生中，有47%的学生认为自己的童年不快乐。主要表现是:受考试折磨、没有自由、压抑、紧张、忙碌。其中考试是学生认为童年不快乐的主要原因。学生的年龄越高越觉得自己的童年不快乐。

一位每逢考试就会犯“间歇性精神错乱”的学生，高考后却被中国人民大学录取了。后来是他给中学班主任的信揭了谜。原来，为了逃避每月一次的考试排名和在排名中总位居30多名时所遭受到的同学鄙夷目光、父母的数落和自己的失望，他精心设计了骗局，瞒过老师、同学和父母。为了避免他再次“犯病”，学校允许他把考卷仅作为作业来完成，也不参加成绩排名。父母不再苛求他的成绩，转而开始担心他会因学习而熬坏身体。父母丢掉了过重的幻想和期望后，生活也开始变得轻松。自己也没有了来自家庭和排名的压力，心情变得舒展、学习也感到了轻松，学习效果也变得更好。

问题:从调查数据以及上面的案例分析，我们的教育出了什么问题?

【参考答案】

一、单项选择题

1. A　2. A　3. B　4. C　5. A　6. D　7. D　8. A　9. C

二、多项选择题

1. ABCD　2. ABC

三、填空题

1. 教育个性化　2. 国家主义

四、判断简析题

错误。教育现代化由教育思想现代化、教育制度现代化、教育内容和方法现代化、教育设施现代化、教育队伍现代化、教育管理现代化等六个方面的内容构成。这六个方面的现代化相辅相成，共同构成教育现代化的标准体系。教育设施是办学的基本条件，教育设施现代化是教育现代化的基础，但总的看来教育设施的现代化不是主要的方面。教育思想是指经过人们思维加工而形成的教育理论认识，具有实践性、抽象性、社会性和前瞻性等多种特征，具有主导的作用。教育思想现代 化是教育现代化的观念条件、心理基础和精神支柱，是人才培养过程中最重要的因素和力量，是开展教育改革和发展的基本前提条件。所以这种理解是非常片面的。

五、简答题

1. 从“学会生存”到“学会关心”；从科学主义、经济主义到推崇教育的社会价值取向；从国家主义教育到国际化教育；从阶段性教育到终身教育。

2.（1）终身教育的基本原则和原理：连续性—整体性。这一原则要求人从摇篮到坟墓的一生都变成接受教育的过程，整个社会变成有体系的教育场所。（2）终身教育的方法：首先，重视作为教育基础的个人和小组，学习的主体是个人、小组，而不是课程和教师。其次，要求教育遵循兴趣原理——支配人类活动的重要规律。再次，广泛应用小组学习法。最后，广泛采用创造性、非指导性教育方法。（3）终身教育的意义：终身教育作为与战后革新时代经济、科技、文化、社会的迅速变化相适应的现代化教育思想，能够推动社会持续高速地发展；它能够保证人真正个性的发展和自我实现；能够真正地实现教育机会均等，使教育成为实现社会平等和民主的一种强有力的手段。

六、论述题

1.（1）教育的终身化。终生教育是适应科学知识的加速增长和人的持续发展的要求而逐渐形成的一种教育思想和教育制度，它的本质在于，现代人的一生应该是终身学习终身发展的一生。（2）教育的全民化。全民教育是近 10 年来在世界范围内兴起的使所有人都能受到基本教育的运动，特别是使所有适龄儿童都进入小学并降低辍学率、使所有的中青年都脱除文盲运动。（3）教育的民主化。教育的民主化是对教育的等级化、特权化和专制化的否定。一方面，它追求让所有人都受到同样的教育；另一方面，教育民主追求教育的自由化。（4）教育的多元化。教育的多元化是对教育的单一性和统一性的否定，它是世界物质生活和精神生活多元化在教育上的反映。具体表现为培养目标的多元化、办学形式的多元化、管理模式的多元化、教学内容的多元化、评价标准的多元化等。（5）教育技术的现代化。教育技术现代化是指现代科学技术在教育上的运用，并由此引起教育思想、教育观念的变化。

2. 传统教育以教学内容的稳定性和单一性为基本出发点，以知识记忆和再现为基本学习目标，它强调的是掌握知识的数量和准确性，强调的是对过去知识的记忆。因此，传统教育把掌握知识本身作为教学目的，把教学过程理解为知识积累的过程。在这样的教学过程中，创新能力的培养没有也不可能得到重视。

现代社会，知识创造、更新速度的急剧加快，改变着以知识的学习、积累为目的的教育活动。要让知识的学习成为手段，成为认识科学本质、训练思维能力、掌握学习方法的手段。

在教学过程中，强调的是“发现”知识的过程，而不是简单地获得结果，强调的是创造性解决问题的方法和形成探究的精神。在这样的教学过程中，学生的应变能力、创新能力也就在解决问题的过程中得到了培养和发展。

七、案例（材料）分析题

1. 这段话指出了当前中国教育的弊端，当前中国教育存在分数教育，即应试教育，以分数来衡量一个学生的好坏，学生因此变成只会读书的机器。

实施全面发展教育是社会主义教育目的的必然要求。全面发展教育由德育、智育、体育、美育和劳动技术教育等部分组成。为了迎接新世纪的挑战，中国教育已经开始由应试教育转向素质教育，着重培养学生的创新精神和实践能力，发展学生的个性特长。

2. 从调查数据以及上面的案例分析，我们的教育存在着很大的问题，即教学活动以发展人的单方面素质或以帮助学生通过选拔考试为根本目的。这就是所谓的应试教育，应试教育因其把单纯提高学生的应试能力，作为学校的唯一追求而成为片面教育。它是学生各方面素质发展的最大绊脚石。

综合练习一

一、单项选择题

1. 评价是为了促进学生的全面发展，发展性评价的核心是（　　）。
   A. 关注学生的学业成绩　　B. 关注学生在群体中的位置
   C. 关注和促进学生的发展　　D. 帮助学生认识自我，建立自信
2. 新课程中教师角色将发生转变，正确的是（　　）。
   A. 从教学与课程的关系看，新课程要求教师应该是课程的建设者和开发者
   B. 从教学与研究的关系看，新课程要求教师应该是教育教学的研究成果推广者
   C. 从教师与学生的关系看，新课程要求教师应该是学生学习的模仿者
   D. 从学校与社区的关系看，新课程要求教师应该是学者型的独立的教师
3. 创造新型的师生情感关系的努力方向是（　　）。
   ① 教师要真情对待学生，关心爱护学生
   ② 树立教育民主思想
   ③ 展现教学过程的魅力
   ④ 完善个性，展现个人魅力
   A. ①②③　　B. ②③④　　C. ①③④　　D. ①②④
4. 在新课程中教师的教学行为将发生变化，正确的是（　　）。
   A. 在对待自我上，新课程强调反思
   B. 在对待师生关系上，新课程强调权威、批评
   C. 在对待教学关系上，新课程强调教导、答疑
   D. 在对待与其他教育者的关系上，新课程强调独立自主精神
5. “知之者莫如好之者，好之者莫如乐之者”，这句话体现的课程理念是（　　）。
   A. 关注学生对知识的收获　　B. 关注学生的情绪生活和情感体验
   C. 关注学生的健康成长　　D. 关注学生的道德生活和人格养成
6. 教育心理起源论认为教育起源于（　　）。
   A. 生产劳动　　B. 模仿　　C. 语言　　D. 动物本能
7. 教学的教育性主要体现在教学过程的（　　）的基本规律中。
   A. 间接经验与直接经验相结合
   B. 教师主导作用与学生主体作用相统一
   C. 掌握知识和发展智力相统一
   D. 传授知识与思想品德教育相统一
8. 把道德情感的培养置于中心地位的德育模式是（　　）。
   A. 认知模式　　B. 体谅模式　　C. 社会模仿　　D. 说理教育模式

9. 普通中小学经常组织诸如生物、物理、航模等兴趣小组，主要是为了（　　）。

A. 深化课堂教学　　B. 培养竞赛人才

C. 因材施教，发展青少年个性特长　　D. 充分发掘学有余力的学生的学习潜力

10. 三结合的教育一般是指（　　）。

A. 学校、家庭、社会教育三结合　　B. 班主任、科任教师和家长教育三结合

C. 校长、教师和家长教育三结合　　D. 家庭、环境和学校教育三结合

11. 把两个及两个年级以上的儿童编在一个班级，直接教学与布置、完成作业轮流交替进行，在一节课内由一位教师对不同年级学生进行教学的组织形式是（　　）。

A. 分层教学　　B. 合作学习　　C. 小班教学　　D. 复式教学

12. 现代学生观的基本观点是（　　）。

① 学生是发展的人　　② 学生是独特的人

③ 学生是自由的人　　④ 学生是教育活动的主体

A. ①②③　　B. ②③④

C. ①③④　　D. ①②④

13. 关于课程评价的价值取向，不正确的表述是（　　）。

A. 目标取向的课程评价　　B. 客体取向的课程评价

C. 主体取向的课程评价　　D. 过程取向的课程评价

14. 面对新教材，教师首先要做的是（　　）。

① 研究所教学科的《课程标准》

② 研究教材

③ 教师要从课程整体设计高度、从学科知识技能整合视角、从教材知识技能的体系编排审视教材、灵活运用教材

④ 研究学生特点

A. ①②③　　B. ①③④　　C. ①②③④　　D. ②③④

15. 意大利著名教育家蒙台梭利有 句教育名言：“没有哪 个人是由别人教育出来的，他必须自己教育自己。”这句话直接与下列（　　）思想、学说相支持。

A. 实用主义教育　　B. 人本主义教育

C. 建构主义教育　　D. 信息技术教育

二、多项选择题

1. 关于教学策略的认识不正确的是（　　）。

A. 教学策略即教学方法

B. 制定教学策略就是做好教学计划

C. 能够找到统一的适用于所有教学的教学策略

D. 教学策略具有明确的针对性和典型的灵活性

2. 下列关于教学设计的论述正确的是（　　）。

A. 教学设计具有灵活性的特点

B. 教学设计的方案一般不能修改

C. 在教学设计过程的模式中包括学习目标、内容、学生特征、教学策略、教学评价

D. 教学设计需要用系统的方法进行设计

3. 实用主义教育学的主要观点是（　　）。

A. 学校即社会　　B. 重视学生在教学过程中的独立发现

C. 以经验为中心组织课程　　D. 教育即学生经验持续不断的增长

4. 学校制度文化的形式大体可分为（　　）。

A. 教育方针政策　　B. 学校传统

C. 学校仪式　　D. 学校物质硬件

5. 下列教师和学生共同进行的活动中属于教学活动的是（　　）。

A. 课前准备　　B. 练习　　C. 作业　　D. 评定

三、填空题

1. ________的形成，即意味着教育制度化的形成。

2. 职业教育是以________为目标，以从事某种职业或生产劳动的知识和技能为主要教学内容的学校教育。

3. 德育具有社会性、历史性、阶级性、民族性、________。

4. 人的身心发展是在________过程中实现的。

5. ________的教学是拓展型、研究型课程的学习基础。

6. 学生以学习________经验为主。

7. 教学具有教育性，这是由________率先明确提出的观点。

8. 我国最早采用班级授课制的是1962年清政府在北京设立的________。

9. ________就是主张废除班级授课制和教科书，打破传统的学科界限，在教师指导下，由学生自己决定学习目的和内容，在自己设计、自己负责的单元活动中获得有关的知识和能力。

10. 实践性是教育教学研究的重要品性，________是教育教学实践的主体。

四、判断简析题

1. 教育的民主化就是指教育机会均等和师生关系的民主化。

2. 杜威的教育无目的是指教育应该没有目的。

3. 德育就是一种培养学生道德品质的活动。

五、简答题

1. 简述人的本质观及其教育学的意义。

2. 简要谈谈应怎样贯彻教育目的。

3. 简述学校教育工作必须以教学为主的根据。

4. 简述教师劳动的基本特点。

六、论述题

我国当前新课程改革背景下的教师专业发展现存问题以及现实途径。

七、案例（材料）分析题

1. 某小学提出了这么一个规定：利用不布置或少布置书面作业节省下来的课堂教学时间，开展兴趣小组。但是，实际操作中，家长却为孩子安排大量的语文、数学、绘画等学习班，致使学生在课堂学习中十分困乏。

问题：依据教育合力原理，结合案例提出解决问题的具体措施。

2. 在“教师素质讨论会”上，张老师说：“当教师首先要有知识。”李老师说：“教师最重要的是有正确的教育思想，知识多未必是好教师。”

问题：分析上述两位老师的发言，你认为现代小学教师必备的重要素质是什么？

【参考答案】

一、单项选择题

1. C 2. A 3. C 4. A 5. B 6. B 7. D 8. B 9. C 10. A 11. D 12. D 13. B 14. A 15. B

二、多项选择题

1. ABC 2. ACD 3. ABCD 4. AC 5. ABCD

三、填空题

1. 学校教育系统 2. 就业 3. 继承性 4. 社会实践 5. 基础型课程 6. 间接 7. 赫尔巴特 8. 京师同文馆 9. 设计教学法 10. 教师

四、判断简析题

1. 这一说法不全面。（1）教育民主化是个体享有平等的教育机会，并受到越来越充分的以自主和合作为特征的民主形式的教育，教育制度不断转向公正、开放、多样的演变过程。（2）教育民主化包括教育的民主和民主的教育两个侧面。命题只讲了一个侧面。（3）为了实现教育民主化，一方面要做到教育普及化，另一方面要达到教育质量和效果的平等。教育民主化必然要求教育体制和运行机制的变革。而要求师生关系从权威型转向以独立性、互相负责和交换意见为特征的民主型只是其中一个方面。它还要求教育方式、教育评价、教育管理都做出相应改革。

2. 错误。杜威提出教育即生长和生活，意味着经验的不断改造。他提出教育是一种过程，除这一过程自身发展以外，教育是没有目的的。他说：“教育的过程在它自身以外无目的，它就是它自己的目的。”他认为由儿童的本能冲动兴趣所决定的具体教育过程即生长就是教育的目的。而由政治经济需要决定的教育目标是教育过程以外的目的，杜威认为这类目的是外在的虚伪的目的，杜威不是一般的教育无目的论者。他反对那种普遍的终极目的，而强调教育过程中教育者与受教育者心中的具体目的。因而认为教育无目的是教育没有目的的说法是错误的。

3. 错误。德育是培养受教育者品德的活动。所谓品德是指个体依据一定的社会政治、思想和道德的法纪要求来行动时，所表现出来的经常而稳固的倾向和特征。品德包含的范围很广，道德品质只是其中一部分。德育是对政治教育、思想教育、道德教育和法纪教育的总称，不能以偏概全 。

五、简答题

1.（1）人是自然性与社会性的统一。① 人的自然性是指人是自然存在物，具有自然属性。② 人的社会性是指人是社会存在物，具有社会属性。③ 人既具有自然属性，又具有社会属性，是自然性与社会性的统一。④ 人的自然性与社会性统一的观点，是科学地进行教育的出发点。(2) 人是受动性与能动性的统一。① 人既具有受动性，又具有能动性，人既是主体，又是客体，是两者的统一。② 人的受动性和能动性统一的观点是科学教育观的客观依据。(3) 人是共性与个性的统一。

2. (1) 端正教育思想，明确教育目的。(2) 深化教育改革，全面提高教育质量。(3) 全面贯彻党的教育方针，实施全面素质教育。

3. (1) 以教学为主是学校教育工作的特点所决定的。(2) 教学是实现学校教育目的与任务的基本途径，在整个教育体系中居于中心地位，发挥核心作用。(3) 教学为主是由教学自身的特点决定的。(4) 历史上正反两方面的经验表明，要提高教育质量，更好地进行自我教育，学校必须坚持以教学为主。以教学为主，说明教学是学校教育的中心工作，而不是唯一工作，学校的其他各项工作应围绕中心工作来组织开展。

4. (1) 复杂性。教师担负着向学生传授文化知识，培养学生良好的思想品德，促进学生智力发展，保护学生身心健康的多重任务，因而教师的劳动是复杂的。(2) 创造性。主要由教师劳动对象的特点所决定。教师的劳动对象是学生，学生在思想、情感、性格上有着各自的特点。教师的劳动不仅要遵循教育规律，讲究科学性，还要讲究创造性，培养学生成为有个性特点的创造型人才。(3) 示范性。教师是学生学习的直接榜样，教师的思想行为、求知精神、科学态度、思维方法等都对学生起着示范作用。(4) 长期性。育人是长期的系统工程，教师的劳动是一种迟效反应，对人的发展具有长久的作用。

六、论述题

第一，现存问题。

理论层面：当前，有关教师专业发展的理论思考和实践探索大多基于这样的理论假设，即个体专业发展就是优秀和骨干教师将经验性、典型性的“特征”传递给师范生或新任教师的过程。这种假设暗含着两个前提，即优秀教师的成功做法具有普适性，同时，属于教师专业领域内的职能素质信念与能力系统都是可以言传、外显的。而实际的情况是，一部分专业素质是隐性的、个人化的。

机制层面：由于受当前学术研究中部分人浮躁、投机与急功近利心态的影响，一些教育行政领导和教师教育者在教师的专业发展计划中表现出很强的“目标—动力”导向，过于强调发展计划对教师晋级、评优等方面的价值和影响，或依靠硬性指标、外部利益驱使教师参与各种专业进修和培训，忽视从专业本身引导教师内在的自觉意识。

观念层面：部分教师对自身专业发展意识淡漠，对职业规范、周期及专业发展规律、价值等认识不清，影响了长远的专业发展。

物质层面：由于我国可供利用的教育资源有限，加之有些地区教育经费投入不足，使得很多理论上可行的计划在实施时难以取得预期成效，在一定程度上导致教师专业发展行为流于形式。

第二，现实途径。

完善教师资格证书制度是基础环节；加强教师培训是客观要求；发展性教师评价是保障机制； 教育行动研究是有效途径。

七、案例（材料）分析题

1.（1）教育合力是指学校、家庭、社会三方面教育在方向上统一要求，时空上密切衔接，作用上形成互补、协调一致、形成合力，发挥教育的整体效应。（2）案例中存在的主要问题是家庭教育与学校教育的不协调。学校应以自身为主体，积极采取措施，以取得家庭与学校教育的协调一致。如召开家长会、家访等。（3）在活动中安排有针对性的内容。如在家长学校中可向家长介绍教育子女的科学知识；在家长会中向家长通报学校工作计划及意图；通过家访调查了解家庭的实际情况等。

2. 张老师认为：（1）教师必须掌握扎实、系统的文化科学知识，知识丰富，知识面宽，都是必要的，强调文化科学知识素养，是正确的。（2）只强调知识修养而否定思想道德、教育思想、技术、方法的提高是片面的，不对的。

李老师认为：（1）强调教育思想对教师素养的重要性是正确的。（2）认为小学教材知识内容不深或不多，因而降低对教师文化科学素质的要求是错误的。

教师必备的重要素质：思想道德素质、科学文化素质、教育思想观念及教育工作能力素质、教育教学工作能力、良好身心素质。

总之教师素质具有整体性，每一方面均不可或缺。

综合练习二

一、单项选择题

1. 教材包括（　　）。

A. 教科书　　B. CAI 软件　　C. 教学参考书　　D. 以上三者皆是

2. “建国君民，教学为先”这句话反映了（　　）。

A. 教育与政治的关系　　B. 教育与经济的关系

C. 教育与文化的关系　　D. 教育与科技的关系

3. 校园文化的核心是（　　）。

A. 学校的物质文化　　B. 学校的精神或观念文化

C. 学校组织和制度文化　　D. 学校的非正规文化

4. 将课程分为国家课程、地方课程、学校课程是从（　　）角度来进行划分的。

A. 课程功能　　B. 教育阶段的作用

C. 课程制定者或管理制度　　D. 课程核心组织

5. 现代教育与传统教育的根本区别在于（　　）。

A. 重视实践能力的培养　　B. 重视创新能力的培养

C. 重视高尚品德培养　　D. 重视劳动品质的培养

6. 班级成员在服从班集体的正确决定和承担责任的前提下，参与班级管理的方式叫作（　　）。

A. 常规管理　　B. 平行管理　　C. 民主管理　　D. 目标管理

7. 新课程改革从价值取向上看，从教学大纲到课程标准，其价值取向出现了（　　）变化。

① 从精英教育走向大众教育

② 由学科知识本位走向学生发展本位

③ 由侧重知识层面走向关注整体素质

④ 由统一、硬性规定走向开放、灵活的管理

A. ①②　　B. ①②③　　C. ②③　　D. ①②③④

8. 教师的劳动价值主要体现在教育劳动的（　　）。

A. 个人价值和社会价值　　B. 主体价值

C. 创造价值　　D. 教育价值

9. 在学与教的过程中，要有效传递的主要信息是（　　）。

A. 教学过程　　B. 教学手段　　C. 教学内容　　D. 教学媒体

10. 建立良好的师生关系，从根本上说取决于（　　）。

A. 家长的配合　　B. 学校领导的积极配合

C. 教师的实际水平　　D. 学生的实际水平

11. 一位教育工作者的真正威信在于他的（　　）。

A. 权利　　B. 威严　　C. 权威　　D. 人格力量

12. 编写教科书和教师进行教学的直接依据是（　　）。

A. 课程目标　　B. 教学目标　　C. 教学计划　　D. 课程标准

13. 教师角色扮演的先决条件是（　　）。

A. 角色认知　　B. 角色体验　　C. 角色期待　　D. 角色评价

14. “学会关心”是下列哪种德育模式所强调的？（　　）。

A. 认知模式　　B. 体谅模式

C. 价值澄清模式　　D. 社会模仿模式

15. 将课程分为基础型课程、拓展型课程、研究型课程，这是（　　）。

A. 从课程制定者或管理制度角度划分的

B. 从课程的功能角度划分的

C. 从课程的组织核心角度划分的

D. 从课程的任务角度划分的

二、多项选择题

1. 教育目的评价内容主要有（　　）。

A. 学校的教育教学工作质量　　B. 学生的学习质量

C. 教育方法的选择　　D. 评价学校的办学方向、水平和效益

2. 在下列教学组织形式中，更有利于调动学生学习的主动性，培养他们的学习能力和创造才能的是（　　）。

A. 个别教学制　　B. 班级授课制　　C. 设计教学法　　D. 道尔顿制

3. 学校与企业的区别表现在（　　）。

A. 设置目的上的不同，育人与盈利之别　　B. 手段不同

C. 产出不同　　D. 与政府关系不同

4. 德育教育的体谅模式的特征有（　　）。

A. 注重个体认知发展与社会客体的相互作用

B. 坚持人具有一种天赋的自我实现趋向

C. 大力倡导民主的德育观

D. 坚持性善论，尊重儿童发展需求

5. 教育民主化的内容包括（　　）。

A. 实行机会均等的教育　　B. 均衡教育资源

C. 追求教育自由化　　D. 取消教育的等级制、特权制

三、填空题

1. 我国学校德育的内容包括：政治教育、思想教育、道德教育、________。

2. ________是人的内在道德认识和情感的外部行为表现，是衡量人们品德的重要标志。

3. 班级________是指通过制定和执行规章制度去管理班级的经常性活动。

4. 班级平行管理的理论源于________的“平行影响”的教育思想。

5. 学生是处于人生阶段中身心发展最________时期的人。

6. 学校教育对学生的成长起着________的作用。
7. 未成年学生享有的主要权利概括起来有人身权、________。
8. 教育目的对整个教育工作的指导意义有导向作用、________和评价作用。
9. 内发论者一般强调人的身心发展的力量主要源于________。
10. ________是学校生活中一个最为主要的组成部分。

四、判断简析题

1. 德育是培养学生道德品质的活动。
2. 教育研究应大处着眼、小处着手。
3. 现代教育的活动中心的观点就意味着活动应该成为教学的目的和中心。

五、简答题

1. 社会政治经济对教育的制约作用有哪些?
2. 请简述你对教学、课外活动和社会实践三者关系的理解。
3. 简述如何在教育过程中贯彻以教师为主导,以学生为主体的思想。

六、论述题

论述教育活动中教师、学生、教育内容三者之间的关系。

七、案例(材料)分析题

1. 当非洲南部狮的数量还很多并容易加以观察的时候,人们已发现,非洲南部狮通过一种有意识的体操动作进行自我训练,把树桩当作猎物练习猛扑。一头狮子由于距离判断得不准致使一匹斑马逃脱,或者不能正确地跃到悬岩顶部,从那里轻易地扑向猎物,此后,这头狮子便多次重新开始仅仅是独自的练习。接着,在这头狮子练习时会有两头狮子突然来到,这头狮子先引着到来的两头狮子围着悬岩转,使后者了解困难所在;当两头狮子被领回起点时,这头狮子便跃向悬岩以结束其演习。目睹这种情景的本地人曾指出,在这种奇怪的情景全过程中,狮子不断地吼叫,不断地"交谈"。多亏了这种自我教育,才使那些会从事技巧活动的动物随着年龄的增长而变得更加能干。

问题:这则故事说明动物界中的教育与人的教育其本质是一样的,请谈谈你的看法,并陈述理由。

2. 学校更换新班主任,新班主任到小王家了解小王一个多月没上学的原因。家长惊愕:"孩子天天上课呀!"经过调查,小王这一个多月都以上学名义去了网吧。家长对此十分恼火,把孩子毒打了一顿。

问题一:为什么小王长期逃学和沉迷网吧而未被发现?

问题二:运用相关教育知识,对案例中小王家长的做法进行分析。

问题三:如果你是小王的班主任,你会怎么做?

【参考答案】

一、单项选择题

1. D 2. A 3. B 4. C 5. B 6. C 7. C 8. A 9. C 10. C 11. D 12. D 13. A 14. B 15. D

二、多项选择题

1. ABD　2. CD　3. ABCD　4. BCD　5. ABCD

三、填空题

1. 心理健康教育　2. 道德行为　3. 常规管理　4. 马卡连柯　5. 迅速　6. 主导　7. 受教育权　8. 激励作用　9. 人自身的内在需要　10. 教师与学生的交往活动

四、判断简析题

1. 错误。德育是培养受教育者品德的活动。所谓品德是指个体依据一定的社会政治、思想和道德的要求行动时，所表现出来的经常而稳固的倾向和特征。品德包含的范围很广，道德品质只是其中一部分。德育是对政治教育、思想教育、道德教育和法纪教育的总称，不能以偏概全。

2. 正确。(1) 所谓大处着眼就是要用综合的、普遍联系的全面观点去分析研究个别事物及其相互关系。(2) 所谓小处着手就是说，问题表述必须具体明确。选定的问题一定要具体化，界限要清，范围宜小，不能太笼统。问题是否具体适度往往影响全局。那种大而空、笼统模糊，针对性不强的课题往往科学性差。只有对问题有清晰透彻的了解，才能为建构指导研究方向的参照系提供最重要的依据，因此不宜把课题选得太宽、太大、太复杂。

3. 错误。现代教育正由以教师为中心向以直接经验为中心、以活动为中心、以学生为中心转变，学生在具体的教学情境和活动中获得新知识，促进能力发展。教学的目的和中心应该包括引导学生掌握科学文化基础知识和基本技能、促进学生身心的健康发展、培养学生良好的道德品质和情操，命题混淆了手段和目的的意义，活动是现代教学中一种必不可少的教学手段，但并不能代替教学目的。

五、简答题

1. (1) 社会政治经济制约着教育目的。(2) 社会政治经济决定着教育的领导权。① 通过国家权力机构对教育实行控制或管理。② 利用经济力量的控制来达到对教育的领导。③ 以思想宣传上的优势力量来影响控制教育。(3) 社会政治经济影响和制约着受教育权的分配。

2. (1) 教学是学校教育的基本途径。(2) 课外活动是学校教育的重要途径，是教学工作的必要补充。(3) 社会实践是学校教育的必要途径。这里值得注意的是：① 如果认为教学是教育的根本途径，这是对的。但教学不是唯一途径，课外活动也是必要补充，所以主张不搞课外活动也是不对的。② 如果只看到了课外活动的特点和意义，但把课外活动视为基本途径是不对的。③ 如果只强调了社会实践的重要性，这是好的一面，但认为社会实践是教育的基本途径，甚至是唯一途径，这是不对的。

3. (1) 充分发挥教师的主导作用，把教师的主导作用与学生的主体地位统一起来。(2) 树立教是为了学的观念。(3) 重视学生的主体因素，从学生实际出发。(4) 尊重学生的主动精神，创造条件让学生在活动中得到发展。

六、论述题

作为教育的要素，教育者、受教育者和教育内容三者间有着密切而复杂的联系，概括起来说，这种联系集中体现于教育过程中主体和客体间的关系。教的主体与学的主体间的联系。

教育者与受教育者分别作为“教”与“学”的主体共同存在于统一的教育实践活动中，二者间又联结成复杂的双向互为主客体的关系。① 教育是由“教”与“学”复合构成的双边交互活动，而不是单纯的“教”。② 受教育者在教育活动中，包括在教育者的“教”的过程中，他不是消极被动、任教育者摆布的木偶，他有自己的意志、情感和需要，具有认识能力和能动精神，对外界环境能够能动地把握。

七、案例（材料）分析题

1. 这则案例涉及对教育的本质认识的基本问题，教育的本质，即教育的质的规定性，是有目的、有计划、有组织培养人的社会实践活动。① 教育是人类社会所特有的一种社会现象；② 教育是人类社会特有的传递经验的形式；③ 教育是有意识地以影响人的身心发展为目标的社会活动。

（1）动物对后代的爱护、照顾和抚育的活动是出于一种本能的需要，因此是一种本能的活动，而人类的教育之生发基础不是本能的需要，而是人的主体性所意识到的社会需要，尽管人也有自然的生物本能，但是教育活动的产生动力不是个体在自然中生存的需要，而是个体在社会中生存的需要以及社会延续、发展的需要。

（2）由于没有语言也不具备明确的意识，动物不能够将自己的经验积累起来向同类传授，也不能将个体经验类化，变成共享的经验财富。

（3）所谓动物的“教育”，其最好结果不过是小动物适应环境，独立生存并维持生命。而人类的教育却不相同。由于人类的教育活动是建立在人的意识基础上，所以从一开始就不只有适应环境的价值指向。

（4）社会性和意识性也是人的教育活动和动物的“教育”活动的本质区别。

只有对人的教育本质有了一个清醒的认识，才能真正区分人的教育和动物的教育。

2.（1）小王长期逃学和沉迷网吧而未被发现的主要原因是学校与家长之间的联系沟通出现了断层，才导致他一个多月没去上学的事情发生。最关键的是小王的前任班主任没有做到与家长互相访问沟通，以至于小王一个多月没上课家长都未发现。

（2）案例中小王家长的做法是错误的。家长对孩子采取一有错就毒打一顿来解决问题的教育方法是盲目的。小王的家长应该先调查清楚孩子沉溺于网络的原因，然后再根据家庭教育中理解和尊重孩子的基本要求来对其进行家庭教育。

（3）如果我是小王的班主任，我将采取以下方式：相互访问、建立通信联系、举行家长会、组织家长委员会和举办家长学校、举办学校开放日等，做到学校与家长能够互相联系、沟通，使家长和老师共同了解孩子在学校和家庭中的重要活动、表现和进步情况。

心 理 学

第一章　绪　论

【内容辅导】

一、目标要求

（1）识记心理学的研究对象及其主要内容；科学心理学诞生的标志；心理学的主要派别及其代表人和主要思想。

（2）理解师范院校学生学习心理学的重要性和必要性。

二、内容提示

（一）心理学的研究对象及内容

1. 心理学的研究对象

心理学的研究对象是心理现象（或心理活动）。

2. 心理现象的内容

心理现象包括既有区别又有联系的心理过程和个性心理。心理过程由认知过程、情绪情感过程、意志过程构成。个性心理由个性倾向性和个性心理特征构成。

（二）科学心理学的产生

1879 年德国的哲学家、心理学家冯特在莱比锡大学创立了世界上第一个心理实验室，标志着科学心理学的诞生。冯特被誉为实验心理学之父或心理学之父。

（三）心理学的主要派别、代表人及思想

1. 行为主义心理学

以美国心理学家华生（J. Watson，1878—1958）为代表。心理学不是意识的科学，而是行为的科学，强调心理学只能研究可观察到的行为；只有客观的方法才是科学的方法，主张用实验法来研究心理学；心理学研究的目的是寻找预测和控制行为的途径。

2. 精神分析学派

创立者是奥地利精神病医生弗洛伊德。主要对人类异常行为的研究，强调无意识现象。认为人类个体和社会的行为，都根源于心灵深处的某种动机，特别是性欲的冲动以无意识形式支配人，并表现在人的行为之中。

3. 人本主义心理学

由美国的心理学家马斯洛和罗杰斯创造。强调研究健康人的心理或健康的人格；研究人类中出类拔萃的精英；强调人的价值和潜能、人性美好；环境和人体自我概念对行为的作用。

4. 认知心理学

认知心理学吸收了各派的合理成分逐渐演化而成。早期以瑞士心理学家皮亚杰为代表，揭示了儿童思维发展的规律；后又采用信息加工的观点研究心理活动的规律。

（四）师范院校学生学心理学的重要性和必要性

（1）有助于树立正确的世界观。

（2）明确专业活动应具备的心理品质，利于自我教育与良好个性的发展。

（3）掌握心理规律，提高教育教学质量和办学效能。

（4）进行自我心理调节，保持个体身心健康发展。

（五）心理学研究的原则与方法

心理学的研究要遵循客观性、实践性、发展性、因果性等基本原则；常用的研究方法有观察法、实验法、调查法、心理测验法。

【练习思考】

一、单项选择题

1. 心理学是研究人的（　　）的科学。

A. 心理过程　B. 认识过程　C. 心理现象　D. 心理特征

2. 心理现象又被称为（　　）。

A. 心理活动　B. 心理过程　C. 理性活动　D. 情绪活动

3. 人的个性心理的结构成分主要包括（　　）。

A. 认识、情感和意志过程　B. 感知、记忆、思维、想象

C. 能力、气质和性格　D. 个性倾向和个性心理特征

4. 个性倾向性主要包括（　　）。

A. 感知、记忆、思维和想象　B. 道德感、美感、理智感

C. 能力、气质和性格　D. 需要、动机、兴趣、理想信念、世界观

5. 用信息加工的观点来研究人的感觉、知觉、记忆、思维等心理过程的心理观点是（　　）。

A. 行为的观点　B. 生物学的观点

C. 现象学的观点　D. 认知的观点

6. 认为人类行为是由某种潜意识动机驱使的心理学观点是（　　）。

A. 行为的观点　B. 生物学的观点

C. 现象学的观点　D. 精神分析的观点

7. 通过设置对照班来研究某教学方法对学生掌握知识的影响，这种方法叫（　　）。

A. 观察法　　B. 实验室实验法

C. 自然实验法　　D. 测验法

8. 采用一种专门的测量工具，在较短的时间内，对被试的某些或某方面的心理品质作出测定、鉴别和分析的方法，在心理学研究中属于（　　）。

A. 观察法　　B. 实验法　　C. 心理测验法　　D. 调查法

9. 在现代心理学流派中，主张采用内省方法研究人们的直接经验即意识的是（　　）。

A. 构造主义　　B. 机能主义

C. 行为主义　　D. 格式塔心理学

10. 被誉为心理学之父或心理学第一人的是（　　）。

A. 冯特　　B. 洛克　　C. 笛卡尔　　D. 缪勒

二、多项选择题

1. 心理过程包括（　　）。

A. 认识过程　　B. 情绪情感过程

C. 意志过程　　D. 注意过程

2. 冯特被看作是心理学之父，因为（　　）。

A. 他发展了内省的方法研究心理内容

B. 他写了许多现代心理学教学依然在用的著作

C. 他运用了亚里士多德理解行为的观点

D. 他建立了第一个心理实验室，并宣布了心理学是一门科学

3.（　　）心理现象属于心理过程。

A. 兴趣　　B. 气质　　C. 情感　　D. 意志

4. 人本主义心理学主张研究人的（　　）。

A. 情感、生命意义　　B. 人的独特性、人性

C. 行为及影响因素　　D. 记忆、思维

5.（　　）是研究心理学的原则。

A. 客观性原则　　B. 辩证发展性原则

C. 理论联系实际原则　　D. 整体性原则

三、填空题

1. 德国心理学家__________于 1879 年在__________大学创立了世界上第一个心理实验室，标志着科学心理学的诞生。

2. 人的心理现象极其复杂，它主要包括既有区别又有联系的__________和__________两大部分。

3. 心理过程包括__________、__________和__________。

4. 个性心理特征是在__________实践的基础上形成、发展和表现出来的。

5. 个性心理特征包括__________、__________和__________。

6. 现代心理学是一门研究个体行为及__________的科学。

四、判断简析题

1. 心理学是研究人的行为的科学。

2. 人本主义心理学主张以任何人为研究对象，强调人的价值、本性和尊严。

3. 心理现象可分为彼此独立的动机、心理过程和个性心理三大部分。

五、简答题

学习与研究心理学的意义何在？师范生为什么必须学习心理学？

【参考答案】

一、单项选择题

1. C 2. A 3. D 4. D 5. D 6. D 7. C 8. C 9. A 10. A

二、多项选择题

1. ABC 2. AD 3. CD 4. AB 5. ABC

三、填空题

1. 冯特 莱比锡 2. 心理过程 个性心理 3. 认知过程 情绪情感过程 意志过程 4. 心理过程 5. 能力 气质 性格 6. 心理活动规律

四、判断简析题

1. 错误。（1）心理学的研究对象极其复杂，它是研究人的心理现象与心理活动的一门科学。（2）心理学有不同的流派，其中认为心理学是研究行为的科学而不是意识的科学，是行为主义心理学派的代表人华生。他强调心理学作为一门科学只能研究可观察到的行为，心理学的研究对象是人类和动物的行为。

2. 这句话不完全正确。人本主义心理学是由美国心理学家马斯洛和罗杰斯于20世纪50年代创造的。人本主义心理学强调研究健康人的心理或者健康的人格；强调研究人类中出类拔萃的精英；强调人的潜能和价值、人性的美好。

3. 错误。心理现象由心理过程和个性心理两大部分构成，且这两者之间并不是独立存在，而是密切联系着的。首先，人的个性心理是在心理过程进行中逐步形成、发展和表现出来的；人的心理活动过程的某些特点往往是人的个性心理的结构要素。也只有在心理活动过程中才能表现出人的个性心理的差异。其次，心理过程的进行又会受到个性心理的影响和制约。

五、简答题

研究心理学的意义及师范生学习心理学的必要性：（1）有助于树立辩证唯物主义的世界观；（2）明确各专业活动应具备的心理品质，有利于自我教育和良好个性的发展；（3）掌握心理规律，有利于提高教育教学质量和办学效能；（4）有利于自我心理调节，保持个人的身心健康发展。

第二章 人的心理的实质

【内容辅导】

一、目标要求

（1）了解心理的实质。

（2）理解神经系统的基本活动方式、反射的类型和高级神经活动的基本过程和规律。

二、内容提示

（一）心理的实质

心理是脑的机能，脑是心理的器官。

（二）神经系统的基本活动方式

1．反射的概念

反射是有机体借助于中枢神经系统而实现的对体内外刺激所做出的规律性的应答活动。

2．反射的类型

（1）无条件反射。无条件反射是遗传的、生来就有的反射。无条件反射的意义是维持机体的生命和延续种族。

（2）条件反射。条件反射是后天的，是在个体生活过程中经过学习而形成的反射。引起条件反射的刺激物叫条件刺激物。

3．两种信号系统

根据刺激物的性质可把信号系统划分为第一信号系统和第二信号系统。

（1）第一信号系统。第一信号系统是由具体刺激物（如声音、颜色、气味等）引起的条件反射系统。如“望梅止渴”是由梅子的各种属性直接作用于人的感觉器官而引起唾液分泌，属于第一信号系统的活动。

（2）第二信号系统。第二信号系统是指由语词作为条件刺激物而引起的条件反射系统。如“谈虎色变”是由与虎的特征相关的词语而引起的恐惧，属于第二信号系统的活动。

（3）两种信号系统的关系。两种信号系统既有区别又有联系。第一信号系统是人和动物共有的，第二信号系统是人独有的；第二信号系统是在第一信号系统的基础上建立的，第二信号系统调节和控制着第一信号系统的活动，两种信号系统协同活动，产生人的心理。

（三）高级神经活动的基本过程及规律

1. 基本过程

高级神经活动的基本过程是兴奋和抑制。兴奋是激发加强机体活动的神经过程。兴奋与抑制过程是相互联系的，二者可以相互转化。

2. 基本规律

（1）兴奋与抑制的扩散与集中。

（2）兴奋与抑制的相互诱导。

【练习思考】

一、单项选择题

1. 传入神经元也称为（　　）。
   A. 联络神经元　B. 感觉神经元　C. 运动神经元　D. 单极神经元
2. 脑神经属于（　　）。
   A. 交感神经　B. 副交感神经　C. 中枢神经　D. 周围神经
3. 听觉中枢位于（　　）。
   A. 额叶　B. 顶叶　C. 颞叶　D. 枕叶
4. 视觉中枢位于（　　）。
   A. 额叶　B. 顶叶　C. 颞叶　D. 枕叶
5. 下列属条件反射的是（　　）。
   A. 眨眼反射　B. 吸吮反射　C. 膝跳反射　D. 信号反射
6. 下列属第二信号系统的条件反射的是（　　）。
   A. 见风流泪　B. 乐极生悲　C. 谈梅生津　D. 望梅止渴
7. 高级神经活动的基本过程是（　　）。
   A. 扩散与集中　B. 分析与综合　C. 兴奋与抑制　D. 抽象与概括
8. 人的心理反映的最高形式是（　　）。
   A. 表象　B. 想象　C. 思维　D. 意识
9. 由于新异刺激的出现使原来的条件反射受到暂时抑制是（　　）。
   A. 延缓抑制　B. 消退抑制　C. 内抑制　D. 外抑制
10. （　　）是条件性抑制。
   A. 干扰抑制　B. 超限抑制　C. 外抑制　D. 分化抑制

二、多项选择题

1. 心理学当前的观点是（　　）。
   A. 遗传与环境的相互作用产生心理与生理特质
   B. 几乎所有的发展都取决于遗传特性
   C. 心理是人脑对客观现实的反映
   D. 一个人之所以成为这样取决于塑造他的环境

2. 人的心理是（　　）。

A. 脑的功能　　B. 客观现实的反映

C. 主观映象　　D. 大脑活动的产品

3. 外周神经系统是联系感觉输入和输出的神经机构，它包括（　　）。

A. 脑神经　　B. 脊髓　　C. 脊神经　　D. 植物性神经系统

4. “谈虎色变”主要是（　　）活动。

A. 第一信号系统　　B. 第二信号系统

C. 无条件反射　　D. 条件反射

5. 下列（　　）是神经元的组成部分。

A. 树突　　B. 突触　　C. 胞体　　D. 轴突

三、填空题

1. 辩证唯物主义观点认为人的心理实质即指__________。

2. 黑猩猩利用木棍从远处取糖块，属于心理发展的__________。

3. 狗听到主人唤其名字，立即跑到主人身边是__________信号系统的__________反射。

4. 大脑皮层的额叶主要是__________、__________和__________中枢；顶叶中央后回是__________中枢。

5. 条件反射是在__________基础上，经过__________训练学习的反射，其神经通路是__________的神经联系。

四、判断简析题

心理是人脑的机能，是人脑对内在心理活动的反应。

五、简答题

1. 试分析人的心理的实质。

2. 试述工具性条件反射与经典性条件反射的关系。

六、论述题

用事实说明脑是心理的器官。

七、案例（材料）分析题

运用心理学知识对印度“狼孩”的情况进行分析。

【参考答案】

一、单项选择题

1. B　2. D　3. C　4. D　5. D　6. C　7. C　8. D　9. D　10. D

二、多项选择题

1. AC　2. ABC　3. ACD　4. BD　5. ACD

三、填空题

1. 客观现实在人脑中的主观映象　2. 具体思维　3. 第一　条件　4. 言语　智慧　运动　躯体感觉　5. 无条件反射　后天　暂时

四、判断简析题

这句话不完全正确。心理是人脑的机能，并不等于说人脑本身可以产生心理。人的心理是在社会实践活动中产生的，是人脑对客观现实的主观能动的反映，而不是内在心理活动的反应。

五、简答题

1. 人的心理的实质即人的心理是客观现实在人脑中的主观映象。（1）心理是脑的机能，脑是心理的器官。（2）心理对客观现实的依存性。（3）人的心理反映的主观性、能动性。（4）人的心理反映的社会制约性。

2. 工具性条件反射与经典性条件反射的共同之处：它们都是在一定条件下建立起来的反射，而最根本的共同点是都需要强化，不强化就消退，在消退后又都会自然恢复。而且都可以建立初级强化。工具性条件反射也有泛化和分化。不同之处：（1）无条件反射是否明确。在经典性条件反射中，食物作为无条件刺激很明确；而工具性条件反射中，刺激物不明确，只能说是动物身体内部的某些情况。（2）强化是与刺激有关，还是与反应有关。在经典性条件反射中，强化同刺激有关，且出现在反应之前；而在工具性条件反射中，强化只同反应有关，且出现在反应之后。（3）反应方式不同。经典性条件反射中，动物被动地接受刺激，反应是先天固有的；工具性条件反射中，动物通过主动操作来达到一定的目的，反应是在学习过程中形成的。（4）学习的结果不同。经典性条件反射是学会了以一种刺激替代另一种刺激，属于刺激替代学习；工具性条件反射是学会了以一种反应替代另一种反应，属于反应替代学习。

六、论述题

当人或动物的头部受到创伤时，精神活动也遭到破坏，出现不正常的现象。当人处于睡眠、醉酒或药物麻醉状态时，心脏活动并未停止，也无重大变化，但是脑部活动却有很大变化，同时还影响精神状态的变化。如大脑额中回后部（接近中央前回手部代表区）损伤，导致“失写症”；在颞叶上方，靠近枕叶处，有一个言语听觉中枢；在顶枕叶交界处的人脑角回，有言语视觉中枢；分布在中央前回的细胞，是运动中枢，等等。

七、案例（材料）分析题

这一实例有力地说明了社会生活对人的心理发展的决定性意义。由于这位女孩自幼落到狼群，由狼群喂养长大，有长达 8 年的时间在狼群生活。虽然她有人的遗传素质，具有人的一切外貌特征、生理机制和感觉器官，确确实实是由人生育出来的，但她没有一般人的心理机制和理性思维能力。这是因为她自幼脱离了人的社会生活，虽然生下来就具备说话的神经机构，但没有同人接触，没有同人交往，所以不懂人类的语言。虽然她有人脑以及各种感官神经机构，但没有在社会生活中，没有受到社会文化环境的熏陶，没有得到正常的发展与训练，所以无法形成人的心理现象和精神世界。相反她具备了更多狼的习性。可见，仅有人健全的脑，若离开人的社会生活环境，人的心理也不可能正常发展。

第三章　感觉与知觉

【内容辅导】

一、目标要求

（1）理解感觉的概念，了解其类型。

（2）理解知觉的概念、类型、特征和影响因素。

（3）能运用感、知觉的知识解释教学中某些现象。

二、内容提示

（一）感觉和知觉的概念

1. 感　觉

人脑对直接作用于感觉器官的事物的个别属性的反映。比如人听到的、看到的、闻到的、尝到的，是最简单的心理现象。

2. 知　觉

人脑对直接作用于感觉器官的事物的整体及事物间关系的反映。知觉是在感觉的基础上产生的。

（二）感觉的分类

1. 外部感觉

外部感觉分为视觉、听觉、嗅觉、味觉、皮肤感觉。

2. 内部感觉

内部感觉分为动觉和平衡觉、机体觉（内脏感觉）。

（三）知觉的种类

1. 简单知觉

简单知觉有视、听、嗅、味、触摸、运动与平衡知觉。

2. 复杂知觉

复杂知觉有空间知觉（包括行状、大小、深度、方位知觉）、时间知觉、运动知觉、人际知觉。

（1）形状知觉。人脑对于平面物体形状特征的反映。

（2）深度知觉或立体知觉。人脑对物体厚度和物体与我们的距离的知觉。物体的重叠、线条透视和空气透视都会影响深度知觉。

（3）时间知觉。对客观物体运动速度、节奏、延续和顺序性的反映。

（4）运动知觉。人脑对物体空间位移的知觉。受物体运动速度、物体与观察者的距离、观察者处于运动或静止状态的影响。

（5）人际知觉。主体对一定社会环境中有关个人、团体和组织特性的知觉。包括对他人的知觉。人际知觉、角色知觉、自我知觉。

（四）知觉的基本特性

1．知觉的选择性

知觉的选择性是指人根据当前的需要，对外来刺激物有选择地作为知觉对象进

行加工组织的过程。由于知觉的选择性，外界刺激物被分成两部分，即知觉对象和知觉背景。影响知觉选择性的因素。客观因素：对象和背景的差别；刺激物的强度；刺激物的新颖性；刺激物的重复性。主观因素：知觉者的兴趣、需要、知识经验、刺激物的重要性等。

2．知觉的整体性

知觉的整体性是指人根据自己的知识经验把直接作用于感官的客观事物的多种属性整合为统一整体的组织加工过程。

3．知觉的理解性

知觉理解性是指人以知识经验为基础对感知的事物加工处理，并用语词加以概括赋予说明的组织加工过程。

4．知觉的恒常性

知觉的恒常性指人的知觉条件在一定范围内变化时，被知觉的对象仍然保持相对不变的特性。有大小、明度、颜色、形状、方向恒常性。

【练习思考】

一、单项选择题

1. 看见一面红旗人们立即能认识它，这时的心理活动主要是（　　）。

　A. 感觉　　B. 知觉　　C. 视觉　　D. 色觉

2. “入芝兰之室，久闻不知其香”是（　　）。

　A. 感觉　　B. 嗅觉　　C. 嗅觉适应　　D. 嗅觉感受性

3. 感觉阈限与感受性之间是（　　）关系。

　A. 正比关系　　B. 反比关系　　C. 对数关系　　D. 常数值

4. 人在看书时，用红笔划出重点，便于重新阅读，是利用知觉的（　　）。

　A. 选择性　　B. 整体性　　C. 理解性　　D. 恒常性

5. 当物体移到 100 米远处，视网膜上的像相应缩小到距我们 1 米远时大小的 1/100，但是我们知道该物体的大小没有太大变化，这是知觉的（　　）。

A. 大小恒常　　B. 形状恒常　　C. 颜色恒常　　D. 亮度恒常

6. 两列火车相反方向同时停站，对面列车开动时，乘客常常知觉为自己所乘的列车开动，这是（　　）。

A. 真动　　B. 似动　　C. 诱动　　D. 自动

7. 下列选项不是知觉的基本特性的是（　　）。

A. 选择性　　B. 理解性　　C. 主观性　　D. 恒常性

8. “仁者见仁，智者见智”是知觉的（　　）。

A. 选择性　　B. 理解性　　C. 整体性　　D. 恒常性

9. “万绿丛中一点红”是（　　）引起的。

A. 刺激物的强度　　B. 刺激新奇

C. 刺激对比　　D. 刺激物的运动变化

10. 在读书时，遇到残缺的字我们能根据经验将其补全，这是知觉的（　　）。

A. 整体性　　B. 选择性　　C. 理解性　　D. 恒常性

二、多项选择题

1. 注视打开的电灯几分钟后闭上眼睛，眼前会产生一片黑背景，黑背景中间有一电灯形状的光亮形状，这就是（　　）。

A. 后像　　B. 继时对比　　C. 正后像　　D. 无彩色对比

2. 适应是（　　）心理现象。

A. 刺激作用停止后出现的　　B. 两种刺激同时作用时引起的

C. 感受性发生了变化的　　D. 刺激物持续作用引起的

3. 对事物的知觉是（　　）。

A. 受人以往知识经验影响的

B. 不同的人不同的

C. 人脑对直接作用于感官的事物的整体反映

D. 感觉的相加

4. 时间知觉是对（　　）的反映。

A. 事物空间关系　　B. 事物的连续性

C. 事物的顺序性　　D. 事物的位移

三、填空题

1. 知觉作为认识过程，是以__________信息为基础，在__________的参加下，经过人脑的加工，对事物作出感性解释的过程。

2. 空间知觉包括__________、__________、__________和__________。

3. 社会知觉的种类有__________、__________、__________和__________。

4. 知觉的恒常性指知觉__________在一定范围内变化时，知觉映象仍保持__________的特性。

四、判断简析题

1. 人的感觉能力高低是天赋的，无需训练。

2. 阈限越低表明感受性越差。

五、简答题

1. 试述感觉与知觉的区别及联系。

2. 影响知觉选择性的因素有哪些？

六、论述题

试分析影响社会知觉的心理效应。

七、案例（材料）分析题

教师在板书生字时，常把形近字的相同部分与相异部分分别用白色和红色的粉笔写出来，目的是什么？符合什么规律？

【参考答案】

一、单项选择题

1. B 2. C 3. B 4. A 5. A 6. C 7. C 8. B 9. C 10. A

二、多项选择题

1. AC 2. CD 3. ABC 4. BC

三、填空题

1. 感觉 知识经验 2. 形状知觉 大小知觉 深度知觉 方位知觉 3. 对他人的知觉 人际知觉 角色知觉 自我知觉 4. 条件 不变

四、判断简析题

1. 错误。人的感觉能力不仅在一定的条件下起伏变化，而且在长期的实践活动中可以逐步提高，如有计划的练习可以提高人的感觉能力。

2. 错误。心理学上，人们把刺激物的大小，用感觉阈限来表示。把刚刚引起主观感觉的最小刺激量叫作绝对感觉阈限，对这种最小刺激量的感觉能力叫作绝对感受性。绝对感受性和绝对感觉阈限之间是成反比关系的，也就是说，绝对感觉阈限越低，表明绝对感受性越强。

五、简答题

1. 感觉与知觉的区别：（1）从反映内容上看，感觉反映的是事物的个别属性，它提供有关事物的性质的知识。知觉是对事物的整体属性的反映，其目的在于解释作用于感官的事物是什么，赋予它一定的意义，能叫出它的名称，并用词把它标示出来。（2）从所包含的成分看，感觉是单一感觉分析器活动的结果。而知觉既有由一种分析器产生的单纯知觉映象，又有多种感官协同活动所产生的、包含多种感觉成分的综合知觉映象。（3）从制约感知觉的因素看，感觉的性质更多的是由刺激物的性质决定的，相同的刺激会引起相同的感觉。而知觉在很大程度上，受个体经验和态度的影响。同一物体，不同的人对它的知觉会有差别。

感觉与知觉的联系：知觉虽不同于感觉并高于感觉，但它同感觉又有不可分割的联系。表现在，事物首先被感觉，然后才能进一步知觉它。感觉与知觉也有某些共性，它们同属于感性认识过程。

2. 影响知觉选择性的客观因素：（1）对象和背景的差别性；（2）刺激物的强度特性；（3）知觉对象的活动性；（4）刺激物的新颖性；（5）刺激物的重复性。

影响知觉选择性的主观因素：（1）知觉有无目的和任务以及目的和任务的明确程度；（2）已有知识经验的丰富程度；（3）个人的需要和兴趣、价值观倾向影响；（4）心理定式；（5）情绪状态。

六、论述题

影响社会知觉的心理效应有：（1）首因与近因效应；（2）月晕效应或印象扩散效应；（3）定式效应；（4）环境制约效应；（5）线索偏差效应；（6）情绪效应；（7）名人效应；（8）自己人效应。

七、案例（材料）分析题

教师的目的是加大形近字的区别，使学生更容易掌握形近字。

符合规律：（1）符合知觉选择性规律：知觉对象与知觉背景差别越大，对象越容易被知觉。（2）符合感觉的相互作用中同时性对比规律：红白形成鲜明的对比，使学生容易区别形近字。

第四章　记　忆

【内容辅导】

一、目标要求

（1）识记记忆的概念、分类和阶段。
（2）理解记忆的基本过程及规律、艾宾浩斯的遗忘曲线。
（3）能运用遗忘的规律和特点解释学习中的现象。
（4）能根据遗忘的影响因素和规律提高识记效果。
（5）理解如何培养学生良好的记忆品质。

二、内容提示

（一）记忆的概念、分类及三级信息加工模式（三个阶段）

1. 记忆的概念

记忆是过去的经验通过识记、保持、再认和回忆（重现）的方式在人脑中的反映。

2. 记忆的分类

根据记忆的内容，将记忆分为形象记忆、逻辑记忆、情绪记忆和动作记忆

（1）形象记忆。形象记忆是个人以感知过的事物的形象为内容的记忆。它以表象的形式存在。同形象记忆有关的回忆结果叫记忆表象，简称表象。

（2）逻辑记忆。逻辑记忆是以语词所概括出来的逻辑思维成果为内容的记忆。如概念、公式、定理、思想、规律等都是关于事物意义、关系、性质方面的内容，是通过思维活动形成的。

（3）情绪记忆。情绪记忆是以体验过的某种情绪、情感为内容的记忆。

（4）动作记忆。也叫运动记忆，是个人以过去经历过的身体的运动状态或动作形象为内容的记忆。

3. 记忆的三级信息加工模式

（1）瞬时记忆。也叫感觉记忆，保持的时间很短，一般只有 1 秒钟左右，但是容量很大，以感觉的形式被保持，以事物的物理特性进行编码。如果受到特别注意就转入短时记忆系统，否则很快消逝。

（2）短时记忆。也叫工作记忆，以知觉或选择性注意的形式出现，储存时间约 1 分钟。信息容量为 7±2 个意义单位，经过有意复习转入长时记忆系统。

（3）长时记忆。保持时间长，从1分钟到几年甚至终生，容量极大，以义码为主进行编码。

（二）记忆的基本过程

1．反映论

反映论的记忆过程是识记—保持—再认和回忆（重现）。

（1）识记。有意识记和无意识记、机械识记和意义识记。

（2）遗忘。遗忘是对于保持而言的。遗忘有永久性遗忘和暂时性遗忘、主动遗忘与被动遗忘。

（3）艾宾浩斯的遗忘曲线。艾宾浩斯发现遗忘的发展是先快后慢，到了一定的时间，几乎不会再遗忘；还发现材料的内容、性质、数量、熟记程度、记忆方法以及动机与情绪对遗忘都有影响。

（4）再认。再认是过去经历过的事物再次出现在面前，能把它们加以确认的过程。

（5）回忆。回忆是过去经历过的事物不在眼前，能把它们在人脑中重新呈现出来的过程。回忆可以分为随意回忆和不随意回忆，也叫有意回忆和无意回忆。随意回忆是有目的、较自觉的过程。不随意回忆是没有预定目的和任务，自然而然的回忆。

2．信息加工论

信息加工论的记忆过程为编码—贮存—提取。

（三）遗忘的规律及影响因素

1．规　律

不重要的和未复习的内容容易遗忘；抽象的内容比形象的内容容易遗忘、无意义材料比有意义材料容易遗忘；遗忘的进程不均衡，有先快后慢的特点；遗忘的“舌尖”现象（明明知道某事，但就是想不起来，事后却能回忆起来）。

2．影响因素

前摄抑制（先前学习的内容对后继学习内容的干扰）和倒摄抑制（后学习的材料对先前学习的妨碍）；动机和情绪。

（四）良好的记忆品质

记忆的敏捷性、记忆的持久性、记忆的正确性、记忆的备用性是良好的记忆品质。

【练习思考】

一、单项选择题

1. 记忆的过程包括以下（　　）基本环节。

A. 识记、保持和遗忘　　B. 瞬时记忆、短时记忆、长时记忆

C. 保持、再认和回忆　　D. 识记、保持、再认或回忆

2. 当人们看见“天安门”三个字时，头脑中重现出天安门城楼形象是（　　）。

A. 再认　B. 回忆　C. 表象　D. 想象

3. 识记的内容，因消退原因，完全不能再认或回忆叫（　　）。

A. 暂时性遗忘　B. 永久性遗忘　C. 干扰性遗忘　D. 逆向性遗忘

4. 长时记忆的遗忘属于（　　）障碍。

A. 生理性障碍　B. 心理性障碍　C. 存储性障碍　D. 提取性障碍

5. 早晚时间被充分利用，其学习效果优于白天，这是由于白天受（　　）干扰较多。

A. 前摄抑制　B. 倒摄抑制　C. 单一抑制　D. 双重抑制

6. 由“骄兵”想到“必败”是（　　）。

A. 相似联想　B. 对比联想　C. 接近联想　D. 因果联想

7. 开卷考试时，学生的记忆活动主要是（　　）。

A. 识记　B. 保持　C. 再认　D. 回忆

8. 艾宾浩斯发现遗忘进程的规律是（　　）。

A. 先慢后快　B. 先快后慢　C. 很快　D. 很慢

9. 学生对数学定理或数学公式的记忆，主要属于（　　）。

A. 形象记忆　B. 逻辑记忆　C. 情绪记忆　D. 运动记忆

10. 通过“自由联想”或“触景生情”引起的回忆是（　　）。

A. 有意回忆　B. 无意回忆　C. 直接回忆　D. 间接回忆

二、多项选择题

1. 艾宾浩斯第一个运用无意义音节对记忆进行实验研究，绘制了艾宾浩斯遗忘曲线，证明了（　　）。

A. 遗忘的进程先快后慢　B. 时间因素影响遗忘

C. 材料性质影响遗忘　D. 材料数量影响遗忘

2. 长时记忆系统中编码信息的方式是（　　）。

A. 听觉编码　B. 形象编码　C. 语义编码　D. 视觉编码

3. 记忆表象是头脑中出现的过去经验但现在不在眼前的事物的形象，它具有（　　）特性。

A. 直观性　B. 概括性　C. 可操作性　D. 抽象性

4. 短时记忆的（　　）。

A. 对信息的保持时间大约为 1 分钟　B. 容量是 7±2 个意义单位

C. 编码以言语听觉形式为主　D. 中储存的信息是能意识到的

5. 倒摄抑制（　　）。

A. 表明遗忘是干扰的结果

B. 指后学习材料对识记和回忆先学习材料的干扰

C. 指先学习的材料对识记和回忆后学习材料的干扰

D. 表明遗忘是衰退的结果

三、填空题

1. 根据信息加工理论，人类记忆可分为＿＿＿＿＿＿、＿＿＿＿＿＿和＿＿＿＿＿＿。

2. 暂时性遗忘是__________记忆的遗忘，是由于干扰原因而引起的__________障碍。

3. 永久性遗忘是__________记忆的障碍，是由于__________原因而引起的__________障碍。

4. 良好记忆品质的特点有__________、__________、__________、__________。

5. 学习长系列材料，首尾位置的材料记忆效果__________，中间位置的材料记忆效果__________。

四、判断简析题

日常生活中，人潜移默化地接受了很多知识，这是通过随意识记获得的。

五、简答题

1. 简述艾宾浩斯的遗忘曲线规律及其应用。

2. 分析怎样组织复习才能有效克服遗忘。

六、论述题

如何培养学生良好的记忆品质？

七、案例（材料）分析题

1. 在实际教学中，有的教师对学生的作业采用“漏一补十”“错一罚十”的做法。你怎么看待这一现象？请运用记忆的有关规律加以分析。

2. 教学设计识记有很多技巧，有一位老师告诉学生如何区别“买卖”两个字时说：“多了就卖，少了就买。”学生很快记住了这两个字。还有的学生把“干燥”写成“干躁”，把“急躁”写成“急燥”，老师就教学生记住：“干燥防失火，急躁必跺足。”从此以后，学生对这两个字再也不混淆了。

问题：这些教法有何心理学依据？

【参考答案】

一、单项选择题

1. D　2. C　3. B　4. D　5. D　6. D　7. C　8. B　9. B　10. B

二、多项选择题

1. ABCD　2. BC　3. ABC　4. ABCD　5. AB

三、填空题

1. 编码 贮存 提取　2. 长时 提取信息　3. 瞬时与短时 衰退 存储性　4. 记忆的敏捷性 记忆的持久性 记忆的准确性 记忆的备用性　5. 好 较差

四、判断简析题

错误。识记分为有意识记（也叫随意识记）和无意识记。有意识记是有预定目的、任务而又自觉地运用方法去识记事物的过程，人们系统地学习科学知识，自觉认识世界，有效地工作，需要用到有意识记；而无意识记是无特定的记忆目的和任务，也不采用专门的记忆方法，自然而然地记住某一事物，留下痕迹的识记。如日常生活、学习和工作中，人们偶然感知过的事物，并没有预定的目的，而是自然而然把它记住的。

五、简答题

1. 艾宾浩斯的遗忘曲线规律是：遗忘的进程不均衡，有先快后慢的特点。所以要经常复习，而且要先密后疏。

2.（1）应该“趁热打铁”，及时复习，不要延缓复习；（2）科学地制订和执行复习计划：每次复习的内容应适当，不要过于紧张和疲倦；分量少，难度小的材料可集中复习，分量重，难度大的内容可分散复习；时间也不应过于集中，要有短暂的休息；（3）复习要注意经常性，做到“学而时习之”，以平时分散复习为主，再配合阶段总复习；（4）复习的方法要多样性。如简略叙述法、详细复述法、理解法、背诵法、循环记忆法，等等。

六、论述题

学生良好识记品质培养需要做到：（1）让学生明确识记目的和任务，不断提高学习的自觉性和积极性；（2）指导学生运用正确的识记方法：① 多发展理解识记和意义记忆的能力；② 避免单纯死记硬背，引导学生多思考，充分调动智力活动的积极性；③ 避免学生用单一分析器识记，注意采用“多通道协同记忆法”，把看、听、念（说或读）、写都利用起来；④ 对特别抽象难记的材料，可以用“形象记忆法”，以增强识记的效果；⑤ 对于机械的无内在联系的历史、地理及其他材料，可以引导学生用“记忆术”强记；⑥ 运用组块化策略及多重编码方式，合理组织材料，提高加工质量；⑦ 正确组织学生的复习和练习，以便及时强化，加深理解，纳入经验系统，巩固所记内容；⑧ 培养学生自我检查的能力和习惯，注意正确地再认与回忆；⑨注意学生的心理卫生和身心健康，合理使用大脑。

七、案例（材料）分析题

1. 这种做法违背记忆规律，也是行之无效的。学生识记的效果和识记材料的性质和数量无关，在一定的时间不宜过多，否则，易引起学生过度的疲劳，降低记忆的效果。同时，“漏一补十”“错一罚十”的做法易使学生丧失学习兴趣和记忆的信心和主动性，对进一步学习制造一些心理障碍。

2. 这些教法对我们有很好的启发和借鉴作用。心理学的知识告诉我们，凡是有意义的材料，必须让学生学会积极开动脑筋，找出材料之间的联系；对无意义的材料，应尽量赋予其人为的意义，在理解的基础上进行记忆效果要好得多。也就是教师应该教学生进行意义识记。

第五章 注 意

【内容辅导】

一、目标要求

（1）识记注意的概念和特点。
（2）了解注意的功能和外部表现。
（3）理解注意的种类和品质。
（4）能运用注意的规律和特点解释教学中的注意现象。

二、内容提示

（一）注意的概念和特点

注意是人的心理对某一对象或活动的指向和集中。指向性和集中性是注意的两个特点。注意是心理活动的一种组织特性，而不是心理活动过程。因为注意本身并不反映事物的属性特点，它是伴随心理活动过程并贯穿始终的。

（二）注意的功能

（1）选择功能。
（2）保持功能。
（3）整合功能。
（4）调节和监督功能。

（三）注意的外部表现

1．产生适应性动作

如视觉凝视。

2．无关动作被抑制

注意时，心理活动表现为相对安静的状态。

3．呼吸的变化

注意时，呼吸变得轻微和缓慢。

（四）注意的种类

根据注意的目的性和意志努力的程度，分为不随意注意、随意注意和随意后注意。

1．不随意注意

也叫无意注意，事先没有预定的目的，也不需要任何意志努力就能实现的注意。其影响因素有主客观方面：客观因素如刺激物的新颖性、强度、对比差异大小、运动变化；主观因素如是否满足人的需要、人的身心状态和过去的经验。

2．随意注意

也叫有意注意，是自觉而有预定的目的，必要时还需要一定意志努力的注意。

3．随意后注意

也叫有意后注意，从随意注意转化而来，既有目的性，又不需要太多意志努力的注意。如熟练地织毛衣、开车等。

（五）注意的品质

1．注意的范围

在一瞬间注意所能清晰把握对象的数量。

2．注意的分配

人在进行两种或两种以上的活动时，能把注意同时指向不同的有关对象上。

3．注意的稳定性

人的活动以同样的强度持久地保持在一定事物或活动上。影响注意稳定性的因素如注意对象内容的丰富性、人对活动的态度、注意的方式方法等。

4．注意的转移

根据需要，主动而及时地把注意从一个对象转移到另一个对象，或者在活动中由一种操作过渡到另一种操作。有完全转移和不完全转移。注意转移的快慢与难易受某些因素的影响，如原来活动吸引注意的强度，新的活动和任务的特点，是否有转移注意的信号，人的神经类型与生活习惯等。

【练习思考】

一、单项选择题

1. 注意的两个最基本的特点是（　　）。

A. 指向与选择性　　B. 指向和集中性

C. 紧张和集中性　　D. 紧张和选择性

2. 注意是一种（　　）。

A. 心理过程　　B. 个性特征　　C. 组织特性　　D. 认识过程

3. 突然敲门声，打断人的思路而分散注意力，属于（　　）现象。

A. 同时性正诱导　　B. 同时性负诱导
C. 相继性正诱导　　D. 相继性负诱导

4. 下列（　　）不是注意的品质特征。

A. 注意的范围　　B. 注意的敏捷
C. 注意的稳定　　D．注意的分配

5. 注意的稳定性是注意品质在（　　）方面的特征。

A. 广度　　B. 强度　　C. 空间　　D. 时间

6. “寻人启事”写成“[illegible]人启事”易引起注意是利用刺激物的（　　）特点。

A. 强度　　B. 活动　　C. 持续　　D. 对比

7. 平时人们所说的“一心二用”是（　　）。

A. 不可能的　　B. 不良品质　　C. 无条件的　　D. 有条件的

8. 发现与矫正错误是注意的（　　）。

A. 选择功能　　B. 整合功能　　C. 维持功能　　D 调节与监督功能.

9. 学生上课时边听、边看、边做笔记是注意的（　　）品质特性。

A. 注意广度　　B. 注意稳定　　C. 注意分配　　D. 注意分散

10. 如果客体较复杂，活动任务多，则注意的范围就（　　）。

A. 较广　　B. 狭窄　　C. 不变　　D. 极广

二、多项选择题

1. 引起无意注意的因素有（　　）。

A. 刺激物的强度　　B. 刺激物的新异性
C. 刺激物的对比关系　　D. 间接兴趣

2. 注意分配时同时进行的两种活动中必须有一种是（　　）。

A. 动作　　B. 自动化　　C. 熟练的　　D. 新奇的

3. 注意是指（　　）。

A. 心理活动或意识对一定对象的指向与集中
B. 一种内部心理状态
C. 心理活动进行的过程
D. 一种心理活动进行时的意识状态

三、填空题

1. 注意的范围也叫__________，它是在一瞬间（即__________秒）人能清楚地意识到__________。

2. 注意的质量特性有________、________、________和________。

3. 注意分配的基本条件是________________。

4. 注意转移快慢的原因取决于____________________。

5. 人在安静环境看书时，会感到桌上的座钟声音时强、时弱，这是注意的________，它是正常的注意现象。

四、判断简析题

注意是一个独立的心理过程。

五、简答题

1. 引起无意注意的主、客观原因有哪些？

2. 引起有意注意的因素有哪些？

六、论述题

在教学中如何组织学生的注意？

七、案例（材料）分析题

1. 下午放学的铃声早在四十分钟前就响过了，不知疲倦的李老师依旧在教室里慷慨激昂地讲课，似乎想把所有的知识都传授给学生。但是班上的同学有的焦急地看着窗外；有的看似在听课，但目光呆滞、神情惘然，根本没有听课；有的同学在玩一些小玩意，转铅笔之类的，一副无所谓的样子；还有的同学表情痛苦。

问题：结合教育学和心理学知识对此现象加以分析。

2. 一位热情而热爱教育工作的教师为了使学生更好地学习，提供了一个更有情趣的学习环境。新学年开始了，他对教室进行了一番精心的布置，教室内周围的墙上张贴了各种各样、生动有趣的图画，窗台上还摆上了花草、植物，让教室充满了生机。

问题：请你判断，它将产生什么样的效果？为什么？

【参考答案】

一、单项选择题

1. B 2. C 3. B 4. B 5. D 6. D 7. D 8. D 9. C 10. B

二、多项选择题

1. ABC 2. BC 3. ABD

三、填空题

1. 注意的广度 0.1 客体的数量 2. 注意的范围 注意的稳定性 注意的分配 注意的转移 3. 同时从事的两种活动，必须有一种达到动作自动化程度 4. 原注意紧张、稳定、集中的程度 5. 动摇（起伏）

四、判断简析题

错误。注意是和人的心理过程紧密联系的，是心理活动的选择性、指向性和集中性，是心理活动的一种组织特性，而非独立的心理过程。

五、简答题

1.（1）主观原因：① 人的需要、兴趣等刺激；② 情绪和生理、心理状态的影响；③ 过去知识经验与技能的影响。（2）客观原因：① 刺激物的新异性；② 刺激物的强度大小；③ 刺激物对比的差异大小；④ 刺激物的运动和变化。

2.（1）目的任务的明确程度；（2）意志的努力，抗拒诱因干扰与克服分心是保持和维持随意注意的一个条件；（3）社会性需要和间接性需要；（4）进行实际操作和智力活动有利于随意注意的保持和集中。

六、论述题

组织好学生的注意是教学成功的一个重要条件。在教学中组织学生的注意，应做到以下几点：（1）唤起学生的有意注意，提高学习的自觉性。让学生明确学习的目的任务；创设“问题情境”，启迪学生的思维；教师正确组织学生教学，严格要求学生，建立正常教学秩序与学校常规，对唤起有意注意也有重要作用。（2）正确运用无意注意的规律组织教学。运用无意注意，教学活动会生动有趣。在教学环境方面，要防止干扰刺激分散注意力；在教学方法上，教师讲授内容要科学、新颖、生动、系统，教师语言要生动形象、简洁流畅，适时呈现教具。用感性形象吸引学生，教学方式的变化、灵活、启迪性等课堂教学艺术，都易激发学生的兴趣与无意注意。（3）引导学生几种注意交替使用，有助学生注意的集中、稳定与持久。

七、案例（材料）分析题

1. 这则案例讲的是教师的拖堂行为。根据心理学中注意的稳定性可知：学生的注意力不可能长时间维持在一个注意对象上，一般而言，人们的注意不能以同样的强度维持在 20 分钟以上，上了一下午的课，学生的身心状态已不适合继续学习了。长此以往，将挫伤学生的学习积极性、降低其求知欲，甚至影响师生关系。

为了避免这种状况，教师应该提高课堂效率，在课前备好课，做好钻研学生、了解学生、设计教法等工作，进而高效完成教学任务。

2. 这位热情的教师出发点虽然很好，但事与愿违，反而产生分散学生注意、影响学生集中注意力学习的结果。根据无意注意的规律，有趣的图画、教室内的花草、植物这些新异的刺激吸引了学生的注意，尤其对低年级学生，他们容易把注意转移到欣赏图画、花草植物上，而影响了专心听课。

第六章　思维与想象

【内容辅导】

一、目标要求

（1）识记思维与想象的概念。

（2）理解思维的过程和形式、语言和言语的区别与联系。

（3）理解问题解决的思维过程及影响因素。

（4）理解思维与想象的良好品质。

二、内容提示

（一）思　维

1. 思维的含义

思维是客观事物在人脑中概括的和间接的反映。借助于言语来实现人的认识过程，是人所特有的认识世界的高级形式。间接性和概括性是思维的两个重要特性。思维的间接性是借助于已有的知识经验或其他媒介来反映客观事物；思维的概括性是把一类事物共同、本质的属性抽取出来，加以概括，同时把概括出来的认识推广到同类事物或现象中去。

2. 思维与言语（语言）的联系与区别

（1）联系。① 言语是思维的工具；② 语言是记载思维结果的工具。

（2）区别。① 思维是一种心理现象，是一种认知过程；而语言是一种社会现象，言语是用语言材料交流思想的过程；② 思维与客观现实是反映与被反映的关系，而语言与客观事物是标志与被标志的关系，两者没有必然的直接联系；③ 思维的内容是由概念组成的，而构成语言的材料是词；④ 不同民族的思维规律是相同的，而不同民族的语言及其语法结构不完全相同。

3. 思维的种类

（1）瑞士心理学家皮亚杰把人的思维分为：感知运动期（2 岁以前，主要通过感知觉和运动图式与外界取得平衡）；前运算思维（2 ~ 7 岁，主要通过表象进行思维）；具体运算思维（7 ~ 12 岁，有概念的守恒与可逆，出现具体运算图式）；形式运算思维（12 岁以后，又叫抽象逻辑思维）。

（2）根据思维的抽象程度分为：动作思维、形象思维和抽象思维。

（3）根据探索答案的方向不同分为：求同思维（辐合思维）和求异思维（发散或演绎思维）。

（4）根据思维的创新性分为：再现思维和创造思维。

4. 思维过程

（1）分析与综合。在认识活动中，人的思维一般遵循"综合—分析—综合"的阶段展开。

（2）比较。

（3）抽象与概括。

（4）具体化与系统化。

5. 思维的形式

（1）概念。是人脑对客观事物共同的本质属性的反映，是思维活动最基本的形式，有抽象概念和具体概念之分。

（2）判断。用概念去肯定或否定某事物具有某种属性的思维形式。

（3）推理。从已知判断推出新的判断的思维形式。

6. 解决问题

（1）解决问题的过程。提出问题、明确问题、提出假设、检验假设。

（2）影响问题解决的因素。问题情境（发生问题的客观情境）、情绪和动机、联想与启示（原型启示在创造性解决问题中有很大作用，原型是对解决问题有启发作用的事物）、定势（即心向，是心理活动的一种准备状态）、迁移、个性因素、策略与方法。

7. 良好的思维品质

良好的思维品质包括思维的广阔性与深刻性、思维的独立性和批判性、思维的灵活性和敏捷性。

（二）想　象

1. 想象的含义

想象是人脑对表象进行加工、改造而创造出新事物形象的心理过程。人对表象进行加工改造的基本方式有：粘合、夸张、拟人化、典型化。

2. 想象的种类

（1）根据有无预定目的，可分为不随意想象和随意想象。

（2）根据内容的新颖程度，分为为再造想象和创造想象。

（3）根据实现的可能性，可分为幻想、理想和空想。

3. 良好的想象品质

良好的想象品质包括想象的丰富性、想象的主动性、想象的新颖性、想象的现实性。

【练习思考】

一、单项选择题

1. 医生通过观察、号脉、听诊能诊断病情属于思维的（　　）。

A. 直接性　　B. 间接性　　C. 概括性　　D. 广阔性

2. “一题多解，演绎推理”是（　　）。

A. 再现思维　　B. 求同思维　　C. 辐合思维　　D. 发散思维

3. 在解决问题过程中，对解答问题有启示作用的相类似的事物叫（　　）。

A. 原型　　B. 原型启发　　C. 问题情境　　D. 定势

4. 会骑自行车的人，有利于学习两轮摩托车，这主要受（　　）的影响。

A. 变式　　B. 定势　　C. 正迁移　　D. 负迁移

5. 一种与生活愿望相结合并指向未来的想象叫（　　）。

A. 表象　　B. 联想　　C. 做梦　　D. 幻想

6. “足智多谋，随机应变”是思维的（　　）。

A. 广阔性　　B. 独立性　　C. 灵活性　　D. 逻辑性

7. 直观时运用变式方法的目的是（　　）。

A. 激发兴趣　　B. 引起注意

C. 丰富想象　　D. 区分本质非本质特征

8. 分析问题找出主要矛盾的过程是解决问题的（　　）阶段。

A. 提出问题　　B. 明确问题　　C. 提出假设　　D. 检验假设

9. “灵感与顿悟”属于（　　）。

A. 发散思维　　B. 再现思维　　C. 分析思维　　D. 直觉思维

10. 已有的解决问题的知识经验与方法对解决新问题的影响称为（　　）。

A. 变式　　B. 定势　　C. 迁移　　D. 原型启发

二、多项选择题

1. 定势是一种影响问题解决的（　　）。

A. 心理活动的倾向性　　B. 过去解决问题的经验

C. 心理活动的准备状态　　D. 动能固着

2. 创造想象是（　　）的想象过程。

A. 根据言语的描述　　B. 不依据现成的描述

C. 独立地创造新形象　　D. 指向于未来

3.（　　）是思维的基本智力操作过程。

A. 分析和综合　　B. 抽象和概括

C. 推理和判断　　D. 指向性和集中性

4. 概念是对客观事物的本质属性的反映，它是（　　）。

A. 思维的形式　　B. 词　　C. 抽象思维　　D. 心理现象

三、填空题

1. 思维是以__________为中介的人脑对客观现实的反映。思维具有间接性和__________的特点。

2. 思维的基本形式是__________、__________、__________。

3. 概念是用__________来标志的。

4. 解决问题与动机强度的关系，可以描绘成一条__________曲线。

5. 读者看小说时，头脑中的想象活动主要是__________；工程师蓝图设计时的想象主要是__________。

四、判断简析题

思维借助言语实现，思维与言语有时是等同的。

五、简答题

1. 如何培养学生的创造性思维？

2. 解决问题思维活动分几个阶段？分析影响问题解决的因素有哪些？

3. 辐合思维与发散思维相比，为什么辐合思维对创造力的贡献更大些？

六、论述题

什么是原型启发？它在创造发明或思维中有何作用？举例说明。

七、案例（材料）分析题

1. 儿童做数学作业时，往往要数手指头，且自言自语。试分析这一现象。

2. 课堂上，教师让学生“列举砖头的用处”时，学生小方的回答是：“造房子、造仓库、造学校、铺路。”学生小明的回答是：“盖房子、盖花坛、打狗、敲钉子。”请问小方和小明的回答如何？你更欣赏哪种回答？为什么？

【参考答案】

一、单项选择题

1. B　2. D　3. A　4. C　5. D　6. C　7. D　8. B　9. D　10. B

二、多项选择题

1. AC　2. BC　3. AB　4. AD

三、填空题

1. 言语 概括性　2. 概念 判断 推理　3. 词语　4. 倒转的 U 型　5. 再造想象 创造想象

四、判断简析题

这句话前半句的说法是对的，但后半句说法不正确。思维是借助言语实现的，但思维与言语（语言）既有联系又有区别。（1）联系：① 言语是思维的工具；② 语言是记载思维结果的工具。（2）区别：① 思维是一种心理现象，是一种认知过程；而语言是一种社会现象，言语是用语言材料交流思想的过程；② 思维与客观现实是反映与被反映的关系，而语言与客观事物是标志与被标志的关系，两者没有必然的直接联系；③ 思维的内容是由概念组成的，而构成语言的材料是词；④ 不同民族的思维规律是相同的，而不同民族的语言及其语法结构不完全相同。

五、简答题

1.（1）激发学习动机，培养学习兴趣和求知欲；（2）运用发展创造性思维的策略，培养创造性思维能力；（3）改变传统的评定学习成绩的观念，鼓励学生的创造性行为；（4）培养学生发散思维和聚合思维；（5）引导学生积极参加创造性活动。

2. 解决问题的思维活动阶段：（1）提出问题；（2）明确问题；（3）提出假设；（4）检验假设。

影响问题解决的因素有：（1）问题情境；（2）情绪与动机；（3）联想与启示；（4）定势；（5）迁移；（6）个性因素；（7）策略与方法。

3. 美国心理学家基尔福特在他的智力结构说中把思维品质分为辐合思维与发散思维。辐合思维是遵循统一模式求同地解答问题的方式，也叫求同思维、集中思维；发散思维是一题多解，演绎推理，沿着多方向、多通道求异地解答问题的方式，也叫求异思维。辐合思维与发散思维都是智力活动不可缺少的品质，都带有创造的成分，但发散思维带有更多的创造性特征。

六、论述题

原型启发是从其他事物中看出解决问题的途径和方法。对思维具有启发作用的事物叫原型。任何事物、现象、活动都可以成为原型。原型在创造发明或思维中既可以起积极作用，也可以起消极作用。如阿基米德原理是在阿基米德洗澡的时候，从水溢到盆外的现象中得到启示而发现的；俄国莫扎伊斯基制造首架飞机也是从观察鸟飞翔开始的；瓦特看到开水壶的盖子上下起伏，才创造出蒸汽机。

七、案例（材料）分析题

1. 儿童阶段以形象思维为主，所以在做数学时要依靠手指的具体形象来进行思维。同时思维是借助于言语来实现的。语言是正常人进行思维的工具，人在思考时，言语运动器官的活动受到抑制，起作用的是一种不出声的言语即内部言语。思维就是借助于这种不出声的内部言语来进行的。

2. 小方回答砖头的用途都是沿着“建筑材料”这一方向发散出来的，几乎没有变通性。而小明的回答不仅想到了砖头可以用作建筑材料，还可以作防身的武器、敲打的工具，这样的发散思维变通性更好，其新的思路和想法，有利于创造性思维的发展。

第七章　情绪与情感

【内容辅导】

一、目标要求

（1）识记情绪情感的概念。
（2）了解情绪情感的外部表现。
（3）理解情绪情感的关系、情绪情感与认识过程的关系、情绪情感的种类。
（4）理解青少年情绪情感的特点及不良情绪的调适。

二、内容提示

（一）情绪情感的概念

情绪情感是以需要为中介的人对客观事物和对象的态度与体验。

（二）情绪情感的外部表现

（1）面部表情。
（2）身段动作。
（3）言语表情。

（三）情绪情感的关系

1. 区　别

情绪由生理性或物质性的需要引起，是人和动物共有的。而情感是由社会性或精神性需要引起，是人特有的；情绪的发生具有情境性。而情感具有相对的稳定性；情绪的发生具有冲动性和外显性的特点。而情感较深沉、内隐。

2. 联　系

情绪受情感的制约和调节；情感在情绪的基础上形成，又在情绪中表现。

（四）情绪情感与认识过程的关系

1. 区　别

认识过程反映着客观事物本身的属性，而情绪情感反映着客观事物与人的主观需要间的关系；认识过程的随意性较强，而情绪情感的随意性控制较弱。

2. 联　系

情绪情感是在认识基础上产生和发展的；情绪情感影响着认识活动。

（五）情绪情感的种类

1. 情绪的基本形式

情绪的基本形式有快乐、愤怒、悲哀、恐惧。

2. 情绪的种类

（1）心境。比较微弱而持久的情绪状态。

（2）激情。强烈而短促的情绪状态。

（3）应激。出乎意料的紧张而又危险的情境所引起的情绪状态。

一般适应综合征：由应激延续导致的有害刺激会伴随出现相同的、特征性的和涉及全身的生理生化反应过程。分为警戒、阻抗和衰竭三个阶段。

3. 情感的种类

（1）道德感。由人的道德需要是否得到满足而产生的体验。

（2）美感。人的审美需要是否得到满足而产生的体验。

（3）理智感。人对认识活动的成就进行评判时产生的态度体验。

（六）不良情绪调适的方法

主要有培养广泛的兴趣爱好、多种途径丰富学生的情感体验等。

【练习思考】

一、单项选择题

1. 情绪情感是以（　　）为中介的反映形式。
   A. 需要　　B. 动机　　C. 态度　　D. 认识
2. “先天下之忧而忧，后天下之乐而乐”是（　　）情感体验。
   A. 道德感　　B. 美感　　C. 理智感　　D. 热爱感
3. 热爱并追求真理是（　　）情感体验。
   A. 道德感　　B. 美感　　C. 理智感　　D. 荣誉感
4. 情绪情感是（　　）关系的反映。
   A. 现实与人　　B. 人与人
   C. 现实与人的需要　　D. 生理与心理的需要
5. 情绪情感产生的基础是（　　）。
   A. 需要　　B. 动机　　C. 认识　　D. 个性
6. “易喜易悲、忽冷忽热”是情绪的（　　）特性。
   A. 兴奋性　　B. 深刻性　　C. 稳定性　　D. 效能性
7. 情感主要是和（　　）相关联的态度体验。
   A. 生理需要　　B. 交往性需要　　C. 成就需要　　D. 社会性需要
8. “暴跳如雷、欣喜若狂”反映的情绪状态是（　　）。
   A. 心境　　B. 激情　　C. 应激　　D. 兴奋
9. “人逢喜事精神爽”是（　　）情绪状态。
   A. 心境　　B. 激情　　C. 应激　　D. 热情

二、多项选择题

1. 情绪和情感（　　）。

A. 是有机体适应环境的重要手段　　B. 可以影响活动效率

C. 会引起生理变化　　D. 强度越大活动效率越高

2. 心境是一种（　　）的情绪状态。

A. 影响主体对事物态度的体验　　B. 具有弥散性

C. 比较微弱　　D. 比较持久

3. 理智感是一种（　　）的主观体验。

A. 与冲动对立　　B. 冷静

C. 智力活动过程中　　D. 认识和评价事物时产生

4. 大量研究，尤其是跨文化研究表明：面部表情、身段表情和言语表情是（　　）。

A. 情绪情感引起的机体的生理变化　　B. 鉴别情绪情感的主要标志

C. 情绪情感的行为表现　　D. 交流信息的工具

三、填空题

1. 情绪情感的外部表情变化，主要表现为面部表情、________和________三个方面。

2. 人最原始的情绪有快乐、________、愤怒和________。

3. 心境状态的主要特点是非定向的________。

4. 人的高级社会情感有________、________和________。

四、判断简析题

激情是一种弥散持久的情绪状态。

五、简答题

1. 情绪情感的个别差异表现在哪些方面？

2. 情绪情感同认识过程的关系如何？

六、论述题

怎样培养学生高尚的道德情操和调适不良的情绪？

七、案例（材料）分析题

分析“酸葡萄心理效应”。

【参考答案】

一、单项选择题

1. A　2. A　3. C　4. C　5. C　6. C　7. D　8. B　9. A

二、多项选择题

1. ABC　2. ABCD　3. CD　4. BCD

三、填空题

1. 身段动作 言语表情　2. 悲哀 恐惧　3. 弥散性（感染性）　4. 道德感 理智感 美感

四、判断简析题

错误。情绪有心境、激情和应激三种状态。心境是一种比较微弱而持久的情绪状态。激情是一种强烈而短促的情绪状态。如暴跳如雷、欣喜若狂、绝望厌世等。应激是出乎意料的紧张而又危险的情境所引起的情绪状态。很显然心境才是一种弥散持久的情绪状态。

五、简答题

1.（1）情绪、情感的倾向性差异。所谓倾向性差异是指一个人的情绪、情感体验趋向什么性质和经常由什么性质的事物所引起的差异。同一对象、事物、活动可能引起人不同的态度；相似的体验也可能由不同性质的对象和事件引起。（2）情绪、情感的深度差异。情绪情感深度差异指一个人的情绪、情感体验在自己的思想和行为中联系的普遍性和深厚程度的差异。深厚的情绪情感与一个人的信仰、理想、世界观等紧密联系在一起，在生活的各个方面都表现出一致性。（3）情绪、情感的稳定性差异。情绪、情感的稳定性差异指情绪、情感体验在时间上持续和稳固程度的差异。深厚的情绪、情感是一种持久而相对稳定的体验。轻浮而浅薄的情绪、情感，即使非常强烈，也是短暂、易变的。（4）情绪、情感的效能差异。情绪、情感的效能差异指情绪、情感体验在鼓舞和推动人的行为的力量方面的差异。高效能情感体验可以激励人的行为，鼓舞士气，增强信心；低效能的情感即使表面看似强烈，也不能把情感转化为行动的力量。

2. 情绪情感与认识既有联系又有区别。（1）区别：认识过程反映着客观事物本身的属性，而情绪情感反映着客观事物与人的主观需要间的关系；认识过程的随意性较强，而情绪情感的随意性控制较弱。（2）联系：情绪情感是在认识基础上产生和发展的；情绪情感影响着认识活动。

六、论述题

（1）培养正确的人生观和世界观。正确的人生观、价值观和世界观，是培养学生高尚情操的基础和最重要的内容。现实生活中，人们常会遇到各种困难和挫折，但只要树立正确的人生态度和观念，就会保持乐观向上的情绪，具有强大的精神动力，战胜逆境与压力。（2）多种途径丰富学生的情感体验。首先，提高学生的思想认识和觉悟，不断丰富情感观念，把认识和情感体验结合起来。其次，要充分利用艺术作品与生动的实例进行形象教育，激发学生情感上的共鸣，以充实情感的内容，不断丰富学生的情感体验。最后，要使健康的情绪体验不断巩固、不断概括、不断深化，从而形成稳固而深厚的情感体验。（3）培养广泛的兴趣爱好，学会自我欣赏与自我接纳。（4）提高情商水平，建立良好的人际关系。（5）有针对性地进行不良情绪情感的调适。第一，矫正使学生产生消极情感的观念。第二，要善于疏导。第三，对学生不要臆测、歧视，不要损伤他们的自尊心和人格。第四，强化正面教育，利用积极情绪，克服其消极情绪。第五，辅导学生扩大胸襟，逐渐养成涵养谦逊的品德。

七、案例（材料）分析题

“酸葡萄”心理一般是在遇到挫折或心理压力时，采取的一种“歪曲事实”的消极方法以取得自己的“心理平衡”。鲁迅笔下的阿 Q 便是如此。不可否认，这种方法有实际的意义和作用。当人们认为自己对所面临的压力无能为力的时候，不妨采用这种应付方式，以免走向极端。任何一种事物都会有正反两种意义，只要起到缓解心理压力的作用，使心理获得平衡，就有其实际意义，即合理化的酸葡萄效应。当然，我们不能总是停留在此，事后应采取积极措施，解决问题。

第八章 意 志

【内容辅导】

一、目标要求

（1）识记动机、意志的概念。

（2）了解意志行动的特点。

（3）了解动机体系、动机冲突的类型，理解意志品质的个别差异。

二、内容提示

（一）意志、动机的概念

1．意 志

自觉地确定目的，有意识地根据目的动机来支配调节自己的行动，克服各种困难，从而实现目的的心理过程。

2．动 机

激起人去行动或抑制该行动的愿望和意图，是推动人的行为的内在心理原因。需要是产生动机的基础，需要不同，动机的性质也各不相同。

（二）意志行动的特点

（1）意志行动是人特有的自觉确定目的的行动。动物行为也有目的，但没有达到自觉意识的水平，它意识不到自己行为的目的和后果。

（2）意志行动是意识对活动的调节支配作用。

（3）意志行动能克服内部和外部困难。内部如知识经验不足、缺乏信心、情绪低落、私心杂念等；外部如客观环境、工作条件、挫折失败、诱惑等。

（4）意志行动以随（有）意动作为基础。

（三）动机体系

动机体系包括需要、兴趣、愿望、理想、信念、世界观。

（四）动机冲突的类型

1．双趋冲突

个人面临两个具有相同吸引力的目标，但又不可兼得，只能选择一个。

2．双避冲突

个人面临两个引起回避的目标，但又必须选择其中一个。

3．趋避冲突

对于吸引和排斥两个目标，是选择还是舍弃时发生的冲突。

4．多重趋避冲突

当个人面临几种选择时，每种选择都有正负两种不同的价值。

（五）意志品质的个别差异

1．自觉性差异

与自觉性相反的是易受暗示性、固执己见、一意孤行。

2．果断性差异

与果断性相反的是优柔寡断和冒失。

3．自制性差异

与自制性相反的是难以控制激动和冲动，行为的自我约束力差，易受外界干扰和诱惑。

4．坚韧性差异

与坚韧性相反的是执拗和顽固。

【练习思考】

一、单项选择题

1.“赛马跨越障碍，加速冲刺动作”是（　　）。

A. 本能行为　　B. 习惯动作　　C. 随意动作　　D. 不随意动作

2. 动机是在客观刺激和（　　）的基础上产生的。

A. 态度　　B. 目的　　C. 需要　　D. 兴趣

3. 个人选职业时，每种职业有利弊不同的特点，出现的冲突是（　　）。

A. 双趋冲突　　B. 双避冲突　　C. 趋避冲突　　D. 多重趋避冲突

4. 个人同时面临两种有意义的活动，二选一的冲突是（　　）。

A. 双趋冲突　　B. 双避冲突　　C. 趋避冲突　　D. 多重趋避冲突

5. 人的良好意志品质有自觉性、果断性、自制性和（　　）特征。

A. 坚持性　　B. 顽强性　　C. 坚定性　　D. 坚韧性

6. 快捷而合理处理问题的意志品质是（　　）。

A. 自觉性　　B. 果断性　　C. 自制性　　D. 坚韧性

7.“眨眼反射动作”是（　　）。

A. 随意动作　　B. 不随意动作　　C. 技能动作　　D. 条件反射动作

8.“前怕狼后怕虎”是（　　）意志品质弱的表现。

A. 自觉性　　B. 果断性　　C. 自制性　　D. 坚韧性

9.“鱼和熊掌不可兼得”属于（　　）目标冲突。

A. 双趋冲突　　B. 双避冲突　　C. 趋避冲突　　D. 多重趋避冲突

10. 与顽固、见异思迁相反的意志品质是（　　）。

A. 自觉性　　B. 自制性　　C. 果断性　　D. 坚韧性

二、多项选择题

1. 意志行动（　　）。

A. 要克服困难　　B. 取决于当前需要

C. 有目的性　　D. 是有意识的行为

2. 意志行动的准备阶段包括（　　）。

A. 动机斗争　　B. 确定行动目的　　C. 选择行动方案　　D. 克服困难

3. 意识对行动的支配和调节作用表现为（　　）方面。

A. 发动　　B. 制止　　C. 排除干扰　　D. 集中精力

三、填空题

1. 意志是人的心理（即意识）__________的集中体现。

2. 意志行动是以__________为基础的，它是和自动化、熟练、习惯动作既有联系又有区别的行动。

3. 动机是由__________和__________引起的，它是人的行为的内在心理原因。

四、判断简析题

需要是在动机的基础上产生的。

五、简答题

1. 意志行动有哪些特点？

2. 人的意志品质有哪些差异？

六、论述题

试分析青少年意志品质的特点。

【参考答案】

一、单项选择题

1. C　2. C　3. D　4. A　5. D　6. B　7. B　8. B　9. A　10. D

二、多项选择题

1. ACD　2. BC　3. AB

三、填空题

1. 积极能动　2. 随意动作　3. 需要　刺激诱因

四、判断简析题

错误。需要是产生动机的基础。由于需要不同，人的活动动机的性质也不一样。动机有初级动机和高级社会性动机、内在动机和外部动机，这些动机都是在不同需要的基础上产生的。

五、简答题

1. 人的意志行动有以下四个特征：（1）意志行动是人特有的自觉确定目的的行动，这是人区别于动物的根本标志之一。（2）意识对活动的调节支配作用，使人能按自觉的目的去改造世界，这种调节作用表现在对行为发动和制止及改变行为的方向方面，也表现在调节内部和外部两个方面。（3）克服内部和外部困难是意志行动最重要的特征之一。（4）意志行动是以随意动作为基础的，随意动作是由意识指引的活动、是在生活实践中学会了的动作，是意志行动的必要组成部分。

2. 意志品质的差异在个体身上有如下表现：（1）自觉性差异；（2）果断性差异；（3）自制力差异；（4）坚韧性差异。

六、论述题

青年期的意志品质特点：（1）青年期意志品质的自觉性增强，对动机、行动目的及其后果的认识更自觉，能自觉遵守纪律，自觉约束行动。在行动之前能用头脑冷静思考。（2）意志行动的独立性更强，他们可以不依靠父母独立地完成各种活动任务。（3）稳定性的意志品质逐渐形成，忍耐性、坚持性、刚毅性、自制力和坚定性都有很大发展，开始形成一个人的独特风格。总而言之，青年期的意志品质的自我完善、自我实现、独立自主、自尊的意向非常强烈，但不完全成熟。

少年期是身心发展的半幼稚、半成熟期，其意志品质表现出明显的年龄阶段特点：（1）少年的自觉性品质虽有所提高，但由于认识的局限性，自觉性和幼稚性仍处在错综复杂的矛盾状态，还不善于正确鉴别意志品质的良莠优劣。（2）少年的果断性品质有发展，但又常常把不假思索看成果断行为。他们的意志行动中，轻率和优柔寡断都有表现，但轻率比优柔寡断更为突出。（3）少年期的自制能力也有所增强，但少年的自制能力还有限，抗拒诱惑的能力、控制情绪冲动的能力还欠缺，较容易沾染不良习气，行为带有固执的特点。（4）少年期意志品质的坚持性、恒心、毅力还很不成熟，容易虎头蛇尾、见异思迁。对短近目标能够坚持，完成任务；对较长目标在行动中则不能善始善终，往往半途而废。

第九章　个性及其倾向性

【内容辅导】

一、目标要求

（1）理解个性及其特性。
（2）理解马斯洛的需要层次理论。

二、内容提示

（一）个性的含义及其特性

1. 个性的含义

个性是一个人的整个精神面貌，即由心理活动的动力倾向性和个性心理特征等方面组成的有层次性的、动力性的整体结构。

2. 个性的特性

（1）整体（合）性。
（2）共性和独特性。
（3）稳定性和可变性。
（4）社会制约性。

（二）马斯洛的需要层次理论

马斯洛将人的需要分为五层，从低级到高级依次是：生理需要、安全需要、爱与归属的需要、尊重的需要、自我实现的需要。

【练习思考】

一、单项选择题

1. 人的个性是由（　　）决定的。
   A. 动机　　B. 环境　　C. 遗传　　D. 社会生活实践
2. 把个性结构分成本我、自我、超我三部分的个性理论家是（　　）。
   A. 荣格　　B. 弗洛伊德　　C. 阿德勒　　D. 卢特卡尔

3. 人类需要的层次理论首先提出者是（　　）。

A. 莫瑞　B. 马斯洛　C. 弗洛伊德　D. 赫尔

4. 下列（　　）不是个性倾向性。

A. 需要　B. 动机　C. 态度　D. 兴趣

5. 推动有机体活动的动力和源泉是（　　）。

A. 思维　B. 性格　C. 动机　D. 需要

6. 引起动机的内在条件是（　　）。

A. 诱因　B. 需要　C. 兴趣　D. 爱好

二、多项选择题

1. 下列属于基本社会性需要的是（　　）。

A. 依恋需要　B. 探究需要　C. 交往需要　D. 成就需要

2. 下列属于高级社会性需要的是（　　）。

A. 求美需要　B. 求知需要　C. 交往需要　D. 成就需要

3. 兴趣的品质主要包括兴趣的（　　）方面。

A. 广度　B. 中心　C. 稳定性　D. 效能

4. 以下（　　）是以人类的社会文化需要为基础而产生的社会性动机。

A. 爱好　B. 权利动机　C. 兴趣　D. 成就动机

5. 诱因（　　）。

A. 能引起有机体的定向活动　B. 可激发活动的动机

C. 是由生理需要引起的　D. 是追求需要满足的唤醒状态

三、填空题

1. 人的个性是在社会实践活动中逐渐形成的，它的主要特征是__________、__________、__________、__________。

2. 需要、动机、兴趣属于__________中的__________。

3. 个性心理包括__________和__________两大部分。

4. 弗洛伊德把个性结构分成三部分：__________、__________和__________。

四、判断简析题

马斯洛认为各需要层次的出现顺序是由低到高的。

五、简答题

什么是需要？

【参考答案】

一、单项选择题

1. D　2. B　3. B　4. C　5. D　6. B

二、多项选择题

1. ABC 2. ABD 3. ABCD 4. ABCD 5. AB

三、填空题

1. 整体性 独特性 稳定性 社会制约性 2. 个性 个性倾向性 3. 个性倾向性 个性心理特征 4. 本我 自我 超我

四、判断简析题

正确。马斯洛把人类需要的层次按其重要性的顺序分为五类，从最低层的生理需要到最高层的自我实现。他按下面的原则加以安排。首先，人类基本的需要必先得到满足，然后才会进一步追求较高层次需要的满足。其次，人类的需要与个体的生长发展密切相关。一个人初生时，最主要的是满足生理需要，然后才会逐渐考虑到安全、爱与归属、自尊，最后才追求自我的实现。再次，人类需要的高低与个体的生存有关。基本需要为生存所必需。较高层次的需要，在维持个体生存生时并没有基本需要那样重要。

五、简答题

需要是维持个体和社会生存发展的必需的事物在人脑中的反映。它通常在主观上以一种缺乏感或丰富感被体验着，是个性动力性与积极性的最基本的源泉。

第十章 能 力

【内容辅导】

一、目标要求

(1)识记能力、才能、技能的概念。

(2)了解能力的结构和测量。

(3)理解能力与知识、技能的关系;能力的各种类型和能力的个别差异;能力发展的趋势;优秀教师需要具备的能力。

(4)掌握培养学生的能力的基本途径和方法。

二、内容提示

(一)能力、才能、技能

能力:凡是直接影响人的活动效率,促进活动顺利完成的个性心理特征。能力与活动紧密联系。能力需要在活动中得到锻炼和培养,同时顺利完成某种活动,需要多种能力的结合。

才能:为了完成某种活动任务的各种能力的独特结合。

技能:是一种通过练习而巩固了的自动化活动方式,分为动作技能和心智技能两大类。

(二)能力与知识、技能的关系

1. 区 别

知识是人类社会历史经验的概括和总结,它作为心理活动的对象,具有客观性,不存在个别差异;能力表现在对知识加工过程掌握的快慢、领会理解的深浅、记忆的敏捷、持久、精确程度、是否能灵活运用等。技能是一种通过练习而巩固了的自动化活动方式,以行动方式被掌握,基本属于心理活动过程的范畴;能力是调节技能行动方式的心理活动过程的概括。

2. 联 系

知识的掌握,有利于技能的形成,而知识掌握和技能形成,就能推动和促进能力的发展;掌握知识、形成技能,又以一定的能力为前提,能力往往制约知识掌握及技能形成的快慢、深浅、难易、灵活性和巩固程度。

(三)能力的分类

1. 按能力的倾向分

可分为一般能力和特殊能力。一般能力是在很多活动中表现出来的基本能力;特殊能力指在某些专业和特殊职业活动中表现出来的一般能力的某些方面的独特发展。

2. 按创造程度分

可分为再造性能力和创造性能力。再造性能力是在原有模式基础上进行活动和解决问题的能力；创造性能力具有独特性、变通性和创新性特点。

3. 按能力测验观点分

可分为实际能力和潜在能力。实际能力指人们经过学习、训练和实践活动锻炼之后，已经达到的实际水平和能力程度；“成就”代表实际能力。潜在能力指人们将来有机会学习或接受训练时可能达到的水平和程度；“性向”代表潜在能力。

4. 桑代克的人的智慧活动分类

桑代克把人的智慧活动分为：社会智慧、具体的智慧和抽象的智慧。社会智慧是了解和处理人与人之间相互交往、相互关系的能力；具体的智慧是人对事的了解以及对技术和科学的应用能力；抽象的智慧包括心智能力，主要是处理语言和数学符号的能力。

5. 斯滕伯格的智力分类

其分为学业智力和职业成就智力。学业智力是学习、领会、理解、掌握知识与技能的能力；职业成就智力包括分析智力、创造性智力、实践性智力。学业成绩优秀与否并不代表职业成就的高低。

（四）能力的个别差异

1. 一般能力的个别差异

一般能力的个别差异主要指智力方面的差异：人在智力方面的差异十分明显，在一般人口中呈常态曲线分布。具体表现在知觉、表象、记忆、想象、思维等方面。

2. 特殊能力的差异

特殊能力是一般能力在专门职业活动中的特殊表现。

3. 能力表现得早晚的差异

有些人在儿童时期就表现出非凡的智力和特殊能力；有些人的特殊才能要在较晚的时候表现出来。

4. 能力的团体差异

（1）能力的性别差异。男性在空间、数学能力方面有优势；女性则有言语能力方面的优势。

（2）能力的职业差异。从事不同职业的人的特殊能力的差异。

（五）能力发展的一般趋势与特点

一般来说，能力发展分为增长期、稳定期和衰退期三个阶段。在儿童期、少年期智力的发展与年龄的增长几乎是同步等速的过程；18～25 岁智力发展达到顶峰，有的认为 40 岁左右达到顶峰，25～40 岁是创造性与多出成果的时期；进入老年阶段，智力发展表现出迅速下降的趋势。

（六）优秀教师需要具备的能力

优秀教师需要具备的能力非常多，主要有组织使用教材的能力、言语表达的能力、敏锐的观察力和判断力、组织教学与组织集体的能力、丰富的想象力与创新思维的能力，等等。

（七）能力的结构学说

1. 能力的二因素说

斯皮尔曼认为人的能力由一般因素 G 和特殊因素 S 构成，完成任何一个作业都需要这两种因素。

2. 能力的群因素说

塞斯登认为智力一般由七种原始因素构成：计算、词的流畅、言语的意义、记忆、推理、空间知觉、知觉速度。

3. 智力的三维结构说

基尔福特认为每一种智力因素都包括内容、产品、操作三个方面，每一个维度又由一系列有关因素组成。

4. 智力层次结构说

阜南认为智力结构不是立体模型，而是按层次排列的结构。

5. 智力形态论

卡特尔根据因素分析的结果，把人的智力分为流体智力和晶体智力两种不同的形态。流体智力受生物因素的影响，生来就能进行智力活动的能力；晶体智力是后天习得的以知识经验为基础的认知能力。

6. 智力多元论

加德纳认为智力由七种相对独立的成分构成：言语智力、逻辑推理与数学能力、空间智力、音乐智力、身体运动智力、人际智力、内省智力，后来又补充了第八种：认知自然的能力。

7. 三元智力论

斯滕伯格认为一个完备的智力统合体应包括：组合性智力、经验智力、实用性智力。

（八）智力测验

比率智商：智商（IQ）=心理年龄（MA）/实际年龄（CA）×100（该智力测验的前提假设是智力随年龄的增长而增长）。

离差智商（用标准分数来表示）：IQ=100+15×（测得的分数 – 年龄组平均分）/标准差（该智商与同年龄的人相比，结果有正负值）。

【练习思考】

一、单项选择题

1. 智力就是（　　）。

A. 观察能力　B. 思维能力　C. 一般能力　D. 特殊能力

2. 下列选项中（　　）是一般能力。

A. 观察力　B. 曲调感　C. 节奏感　D. 色调感

3. 技能是一种（　　）。

A. 才能　B. 能力　C. 天才　D. 熟练

4. 素质是能力发展的（　　）。

A. 动力系统　B. 自然前提　C. 心理基础　D. 核心成分

5. 智力的核心成分是（　　）。

A. 创造能力　B. 抽象概括能力　C. 观察力　D. 记忆力

6. 基尔福特的三维智力结构模型中智力内容除图形、符号、语义之外还有（　　）。

A. 认知　B. 记忆　C. 评价　D. 行为

7. 当人们掌握知识、形成技能，达到（　　）程度，才能促进能力的发展。

A. 熟练　B. 迁移　C. 同步　D. 同化

8. 完成活动任务的各种能力的独特结合是（　　）。

A. 技能　B. 天才　C. 才能　D. 智力

9. 世界上最早的智力量表是（　　）。

A. 韦克斯勒量表　B. 比奈-西蒙量表

C. 斯坦福-比纳量表　D. 瑞文推理量表

10.（　　）是特殊能力。

A. 认知能力　B. 观察力　C. 交往能力　D. 记忆力

11. 研究发现：女孩在语言能力测验中占优势，男孩在空间能力、数学能力测验中占优势，这反映了男女智力在（　　）方面的差异。

A. 性别　B. 发展速度　C. 发展水平　D. 类型

12. 能力的发展存在个体差异，下面不属于能力差异的是（　　）。

A. 天才儿童　B. 多愁善感　C. 大器晚成　D. 过目不忘

13. 高分低能说明（　　）。

A. 知识与能力无关

B. 能力低的人同样可以获得高的成绩

C. 掌握过多的知识反而会阻碍能力的发展

D. 知识并不等同于能力

14. 下列（　　）是特殊能力。

A. 观察力　B. 节奏感　C. 注意力　D. 记忆力

二、多项选择题

1. 人的智商按（　　）分布。

A. 常态曲线　B. 两头大中间小　C. 两头小中间大　D. 偏态曲线

2. 能力发展的个别差异可以表现在（ ）。

A. 发展水平上　B. 表现早晚上　C. 类型结构上　D. 性别差异上

3. 斯皮尔曼的智力理论认为能力是由（ ）构成。

A. 一般因素　B. 特殊因素　C. 共同因素　D. 群因素

4. "智力的三维结构"理论认为每一种智力因素都包括（ ）三个方面。

A. 操作　B. 内容　C. 产品　D. 结构

三、填空题

1. 个人的能力总是在__________中形成和发展起来，并得到表现的。
2. 个人的能力是借助__________这个自然前提，通过社会生活、实践活动和__________的影响，加上__________逐渐形成发展起来的。
3. 智力的高级表现是__________。
4. 人的多种__________的独特结合称为才能，才能的最高发展又称为__________。

四、判断简析题

1. 智力在不同的年龄段发展的速度几乎是相同的。
2. 创造力是智力开发的最高目标。

五、简答题

1. 能力与知识、技能的关系如何？
2. 简要说明人的能力差异表现在哪些方面。
3. 如何有效培养学生的能力？

六、论述题

试分析优秀教师应具备哪些特征。

七、案例（材料）分析题

试分析"少年大学生"和"齐白石"现象。

【参考答案】

一、单项选择题

1. C　2. A　3. D　4. B　5. . B　6. D　7. B　8. C　9. B　10. C　1. A　12. B　13. D　14. B

二、多项选择题

1. AC　2. ABCD　3. AB　4. ABC

三、填空题

1. 活动　2. 遗传　教育　主观努力　3. 创造能力　4. 能力　天才

四、判断简析题

1. 错误。在个人一生的发展过程中，智力水平随个体年龄的增长而变化。儿童期、少年期智力的发展与年龄的增长几乎是同步等速的过程，是能力发展最重要的阶段；18~25岁智力发展达到顶峰状态，也有的认为40岁左右达到顶峰。25~40岁是最有创造性与多出成果的时期；成人是人生最漫长的时期，也是能力发展相对稳定的保持期，可持续到60岁左右；进入老年阶段（60岁以后）智力发展表现出迅速下降的趋势。

2. 正确。创造力是人区别于动物的最根本标志之一，也是智力发展的最高目标。

五、简答题

1.（1）区别：知识是人类社会历史经验的概括和总结，它作为心理活动的对象，具有客观性，不存在个别差异；能力表现在对知识加工过程掌握的快慢、领会理解的深浅、记忆的敏捷、持久、精确程度、是否能灵活运用等。技能是一种通过练习而巩固了的自动化活动方式，以行动方式被掌握，基本属于心理活动过程的范畴；能力是调节技能行动方式的心理活动过程的概括。（2）联系：知识的掌握，有利于技能的形成，而知识掌握和技能形成，就能推动和促进能力的发展；掌握知识形成技能，又以一定的能力为前提，能力往往制约知识掌握及技能形成的快慢、深浅、难易、灵活性和巩固程度。

2. 人的能力差异主要表现在：（1）一般能力的差异。一般能力的个别差异主要指智力方面的差异：人在智力方面的差异十分明显，在一般人口中呈常态曲线分布。具体表现在知觉、表象、记忆、想象、思维等方面。（2）特殊能力的差异。特殊能力是一般能力在专门职业活动中的特殊表现。（3）能力表现得早晚的差异。有些人在儿童时期就表现出非凡的智力和特殊能力，在智力方面超常的儿童如少年大学生；但还有些人的特殊才能要在较晚的时候表现出来。（4）能力的性别差异：男性在空间、数学能力方面有优势；女性则有言语能力方面的优势。（5）能力的职业差异：从事不同职业的人的特殊能力的差异。

3.（1）重视早期教育，适时进行早期教育。（2）在教学活动中培养学生的能力。学习领会知识，掌握技能对能力的形成与发展的重要作用。（3）通过培养学生兴趣促进能力的发展。有益的活动可以促进学生兴趣的养成和观察、想象与思维能力的发展。（4）根据能力的个别差异，因材施教。如超常儿童、常态范围的学生和生理或智力有缺陷的学生要有针对性的施教。

六、论述题

优秀教师需要具备的能力非常多，主要有组织使用教材的能力、言语表达的能力、敏锐的观察力和判断力、组织教学与组织集体的能力、丰富的想象力与创新思维的能力，等等。

七、案例（材料）分析题

能力的个别差异表现非常明显，不仅表现在能力的质、量和结构方面，而且能力表现得早晚也存在明显差异。“少年大学生”是在儿童时期就表现出非凡的智力和特殊的能力的人，古今中外这样的实例非常之多。而齐白石在四十岁时才表现出他的绘画才能，这是能力表现早晚差异的典型案例。

第十一章　气　质

【内容辅导】

一、目标要求

（1）识记气质的概念。
（2）理解气质的内容和特点；气质的类型和学说。
（3）理解气质在教育和生活中的意义。

二、内容提示

（一）气质的概念与特点

1. 气质的概念

气质是表现在心理活动的速度、强度、稳定性、灵活性方面的动力特征。如情绪体验的强度、意志努力的程度、知觉的速度、思维的灵活程度、注意力集中时间长短。

2. 气质的特点

气质的特点有天赋性、稳定性和可塑性。

（二）气质的类型

1. 胆汁质

胆汁质的人具有精力旺盛、坦率、刚直、情绪易于冲动的特征。

2. 多血质

多血质的人具有反应迅速、情绪发生快而多变、动作敏捷、有朝气、活泼好动、喜欢与人交往、注意容易转移、兴趣易变化等特征。

3. 黏液质

黏液质的人具有沉稳、安静、踏实、反应迟缓、情绪不易外露、注意稳定但不易转移、忍耐力强等特征。

4. 抑郁质

抑郁质的人情感体验深刻、善于察觉细节、外表温柔、怯懦、孤独、行动缓慢，但对事物的反应有较高的敏感性。

（三）主要的气质学说

气质的高级神经活动类型学说。巴甫洛夫认为动物的神经系统有三种特性，分别是：兴奋和抑制的强度、平衡性和灵活性。根据这三种特性的独特结合，把动物的高级神经系统活动分为四种类型：① 强而不平衡类型；② 强、平衡、灵活；③ 强、平衡、不灵活；④ 弱型。这四种类型分别与胆汁质、多血质、黏液质、抑郁质对应。

（四）气质在教育和生活中的意义

（1）气质本身不能决定一个人活动的社会价值和成就的高低。

（2）气质对人身心健康有一定的影响。

（3）气质特征是职业选择的重要依据之一。

【练习思考】

一、单项选择题

1. 气质表现为人的心理活动的动力方面的特点，它是由（　　）决定的。
A. 人的活动内容　　B. 活动目的
C. 神经活动过程的特征　　D. 社会生活条件

2. 以热情但急躁易冲动、刚强但较粗暴为特征的人的气质属于（　　）。
A. 多血质　　B. 胆汁质　　C. 黏液质　　D. 抑郁质

3. 最早提出气质神经类型说的学者是（　　）。
A. 克瑞奇米尔　　B. 卡伦　　C. 巴浦洛夫　　D. 柏尔曼

4. 最早的气质学说是由希腊的学者（　　）提出来的。
A. 亚里士多德　　B. 柏拉图　　C. 苏格拉底　　D. 希波克拉特

5. “强、平衡、不灵活”神经类型与（　　）气质类型对应。
A. 多血质　　B. 胆汁质　　C. 黏液质　　D. 抑郁质

6. 高级神经活动类型是（　　）特性。
A. 生理　　B. 心理　　C. 行为　　D. 心理与行为

7. 气质的特点是（　　）。
A. 无好坏之分　　B. 都是好的　　C. 都是坏的　　D. 多血质最好

8. 某人活泼好动、反应迅速、灵活多变、注意力容易转移，他属于（　　）气质类型。
A. 多血质　　B. 胆汁质　　C. 黏液质　　D. 抑郁质

9. 某人安静沉稳、寡言少语、反应迟缓、情绪不外露、注意稳定不易转移，他属于（　　）气质类型。
A. 多血质　　B. 胆汁质　　C. 黏液质　　D. 抑郁质

10. 一个人胆大好胜，自信、意志坚强，情绪易激动，这是在描述他的（　　）。
A. 性格　　B. 习惯　　C. 气质　　D. 能力

二、多项选择题

1.（　　）是气质的特征。
A. 感受性　　B. 耐受性　　C. 情绪兴奋性　　D. 整体性

2. 心理活动的动力特征主要指心理过程的（　　）。
A. 强度　　B. 灵活性　　C. 速度　　D. 稳定性

3. 胆汁质的主要外在表现是（　　）。
A. 直爽热情　　B. 精力旺盛　　C. 行为外向　　D. 做事有条不紊

4. 黏液质的主要外在表现是（　　）。
A. 举止平和　　B. 行为内向　　C. 爱独处　　D. 不善言谈

三、填空题

1. 俗语说“禀性难移”指__________，它具有__________的特点。
2. 人的气质特点是在后天表现出来的，但具有__________。
3. 大体说少年期人的神经过程具有兴奋性__________，而抑制性__________的特点。

四、判断简析题

气质是指那些与生俱来的心理和行为特征，主要由遗传和生理决定。

五、简答题

气质研究在生活和教育中有什么意义？

六、论述题

在教学中，面对“黏液质”和“抑郁质”的学生，教师如何个别施教？

【参考答案】

一、单项选择题

1. C　2. B　3. C　4. D　5. C　6. A　7. A　8. A　9. C　10. C

二、多项选择题

1. ABC　2. ABCD　3. ABC　4. ABD

三、填空题

1. 气质　稳定不易改变　2. 天赋性　3. 强弱

四、判断简析题

正确。气质是受高级神经活动类型制约的，典型的、稳定的动力性方面的个性心理特征。气质具有明显的天赋性，在个体刚刚出生时就有所表现。

五、简答题

气质在教育和生活中的意义：（1）气质本身不能决定一个人活动的社会价值和成就的高低。在同一生活实践中可以有不同气质类型的人，在不同生活领域的杰出人物中，也有不同气质类型的人。（2）气质对人身心健康有一定的影响。如缺乏泰然自若的态度、不善于适应环境、性急、争强好胜、易动肝火、易急躁等特征是某些疾病的诱因。（3）气质特征是职业选择的重要依据之一。在职业选拔中经常会根据气质类型的符合程度选择人才，不同气质类型的人适宜从事的职业不一样。

六、论述题

黏液质的学生有自制、镇静、踏实等品质，但也有冷淡、迟缓、固执、淡漠的不足。面对这种气质类型的学生，教学时，教师要给予充分的思考时间，激发他们对学习的热情，在班集体的活动中，多提供给他们锻炼的机会；抑郁质的学生思想敏锐、细心、想象力丰富、情感深刻，但有多疑、孤僻、怯懦等不足。面对这样的学生，教师要给予更多的照顾和体贴，避免在公开场合指责他们，多表扬、鼓励，培养其自信心。

第十二章 性 格

【内容辅导】

一、目标要求

（1）识记性格的概念。
（2）理解性格和气质的区别；性格的结构和类型。
（3）理解性格形成的影响因素，进而养成良好的性格。

二、内容提示

（一）性格的概念

性格是一个人在态度和行为方式中表现出来的稳定的心理特征。它是个性特征中具有核心意义的部分，主要是后天获得的，且有道德评价的意义。

（二）性格和气质的区别

气质受高级神经活动类型制约，是表现在人的情绪和行为中的动力性特征，评价上无好坏之分；性格主要受社会生活条件制约，是态度体系和行为方式相结合而表现出的个性心理特征，评价上有好坏之别。

（三）性格的结构

1. 对现实态度和对自己态度的性格特征

（1）对别人、集体和社会态度的性格特征。
（2）对劳动和工作的态度。
（3）对自己的态度。

2. 性格的意志特征

（1）对行为目标明确程度的特征。
（2）对行为自觉控制水平的特征。
（3）在紧急或困难情况下表现的意志特征。
（4）执行决定方面的特征。

3. 性格的情绪特征

（1）情绪强度方面的特征。

（2）情绪稳定性、持久性方面的特征。
（3）主导心境方面的性格特征。

4. 性格的理智特征

（1）感知方面。有主动性、独立性、计划性和周密性等。
（2）思维方面。有敏捷性、独创性、深刻性、逻辑性、批判性等。
（3）想象方面。

（四）性格的主要类型

1. 按人格特征与职业选择的关系划分

可分为现实型、研究型、艺术型、社会型、企业型、常规型。

2. 按成就欲高低划分

可分为A型性格和B型性格。A型性格的人性格急躁、缺乏耐性；成就欲高，上进心强，有苦干精神；有时间紧迫感、竞争意识；动作敏捷，说话快；社会适应性差，属于一种不安定的性格。B型性格的人性情温和，举止稳当，对工作和生活的满足感强；悠闲自得，喜欢节奏慢的生活；有耐心，容忍力强，很少敌意，情绪稳定。

3. 按照个体认知风格或独立性程度划分

可分为独立型和顺从型。独立型的人不易受外来事物的干扰，能独立地判断事物、发现问题、解决问题，易于发挥自己的力量；顺从型的人易受附加物的干扰，常不加批判地接受别人的意见，应急能力差。

（五）影响性格形成的因素

（1）父母的教养方式。
（2）家庭气氛。
（3）父母的榜样作用。
（4）教师。

【练习思考】

一、单项选择题

1. 勤奋和懒惰属（　　）特性。
   A. 气质　　B. 性格　　C. 能力　　D. 兴趣
2. 性格依赖于（　　）。
   A. 血型　　B. 体型
   C. 激素分泌水平　　D. 社会生活条件
3. 把性格分为内向型和外向型的心理学家是（　　）。
   A. 克瑞奇米尔　　B. 荣格　　C. 弗洛伊德　　D. 谢尔顿

4. 个性结构的核心成分是（　　）。

A. 能力　　B. 气质　　C. 性格　　D. 兴趣

5. 气质和性格在心理学研究中都属于（　　）。

A. 个性倾向性　　B. 心理过程

C. 心理状态　　D. 个性心理特征

6. 自私、勤劳、自负等是对人的（　　）的描述。

A. 性格的态度特征　　B. 性格的情绪特征

C. 性格的意志特征　　D. 性格的理智特征

7. 有的人判断客观事物时，不容易受外来因素的影响和干扰，这种认知方式属于(　　)。

A. 冲动型　　B. 沉思型

C. 场独立型　　D. 场依赖型

8. 人的个性中具有道德评价意义的是（　　）。

A. 能力　　B. 气质　　C. 性格　　D. 兴趣

9. “人心不同，各如其面”，这句俗语为人格的（　　）特征作了最好的诠释。

A. 独特性　　B. 稳定性　　C. 复杂性　　D. 统合性

10. 人在对自己行为的自觉调节方式和水平方面的性格特征是（　　）。

A. 性格的情绪特征　　B. 性格的理智特征

C. 性格的意志特征　　D. 性格的态度特征

二、多项选择题

1.（　　）是性格的智力特征。

A. 思维力　　B. 观察力　　C. 记忆力　　D. 内驱力

2.（　　）是性格的态度特征。

A. 独立自主　　B. 关心他人　　C. 勤劳节俭　　D. 自私自利

3. 弗洛伊德把人格结构分为（　　）三个层次。

A. 本我　　B. 自我　　C. 他我　　D. 超我

4. 人格具有独特性、稳定性、（　　）。

A. 整体性　　B. 适应性

C. 功能性　　D. 自然性和社会性的统一

5. 奥尔波特认为性格是由许多特质组成的，特质是一种神经心理结构。他对特质进行了分类，他把特质分为（　　）。

A. 共同特质　　B. 个人特质

C. 首要特质　　D. 主要特质和次要特质

三、填空题

1. 性格是人__________和__________的比较稳定的心理特征的总和。

2. 人的性格特征表现在对现实的态度方面，有对__________的态度，对__________的态度和对__________的态度。

3. 人自觉地调节自己的行为，克服一定困难以达到某种目的的心理活动过程所表现出来的心理活动特征属于__________。

4. 榜样对于学生形成道德行为有显著作用，即__________、__________、__________、__________。

5. 性格按个体独立程度可分为__________型和__________型。

四、判断简析题

性格和气质是一回事。

五、简答题

人的性格有哪些主要分类？

六、论述题

如何塑造良好的性格？

七、案例（材料）分析题

小明的父母经常吵架，当着小明的面有时也会大打出手，小明在家里基本没有发言权，也不敢提出任何要求和意见。于是乎，小明现在对事情非常消极，遇事没有主见，胆子也小，对人总是充满敌意。

试分析这一现象。

【参考答案】

一、单项选择题

1. B　2. D　3. B　4. C　5. D　6. A　7. C　8. C　9. A　10. C

二、多项选择题

1. ABC　2. BCD　3. ABD　4. ACD　5. ABCD

三、填空题

1. 态度 行为　2. 他人、集体和社会 劳动和工作 自己　3. 性格的意志特征　4. 启示作用 控制作用 调节作用 矫正作用　5. 独立 顺从

四、判断简析题

错误。气质和性格都属于个性心理特征，但不是一回事，有明显的区别。气质受高级神经活动类型制约，表现在人的情绪和行为中的动力性特征，评价上无好坏之分；性格主要受社会生活条件制约，是态度体系和行为方式相结合而表现出的个性心理特征，评价上有好坏之别。

五、简答题

（1）按人格特征与职业选择的关系划分：现实型、研究型、艺术型、社会型、企业型、常规型。

（2）按成就欲高低划分：A 型性格和 B 型性格。A 型性格的人性格急躁、缺乏耐性；成就欲高，上进心强，有苦干精神；有时间紧迫感、竞争意识；动作敏捷，说话快；社会适应

性差，属于一种不安定的性格。B 型性格的人性情温和，举止稳当，对工作和生活的满足感强；悠闲自得，喜欢节奏慢的生活；有耐心，容忍力强，很少敌意，情绪稳定。

（3）按照个体认知风格或独立性程度划分：独立型和顺从型。独立型的人不易受外来事物的干扰，能独立地判断事物、发现问题、解决问题，易于发挥自己的力量；顺从型的人易受附加物的干扰，常不加批判地接受别人的意见，应急能力差。

六、论述题

（1）加强正面的教育。在教育过程中，教育内容要健康、有针对性，并具有说服力；教育的形式要生动、具体、活泼、多样，适合学生的特点；教育者要充满真挚、热情和诚恳的感情。（2）在社会实践中培养。社会实践是培养学生接受正确的道德原则和使它变为习惯化的行为方式的有效途径。（3）家长和教师要树立良好的榜样。家长和教师的榜样和示范，在培养学生良好性格方面有重要作用。教师应该是德才兼备和具有良好性格修养的人，要以身作则，成为学生的表率。（4）个别指导。学生不仅存在性格发展的一般特点，也存在个别差异，因此，教师要有针对性的个别施教。具体要做到：对不同性格类型的学生都做到个别指导，帮助他们扬弃不符合社会要求的性格品质，激发其符合社会要求的性格品质；根据学生的性格特征，采取灵活而有原则的方法。（5）性格的自我培养。如树立远大的理性、有崇高的目标、在行动中勇于克服困难、建立美好的自我意象等。

七、案例（材料）分析题

性格是在一定的社会环境影响下形成的，家庭是“制造人类性格的工厂”，是培养个体性格的摇篮。在家庭中，父母的教养方式和家庭气氛对孩子性格的形成有非常大的影响。很显然，小明的家庭气氛紧张、冲突，使他缺乏安全感，久而久之形成敌意与对抗的性格；同时小明的家庭教养方式是权威型的，父母过于支配和控制他的生活，使小明形成了消极、被动、顺从、依赖、没有主见的性格。

综合练习一

一、单项选择题（每题 1 分，共 15 分）

1. 心理学是研究人的（　　）的科学。
   A. 心理过程　B. 认识过程　C. 心理现象　D. 心理特征
2. “入芝兰之室，久而不知其香”是（　　）。
   A. 知觉　B. 嗅觉　C. 嗅觉适应　D. 嗅觉感受性
3. 识记的内容，因消退原因，完全不能再认或回忆叫（　　）。
   A. 暂时性遗忘　B. 永久性遗忘　C. 干扰性遗忘　D. 逆向性遗忘
4. 注意是一种（　　）。
   A. 心理过程　B. 个性特征　C. 组织特性　D. 认识过程
5. 在解决问题过程中，对解答问题有启示作用的相类似的事物叫（　　）。
   A. 原型　B. 原型启发　C. 问题情境　D. 定势
6. 直观时运用变式方法的目的是（　　）。
   A. 激发兴趣　B. 引起注意
   C. 丰富想象　D. 区分本质非本质特征
7. 快捷而合理处理问题的意志品质是（　　）。
   A. 自觉性　B. 果断性　C. 自制性　D. 坚韧性
8. 遗传素质是能力发展的（　　）。
   A. 动力系统　B. 自然前提　C. 心理基础　D. 核心成分
9. 勤奋和懒惰属于（　　）特性。
   A. 气质　B. 性格　C. 能力　D. 兴趣
10. 道德认识形成的主要标志，除道德知识掌握和道德理想确定外，还有（　　）。
    A. 道德情感形成　B. 道德意志培养
    C. 道德判断力发展　D. 道德习惯养成
11. “足智多谋、随机应变”是思维的（　　）。
    A. 广阔性　B. 独立性　C. 灵活性　D. 逻辑性
12. “一题多解，演绎推理”是（　　）。
    A. 再现思维　B. 求同思维　C. 辐合思维　D. 发散思维
13. 传统智力概念的核心成分是（　　）。
    A. 创造力　B. 抽象概括力　C. 观察力　D. 记忆力
14. 热爱并追求真理是（　　）。
    A. 道德感　B. 美感　C. 理智感　D. 荣誉感
15. 情绪情感产生的基础是（　　）。
    A. 需要　B. 动机　C. 认识　D. 个性

二、多项选择题（每题 2 分，共 10 分）

1.（　　）是注意的基本特点。

A. 指向性　　B. 选择性　　C. 集中性　　D. 紧张性

2.（　　）不是一般能力。

A. 观察力　　B. 曲调感　　C. 节奏感　　D. 色调感

3. 人的高级社会情感有（　　）。

A. 道德感　　B. 正义感　　C. 理智感　　D. 美感

4. 品德不良的客观原因是（　　）。

A. 社会的不良影响　　B. 家庭的不良教育

C. 教育工作的缺陷　　D. 个人自己

5. 学生领会知识，主要是通过（　　）环节实现的。

A. 感知　　B. 巩固　　C. 理解　　D. 应用

三、填空题（每空 1 分，共 20 分）

1. “尝梅止渴”属于__________反射；“望梅止渴”属于__________反射。

2. 学习长系列材料，首尾位置的材料记效果__________，中间位置的材料记忆效果__________。

3. 解决问题与动机强度的关系，可描绘成一条__________曲线；工程师设计蓝图时的想象主要是__________想象。

4. 意志对行动的支配和调节作用表现为__________和__________两个方面。

5. 根据目的性划分，人的兴趣可分为__________兴趣和__________兴趣。

6. 美国心理学家________提出了智力的三维说；智力个别差异在一般人口中呈________分布。

7. 人的性格特征表现在对现实的态度方面有对社会、集体、他人的态度，对__________的态度和对__________的态度。

8. 直观的种类主要有__________、__________和__________。

9. 良好记忆品质的特点有__________、持久性、__________和准备性。

10. 注意的范围也叫__________，它是在一瞬间人能清楚地意识到的客体__________。

四、判断简析（每题 4 分，共 12 分）

1. 注意的分配在任何情况下都可以进行。

2. 智力测验所获得的智商能决定一个人的事业是否成功。

3. 高原期是技能形成过程中练习成绩的起伏现象。

五、简答题（每题 7 分，共 14 分）

1. 解决问题的思维活动分哪几个阶段？影响问题解决的因素有哪些？

2. 如何培养学生的创造性思维？

六、论述题（14 分）

教学中如何利用知觉的选择性？

七、案例分析（15 分）

小兵在班级中成绩一般，是老师和同学忽视的对象。有一天上语文课，他在叠纸飞机，后来为了引起老师和同学的注意，他把纸飞机飞向了空中。语文老师当场在全班同学面前批评了他。

问题一：分析小兵出现这种行为的原因。

问题二：用行为主义理论分析语文老师处理问题的方法及效果。

【参考答案】

一、单项选择题

1. C 2. C 3. B 4. C 5. A 6. D 7. B 8. B 9. B. 10. C 11. C 12. D 13. B 14. C 15. C

二、多项选择题

1. ABC 2. BCD 3. ACD 4. ABC 5. AC

三、填空题

1. 无条件 条件 2. 好 较差 3. 倒转的 U 形 创造 4. 发动 制止 5. 直接 间接 6. 基尔福特 正态曲线 7. 劳动工作 自己 8. 实物 模像 言语 9. 敏捷性 准确性 10. 注意的广度 数量

四、判断简析

1. 错误。注意的分配是指在同一时间内，人把注意同时指向两种或两种以上的活动或对象中去的能力。注意分配不是生来就有的，而是随着教育、学习和训练不断改善的。注意分配需要的条件：同时从事的两种活动，必须有一种达到动作自动化即熟练的程度。此外，同时进行的活动之间，形成有联系的活动系统，如武术、体操系列，也是注意分配的重要条件。

2. 错误。智力测验所得到的智商主要是指人的一般能力的综合，如观察力、记忆能力、想象能力、思维能力，等等。它代表一个人学业成绩的优秀与否。但是学业成绩优秀的学生在以后的职业生涯中不一定能取得卓越的成就。斯滕伯格将智力分为学业智力和职业成功智力。学业智力是学习、领会、理解、掌握知识与技能的能力，而在现实生活与职业生涯中，真正起作用的是可以不断修正和发展的成功智力。他认为职业成功智力包括分析智力、创造性智力、实际性智力。

3. 错误。高原期是技能形成过程中，当练习到一定时期后有时会出现技能水平暂时停顿、上升曲线趋于平缓的现象。而练习成绩的起伏是成绩随练习而提高是总趋势，但存在着时而上升时而下降的起伏现象。

五、简答题

1. 解决问题的思维活动阶段：（1）提出问题；（2）明确问题；（3）提出假设；（4）检验假设。

影响问题解决的因素有：（1）问题情境；（2）情绪与动机；（3）联想与启示；（4）定势；（5）迁移；（6）个性因素；（7）策略与方法。

2.（1）激发学习动机，培养学习兴趣和求知欲；（2）运用发展创造性思维的策略，培养创造性思维能力；（3）改变传统的评定学习成绩的观念，鼓励学生的创造性行为；（4）培养学生发散思维和聚合思维；（5）引导学生积极参加创造性活动。

六、论述题

影响知觉选择性的客观因素：（1）对象和背景的差别性；（2）刺激物的强度特性；（3）知觉对象的活动性；（4）刺激物的新颖性；（5）刺激物的重复性。影响知觉选择性的主观因素：（1）知觉有无目的和任务以及目的和任务明确的程度；（2）已有知识经验的丰富程度；（3）个人的需要和兴趣、价值观倾向影响；（4）心理定式；（5）情绪状态。教学中要考虑主、客观两方面的因素，有效进行教学。

七、案例分析

问题一：根据马斯洛的需要层次理论，小兵作为班集体的成员，希望被集体中的他人和班集体接纳、爱护、关注和鼓励。而作为一个成绩一般的学生，他的归属与爱的需要得不到满足。所以他用上课飞飞机的方式吸引大家的注意。

问题二：根据行为主义的学习理论，语文老师采用的教育方法是惩罚，这样不仅不会改变小兵的不良行为，反而迎合了他渴望被老师和同学注意的需要。

综合练习二

一、单项选择题（每题 1 分，共 15 分）

1. 人的心理反映的最高形式是（　　）。
   A. 表象　B. 想象　C. 思维　D. 意识
2. 人在看书时，用红笔划出重点，便于重新阅读，是利用知觉的（　　）。
   A. 选择性　B. 整体性　C. 理解性　D. 恒常性
3. 开卷考试时，学生的主要记忆活动是（　　）。
   A. 识记　B. 保持　C. 再认　D. 回忆
4. 注意的稳定性是注意品质在（　　）方面的特征。
   A. 广度　B. 强度　C. 时间　D. 空间
5. 一种与生活愿望相结合并指向未来的想象叫（　　）。
   A. 表象　B. 联想　C. 做梦　D. 幻想
6. “易喜易悲、忽冷忽热”是情绪的（　　）特征。
   A. 兴奋性　B. 深刻性　C. 稳定性　D. 效能性
7. “高原现象”是练习到一定时期的（　　）现象。
   A. 停顿现象　B. 起伏现象　C. 高峰现象　D. 后退现象
8. 当人们掌握知识、形成技能，达到（　　）程度，就可以促进能力的发展。
   A. 熟练　B. 迁移　C. 同步　D. 同化
9. 下列（　　）属心智技能。
   A. 书写　B. 打字　C. 演奏　D. 阅读
10. 艾宾浩斯发现遗忘进程的规律是（　　）。
    A. 先慢后快　B. 先快后慢　C. 很快　D. 很慢
11. 医生通过观察、号脉、听诊能诊断病情属于思维的（　　）特征。
    A. 直接性　B. 间接性　C. 广阔性　D. 概括性
12. 完成活动任务的各种能力的独特结合是（　　）。
    A. 技能　B. 天才　C. 才能　D. 智力
13. 以热情但急躁易冲动、刚强但较粗暴为特征的人的气质属于（　　）。
    A. 多血质　B. 胆汁质　C. 黏液质　D. 抑郁质
14. 个性结构的核心成分是（　　）。
    A. 气质　B. 性格　C. 能力　D. 兴趣
15. 个人选职业时，每种职业有利弊不同的特点，出现的冲突是（　　）。
    A. 双趋冲突　B. 双避冲突　C. 趋避冲突　D. 多重趋避冲突

二、多项选择题（每题 2 分，共 10 分）

1. 下列（　　）是个性倾向性。
   A. 需要　B. 态度　C. 动机　D. 兴趣

2. 就直观的对象而言一般有（　　）。

A. 形象直观　　B. 实物直观　　C. 模像直观　　D. 言语直观

3. 弗洛伊德把个性结构分为（　　）。

A. 本我　　B. 自我　　C. 超我　　D. 意识

4. 想象活动根据其与现实的关系及实现的可能性，可分为（　　）。

A. 理想　　B. 幻想　　C. 空想　　D. 梦想

5. 个性心理包括（　　）。

A. 气质　　B. 个性倾向性　　C. 性格　　D. 个性心理特征

三、填空题（每空 1 分，共 18 分）

1. 人的心理现象极其复杂，它主要包括既有区别又有联系的__________和__________两大部分。

2. 知觉作为认识过程，是以__________信息为基础，在__________的参与下，经过人脑的加工，对事物作出解释的过程。

3. 思维是以__________为中介的人脑对客观现实的反映；思维具有间接性和__________的特点。

4. “心有余悸”是对人的__________的描述。

5. 学生领会知识，主要是通过__________与__________两个认识环节实现的。

6. 能力与__________是紧密联系的，个人的能力总是在__________中形成、发展并得到表现。

7. 人的气质特点是在__________表现出来的，但具有__________性。

8. 按心理倾向性划分，性格可分为__________和__________两种类型。

9. 俗语所说“禀性难移”是指__________。

10. 意志行动的心理过程一般划分为__________和__________两个阶段。

四、判断简析（每题 4 分，共 12 分）

1. 注意是一个独立的心理过程。

2. 材料中间位置的内容记忆效果好，首位记忆效果较差。

3. 性格无好坏之分。

五、简答题（每题 8 分，共 16 分）

1. 怎样培养学生良好的记忆品质？

2. 如何促进学生学习的迁移？

六、论述题（14 分）

学生良好的思维品质有哪些特点？如何培养？

七、案例分析（15 分）

“都是你害的”“害人精”，说者群体激愤，被说者一脸无奈。这是一次迎面接力游戏结束后同学们的争议。游戏中 A 组同学输了，原因是 A 组中的一名组员是全班跑得最慢的。于是教师组织学生进行小组讨论，讨论的主题是：接力比赛中获胜的因素有哪些？教师参加了 A 组的讨论。

讨论中A组学生各抒己见，有的同学认为组里有个“跑得超级慢的人”是失败的主要原因，如果把他换掉就能获胜；有的则不然，认为失败是因为组里的同学不团结，配合不默契。教师给予持这种意见的人一定的肯定，同时还给同学们讲了“田忌赛马”的故事。

游戏重新开始，结果出乎意料：拥有全班“跑得超级慢的人”的A组居然获得了第一名。这令其他组同学百思不得其解。教师总结讲评中揭示了其中的答案：首先引导各组观察A组有什么变化，学生发现这组的排队顺序和一开始不一样了。然后教师请A组的组员讲为什么这样排，当学生讲到“田忌赛马”时，大家惊呼“哎呀，我们怎么没想到”。最后，教师告诉学生：在集体活动中要相信自己的同伴，相信同伴和你一样一定会为了同一个目标全力以赴。

结合材料，运用心理学知识分析案例中教师的成功之处。

【参考答案】

一、单项选择题

1. D　2. A　3. C　4. C　5. D　6. C　7. A　8. B　9. D　10. B　11. B　12. C　13. B　14. B　15. D

二、多项选择题

1. ACD　2. BCD　3. ABC　4. ABC　5. BD

三、填空题

1. 心理过程 个性心理　2. 感觉 知识经验　3. 言语 概括性　4. 心境　5. 感知　理解　6. 活动 活动　7. 后天 天赋性　8. 外倾性 内倾性　9. 气质　10. 制订行动计划 执行计划

四、判断简析

1. 错误。注意和人的心理过程紧密联系，是心理活动的选择性、指向性和集中性，是心理活动的一种组织特性，而非独立的心理过程。

2. 错误。在学习中，一般总是开头和结尾部分容易记住，而中间部分容易忘记。这是因为开头部分只受倒摄抑制的影响，不受前摄抑制的影响；结尾部分只受前摄抑制的影响而不受倒摄抑制的影响；中间部分则受前摄抑制和倒摄抑制的双重影响。

3. 错误。性格主要受社会生活条件制约，是态度体系和行为方式相结合而表现出的个性心理特征，评价上有好坏之别，如勤劳和懒惰。而气质在评价上无好坏之分，它主要受高级神经活动类型制约，是表现在人的情绪和行为中的动力性特征。

五、简答题

1.（1）让学生明确识记目的和任务，不断提高学习的自觉性和积极性；（2）指导学生运用正确的识记方法：① 多发展理解识记和意义记忆的能力；② 避免单纯死记硬背，引导学生多思考，充分调动智力活动的积极性；③ 避免学生用单一分析器识记，注意采用“多通道协同记忆法”，把看、听、念（说或读）、写都利用起来；④ 对特别抽象难记的材料，可以用“形象记忆法”，以增强识记的效果；⑤ 对于机械的无内在联系的历史、地理及其他材料，可以引导学生用“记忆术”强记；⑥ 运用组块化策略及多重编码方式，合理组织材料，提高加工质量；⑦ 正确组织学生的复习和练习，以便及时强化，加深理解，纳入经验系统，巩固所记内容；⑧ 培养学生自我检查的能力和习惯，注意正确地再认与回忆；⑨ 注意学生的心理卫生和身心健康，合理使用大脑。

2.（1）精选教材。（2）合理编排教学内容。（3）合理处理教学程序。（4）教授学习方法。（5）加强基本概念和原理的教学。（6）创设与应用情境相似的学习内容和学习情境。

六、论述题

良好思维品质的特点：思维的广阔性与深刻性、思维的独立性和批判性、思维的灵活性和敏捷性。要培养学生良好的思维品质，首先，引导学生用辩证唯物主义的观点来看待事物；其次，用启发式、探究式与研究型的教学方法；再次，加强对学生进行言语训练。学生言语能力的发展总是和言语发展分不开的，学生言语能力的发展可以使思维活动明确、系统、符合逻辑；最后，注意运用心理定式的积极作用，发展求同思维，限制心理定式的消极作用，多发展求异思维，有利于培养良好的思维品质。

培养：（1）加强基础知识和基本技能的训练。（2）培养发展学生的概括能力。（3）教学中应用比较法。（4）加强对学生练习的指导。（5）加强知识、技能的实际应用。

七、案例分析

归因是人们对自己或他人的活动及其结果的原因作出解释和评价。根据韦纳的归因理论，A 组学生抱怨是因为他们把失败的原因归结为稳定的、不可控的能力因素，即跑得最慢的学生的能力不足。通过小组讨论，教师引导学生得出获胜的关键在于团结与信任，将失败归因转入可控的内在因素，帮助这组学生最终获得胜利。所以，当学生在学习上遇到挫折时，教师要引导学生合理归因，对成败作出恰当的分析，积极寻找成功的方法。

教育心理学

第一章 教育心理学概述

【内容辅导】

一、目标要求

（1）识记教育心理学的定义与发展历程。

（2）理解教育心理学的研究内容及其基本作用。

二、内容提示

（一）教育心理学的研究对象、性质和内容

1. 教育心理学的研究对象

教育心理学研究教育实践中各种心理与行为规律。教育心理学有广义和狭义之分：

（1）广义教育心理学。是指研究教育实践中各种心理与行为规律的科学。它既包括学校教育心理学，也包括家庭和社会教育心理学。

（2）狭义教育心理学。专指学校教育心理学，即教育心理学是一门研究学校情境中学与教的基本心理规律的科学。

2. 教育心理学的学科性质

教育心理学是应用心理学的一种，是心理学与教育学的交叉学科。

3. 教育心理学的研究内容

（1）学习与教学的要素（学生、教师、教学内容、教学媒体、教学环境等）。

（2）学习与教学的过程（学习过程、教学过程、评价／反思过程）。

（二）教育心理学的作用

对教育实践具有描述、解释、预测和控制的作用。

（三）教育心理学在西方的发展历程

1. 初创时期（20 世纪 20 年代以前）

1903 年，美国心理学家桑代克出版了《教育心理学》，这一专著奠定了科学教育心理学发展的基础，西方教育心理学的名称和体系从此确立。

2. 发展时期（20 世纪 20 年代至 50 年代末）

3. 成熟时期（20 世纪 60 年代至 70 年代末）

学科体系基本形成。

4. 完善时期（20 世纪 80 年代以后）

（四）教育心理学研究的原则与方法

1. 教育心理学研究的原则

教育心理学的研究要遵循客观性、系统性、教育性、理论联系实际等基本原则。

2. 教育心理学研究的方法

常用的有观察法、实验法、调查法、个案法、教育经验总结法。

【练习思考】

一、单项选择题

1. 1903 年，美国心理学家（　　）出版了西方第一本以教育心理学命名的著作。

A. 桑代克　　B. 斯金纳　　C. 布鲁纳　　D. 皮亚杰

2. 教育心理学是一门研究学校情景中学与教的（　　）规律的科学。

A. 基本教育　　B. 基本教学　　C. 基本心理　　D. 基本身心

3. 1924 年，我国第一本《教育心理学》教科书出版，它的作者是（　　）。

A. 陶行知　　B. 蔡元培　　C. 潘菽　　D. 廖世承

4. 教育心理学的成熟时期是（　　）。

A. 20 世纪 20 年代以前　　B. 20 世纪 20 ~ 50 年代

C. 20 世纪 60 ~ 70 年代　　D. 20 世纪 80 年代以后

5. 教育心理学研究中，所采用的手段和方法应能促进学生的心理健康发展，这属于（　　）。

A. 实践性原则　　B. 教育性原则　　C. 系统性原则　　D. 客观性原则

二、填空题

1. 教育心理学研究的核心内容是__________。

2. 教育心理学对教育实践具有描述、解释、_________和控制的作用。

3. 教师的教学能力可分为：教学认知能力、__________和教学监控能力。

三、判断简析题

有人说，只要具备了所教学科的专业知识，不学教育心理学也能当教师。

四、论述题

说明学生作为要素之一从哪些方面影响学与教的过程。

五、案例分析题

在学习了一段描写瓜果丰收、赞美美丽秋色的短文后，我要求学生背诵这段课文。第二天上课前，我发现一个学生在故意擦已经很干净的黑板。我就过去亲切地问：“什么事情你这么高兴啊？”学生红着脸说：“宋老师，您布置的课文，我背过了。”

上课了，我让他到讲台前背课文。他成功了，老师和同学们都报以热烈的掌声，使他的需要得到了极大的满足。第二天一大早，这个学生在校门口等我，说他主动背诵了刚学完的课文。就这样，班里的后进生成为了“背诵大王”，后来他以优异的成绩升入省级重点高中。

用教育心理学知识分析这个案例。

【参考答案】

一、选择题

1. A　2. C　3. D　4. C　5. B

二、填空题

1. 学习心理　2. 预测　3. 教学操作能力

三、判断简析题

错误。原因在于：教师所应具备的知识不仅是本体性的学科知识，还包括教育学、教育心理学知识以及学科教学知识等。这是教师有别于其他职业的条件性知识与专业性知识。教师只有同时具备了这些知识，才能根据学生学习的特点以及教育教学规律有效地进行教学，提高学科知识教学的质量。同时，教师的教学也不仅仅是向学生进行学科知识或其他方面知识的传授，还要对学生进行情感、态度、价值观方面的引导。教师要促进学生的人格健康发展，就必须掌握教育学、教育心理学等教育科学类知识。

四、论述题

学生是学习的主体因素，任何教学手段必须通过学生而起作用。学生这一要素主要从两个方面来影响学与教的过程。第一是群体差异，包括年龄、性别和社会文化差异等。以年龄差异为例，年龄差异主要体现在思维水平上的差异。第二是个体差异，包括先前知识基础、学习方式、智力水平、兴趣和需要等差异。它们是任何学习和教学的重要内在条件。在学生这一要素中，无论是群体差异还是个体差异，都是教育心理学研究的主要范畴。

五、案例分析题

人本主义心理学家马斯洛认为，要揭示动机的本质，必须关注人的需要，把需要区分为一些基本的层次，对这些需要层次进行研究，从整体观念上把握动机的实质。

老师第一次提问，学生顺利将课文背下来，获得了老师的表扬。这一行为使得学生尊重需要获得了极大的满足。根据马斯洛的理论，当个体尊重需要获得部分满足后，会有一种内生的趋向去寻求更高层次的需要。这种层次的需要就是自我实现的需要。而自我实现的需要激发了学生学习的内部动机，是老师最需要培养学生的。而案例中学生最后的表现很好地证明了马斯洛的理论。他开始热爱学习，希望获得更高层次的需要。

第二章　心理发展与教育

【内容辅导】

一、目标要求

（1）识记心理发展自我同一性、学习准备、最近发展区和关键期等基本概念。

（2）理解皮亚杰认知发展阶段理论，心理发展与教学的关系。

（3）理解青少年心理发展的特点、认知方式的差异、智商的含义、认知差异的教育意义。

（4）评价艾里克森的人格发展阶段理论及其教育含义。

（5）重点掌握心理发展的四大特征，6～11岁、12～18岁两个阶段的特征，皮亚杰认知发展理论中各个阶段的特点。

二、内容提示

（一）心理发展概述

1．心理发展的含义

个体从出生、成熟、衰老直至死亡的整个生命进程中所发生的一系列心理变化。

2．学生心理发展的基本特征

发展的连续性与阶段性；发展的定向性与顺序性；发展的不平衡；发展的个体差异性。

3．个体心理发展的阶段划分

我国心理学家通常将个体心理发展的阶段划分为8个阶段，即乳儿期（0～1岁）、婴儿期（1～3岁）相当于先学前期；幼儿期（三至六七岁）相当于学龄前期；童年期（六七岁至十一二岁）相当于学龄初期；少年期（十一二岁至十四五岁）相当于学龄中期；青年期（十四五岁至二十五岁）相当于学龄晚期；成年期（25～65岁）；老年期（65岁以后）。

4．青少年心理发展的阶段特征

（1）少年期心理发展的特点。少年期具有半成熟、半幼稚的特点。整个少年期充满着独立性与依赖性、自觉性和幼稚性错综的矛盾。在这一时期，抽象逻辑思维已占主导地位。

（2）青年初期心理发展的特点。这是个体在生理上、心理上和社会性上向成人接近的时期。智力接近成熟、抽象逻辑思维向“理论型”转化，开始出现辩证思维，与人生观相联系的情感占主要地位，道德感、理智感和美感有了深刻的发展，形成理智的自我意识，但理想自我与现实自我仍面临分裂危机。意志上有时也会出现与生活脱节的幻想。

5．学习准备与关键期

（1）关于学习准备。学习准备是指学生原有的知识水平或心理发展水平对新的学习的适应性，即学生在学习新知识时，那些促进或妨碍学习的个人生理、心理发展的水平和特点。

（2）关于关键期。关键期是个体对某种刺激特别敏感的一个时期，过了这一时期，同样的刺激对之影响很小或没有影响。2岁是口语发展的关键期，4岁是形状知觉形成的关键期，4～5岁是学习书面语言的关键期。所以，我们应抓住关键期的有利时机，及时进行适当的教育，就能收到事半功倍的效果。

（二）心理发展理论

1．皮亚杰认知发展阶段理论

瑞士心理学家皮亚杰认为，人的知识来源于动作，动作是感知的源泉和思维的基础。人在认识周围世界的过程中，形成自己独特的认知结构，叫作图式。人类所有的心理反映归根到底都是适应，适应的本质在于取得机体与环境的平衡，适应分为两种不同的类型：同化和顺应。同化是在有机体面对一个新的刺激情境时，把刺激整合到已有的图式或结构中。顺应是当有机体不能利用原有图式接受和解释新刺激时，其认知结构发生改变来适应刺激的影响。皮亚杰将个体的认知发展分为四个阶段：

（1）感知运动阶段（0～2岁）。主要特点是感觉和动作的分化。

（2）前运算阶段（2～7岁）。主要特征是认为外界的一切事物都是有生命的；所有的人都有相同的感受，一切以自我为中心；认知活动具有相对具体性，还不能进行抽象的运算思维；思维不具有可逆性等。

（3）具体运算阶段（7～11岁）。儿童的认知结构中已经具有抽象概念，思维可以逆转，理解了守恒概念，因而能够进行逻辑推理。这个阶段儿童能凭借具体事物或从具体事物中获得的表象进行逻辑思维和群集运算，但是思维仍然需要具体事物的支持。

（4）形式运算阶段（11～15岁）。最大特点是儿童思维已经摆脱具体事物的束缚，把形式和内容区分开来，本阶段儿童的思维是以命题形式进行的；这一阶段的儿童能够运用假设演绎推理的方式来解决问题；能理解符号的意义、隐喻和直喻，能做一定的概括；不仅具备了逆向性的可逆思维，而且具备了补偿性的可逆思维；不再刻板地恪守规则，反而常常由于规则与事实的不符而违反规则。

2．维果茨基最近发展区理论

（1）最近发展区是指儿童在有指导的情况下，借助成人的帮助所能达到的解决问题的水平与独立解决问题所达到的水平之间的差异，实际上是两个临近发展阶段间的过渡状态。

（2）教育意义。它的提出说明了儿童发展的可能性，其意义在于教育者不应只看到儿童今天已达到的水平，还应看到正处于形成的状态和正在发展的过程。教学不能只适应发展的现有水平，走在发展的后面，而应适应最近发展区，走在发展的前面，并最终跨越最近发展区而达到新的发展水平。

3．埃里克森人格发展阶段理论

（1）基本的信任感对基本的不信任感（0～1岁）。该阶段的发展任务是培养儿童的信任感，发展对周围世界，尤其是对社会环境的基本态度。

（2）自主感对羞耻感与怀疑感（2～3岁）。该阶段的发展任务是培养自主性。

（3）主动感对内疚感（4～5岁）。该阶段的发展任务是培养主动性。

（4）勤奋感对自卑感（6～11岁）。该阶段的发展任务是培养勤奋感。

（5）自我同一性对角色混乱（12～18岁）。该阶段的发展任务是培养自我同一性。

其他三个阶段分别为亲密感对孤独感（成年早期）、繁殖感对停滞感（成年中期）、自我整合对绝望感（成年晚期）。

对教学的作用：指明了每个发展阶段的任务，并给出了解决危机、完成任务的具体教育方法，有助于教师理解不同阶段的儿童所面临的冲突类型，从而采取相应的措施，因势利导，对症下药。

（三）学生个别差异

1. 学生的认知差异

（1）认知差异。认知方式差异，也称认知风格，是指个体在感知、注意、思维、记忆和解决问题等认知活动中所偏爱的信息加工方式，是个体加工和组织信息时所显示出来的独特而稳定的风格。表现在：场独立与场依存，沉思型与冲动型，具体型与抽象型，发散型与辐合型等方面。

（2）智力差异有个体差异和群体差异之分。智力测验中一个重要概念是智商，简称 IQ。

（3）认知差异的教育意义。应创设适应学生认知差异的教学组织形式；采用适应认知差异的教学方式，努力使教学方式个别化；运用适应认知差异的教学方式。

2. 学生的性格差异

（1）学生的性格差异。性格差异包括性格的特征差异和性格的类型差异。性格的特征包括对现实态度的性格特征、性格的理智特征、性格的情绪特征、性格的意志特征；性格的类型差异是指在一类人身上有共有的性格特征的独特结合，常见的分类学说有向性说和独立顺从说。依据个人心理活动的倾向性，可以分为外倾型与内倾型。依据个人独立或顺从的程度，可分为独立型和顺从型。

（2）教育意义。为了促进学生的全面发展，帮助学生培养和形成稳定而一致的性格特征，学校教育应更重视情感因素的作用，使教育内容的选择和组织更好地适应学生的性格差异；要加深学生对活动意义的认识和提高学生行为动机的水平。

【练习思考】

一、单项选择题

1. 人的发展指人类身心的生长和（　　）。

A. 增强　　B. 变化　　C. 成熟　　D. 死亡

2. 青年初期的年龄在（　　）阶段。

A. 六七岁至十一二岁　　B. 十一二岁至十四五岁

C. 十四五岁至十七八岁　　D. 三至六七岁

3. 从事新学习时，学习者身心的发展水平对学习的适应性，被称为（　　）。

A. 关键期　　B. 学习准备　　C. 最近发展区　　D. 刻板现象

4. 皮亚杰认为，守恒概念的形成阶段在（　　）。

A. 感知运动阶段　　B. 前运算阶段

C. 具体运算阶段　　D. 形式运算阶段

5. 形式运算阶段的儿童，其思维特征是（　　）。

A. 单维思维　　B. 多维思维

C. 思维的不可逆行　　D. 多命题形式进行

6. 小学生的思维（ ）。

A. 正处于具体思维与抽象思维并行发展阶段

B. 正处于抽象思维向具体思维过渡阶段

C. 正处于具体思维向抽象思维过渡阶段

D. 完全属于具体思维阶段

7. 埃里克森的人格发展理论认为人格发展的每一阶段都有一种冲突和矛盾所决定的发展危机。由此可知，中学生所面临的危机是（ ）。

A. 勤奋感对自卑感　　B. 主动感对内疚感

C. 自我同一性对角色混乱　　D. 自主感对羞耻感

8. 主动感对内疚感阶段儿童的发展任务是（ ）。

A. 培养自立性　　B. 培养主动性

C. 培养勤奋感　　D. 培养自我同一性

9. 最近发展区理论的提出者是（ ）。

A. 列昂节夫　　B. 赞可夫　　C. 维果茨基　　D. 鲁宾斯坦

10. 有能力，独立性强，自律，知足，爱探索，善于控制自己，喜欢交往，表现得最成熟，具有以上品质的儿童是在（ ）教育方式下成长进步的。

A. 放纵型　　B. 专制型　　C. 自主型　　D. 民主型

11. 去过几次小朋友的家，就能画出具体的路线图来，认知发展到（ ）的儿童能达到这种程度。

A. 感知运动阶段　　B. 前运算阶段

C. 具体运算阶段　　D. 形式运算阶段

12. 已有研究指出，口头语言发展的关键期是（ ）。

A. 2 岁　　B. 4 岁　　C. 6 岁　　D. 8 岁

13. 小芳同学在对待周围事物的态度时，总是要先看同学、老师们怎么看，她才怎么看，其知觉方式属于（ ）。

A. 沉思型　　B. 场依存型　　C. 冲动型　　D. 场独立型

二、多项选择题

学生心理发展基本特征有（ ）。

A. 连续性与阶段性　　B. 定向性与顺序性

C. 不平衡性　　D. 差异性

三、填空题

1. 埃里克森认为 2 ~ 3 岁的发展任务是培养__________。

2. 人格发展阶段理论认为，与主动感相对应的是__________。

3. ________是指个体组织自己的动机、能力、信仰及其活动经验而形成的有关自我的一致性形象。

4. 按照维果茨基观点，学生在有指导的情况下，借助成人帮助所能达到的解决问题的水平与独立解决问题所达到的水平之间的差异就是__________。

5. 根据皮亚杰的研究，儿童开始形成抽象概念、思维可以逆转、能够进行逻辑推理的最早心理发展阶段为__________阶段。

四、判断简析题

同一儿童能演算较抽象的数学题，但在理解历史事件时却不能离开具体的形象。这是儿童思维发展不平衡的表现。

五、简答题

1. 形式运算阶段思维的主要特征是哪些？

2. 简述青少年心理发展的阶段特点。

3. 简述最近发展区的概念及其意义。

六、论述题

简述人格发展阶段理论的教育意义。

七、案例分析题

学生家长薛女士反映，转学还不到一学期的10岁儿子小雷（化名）跟过去好像换了个人，以往由于某种原因喜欢做小动作，小雷没少挨老师的骂，结果看到老师就害怕，不得不转学。到新学校后不久，小雷在上课时又忍不住做起了小动作，被老师发现了。新老师什么也没说，只是微笑着轻轻拍了一下他的背，便继续上课了。以后，每当新老师走过小雷的身边，如果小雷没做小动作，老师就会对他微笑并点点头表示赞许。很快，小雷改掉了坏习惯，还爱上了学习，自信心大增。

问题：试分析小雷的心理发展特点和这位教师的教育方法。

【参考答案】

一、单项选择题

1. B　2. C　3. B　4. C　5. D　6. C　7. C　8. B　9. C　10. D　11. C　12. A　13. B

二、多项选择题

ABCD

三、填空题

1. 自立性　2. 内疚感　3. 自我同一性　4. 最近发展区　5. 具体运算

四、判断简析题

正确。小学生的思维是其智力的核心部分，其思维发展有以下特征：（1）从以具体形象思维为主要形式向以抽象逻辑思维为主要形式过渡。（2）抽象逻辑思维发展不平衡。在整个小学时期，儿童的抽象逻辑思维水平不断提高，思维中抽象的成分日渐增多，但在不同的学科、不同的教学内容中表现出不平衡性。如对于儿童熟悉的学科、难度小的任务，儿童思维中抽象的成分较多，抽象的水平较高；而对于儿童不熟悉的学科、难度较大的任务，儿童思维中的具体成分较多。（3）抽象逻辑思维从不自觉到自觉。（4）辩证逻辑思维初步发展。在本题目中，学生对不同学科的思维抽象水平不同，对一直学习的数学学科抽象水平高，而对历史这种离生活实际较远的学科具体思维较多，体现的正是思维发展的不平衡性。

五、简答题

1. 形式运算阶段（11～15岁）最大特点是儿童思维已经摆脱具体事物的束缚，把形式和内容区分开来，本阶段儿童的思维是以命题形式进行的；这一阶段的儿童能够运用假设演绎推理的方式来解决问题；能理解符号的意义、隐喻和直喻，能做一定的概括；不仅具备了逆向性的可逆思维，而且具备了补偿性的可逆思维；不再刻板地恪守规则，反而常常由于规则与事实的不符而违反规则。

2. 心理发展是指个体从出生、成熟、衰老直至死亡的整个生命过程中所发生的一系列心理变化。它有四个特征：连续性和阶段性、定向性和顺序性、不平衡性、差异性。

3.（1）概念：最近发展区理论是由苏联教育家维果茨基提出来的。维果茨基的研究表明，教育对儿童的发展能起到主导作用和促进作用，但需要确定儿童发展的两种水平：一种是已经达到的发展水平；另一种是儿童可能达到的发展水平，表现为“儿童还不能独立地完成任务，但在成人的帮助下，在集体活动中，通过模仿，却能够完成这些任务”。这两种水平之间的距离，就是“最近发展区”。（2）意义：教学应着眼于学生的最近发展区，为学生提供带有难度的内容，调动学生的积极性，发挥其潜能，超越其最近发展区而达到其困难发展的水平，然后在此基础上进行下一个发展区的发展。

六、论述题

指明了每个发展阶段的任务，并给出了解决危机、完成任务的具体教育方法，有助于教师理解不同阶段的儿童所面临的冲突类型，从而采取相应的措施，因势利导，对症下药。此外，该理论不仅考虑了自我概念的出现、同一性的获得，还强调个体一生中与他人的相互作用对个体发展的制约作用，阐述了性格、兴趣、动机等带有社会性内容的人格特征在社会背景中的产生和发展，为学生提供了解社会，了解自我的机会。教师也能在社会背景中去全面考虑学生的发展状况，引导他们充分利用社会中的各种条件解决自身所面临的问题。

七、案例分析题

小雷正处在童年期向少年期过渡的阶段，这个时期的儿童生长发育很旺盛，变化快，可塑性强，是接受教育的最佳时期。他们的独立意识开始增强，兴趣爱好广泛，同学之间在学习上出现了明显的差距，兴趣爱好也有所分化。他们对集体生活已经熟悉和习惯，愿意参加集体活动，也逐步树立起集体荣誉感，并有了广泛的交友愿望。但他们看问题仍然比较幼稚，对复杂的是非分辨不清，自控能力较差，有意注意虽有所发展，但无意注意仍占优势，注意的稳定性和持久性还有待提高，情感不稳定，但他们会依据社会道德标准来发展情感，通过教育的引导逐渐摆脱自我中心、家长中心，逐步意识到外部评价的重要性。

教师在对这个年龄阶段的学生进行教育时，要结合学生的身心特点，关注学生的个体差异。案例中小雷自控力差，注意力不稳定，需要老师及时的鼓励和引导。同时这个时期的小雷也在老师的引导下建立了自己的道德标准，如果老师不能耐心地帮助他纠正行为上的偏差，只是一味地责备，不仅不能增强他的自控能力，还会使他产生自责和负罪感，内心蒙上自卑的阴影，形成消极的自我概念，不利于他的发展。

这位新老师正是认识到了小雷的特点，对小雷采取了理解的态度，并机智地运用小雷渴望得到老师认同的特点，用非言语的行为对小雷的小动作给予提醒，再用眼神鼓励和强化训练他积极听课的行为，既纠正了他的小动作，又不伤害他的自尊心。因此，我们教师在传授知识的同时，一定要关注学生的个体差异，及时对学生的劣势进行引导，同时注重培养孩子的情感，这对孩子的健康成长更为重要和紧迫。

第三章　学习的基本理论

【内容辅导】

一、目标要求

（1）识记加涅的学习层次分类和学习结果分类、先行组织者的概念。

（2）理解学习的实质、联结学习理论和认知学习理论主要观点、尝试学习的基本规律、经典性条件反射的规律、操作性条件反射的规律、加涅的信息加工学习模式。

（3）运用班杜拉的社会学习理论、布鲁纳的认知结构学习理论、奥苏贝尔有意义接受学习理论指导教学实践。

（4）重点掌握斯金纳操作条件反射的学习规律，区分正强化、负强化和惩罚，了解人本主义学习理论和建构主义学习理论的精神实质。

二、内容提示

（一）学习的实质与类型

1．学习的实质、特征与分类

（1）学习的概念。广义的学习指人和动物在特定情境下由于练习和反复经验而产生的行为或行为潜能比较持久的变化。狭义的学习指人类的学习，是在社会生活实践中，以语言为中介，自觉地、积极主动地掌握社会的和个体的经验的过程。

（2）人类学习与动物学习的区别。首先，人的学习除了要获得个体的经验外，还要掌握人类世世代代积累起来的社会历史经验和科学文化知识；其次，人的学习是在改造客观世界的生活实践中，在与其他人的交往过程中，通过语言的中介作用而进行的；此外，人的学习是一种有目的的、自觉的、积极主动的过程。

2．学生的学习

学生的学习是人类学习的特殊形式，是人类学习的重要组成部分。主要特点：① 以系统学习人类的间接知识经验为主；② 在教师的指导下，有目的、有组织地进行；③ 促进学生全面发展，学生不但要学习知识技能，还要发展能力，培养行为习惯、道德品质和健康的心理。

3．加涅关于学习层次和学习结果的分类

（1）加涅关于学习层次分类。信号学习、刺激—反应学习、连锁（系列）学习、语言联结学习、辨别学习、概念学习、规则或原理学习、解决问题学习。后改为系列学习、辨别学习、具体概念学习、定义概念学习、规则或原理学习、解决问题学习六类。

（2）加涅关于学习结果分类。智慧技能、认知策略、言语信息、动作技能、态度。

4．我国心理学家的学习分类

学生的学习内容：一是知识、技能和学习策略的掌握；二是问题解决的能力和创造性的发展；三是道德品质和健康心理的培养。我国教育心理学家认为，教育系统是通过知识、技能的传递来形成和发展学生的能力和体力，通过行为规范的学习来形成和发展学生的态度和品德。因此，为促进学生德、智、体全面发展，主张把学生的学习分为知识的学习、技能的学习、行为规范的学习三类。

（二）学习理论

1．联结学习理论

行为主义学习理论强调刺激—反应的联结，认为一切学习都是通过条件作用，学习过程是有机体在一定条件下形成刺激与反应的联系从而获得新经验的过程，强化在其中起着重要的作用，习惯是反复练习和强化的结果

（1）尝试—错误说。由现代教育心理学的奠基人桑代克提出。其主要理论要点：学习的实质在于形成一定的联结；一定的联结是通过尝试错误的过程建立的，学习的过程是一种渐进的、盲目的、尝试错误的过程：尝试—错误学习的基本规律有：效果律、练习律和准备律。桑代克以试误论概括所有的学习过程，忽视了认知、观念和理解在学习中的作用，抹杀了人类学习与动物学习的本质区别。

（2）经典性条件作用论。经典性条件作用理论形成过程分为两步：第一步是巴甫洛夫发现经典性条件作用，并提出经典性条件作用的原理；第二步是华生将经典性条件作用运用于学习领域，将经典性条件作用原理发展成为学习理论。经典性条件作用的规律包括习得、消退、泛化与分化。

（3）操作性条件作用论。由美国心理学家斯金纳提出。斯金纳认为，人和动物的行为有两类：应答性行为和操作性行为。前者是由特定刺激所引起的，是不随意的反射性反应；后者则不与任何特定刺激相联系，是有机体自发做出的随意反应。基本规律有：强化、逃避条件作用与回避条件作用、消退、惩罚。强化分为正强化（实施奖励）和负强化（撤销惩罚）。正强化是通过呈现个体想要的愉快刺激来增强反应频率；负强化是通过消除或终止厌恶、不愉快刺激来增强反应频率。能增强行为出现频率的刺激或事件称作强化物。反之，凡是能够减弱行为或者降低反应频率的刺激或事件叫惩罚。他强调程序教学，即把各门学科知识按其内在逻辑顺序分解，使学习由浅入深，在学习过程中，及时给予反馈和强化，以达到最终的教育目的。斯金纳认为程序教学可以利用教学机器进行，这为现在的计算机辅助教学（CAI）提供了基本的理论支持。

（4）班杜拉的社会学习理论。班杜拉认为，学习是个体通过对他人的行为及其强化性结果的观察，获得某些新的行为反应或已有的行为反应得到修正的过程。观察学习是人学习的最重要形式。观察学习包括注意、保持、复现和动机四个子过程。他还认为，习得的行为不一定都表现出来，学习者是否会表现出自己已习得的行为，会受强化的影响。强化分三种：① 直接强化，观察者因表现出观察行为而受到的强化；② 替代强化，观察者因看到榜样

的行为被强化而受到的强化；③ 自我强化，对自己表现出的符合或超出标准的行为进行自我奖励。

2. 认知学习理论

（1）完形-顿悟说。由苛勒提出，主要观点：学习是通过顿悟实现的；学习的实质在于构造完形。

（2）符号学习理论。由托尔曼提出，他认为学习是有目的的，是期望的获得。学习的目的性是人类学习区别于动物学习的主要标志。期望是托尔曼学习理论的核心概念，是个体根据已有经验建立的一种内部准备状态，是通过学习而形成的关于目标的认识和期待。其次，学习是对完形的认知，是形成认知地图的过程。

（3）认知-结构学习论。由布鲁纳提出。他主张学习的目的在于以发现学习的方式，使学科的基本结构转变为学生头脑中的认知结构。① 学习观。学习的实质在于主动地形成认知结构。他认为学习有三个过程：获得、转化、评价。② 教学观。他认为教学的目的在于理解学科的基本结构。所谓学科的基本结构，是指学科的基本知识、基本方法与基本态度。他总结了动机原则、结构原则、程序原则、强化原则四条掌握学科基本结构的教学原则，并认为学生掌握学科基本结构的最好方法是发现学习。发现法是指用学生自己的头脑去亲自获得知识的一切形式。布鲁纳在心理学为教育教学服务方面做出了显著贡献，但他的学习与教学理论也有一些偏颇的地方。他完全放弃知识的系统讲授，而以发现教学来代替，夸大了学生的学习能力。

（4）有意义接受学习理论。由美国教育心理学家奥苏伯尔提出。他根据学习进行的方式，把学习分为接受学习与发现学习；又根据学习材料与学习者原有知识结构的关系，把学习分为机械学习与意义学习，并认为学生的学习主要是有意义的接受学习。因为有意义的接受学习可以在短时间内使学生获得大量的系统知识。有意义学习的本质就是以符号为代表的新观念与学习者认知结构中原有的适当观念建立起非人为的和实质性的联系的过程，是原有观念对新观念加以同化的过程。有意义学习的条件包括：首先，有意义学习材料的本身必须合乎这种非人为的和实质性的标准，即具有逻辑意义；其次，学习者必须具有有意义学习的心向；再次，学习者认知结构中必须具有适当的知识，以便与新知识进行联系；最后，学习者必须积极主动地使这种具有潜在意义的新知识与认知结构中有关的旧知识发生相互作用。奥苏贝尔同时提出“先行组织者”的概念：先于某个学习任务本身呈现的引导性学习材料。先行组织者的抽象、概括和综合水平高于学习任务，并与认知结构中的原有观念及新的学习任务相关联。其目的是为新的学习任务提供观念上的固着点，增加新旧知识之间的可辨别性，以促进学习的迁移。

3. 其他派别学习理论

（1）信息加工学习理论。

加涅认为，学习过程就是一个信息加工的过程，即学习者将来自环境刺激的信息进行内在的认知加工过程，而不是刺激与反应之间的简单联结。他把学习过程划分为动机、了解、获得、保持、回忆、概括、操作、反馈八个阶段：与此对应，教学过程既要根据学生的内部加工过程，又要影响这一过程。

（2）人本主义学习理论。

人本主义一方面反对行为主义把人看作是动物或机器，另一方面也批评认知心理学虽然重视人类的认知结构，但却忽视人类情感、态度、价值观等对学习的影响，认为心理学应该探讨完整的人，强调人的价值，强调人有发展的潜能和自我实现的倾向。

① 有意义的自由学习观。根据学习对学习者的个人意义，人本主义将学习分为无意义学习和有意义学习两类，倡导有意义的自由学习。有意义学习关注学习内容与个人之间的关系，它不仅是理解记忆的学习，而且是学习者所做出的一种自主、自觉的学习，要求学习者能够在相当大的范围内自行选择学习材料，自己安排适合于自己的学习情境。有意义学习包含四个要素：a. 学习是学习者自我参与的过程，整个人都要参与到学习之中，既包括认知参与，也包括情感参与；b. 学习是学习者自我发起的，内在动力在学习中起主要作用；c. 学习是渗透性的，他会使学生的行为、态度及个性等都发生变化；d. 学习的结果由学习者自我评价，它们知道自己想学什么和学到了什么。

② 学生中心的教学观。人本主义的教学观是建立在其学习观的基础之上的。他认为，教师的任务不是教学生学习知识（这是行为主义所重视的），也不是教学生如何学习（这是认知主义重视的），而是为学生提供各种学习资源，提供一种促进学习的氛围，让学生自己决定如何学习。学生中心模式又称为非指导性教学模式。在此模式中，教师最富有意义的角色不是权威，而是“助产士”和“催化剂”。

（3）建构主义学习理论。

① 知识观。知识并不是对现实的准确表征，也不是问题的最终答案，而只是一种解释、一种假设；知识并不能精确地概括世界的法则，在具体问题中，并不能拿来就用，而是要针对具体情景进行再创造。知识不可能以实体的形式存在于具体个体之外，而取决于特定情境下的学习历程。尽管我们通过语言符号赋予了知识一定的外在形式，甚至这些命题还得到了较普遍的认可，但并不意味着每个学生对这些命题都会有同样的理解。

② 学习观。建构主义强调学习的主动构建性、社会互动性和情境性。主动构建性：学习不是知识由教师向学生传递，而是学生建构自己的知识的过程，学生是信息意义的主动构建者。学习者综合、重组、转换、改造头脑中已有的知识经验，来解释新信息、新事物、新现象，或者解决新问题，最终生成个人的意义。社会互动性：学习是通过对某种社会文化的参与而内化相关的知识和技能、掌握有关的工具的过程，这一过程常常要通过一个学习共同体的合作互动来完成。学习共同体是由学习者和助学者共同构成的，成员彼此之间经常在学习过程中进行沟通交流，分享各种学习资源，共同完成一定的学习任务。情境性：知识存在于具体的、情境性的、可感知的活动之中，不是一套独立于情境的知识符号（如名词术语），只有通过实际应用活动才能真正被人理解。人的学习应该与情境化的社会实践活动联系在一起，通过对某种社会实践的参与而逐渐掌握有关的社会规则、工具、活动程序等，形成相应的知识。

③ 学生观。教学不能无视学生的经验，而是要把儿童现有的知识经验作为新知识的生长点，引导儿童从原有的知识经验中“生长”出新的知识经验。构建主义强调学生经验世界的丰富性和差异性，强调学生的巨大潜能，认为每个人在自己的活动和交往中形成了自己个性化的、独特的经验，每个人有自己的兴趣和认知风格。所以，在具体问题面前，每个人都会有基于自己的经验背景，形成自己的理解，每个人的理解往往着眼于问题的不同侧面。

④ 教师观。建构主义提倡在教师指导下的以学习者为中心的学习，既强调学习者的认知主体性，又不忽视教师的主导作用。教师是意义建构的帮助者、促进者，而不是知识的提供者和灌输者。其具体作用在于，激发学生学习兴趣，帮助学生形成学习动机；通过创设符合教学内容要求的情景和提示新旧知识之间的联系线索，帮助学生建构当前所学知识的意义；为了使意义建构更有效，教师应在可能的条件下，组织合作学习，对合作学习进行引导。引导方法包括：提出适当的问题以引起学生思考与讨论；把问题引向深入以加深学生对所学问题的理解；启发学生自己去发现规律、纠正错误、完善片面的认识。

建构主义的思想核心是主动构建性：学习不是教师向学生传递知识的过程，而是学生构建知识的过程。学习者不是被动的信息吸收者，而是主动的信息构建者。知识是在主客体相互作用的活动中建立起来的。

【练习思考】

一、单项选择题

1. 在学生学习的过程中，当刺激与反应之间的联系，事前有一种准备状态时，实现则感到满意，否则感到烦恼；反之，当此联结不准备实现时，实现则感到烦恼，这种规律叫(　　)。

A. 效果律　B. 练习律　C. 准备律　D. 应用律

2. 学生在英语学习中对相似的单词不能加以正确区分的现象属于（　　）。

A. 分化　B. 泛化　C. 消退　D. 遗忘

3. 先行组织者教学技术常用于（　　）。

A. 个别化教学　B. 掌握学习　C. 接受学习　D. 发现学习

4. 学习“工作总量=工作效率×工作时间”这是（　　）。

A. 规则学习　B. 概念学习　C. 辨别学习　D. 解决问题学习

5. 学习是学生通过尝试错误，使某行为某情境之间形成稳定的联系，该学习理论观点的提出者是（　　）。

A. 巴甫洛夫　B. 布鲁纳　C. 加涅　D. 桑代克

6. 提出认知结构学习论的心理学家是（　　）。

A. 奥苏伯尔　B. 布鲁钠　C. 加涅　D. 桑代克

7. 关注学习者如何应用原有的认知结构与信念来建构新知识，强调学习的主动性、社会性与情境性的学习理论是（　　）。

A. 认知发展理论　B. 认知同化理论

C. 认知建构理论　D. 顿悟学习理论

8. “警示教育”所产生的强化作用属于（　　）。

A. 外部强化　B. 自我强化　C. 替代强化　D. 积极强化

9. 要求学生分辨勇敢和鲁莽，谦让和退缩是刺激的（　　）。

A. 获得　B. 消退　C. 泛化　D. 分化

10. 将符号所代表的新知识与学习者认知结构中应有的适当观念建立起非人为的和实质性的联系属于（　　）。

A. 机械学习　B. 意义学习　C. 接受学习　D. 发现学习

11. 认为“教学的主要任务就是把知识转化为各年龄的学习者都能理解的知识结构，并让学生掌握学科的知识结构”，这是下面（　　）理论的观点。

A. 有意义接受学习理论　　B. 认知结构学习理论

C. 建构主义学习理论　　D. 人本主义学习理论

12. 小林总是上学迟到，为此老师取消了小林一次春游特权，以后他很少迟到，这是运用了（　　）行为原理。

A. 正强化　　B. 负强化　　C. 呈现性惩罚　　D. 取消性惩罚

13. 美国心理学家布鲁纳认为学习的实质在于（　　）。

A. 构造一种完型　　B. 主动地形成认知结构

C. 形成刺激与反应间的联结　　D. 对环境条件的认知

14. “杯弓蛇影”反应的是一种（　　）现象。

A. 刺激泛化　　B. 刺激分化　　C. 刺激比较　　D. 分为强化

15. 小丁原来很怕见陌生人，上幼儿园后这种行为消失了，据加涅的学习结果分类，在小丁身上发生了（　　）学习。

A. 智慧技能　　B. 认知策略　　C. 态度　　D. 言语信息

16. 行为学习是个体潜能的自我实现的过程的观点是（　　）。

A. 行为主义的学习理论　　B. 人本主义的学习理论

C. 社会观察的学习理论　　D. 认知心理派的学习理论

17. 加涅将心智技能分为辨别、具体概念等五种类型的依据是（　　）。

A. 不同的学习结果　　B. 学习层次的高低

C. 学习情境的简繁　　D. 学习水平的优劣

18. 小燕在两岁时就会背“床前明月光，疑是地上霜……”这首唐诗，按照加涅的学习结果分类，这时发生的学习是（　　）。

A. 言语信息　　B. 态度　　C. 动作技能　　D. 心智技能

19. 如果一个家长想用看电视作为强化物奖励儿童认真按时完成作业的行为，最合适的安排应该是（　　）。

A. 让儿童看完电视以后应即督促地完成作业

B. 限定每周看电视的适当时间

C. 惩罚孩子过分喜欢看的行为

D. 只有按时完成家庭作业后才能看电视

20. 学了“全等三角形的判定定理”后再学“相似三角形的性质定理”时进行的分析，这种学习属于（　　）。

A. 信号学习　　B. 连锁学习

C. 辨别学习　　D. 规则或原理学习

二、多项选择题

1. 人类学习与动物学习的本质区别主要有（　　）。

A. 由反复经验引起　　B. 掌握社会经验

C. 后天习得性　　D. 以语言为中介

E. 积极主动性

2. 布鲁纳认为掌握学科基本结构的教学原则有（　　）。

A. 动机原则　　B. 结构原则

C. 程序原则　　D. 强化原则

3. 我国心理学家主张把学生的学习分为（　　）等类。

A. 道德习惯的学习　　B. 知识的学习

C. 技能的学习　　D. 行为规范学习

4. 下列选项属于学习现象的有（　　）。

A. 见贤思齐　　B. 望梅止渴　　C. 蜘蛛结网　　D. 谈虎色变

5. 联结主义学习理论认为（　　）。

A. 一切学习都是通过条件作用　　B. 在刺激与反应之间建立联结

C. 强化在其中起着重要的作用　　D. 习惯是反复练习和强化的结果

6. 班杜拉认为观察学习的过程包括（　　）。

A. 注意过程　　B. 保持过程　　C. 复现过程　　D. 动机过程

三、填空题

1. 加涅根据学习的结果将学习分为智慧技能、_________、言语信息、动作技能和态度。

2. 知识是客观事物的特征和联系在人脑中的_________。

3. 美国心理学家斯金纳把人和动物的行为分为应答性行为和_________行为。

4. 回避条件作用与逃避条件作用都是_________的条件作用基础。

5. 斯金纳认为，学习实质上是一种反应概率上的变化，而_________是增强反应概率的手段。

6. 规则学习主要有两种学习方式：发现学习和_________。

7. 在研究性学习中，学生学会的不仅是知识，更重要的是_________如学会如何解决问题，如何评价问题解决的途径以及如何批判性地思考等。

四、判断简析题

1. 婴儿逐渐学会说话是学习的结果。

2. 认知方式、认知风格是指个人所偏爱使用的信息加工方式，认知方式有优劣之分。

五、简答题

1. 简述尝试—错误学习理论对教学的启示。

2. 简单评论布鲁纳的教学观。

3. 意义学习需要具备哪些条件？

4. 结合教学实际谈谈建构主义学习观。

六、论述题

有人建议，在教育实践中“要多使用奖励，而尽量少用惩罚”。请简要阐述你对这种建议的看法。

七、案例分析题

新生入学了，一年级的同学兴高采烈地学习写字，同学们的积极性很高，可那支小小的铅笔一点都不听使唤，好不容易才歪歪扭扭地写了几个字，可练了一段时间，进步也不明显，有些同学就产生了畏难情绪，觉得自己是写不好字了。

请结合桑代克的有关学习理论对案例进行分析，并说明如果你是老师，你会怎么做?

【参考答案】

一、选择题

1. C　2. B　3. C　4. A　5. D　6. B　7. C　8. C　9. D　10. B　11. B　12. D　13. B　14. A　15. C　16. B　17. B　18. A　19. D　20. C

二、多项选择题

1. BDE　2. ABCD　3. BCD　4. ABD　5. ABCD　6. ABCD

三、填空题

1. 认知策略　2. 主观映象　3. 操作性　4. 负强化　5. 强化　6. 接受学习　7. 探究学习

四、判断简析题

1. 正确。说话是婴儿不断练习引起的持久的行为变化，如果没有说话的环境，没有长期的练习，婴儿就无法学会说话。

2. 错误。学生的认知风格差异主要表现在场独立型和场依存型、冲动型和沉思型、辐合型和发散型方面，这些认知风格各有优缺点，没有绝对的好坏之分。

五、简答题

1. 在教学中，教师应该允许学生犯错误，并鼓励学生从错误中进行学习，这样获得的知识学生才会终生不忘。在实际的教育过程中，教师应努力实现学生的学习能力得到自我满意的积极结果，防止一无所获或得到消极后果。同时，应注意在学习过程中加强合理的练习，并注意在学习结束后不时地进行练习。任何学习都应该在学生有准备的状态下进行，而不能经常搞“突然袭击”。

2.（1）他认为学习是通过认知活动形成认知结构的过程，是学习者主动地用同化和顺应的方式不断扩大原有的认知结构。（2）他强调学科的基本结构的学习。（3）强调基础学科的早期学习。（4）提倡广泛使用发现法。

3.（1）从客观条件来看，意义学习的材料本身必须具有逻辑意义，在学习者的心理上是可以理解的，是在其学习能力范围之内的。（2）从主观条件来看，首先，学习者认知结构中必须具有能够同化新知识的适当的认知结构；其次，学习者必须具有积极主动地将符号所代表的新知识与认知结构中的适当知识加以联系的倾向性；最后，学习者必须积极主动地使这种具有潜在意义的新知识与认知结构中的有关旧知识发生相互作用，使认知结构或旧知识得到改善，使新知识获得实际意义即心理意义。上述条件缺一不可，否则就不能构成有意义的学习。

4. 建构主义者认为学生不是空着脑袋走进教室的，学生在以往的学习和生活中已经具备了丰富的经验。教师在教学中不能无视学生的这些经验，要把学生现有的知识经验作为新知识的生长点，引导学生从原有的知识经验中“生长”出新的知识经验。教学不是知识的传递，而是知识的处理和转换。教师应重视学生对各种现象的理解，倾听他们的看法，洞察他们这些想法的由来，变灌输知识为启发教学，发展学生独立思考和解决问题的能力。教学就是要增进学生之间的合作，使他们看到那些与他不同的观点，从而促进学习的进行。

六、论述题

我认为奖比罚好，原因如下：

（1）惩罚传递不该怎么做的信息，奖励传递该怎么做的信息。

（2）必要的惩罚是需要的。学习是有纪律的活动，必要的约束与惩罚是为了维持秩序。奖罚不应伤害学生的自尊心与求知欲。

（3）奖与罚应及时、公正，才能真正提高一个人的积极性。对该表扬的行为不及时进行表扬等于是批评这种行为，对做错的同学不进行批评等于是表扬了这种行为；师生关系紧张时的批评，起不到教育作用，反而会造成其在同学中的孤立。

（4）进行表扬与批评时，应注意个性差异。惩罚对内向孩子的作用大于对外向孩子的作用；表扬对女生的作用大于对男生的作用；表扬与批评的作用在于个体对表扬与批评的认识，不应伤害到其他方面的积极性。

（5）内在动机。内在动机本身是一种自我奖赏，快乐学习是指对掌握知识的快感，学生对学习的兴趣是最强的内在动机。

七、案例分析题

桑代克提出了学习要遵循三大规律：效果律、练习律和准备律。本案例中的学生在学习写字的过程中充分体现了准备律和效果律。准备律是指学生在学习开始时的准备状态。如果他们有准备，进行学习活动就感到满意，不进行学习活动就感到失望，若无准备而强制学习就会感到烦恼。效果律是指一种行为后面如果跟随一种满意的变化，在类似的情境中，行为重复的可能性增强，否则将减弱。刚入学的他们在心理上已经准备好要学习写字，所以刚开始写字的心情是兴高采烈的，但由于肢体的不灵活导致他们不能很好地完成写字的动作，当看到歪歪扭扭的字时，给他们呈现的是一个不能让他们满意的结果，所以当这个结果在短时没有变化时，他们会认为这是一个稳定的结果，于是就会不想再写字了。这正符合了效果律中面对不满意的结果所出现的情形。

作为教师要注意到学生的期望与他们本身可能达到的水平之间的差距，及时地对学生积极写字的行为进行鼓励，让学生的写字行为得到一个让他们满意的外部奖励，从而维持他们对写字的兴趣。同时教给他们一些写字、握笔的技巧，呈现一些结构比较简单的字，让他们在这个过程中不断看到自己的进步。

第四章　学习动机

【内容辅导】

一、目标要求

（1）识记学习动机、自我效能感、问题情境等基本概念。

（2）理解学习动机的结构及其与学习效果的关系，耶克斯-多德森定律、成就动机理论、需要层次理论的主要观点，奥苏贝尔关于学习动机的分类，掌握影响学习动机形成的内外因素。

（3）分析需要层次理论、成败归因理论和自我效能感理论对学习动机培养和激发的启发作用。

（4）重点掌握马斯洛的需要层次理论、学习动机培养和激发的措施。

二、内容提示

（一）学习动机的含义、结构与种类

1. 学习动机的含义和结构

（1）学习动机的含义。学习动机是激发个体进行学习活动，维持已引起的学习活动，并使行为朝向一定学习目标的一种内在过程或内部心理状态。学习动机是直接推动学生进行学习的内部动力。

（2）学习动机的结构。是由学习需要和学习期待两个基本成分构成。学习需要是指个体在学习活动中感到有某种欠缺而力求获得满足的心理状态，是学生追求学业成就的心理倾向。学习需要是学习动机产生的基础。学习期待是指个体对学习活动所要达到的目标的主观估计。

2. 学习动机的种类

（1）根据学习动机的社会意义，分为高尚学习动机和低级学习动机。

（2）根据学习动机起作用时间的长短，分为近景的直接性学习动机和远景的间接性学习动机。

（3）根据动机产生的诱因来源，分为内部学习动机和外部学习动机。

（4）根据动机在活动中作用的大小，分为主导性学习动机和辅助性学习动机。

（5）根据学校情境中的学业成就动机，奥苏贝尔等人将动机分为认知内驱力、自我提高内驱力和附属内驱力。认知内驱力指要求理解和掌握知识以及解决问题的需要。此种动机指向学习任务本身（为了获得知识）。自我提高内驱力指个体由自己的学业成就而获得相应的地位和威望的需要。自我提高内驱力把学习看作赢得地位与自尊心的根源，属于外部动机。附属内驱力指个体为了获得长者们的赞许或认可而表现出把工作、学习做好的一种需要。附属内驱力是一种间接的学习需要，属于外部动机。

3．学习动机与学习的关系

（1）学习动机与学习效果之间的关系不是直接的，而是以学习行为为中介的。同时，学习动机与学习效果的关系是双向的。

（2）一般情况下，学习动机可以促进学习，学习动机与学习效果的关系是一致的。学习动机使学习者具有明确的学习目标，并积极主动、持之以恒地寻求有关的信息。

（3）学习动机只是影响学习效果的因素之一。知识基础、智力水平、学习技能和方法等多种因素都会影响学习效果。学习者个性不同，学习任务的难度不同，学习动机与学习效果的关系不同。因此，学习动机与学习效果之间的关系并不总是一致的。

（4）耶克斯-多德森定律表明：① 动机不足或过分强烈都会影响学习效果。动机的最佳水平随任务性质的不同而不同。在比较容易的任务中，学习效果随动机的提高而上升；随着任务难度的增加，动机的最佳水平有逐渐下降的趋势。② 一般来讲，最佳水平为中等强度的动机。③ 动机水平与行为呈倒 U 形曲线。

（二）学习动机理论

1．强化理论

（1）提出者：行为主义心理学家。

（2）基本观点：行为是由驱力所推动的，而驱力则由生理上的需要产生，强化是引起动机的重要因素。人的学习行为倾向完全取决于某种行为与刺激因强化而建立的稳固联系，不断强化则可以使这种联结得到加强和巩固，任何学习行为都是为了获得某种报偿。

2．需要层次理论

（1）提出者：美国心理学家马斯洛。

（2）基本观点：要揭示动机的本质，必须关注人的需要。马斯洛先后提出了人的五种层次的需要，生理的需要、安全的需要、归属和爱的需要、尊重的需要、自我实现的需要。

关于自我实现的需要包括认知、审美和创造的需要。有两方面含义：完整而丰满的人性的实现、个人潜能或特性的实现。

3．成就动机理论

（1）提出者：阿特金森。

（2）基本观点：成就动机是个体努力克服障碍、施展才能，力求又快又好地解决某一问题的愿望或趋势。在学习过程中，成就动机是一种主要的学习动机。阿特金森把个体的成就动机分为两类：力求成功的动机和避免失败的动机。

4．成败归因理论

（1）提出者：美国心理学家韦纳。

（2）基本观点：归因是人们对自己或他人活动及活动结果的原因所作的解释和评价。维纳把人经历过的事情的成败归因分为 ① 六因素：能力高低、努力程度、工作难易、运气好坏、身心状态、外界环境。② 三维度：内部归因和外部归因；稳定性归因和非稳定性归因；可控制归因和不可控制归因。

就稳定性维度而言，如果学习者把成功或失败归因于稳定因素（能力、任务难度），则学习者对未来的学习结果也会抱成功或失败的预期，并会增强他们的自豪感、自信心或产生羞耻感、自卑感；相反，如果学习者把成功或失败归因于不稳定因素（努力、运气、身心状态、外界环境），则不会影响他们对未来成功或失败的期望，其成败体验也不会影响到将来的学习行为。

就内在性维度而言，如果学习者将成功或失败归因于自身内在的因素（能力、努力、身心状态），学习者会产生积极的自我价值感，进而更投入到未来的学习活动中去，或形成消极的自我意象，从而避免参与成就性任务；相反，如果学习者将成功或失败归因于机体外在因素（任务难度、运气、身心状态、外界环境），则会产生感激心情或仇视报复情绪。

5. 自我效能感理论

（1）提出者：班杜拉。

（2）基本观点：自我效能感是指人对自己能否成功从事某一成就行为的主观判断。影响自我效能感形成的最主要因素是个体自身行为的成败经验。一般来说，成功经验会提高效能期待，反复的失败则会降低效能期待。同时，归因方式也直接影响到自我效能感的形成。它影响学生对活动的选择、努力的程度和坚持性、活动时的情绪以及能否完成学习任务。人的行为不断受行为结果和先行因素的影响。行为的结果因素就是通常所说的强化。强化分为三种：直接强化，即通过外部因素对学习行为予以强化；替代强化，即通过一定的榜样来强化相应的学习行为或学习行为倾向；自我强化，学习者根据一定的评价标准进行自我评价和自我监督，来强化相应的学习行为。行为的出现不是由于随后的强化，而是形成了对下一强化的期待。期待包括结果期待、效能期待。

（三）学习动机的培养与激发

1. 学习动机的培养

可利用学习动机与学习效果的互动关系培养学习动机以及利用直接发生途径和间接转化途径培养学习动机。具体包括：

（1）了解和满足学生的需要，促进学习动机的产生。

（2）重视立志教育，对学生进行成就动机训练。

（3）帮助学生确立正确的自我概念，获得自我效能感。方法：创造条件使学生获得成功的体验；为学生树立成功的榜样。

（4）培养学生努力导致成功的归因观。方法：了解学生的归因倾向；让学生进行某种活动，并取得成功体验；让学生对自己的成败归因；引导学生进行积极归因。

2. 学习动机的激发

（1）创设问题情境，实施启发教学。创设问题情境是指提供能使学生产生疑问、渴望从事活动、探究问题的情境，经过一定的努力能成功解决问题的学习材料、条件和实践。

（2）设置合适的目标和作业的难度，恰当控制动机水平。教师要帮助学生设定一个既具有挑战性但是又现实的目标，并表扬学生对目标的设定及实现。

（3）表达明确的期望，提供及时的反馈。教师把期望明确地传达给学生，使学生清楚地了解自己该做什么，并通过反馈信息使学生及时了解学习的结果，包括运用所学知识解决问题的实效、作业的正误、考试成绩的优劣等，这会产生相当大的激励作用。需要注意的是，反馈必须明确、具体，并紧随学生的学习结果，妥善进行奖惩。

（4）合理运用外部奖赏，强化学习动机。特别是教师对学生的肯定性评价具有积极的强化作用，能鼓励学生产生再接再厉、积极向上的心态，赞扬、奖励一般比批评、惩罚更具激励作用。

（5）对学生进行竞争教育，适当开展学习竞争。竞争是激发学习动机的重要手段。教师在运用时要注意以下几点：a. 教育学生认识竞争的利弊，教给学生公平竞争的手段；b. 按学生的能力等级进行竞争；c. 进行多指标竞争，让每个人都获得成就感；d. 提倡团体竞争；e. 鼓励个人的自我竞争和团体的自我竞争。

（6）正确指导归因，促使学生继续努力。方法：了解学生的归因倾向；让学生进行某种活动，并取得成功体验；让学生对自己的成败归因；引导学生进行积极归因。

【练习思考】

一、单项选择题

1. 个人在学习活动中感到某种欠缺而力求获得满足的心理状态是（　　）。

A. 学习期待　B. 学习需要　C. 学习动机　D. 学习兴趣

2. 小强是一位很想获得成功的青年，他的老板现有三件事情需要完成，一件比较容易，一件中等难度，一件很难。如果小强可以挑选其中一件来完成，你估计他会（　　）。

A. 挑选中等程度的那一件　B. 挑选最难的那一件

C. 挑选最容易的那一件　D. 寻求老板的意见以避免负面评价

3. 小明为了获得老师和家长的表扬，学习非常刻苦，他的学习动机表现为（　　）。

A. 认知内驱力　B. 自我提高内驱力

C. 附属内驱力　D. 交往内驱力

4. 自我提高内驱力和附属内驱力属于（　　）。

A. 内部动机　B. 直接动机　C. 外部动机　D. 间接动机

5. 需要层次理论中的成长性需要是指（　　）。

A. 自我实现的需要　B. 归属与爱的需要

C. 生理的需要　D. 尊重的需要

6. 教师对所有的对象都抱有较高的期望并肯定提高教育效果的是（　　）。

A. 晕轮效应　B. 有晕效应

C. 罗森塔尔效应　D. 名人效应

7. 在学业成功与失败的归因中，内在的、可控的、不稳定的因素是（　　）。

A. 努力程度　B. 能力高低　C. 任务难易　D. 运气好坏

8. 个体对学习活动所要达到的目标和主观估计是（　　）。

A. 学习诱因　B. 学习动机　C. 学习目标　D. 学习期待

9. 某学生在测试中得了高分，她将结果归为运气好，这种归因具有的特性是（　　）。

A. 内部—稳定—可控的　B. 内部—不稳定—不可控的

C. 外部—稳定—可控的　D. 外部—不稳定—不可控的

10. 维纳将人们活动成败的原因归结为六个因素，其中不属于自身内在因素的是（　　）。

A. 能力高低　B. 努力程度　C. 任务难易　D. 身心状态

11. 口渴会促使人做出觅水的行为活动，这是动机的（　　）。

A. 导向功能　B. 激活功能　C. 强化功能　D. 调节与维持功能

12. 根据韦纳的归因理论，如果学生总是把失败归因于自己的能力，学生会（　　）。
A. 惊喜和感激　　B. 满意和自豪
C. 学习更加努力　　D. 学习没有积极性

13. 小张为了得到老师或父母的奖励而努力学习，则他的学习动机是（　　）。
A. 高尚动机　　B. 内部动机　　C. 外部动机　　D. 低级动机

14. 一般来说，由（　　）支配下的行为更具有持久性。
A. 内在动机　　B. 外在动机　　C. 交往动机　　D. 无意识动机

15. 根据学习动机的来源，可以把学习动机分为（　　）。
A. 社会动机与个人动机　　B. 工作动机与提高动机
C. 高尚动机与低级动机　　D. 内部动机与外部动机

16. 马斯洛需要层次论中的最高层次是（　　）。
A. 安全需要　　B. 尊重的需要
C. 爱与归属需要　　D. 自我实现的需要

17. 成就动机理论的主要代表人物阿特金森认为，避免失败者的目的是避免失败，减少失败感，所以他们倾向于选择非常容易或非常困难的任务，当一项任务的成功率为50%时，他们会（　　）。
A. 可能选择　　B. 犹豫不决　　C. 回避这项任务　　D. 坚决选择

18. 对学习活动的社会意义或个人前途等原因引发的学习动机称作（　　）。
A. 近景的直接性动机　　B. 内部动机
C. 远景的间接动机　　D. 外部动机

19. 来源于学生对学习内容或学习结果的兴趣的动机是（　　）。
A. 高尚的动机　　B. 远景的间接性动机
C. 低级的动机　　D. 近景的直接性动机

二、多项选择题

1. 韦纳将人们活动成败的原因归结为六个因素，其中属于自身内在因素的是（　　）。
A. 能力高低　　B. 努力程度　　C. 任务难易
D. 身心状态　　E. 运气

2. 班杜拉认为，行为的结果因素就是通常所说的强化，并把强化分为（　　）。
A. 效果强化　　B. 直接强化　　C. 间接强化
D. 替代性强化　　E. 自我强化

3. 认为学习是外部行为的变化的是（　　）。
A. 桑代克　　B. 巴甫洛夫　　C. 斯金纳
D. 加涅　　E. 维纳

4. 学校激发学生学习动机的措施主要有（　　）。
A. 创设问题情境　　B. 合作学习
C. 表扬　　D. 反馈

三、填空题

1. 奥苏伯尔认为学校学生的成就动机主要由三种内驱力组成，即__________内驱力、自我提高内驱力和附属内驱力。

2. 归因理论是从__________来阐述行为动机的。

3. 青年期，认知内驱力和__________内驱力成为学生学习的主要动机。

4. 归因理论的提出者是__________。

5. 自我效能感理论的创立者是__________。

6. 高尚的学习动机的核心是__________。

7. 教育心理学研究表明，新的学习需要可以通过两条途径来形成即间接转化与______。

8. 阿特金森的研究表明，__________倾向于选择非常容易或者非常困难的任务。

9. ________指的是具有一定难度，需要学生努力克服，而又是力所能及的学习情境。

10. 作为学习动机的基本构成要素，能够激起有机体的定向行为，并能满足某种需要的外部条件或刺激物叫__________。

四、判断简析题

1. 学习动机与学习效果总是一致的。

2. 将学习失败归因为自己努力不够，会提高学习的积极性。

五、简答题

1. 简述学习的内部动机和外部动机的关系。

2. 简述学习期待与学习目标的联系与区别。

3. 简述自我效能感的含义及其影响因素。

六、论述题

1. 结合教学实际谈谈马斯洛的需要层次理论的观点和运用。

2. 论述应当怎样培养与激发学生的学习动机。

七、案例分析题

小明今年上五年级了，英语成绩在班里一直很好，他经常告诉同学，这次考试好了，父母奖励他一个什么，下次考试好了，父母又会奖励他什么。班里的同学都很羡慕。教他们英语的王老师发现小阳英语成绩好的原因后，及时地找到他的家长进行沟通，告诉家长要想让小阳一直学好英语，更重要的是培养小阳对英语的学习兴趣，树立远大理想和目标。

请结合教育心理学的原理分析：① 小阳学习成绩好的原因是什么？他父母的行为依据是什么？② 王老师为什么要找小阳的家长谈话？其观点的心理学依据是什么？

【参考答案】

一、选择题

1. B　2. A　3. C　4. C　5. A　6. C　7. A　8. D　9. D　10. C　11. B　12. D　13. C　14. A　15. D　16. D　17. C　18. C　19. D

二、多项选择题

1. ABD　2. BDE　3. ABC　4. ABCD

三、填空题

1. 认知　2. 结果　3. 自我提高　4. 韦纳　5. 班杜拉　6. 利他主义　7. 直接发生　8. 避免失败者　9. 问题情境　10. 诱因

四、判断简析题

1. 错误。一般情况下，学习动机可以促进学习，学习动机与学习效果的关系是一致的。但学习动机只是影响学习效果的因素之一。知识基础、智力水平、学习技能和方法等多种因素都会影响学习效果。学习者个性不同，学习任务的难度不同，学习动机与学习效果的关系不同。因此，学习动机与学习效果之间的关系并不总是一致的。耶克斯-多德森定律表明，动机不足或过分强烈都会影响学习效果。动机的最佳水平随任务性质的不同而不同。在比较容易的任务中，学习效果随动机的提高而上升；随着任务难度的增加，动机的最佳水平有逐渐下降的趋势。一般来讲，最佳水平为中等强度的动机。动机水平与行为呈倒 U 形曲线。

2. 正确。美国心理学家韦纳把人经历过的事情的成败即行为责任归因分为六因素：能力高低、努力程度、工作难易、运气好坏、身心状态、外界环境；三维度：内部归因和外部归因；稳定性归因和非稳定性归因；可控制归因和不可控制归因。其中努力属于内部的、不稳定的、可控的因素，当个体将失败归因于努力时，其羞耻感会让自己重新设置目标，产生改变的动力，因此而受到鼓励。

五、简答题

1. 根据学习动机的动力来源，可以将学习动机分为内部学习动机和外部学习动机。内部动机是指由个体内在的需要引起的动机。外部动机是指个体由外部诱因所引起的动机。

内部学习动机和外部学习动机的划分不是绝对的。外在学习动机的实质仍然是一种学习的内部动力，我们在教育过程中强调内部学习动机，但也不忽视外部学习动机的作用。教师应一方面逐渐使外部动机转化成为内部动机，另一方面又应利用外部动机使学生已经形成的内部动机处于持续的激起状态。

2. 学习期待是个体通过学习活动所要达到目标的主观估计。学习期待与学习目标密切相关，但两者不能等同。学习目标是个体通过学习活动想要达到的预期结果。而在个体完成学习活动之前，这个预想结果是以观念的形式存在于头脑中的。因此，学习期待就是学习目标在个体头脑中的反映。

3. 自我效能感是指人对自己能否成功从事某一成就行为的主观判断。影响自我效能感形成的最主要因素是个体自身行为的成败经验。一般来说，成功经验会提高效能期待，反复的失败则会降低效能期待。同时，归因方式也直接影响到自我效能感的形成。它影响学生对活动的选择、努力的程度和坚持性、活动时的情绪以及能否完成学习任务。人的行为不断受行为结果和先行因素的影响。

六、论述题

1.（1）需要层次理论是美国人本主义心理学理论在动机领域的体现，美国心理学家马斯洛是其代表人物。

（2）马斯洛认为人的需要有五种，依次从低向高排列成一定的层次，即生理的需要、安全的需要、归属和爱的需要、尊重的需要、自我实现的需要。后来又发展了这一理论，增加了求知需要和审美需要，他认为这两种需要位于尊重需要与自我实现需要之间。

（3）在人的需要层次中，最基本的是生理需要。在较低层次需要没有得到满足之前，较高一层次的需要不会成为主导的需要。在所有的需要都得到满足之后，便进入自我实现的需要层次。自我实现作为一种最高级的需要，包括认知、审美和创造的需要。它具有两方面含义：完整而丰满的人性的实现、个人潜能或特性的实现。

（4）需要层次理论说明，人的各个层次需要都与学习有一定的关系。① 生理需要和安全需要虽不直接推动学习，却是保证学生进行有效学习的前提条件。如不得到满足，不仅学习活动无法进行，而且会导致学生出现身心疾病。② 归属与爱的需要是学生交往的动力，在学校环境中，师生交往、同伴交往既是学习的条件，也是学习的内容。③ 尊重的需要是推动学生学习的重要动力，学生努力学习以求获得他人的尊重，并从中感受到自己的能力和价值，获得自信心。这一需要得不到满足，就会产生自卑感，怀疑自己的能力，失去上进心。④ 求知的需要是学习的动机，审美的需要在很大程度上也是学习动机，它推动人去求真、求善、求美。⑤ 自我实现的需要推动人发挥自己的潜能，是学校教育应该重点加以培养的。在某种程度上学生缺乏学习动机也可能是由于某种低级需要没有得到充分满足，而正是这些因素成为学生学习和自我实现的主要障碍。所以，教师不仅要关心学生的学习，也应该关心学生的生活，以排除影响学习的一切干扰因素。

2. 学习动机的培养：（1）利用学习动机与学习效果的互动关系培养学习动机；（2）利用直接发生途径和间接转化途径培养学习动机。

学习动机的激发：（1）创设问题情境，实施启发式教学；（2）根据作业难度，恰当控制动机水平；（3）充分利用反馈信息，妥善进行奖惩；（4）正确指导结果归因，促使学生继续努力。

七、案例分析题

小阳的英语学习成绩好是他父母不断对他进行强化的结果。操作性行为发生的概率与其后跟随的强化刺激相关，强化能够改变同类反应将来发生的概率。因为每次当小阳的英语成绩好时，他的父母都会及时给予一定的强化物对这种行为进行强化，因此使小阳努力学习英语的行为得以延续。

王老师找小阳的家长谈话，一方面源于对小阳学习动机的担心，另一方面也是出于对“消退”出现的预防。如果小阳努力学习英语的行为没有得到父母的及时强化，或者父母给小阳的强化物已经不能满足小阳的要求，小阳学习英语的行为就可能逐渐减少，甚至会产生被惩罚的感觉。此外，学生的学习动机可分为内部动机和外部动机，内部动机稳定而持久，而来自外部学习动机的学生一旦达到目的后，学习动机就会下降，同时为了达到目标，他们会采取避免失败的做法，甚至选择没有挑战的任务。一旦学习失败就会一蹶不振。案例中的小阳学习英语是因为想要获得家长的奖励或想在得到奖励后在同学面前炫耀，这都是外部动机，在这种动机激励下的行为很容易因外部条件的变化而失去动力性，因此英语教师找其父母谈话，目的是希望能够帮助小阳将学习的动机从外部转向内部，从而能够保持他对英语的长久兴趣。

第五章　学习的迁移

【内容辅导】

一、目标要求

（1）识记迁移、正迁移与负迁移、垂直迁移与水平迁移、顺向迁移与逆向迁移、一般迁移与具体迁移、定势等基本概念。

（2）理解早期的四种迁移理论的基本观点。

（3）结合实例分析相似性、原有认知结构、定势等因素对迁移的影响。

（4）重点掌握如何运用迁移促进教学。

二、内容提示

（一）学习迁移的概念、种类与作用

1. 迁移的概念

学习迁移也称训练迁移，指一种学习对另一种学习的影响，或习得经验对完成其他活动的影响。学习迁移具有普遍性，举一反三、触类旁通、闻一知十是典型的学习迁移形式。

2. 迁移的种类

根据迁移的性质和结果，可分为正迁移和负迁移。正迁移，也称助长性迁移，是一种学习对另一种学习的促进作用。负迁移，也称抑制性迁移，是指一种学习对另一种学习的阻碍作用。根据迁移发生的方向，可分为顺向迁移和逆向迁移。前者是指先前学习对后继学习产生的影响，后者是指后继学习对先前学习产生的影响。根据迁移内容的抽象和概括水平不同，可分为水平迁移和垂直迁移。前者也称横向迁移，是指先行学习内容与后继学习内容在难度、复杂程度和概括层次上属于同一水平的学习活动之间产生影响。后者也称纵向迁移，是指先行学习内容与后继学习内容是不同水平的学习活动之间产生的影响。其表现在两个方面：一是自下而上的迁移；二是自上而下的迁移，即上位的较高层次的经验影响下位的较低层次的经验的学习。根据迁移内容的不同，可分为一般迁移和具体迁移。前者也叫普遍迁移，是指将学习中习得的一般原理、方法、策略和态度等迁移到另一种学习中去。后者也叫特殊迁移，是指一种学习中习得的具体的、特殊的经验直接迁移到另一种学习中去，或经过某种要素的重新组合，以迁移到新的情境中去。

3. 迁移的作用

（1）迁移对于提高解决问题的能力具有直接的促进作用。

（2）迁移是习得的经验得以概括化、系统化的有效途径，是能力与品德形成的关键环节。

（3）迁移规律对于学习者、教育工作者以及有关的培训人员具有重要的指导作用。

（二）学习迁移理论

1．早期的迁移理论

（1）形式训练说。以官能心理学为基础。德国沃尔夫认为，训练可以改善人的某种心理能力，学科学习的意义在于训练某种心理能力。获得了这种能力就能在以后的学习中产生迁移。迁移是无条件的、自动发生的。

（2）共同要素说。桑代克认为，迁移是非常具体的、有条件的，需要有共同的要素，只有当两个机能的因素中有相同要素时，一个机能的变化才会改变另一个机能的习得。学科学习的意义在于内容，前后学习中有共同的内容，一种学习就能影响另一种学习。

（3）经验类化说。也称概括化理论，强调概括化的经验或原理在迁移中的作用。美国心理学家贾德认为，一个人只要对自己的经验进行了概括，就可以完成从一个情境到另一个情境的迁移。贾德在 1908 年所做的“水下击靶”实验，是概括化理论的经典实验。

（4）关系转化说。格式塔心理学家认为，迁移产生的实质是个体对事物间的关系的理解，而非由于具有共同成分或原理而自动产生。他们认为学生“顿悟”情境之间的关系，特别是手段—目的之间的关系，是实现迁移的根本目的。

2．现代的迁移理论

（1）认知结构迁移理论。奥苏伯尔把迁移放在学习者的整个认知结构的背景下进行研究，认为任何有意义的学习都是在原有学习的基础之上进行的，有意义的学习中一定有迁移。学生学习新知识时，认知结构可利用性高、可辨别性大、稳定性强，就能促进对新知识学习的迁移。“为迁移而教”实际上是塑造学生良好认知结构的问题。在教学中，可以通过改革教材内容和教材呈现方式改进学生的原有认知结构以达到迁移的目的。

（2）继奥苏伯尔之后的几种观点。① 强调认知结构在迁移中的作用。结构中的某些成分是决定迁移能否发生的根本条件。包括安德森的产生式理论与加特纳的结构匹配学说。② 强调外界环境与主体的相互作用对迁移的影响。强调通过社会交互作用与合作学习，可以促进迁移的产生。

（三）学习迁移与教学

1．影响迁移的主要因素

（1）相似性。学习材料的相似性：前后两次学习材料包括所学知识与技能等之间有无共同性，是影响学习产生的重要因素之一，是能否促进迁移的重要条件。学习情境的相似性：知识经验获得的情境与知识应用的情境在许多方面都密切相关。在两次学习活动之间，如果出现相似的环境、相同的场所、相同的学习者等，学习迁移就很容易产生。

（2）原有认知结构。认知结构是人们过去对外界事物进行感知、概括的一般方式或经验所构成的观念结构。其质量如知识经验的准确性、丰富性及知识经验间联系的组织特点等都会影响学生对新知识的学习，并影响问题解决时提取已有知识经验的速度和准确性，影响学习的迁移。学习者是否拥有相应的知识背景，原有知识的概括程度、是否具有相应的认知技能与策略及自我调控的元认知策略，对迁移起到至关重要的作用。

（3）学习的心向与定势。定势是先于一种活动而又指向该活动的一种动力准备状态。

2. 促进迁移的教学

（1）精选教材。

（2）合理编排教学内容。

（3）合理安排教学程序。

（4）教授学习策略，提高迁移意识性。

在教材的编排和教学内容的安排上，不仅要考虑学科知识本身的性质、逻辑结构和学生的知识经验水平、年龄特征等，还要照顾到教学时间和教法要求，力求把最佳的教材结构展示给学生；在教材呈现方式上应遵循由整体到细节的顺序，使学生知识在组织过程中纳入到网络结构中，并注意创设与应用情境相似的学习情境；加强基础知识和基本技能的训练，使新旧知识相结合。基础知识和基本技能越多，学习迁移就越容易产生；教学中应该引导学生自己总结出原理，让他们理解和掌握基本原理，培养和提高概括能力；还应加强教材中概念，原理和各章节之间的联系，使知识融会贯通。加强教学方法的选择，促进学生学习方式的改变。教师应该改进对学生的评价观念与手段，转变学生的被动学习状态，通过各种训练逐步让学生掌握学习方法和策略，学会如何学习以实现最普遍的迁移。

【练习思考】

一、单项选择题

1. 一种学习中习得的一般原理、方法、策略和态度等迁移到另一种学习中去的是（　　）。

A. 一般迁移　　B. 具体迁移　　C. 垂直迁移　　D. 水平迁移

2. 我们平时所讲的举一反三、闻一知十等属于（　　）。

A. 定势　　B. 迁移　　C. 应用　　D. 技能

3. 注重训练的形式而不注重内容的学习迁移理论是（　　）。

A. 关系转换理论　　B. 经验类化理论

C. 共同要素说　　D. 形式训练说

4. 阅读技能的掌握有助于写作技能的形成和发展的现象属于（　　）。

A. 正迁移　　B. 定势　　C. 负迁移　　D. 心智技能

5. 根据迁移的不同抽象概括水平可分为（　　）。

A. 正迁移与负迁移　　B. 同化性迁移与顺应性迁移

C. 水平迁移与垂直迁移　　D. 一般迁移与具体迁移

6. 根据迁移内容的不同，可将迁移分为（　　）。

A. 正迁移与负迁移　　B. 顺应性迁移与重组性迁移

C. 水平迁移与垂直迁移　　D. 一般迁移与具体迁移

7. 迁移的形式训练说认为，学科学习的意义在于（　　）。

A. 具体内容　　B. 学习过程　　C. 概括　　D. 获得策略知识

8. 以下不是影响迁移的客观因素的是（　　）。
A. 教师指导　B. 认知结构　C. 媒体　D. 学习材料特性

9. 学过高等数学知识后有利于对初等数学的理解和掌握，这属于（　　）。
A. 顺向正迁移　B. 顺向负迁移　C. 逆向正迁移　D. 逆向负迁移

10. 各种不同的武术动作的迁移属于（　　）。
A. 同化性迁移　B. 顺应性迁移　C. 重组性迁移　D. 特殊性迁移

11. 安德森的产生式迁移理论是（　　）的现代翻版。
A. 关系转换说　B. 经验类化说　C. 相同要素说　D. 形式训练说

12. 将原有认知经验用于新情景中时，需调整原有的经验，形成一种能包容新旧经验的更高一级的认知结构，这种方式称为（　　）。
A. 顺应性迁移　B. 同化性迁移　C. 重组性迁移　D. 一般性迁移

13. 从迁移的观点来看，“温故而知新”属于（　　）。
A. 顺向负迁移　B. 逆向负迁移　C. 逆向正迁移　D. 顺向正迁移

14. 美国心理学家桑代克反对形式训练说，提出了迁移的（　　）。
A. 共同要素说　B. 概括化理论　C. 关系转换说　D. 学习定势说

15. 认为迁移是具体的、有条件的迁移理论是（　　）。
A. 形式训练说　B. 共同要素说　C. 经验类化说　D. 关系转换说

16. 强调概括化经验在迁移中的作用的理论是（　　）。
A. 形式训练说　B. 共同要素说　C. 经验类化说　D. 关系转换说

17. 重视对情境关系的理解的迁移理论是（　　）。
A. 形式训练说　B. 共同要素说　C. 概括原理说　D. 关系转换说

18. 学生法语学得扎实、巩固后，再学英语就更容易，这属于（　　）。
A. 顺向正迁移　B. 顺向负迁移　C. 逆向正迁移　D. 逆向负迁移

19. 教育心理学家（　　）提出了认知结构迁移理论。
A. 奥苏伯尔　B. 安德森　C. 贾德　D. 桑代克

20. 认为迁移是无条件的，自动发生的是（　　）。
A. 形式训练说　B. 共同要素说　C. 经验类化理论　D. 关系转换理论

二、填空题

1. 先于一定的活动而又指向该活动的一种动力准备状态叫作________。

2. 影响学习迁移的主要因素有相似性、原有认知结构和________。

3. 加法的学习影响着乘法的学习，而乘法的学习反过来也影响着对加法的重新理解，这在心理学中叫________。

4. 阅读技能的掌握有助于写作技能的形成，叫作________迁移。

5. 汉语拼音的学习干扰英语音标的学习，叫作________迁移。

6. 物理学习中的审题技能的掌握可能会促进化学等其他学科的审题技能的应用称______迁移。

7. 乘法口诀的掌握可以广泛迁移到多种情境中，这叫________。

8. _______是习得的知识、技能与行为规范向能力与品德转化的关键环节。

9. 学生学习了 m（a+b）=ma+mb 后，认为 lgab=lga+lgb。这在心理中称________。

10. 格式塔心理学家从理解事物________的角度对经验类化理论进行了重新解释。

11. 奥苏伯尔的________理论代表了从认知观点来解释迁移的一种主流倾向。

12. 迁移不仅存在于________，而且也存在于不同的经验之间。

三、判断简析题

1. 迁移是一种知识学习对另一种知识学习的促进作用。

2. 从迁移的性质来看，倒摄抑制属于逆向负迁移。

四、论述题

教学中影响迁移的主要因素有哪些?

五、案例分析题

伟大的物理学家牛顿看到苹果从树上掉下来，心生疑问："苹果为什么不向天上飞呢？"最终提出了万有引力定律。瓦特看到壶盖儿在水蒸气的推动下乱蹦乱跳，曾惊奇不已，从而发明了蒸汽机。鲁班被茅草划破了手，发明了锯。班里的小朋友参观动物园，发现了站着睡觉的马，问老师："为什么马站着也能睡觉呢，它不会摔倒吗？"他们还看到了水里游泳的鱼，又问："老师，小鱼在水里怎么睡觉呢？"

请结合教育心理学的相关原理说说在教学中我们应该如何引导学生学习。

【参考答案】

一、单项选择题

1. A　2. B　3. D　4. A　5. C　6. D　7. B　8. B　9. C　10. C　11. C　12. A　13. D　14. A　15. B　16. C　17. D　18. A　19. A　20. A

二、填空题

1. 心向与定势　2. 学习的心向与定势　3. 学习迁移　4. 正　5. 负　6. 正　7. 一般迁移　8. 迁移　9. 负迁移　10. 关系　11. 认知结构迁移　12. 某种经验内部

三、判断简析题

1. 错误。学习迁移是指一种学习对另一种学习的影响，这里学习不仅包括知识的学习，也包括情感、态度和方法的学习。迁移并不必然是起促进作用。根据迁移的性质和结果，可分为正迁移和负迁移。正迁移是起促进作用。负迁移是起阻碍作用。

2. 正确。倒摄抑制是后学习的内容对先学习的内容的阻碍和干扰。根据迁移发生的方向，可分为顺向迁移和逆向迁移。前者是指先前学习对后继学习产生的影响，后者是指后继学习对先前学习产生的影响。根据迁移的性质和结果，可分为正迁移和负迁移。正迁移是一种学习对另一种学习的促进作用。负迁移是指一种学习对另一种学习的阻碍作用。倒摄抑制符合时间上的倒序性，又符合消极影响，因此是逆向负迁移。

四、论述题

（1）相似性。如果两个任务中的共同成分、相似性大，可以促进迁移产生。相似性包括学习材料的相似性：前后两次学习材料包括所学知识与技能等之间有无共同性，是影响学习产生的重要因素之一，是能否促进迁移的重要条件；学习情境的相似性：知识经验获得的情境与知识应用的情境在许多方面都密切相关。在两次学习活动之间，如果出现相似的环境、相同的场所、相同的学习者等，学习迁移就很容易产生。（2）原有认知结构。认知结构是人们过去对外界事物进行感知、概括的一般方式或经验所构成的观念结构。其质量如知识经验的准确性、丰富性及知识经验间联系的组织特点等都会影响学生对新知识的学习，并影响问题解决时提取已有知识经验的速度和准确性，影响学习的迁移。首先，学习者是否拥有相应的知识背景，是迁移产生的前提条件；其次，原有认知结构概括水平对迁移有至关重要的作用；最后，学习者是否拥有相应的认知技能以及对认知活动进行调节，控制的元认知策略，也影响着迁移的产生。（3）学习的心向与定势。学习心向与定势常常指同一心理现象，是指先于一种活动而又指向该活动的一种动力准备状态。陆钦斯的"量杯"实验是定势影响迁移的一个典型例证。因先前的练习而形成的定势影响到后面的问题解决，出现了两种结果：一种是使解题的速度加快，问题变得比较容易；另一种阻碍了问题的解决。体现了定势既可以成为积极的正迁移的心理背景，也可以成为负迁移的心理背景。

除了上面谈到的影响迁移的基本因素外，年龄、智力、学习者的态度、教学指导、外界的提示与帮助等也都在不同程度上影响着迁移的产生。

五、案例分析题

案例中牛顿受从树上掉下的苹果的启示提出万有引力定律，瓦特受水蒸气推动壶盖的启示发明蒸汽机，鲁班受茅草划破手的启示发明锯，这都体现出了他们有良好的迁移能力。迁移在我们的实际学习和工作中起着非常重要的作用，主要体现在三个方面：（1）迁移能提高我们解决问题的能力；（2）迁移是习得的经验得以概括化、系统化的有效途径，是能力与品德形成的关键环节；（3）迁移规律对于学习者、教育工作者以及有关的培训人员具有重要的指导作用。在学习和教学中，如果我们能够有效运用迁移理论，就能够促进学生学习的效率，并在适当的情境中主动运用经验，防止经验的惰化。

鉴于迁移在学习和教学中有如此多的重要的作用，我们要组织有效的教学，促进学生迁移的发展，具体要做到：精选教材，选择具有广泛迁移价值的科学成果作为教材的基本内容；合理安排教学内容，注意学科之间的联系，使教材达到结构化、一体化、网络化；合理安排教学程序，教学程序是教材功效发挥的直接环节；注意教学启发性，培养学生良好的思维品质；教授学习策略，提高迁移意识。

第六章　知识的学习

【内容辅导】

一、目标要求

（1）识记知识、知识直观和知识概括的类型、变式的概念。

（2）理解和区分陈述性知识与程序性知识，符号学习、概念学习和命题学习，上位学习、下位学习和并列结合学习的概念。

（3）理解知识获得的过程，遗忘规律及遗忘的原因，比较三种直观方式的优缺点。

（4）掌握提高知识直观效果的方法，提高知识概括效果的方法、运用知识学习的理论及记忆规律促进知识的教学。

二、内容提示

（一）知识与知识学习的类型、作用

1. 知识的含义

个体通过与环境相互作用而获得的信息及组织。其实质是人脑对客观事物的特征与联系的反映，是客观事物的主观表征。

2. 知识的类型

（1）感性知识与理性知识。根据反映活动的深度不同，知识可分为感性知识与理性知识。感性知识是对事物外表特征和外部联系的反映；理性知识是对事物本质特征与内在联系的反映。

（2）陈述性知识与程序性知识。安德森根据知识的不同表征形式，将知识分为陈述性知识和程序性知识。陈述性知识又称为描述性知识，是个人能用言语进行直接描述的知识，主要用于区别和辨别事物；程序性知识又称为操作性知识，是一种经过学习后自动化了的关于行为步骤的知识，表现在信息转换活动中进行具体操作。另外，有一类与程序性知识相似又存在区别的知识，称为策略性知识。策略性知识是关于如何学习和如何思维的知识，即个体运用陈述性知识和程序性知识去学习、记忆、解决问题的一般方法和技巧。知识的表征是指信息在人脑中的存储和呈现方式，它是个体知识学习的关键。人们在学习过程中都是根据自己对知识的不同表征而选择相应的学习方法和应用方式的。不同知识类型在头脑中具有不同表征方式：陈述性知识主要以命题和命题网路的形式进行表征，表象和图式也是其表征的重要形式；程序性知识主要以产生式和产生式系统进行表征。

（3）具体知识与抽象知识。根据反映活动的内容不同，可将知识分为具体知识与抽象知

识。具体知识是对于一定时间和地点发生的事实或事件的反映，是对我们看到或听到的事情的心理再现。抽象知识是对已知事实的概括性的反映，表现为概念、原理、公式、原则等。

3. 知识学习的类型

（1）符号学习、概念学习、命题学习。根据知识本身的存在形式和复杂程度，知识学习分为符号学习、概念学习和命题学习。符号学习又称表征学习，是指学习单个符号或一组符号的意义。不管何种言语，词汇所代表的事物和观念是约定俗成的，所以个体在获得陈述性知识时，首先要掌握符号所代表的意义；概念学习是指掌握概念的一般意义，其实质是掌握一类事物的共同的本质属性和关键特征；命题学习是指获得由几个概念构成的命题的复合意义，实质上是学习表示若干概念之间的判断（如直径是半径的两倍）。

（2）下位学习、上位学习、并列结合学习。根据新知识与原有认知结构的关系，知识学习分为下位学习、上位学习和并列结合学习。下位学习又称类属学习，是一种把新的观念归属于认知结构中原有观念的某一部分，并使之相互联系的过程。原有观念在包容和概括水平上高于新学习的知识。下位学习包括派生类属学习和相关类属学习。前者指新观念是认知结构中原有观念的特征或例证，新知识只是旧知识的派生物，这类学习比较简单，只需要经过具体化过程即可完成。当新知识扩展、修饰或限定学生已有的旧知识，并使其精确化时，便产生了相关类属学习。派生类属学习和相关类属学习的主要区别在于学习之后原有观念是否发生本质属性的变化。上位学习又称总括学习，是在学生掌握一个比认知结构中原有概念的概括和包容程度更高的概念或命题时产生的。上位学习遵循从具体到一般的归纳概括过程。并列结合学习是在新命题与认知结构中特有的命题既非下位关系又非上位关系，而是一种并列的关系时产生的。并列结合学习较难，必须认真比较新旧知识之间的联系与区别才能掌握。

4. 知识学习的作用

知识学习是增长经验、形成技能、发展创造力的重要前提。

（1）知识的学习和掌握是学校教学的主要任务之一。

（2）知识的学习和掌握是学生各种技能形成和能力发展的重要基础。

（3）知识学习是创造性产生的必要前提。

（二）知识学习的过程

1. 陈述性知识学习

（1）学习过程。陈述性知识学习主要是学生对知识的内在加工过程。这一过程包括知识的获得、知识的保持与知识的提取三个阶段。在这三个阶段中主要心理问题分别是知识的同化、保持和应用。① 知识的获得是知识学习的第一个阶段。知识获得的两个环节是知识直观和知识概括。知识直观有三种类型：实物直观、模像直观、言语直观。提高知识直观的效果的方法有灵活选用实物直观和模像直观；加强词与形象的配合；运用感知规律，突出直观对象的特点；培养学生的观察能力；让学生充分参与直观过程。知识概括包括感性概括、理性概括。有效进行知识概括的方法有配合运用正例和反例、正确运用变式、科学地进行比较、启发学生进行自觉概括。② 知识的保持。a. 记忆系统及其特点。瞬时记忆，贮存时间约为 0.25 ~ 2 秒。短时记忆，保持时间约为2.25～20秒。长时记忆，保持时间从1分钟以上到许多年甚至终身。b. 遗忘及其进程。遗忘是指识记过的事物不能或者错误的再认或回忆。艾宾浩斯遗忘曲线：遗忘的发展是不均衡的，其规律是先快后慢，呈负加速型。c. 遗忘理论。痕迹衰退说：由记忆痕迹衰退引起，消退随时间推移自动发生。干扰说：前摄抑制、后摄抑制。是由于在学习和回忆之间受到其他刺激干扰的结果。同化说：实质是知识的组织与认知结构简化的过程。动机说：遗忘不是保持的消失而是记忆被压抑。d. 运用记忆规律，促进知识保持。深度加工材料；有效运用记忆术；进行组块化编码；适当过度学习；合理进行复习。做到及时复习、分散复习、反复阅读结合尝试背诵。③ 知识的提取。

（2）教学策略。① 激发学习动机，培养学习兴趣。学习者学习动机的激发直接影响对其原有知识激活的程度及新意义学习建构的水平。② 有效运用注意规律。利于学习者在学习过程中激活与维持学习心理状态，将注意力集中在学习材料上。③ 对陈述性知识进行精加工。精加工是有效掌握陈述性知识的必要条件，大多数有意义的陈述性知识都需要进行充分的精加工处理才能获得好的理解和掌握。④ 整理和综合知识材料，使知识系统化。⑤ 了解学生已有的知识系统。

2. 程序性知识的学习

（1）学习过程。程序性知识学习的一般过程是从陈述性知识转化为自动化技能的过程，由陈述性阶段、程序化阶段、自动化阶段三个阶段构成。

（2）教学策略。① 注意课题的选择与设计。② 注重示范和讲解。③ 运用变式与比较。变式是促进概括化最有效的方法，变式练习是学习程序性知识的必要条件。所谓变式，就是用不同形式的直观材料或事例说明事物的本质属性，即变换同类事物的非本质特征而保持本质特征不变的各种形式。比较是指在呈现例证或感性材料时，与正例相匹配呈现一些学生容易混淆的典型反例，以促进分化的顺利实现，提高其准确性。④ 大量事实与适时反馈。⑤ 明确程序性知识的使用条件。⑥ 分解程序的操作过程。

3. 错误观念的转变

（1）错误观念的含义。即个体日常直觉经验中与科学理论相违背的知识体系。

（2）错误观念的性质。① 广泛性；② 自发性；③ 顽固性；④ 隐蔽性。

（3）错误观念转变的条件。① 对现有观念的不满；② 新观念的可理解性；③ 新观念的合理性；④ 新观念的有效性。

（4）促进错误观念转变的教学。① 创设开放、相互接纳的课堂气氛；② 倾听、洞察学生的经验世界；③ 引发认知冲突；④ 鼓励学生交流。

【练习思考】

一、单项选择题

1. 学习新信息对已有旧信息回忆的抑制作用叫（　　）。

A. 前摄干扰　　B. 倒摄干扰　　C. 消退抑制　　D. 超限抑制

2. 信息在短时记忆中一般保持（　　）秒钟。

A. 5　　B. 20～30　　C. 60　　D. 120

3. 研究表明，遗忘进程是不均衡的，表现为（　　）。

A. 时快时慢　　B. 不快不慢　　C. 先慢后快　　D. 先快后慢

4. 由于反映程度的不同，知识可分为感性知识与（　　）。

A. 记忆知识　　B. 直观知识　　C. 理性知识　　D. 应用知识

5. 学习“直角三角形是一种特殊的三角形”这种学习属于（　　）。

A. 词汇学习　　B. 符号学习　　C. 概念学习　　D. 辩题学习

6. 个人能用语言描述的知识属于（　　）。

A. 感性知识　　B. 理性知识　　C. 陈述性知识　　D. 程序性知识

7. 学习由若干概念组成的句子的复合意义即学习若干概念之间的关系的学习叫作（　　）。

A. 概念学习　　B. 符号学习　　C. 命题学习　　D. 并列结合学习

8. 遗忘就其实质来说，是知识的组织与认知结构简化的过程，这种观点的代表学说是（　　）。

A. 痕迹衰退说　　B. 同化说　　C. 干扰说　　D. 动机说

9. 学生的知识学习过程主要是一个对知识的内在加工过程，它包括三个阶段，即知识获得、知识保持和（　　）。

A. 知识巩固　　B. 知识运用　　C. 知识提取　　D. 知识迁移

10. 短时记忆的容量有一定的限度，其平均数量为（　　）组块。

A. 6 ± 2　　B. 6 ± 12　　C. 7 ± 1　　D. 7 ± 2

11. 把《辛丑条约》的内容记为“钱禁兵馆”主要是运用了（　　）记忆术。

A. 位置记忆法　　B. 关键词法

C. 缩简法　　D. 视觉想象

12. 现代信息加工心理学家把人的记忆系统分为（　　）。

A. 两个　　B. 三个　　C. 四个　　D. 五个

13. 以词汇学习，实物，图片，图表，图形等为内容的学习属于（　　）。

A. 概念学习　　B. 命题学习

C. 符号学习　　D. 并列结构学习

14. 对“圆的直径是它的半径的两倍”的学习属于（　　）。

A. 符合学习　　B. 概念学习　　C. 命题学习　　D. 上位学习

15. 学生已有了“四边形”的知识，现在让学生学习“梯形”的相关知识这种学习属于（　　）。

A. 上位学习　　B. 下位学习　　C. 概念学习　　D. 并列学习

16. 如果学生已有了“哺乳动物”的观念，然后再学习“鲸”这种动物。这种学习属于（　　）。

A. 概念学习　　B. 上位学习　　C. 下位学习　　D. 并列结合学习

17. 等腰三角形，等边三角形，直角三角形等都是三角形的（　　）。

A. 反例　　B. 变式　　C. 概括　　D. 抽象

18. 知识获得的途径主要是通过直观和（　　）。

A. 概括　　B. 比较　　C. 分析　　D. 综合

19. 小李原来认为“教学心理”就是研究知识掌握和技能形成的，后来要让他认识到“认知策略”的学习也是教学心理研究的内容之一，这是（ ）。

A. 并列结合学习　　B. 类属学习

C. 归纳学习　　D. 上位学习

20. 被称为工作记忆，在信息加工系统中居于核心地位是（ ）。

A. 长时记忆　　B. 有意记忆　　C. 感觉记忆　　D. 短时记忆

二、填空题

1. 在教“鸟”概念时，用麻雀、燕子说明“前肢为翼，无齿有啄”是鸟概念的本质特征，这是适当地运用了__________。

2. 储存时间大约为 0.25 ~ 2 秒的记忆是__________。

3. 知识就其实质是人脑对客观事物的特征与联系的反映，是客观事物的__________。

4. 知识学习的类型有__________、概念学习和命题学习。

5. 心智技能的掌握是以__________为前提的。

6. 研究表明，学习的熟练程度达到__________时，记忆效果最好。

7. 在直观过程中，教师通过对一定直观教材的操纵，其效果如何主要取决于学生的__________。

8. 用不同形式的直观材料或事例说明事物的本质属性，即变换同类事物的非本质特征，以便突出本质特征，这是__________。

9. 在感觉记忆中，信息的存储形式是__________。

三、判断简析题

过度学习意味着重复次数越多越好。

四、简答题

1. 在知识学习中，根据言语信息复杂程度通常把知识学习分为哪几种形式？

2. 简述记忆系统的三个信息加工阶段。

3. 言语直观有哪些特点？

五、论述题

试述如何指导学生提高知识直观的效果。

六、案例分析题

教师在板书生字时，常把形近字的相同部分与相异部分分别用白色和红色的粉笔写出来，目的是什么？符合什么规律？

【参考答案】

一、选择题

1. B　2. A　3. D　4. C　5. B　6. C　7. C　8. B　9. C　10. D　11. C　12. B　13. C　14. C　15. B　16. C　17. B　18. A　19. B　20. D

二、填空题

1. 正例　2. 瞬时记忆　3. 主观表征　4. 符号学习　5. 知识的学习　6. 150%　7. 观察能力　8. 变式　9. 视像和声像

三、判断简析题

错误。过度学习达到 150%时的学习效果是最好的，超过这个程度学习的效果会变差。因此，过度学习与学习效率之间的关系不是简单的直线关系。

四、简答题

1. 符号学习，指的是学习单个或一组符号的意义；概念学习，指的是获得概念的一般意义，即掌握同类事物的共同的关键特征和本质属性。命题学习，指的是学习若干概念组成的句子的复合意义，即学习若干概念间的联系。

2. 瞬时记忆，它是记忆系统的开始阶段，容量大，但存储时间短约为 0.25～2 秒；短时记忆，它是感觉记忆与长时记忆的中间阶段，约有 2.25～20 秒，容量为 5～9 个组块；长时记忆，是信息经过充分和有一定深度的加工后的一种永久性的存储，存储方式是有组织的知识系统。从系统论的观点看，以上三种记忆是统一的记忆系统的三个不同的信息加工阶段，而不是不同的三种记忆种类。

3. 言语直观是在形象化的语言作用下，通过学生对语言的物质形式的感知及对语义的理解而进行的一种直观形式。言语直观的优点是不受时间、地点和设备条件的限制，可以广泛使用。言语直观还能运用语调和生动形象的事例来激发学生的感情，唤起学生的想象。但是，言语直观所引起的表象，往往不如实物直观和模像直观鲜明、完整、稳定。因此，在可能的情况下，应尽量配合实物直观和模像直观。

五、论述题

首先，灵活选用实物直观和模象直观，实物直观真实，但不及模象直观可以突出事物本质属性和关键特征。其次，加强词与形象的配合，增强直观效果。再次，运用感知规律，突出直观对象的特点，将强度律，差异律，活动律，组合律相结合，突出直观对象的特点。以及培养学生的观察能力，在直观过程中，教师对一定直观教材进行操纵，其效果如何，主要取决于学生的观察能力。因此，必须认知组织和培养学生的观察能力。最后，让学生充分参与直观过程，改变“老师演，学生看”的消极被动直观方式。

六、案例分析题

目的是加大形近字的区别，使学生易于掌握形近字。

（1）符合知觉选择性规律：知觉对象与知觉背景差别越大，对象越容易被人知觉。

（2）符合感觉的相互作用中同时性对比规律：红白形成鲜明的对比，使学生容易区别形近字。

第七章 技能的形成

【内容辅导】

一、目标要求

（1）识记技能、操作技能和心智技能、“高原现象”等概念。

（2）理解知识和技能的关系，操作技能的分类，操作技能和心智技能的基本特征及其形成阶段。

（3）掌握操作技能的培训要求和心智技能的培养方法。

二、内容提示

（一）技能的含义、特点、种类和作用

1．技能的含义

技能是个体运用已有知识经验，通过练习而形成的合乎法则的活动方式。

2．技能的特点

（1）技能是通过学习或练习而形成的，不是本能行为。

（2）技能是一种活动方式。是由一系列动作及其执行方式构成的，属于动作经验，不同于认知经验的知识。

（3）技能与习惯。技能是合乎法则的活动方式，技能中的各种动作要素及其执行顺序要体现活动本身的客观法则的要求，不同于一般的随意运动，也不是一般的习惯动作。习惯是个体在一定情境下自动化地进行某种动作的需要或特殊倾向。技能和习惯的区别之处在于：① 技能是越来越向一定的标准动作体系提高，而习惯则越来越保持原来的动作组织情况。习惯是保守的，技能则不断向一个标准趋近。② 技能有高级、低级之分，但没有好坏之别。习惯则不同，它根据对个人和社会的意义有好坏之分。③ 技能和一定的情境、任务都有联系，而习惯只和一定的情境相联系。技能是主动的，需要时出现，不需要时不出现，习惯则是被动的。④ 技能要与一定的客观标准作对照，而与习惯作对照的，则只是上一次的动作。就是说，技能形成中除自己的动作反馈外，还需要别的反馈，如外部感觉等。

3．技能的种类

技能可分为操作技能和心智技能。

（1）操作技能。也叫动作技能、运动技能，是通过学习而形成的合乎法则的操作活动方

式，由一系列实际动作，以完善、合理的方式组成。它具有动作对象的物质性（客观性）、动作进行的外显性、动作结构的展开性特点。

（2）心智技能。也称智力技能、认知技能，是通过学习而形成的合乎法则的心智活动方式。它具有动作对象的观念性、动作进行的内隐性、动作结构的简缩性等特点。

4. 技能的作用

（1）能够对活动进行调节与控制。

（2）是获得经验、解决问题、变革现实的前提条件。

（3）影响着学习者的个性品质。

（二）技能的形成

1. 操作技能的分类、形成与训练

（1）操作技能的分类。① 从对外部刺激的调节方式看，分为连续性动作技能和非连续性动作技能；② 从对外部条件的利用程度看，可分为封闭型动作技能和开放型动作技能；③ 从所涉及的骨骼、肌肉及动作幅度大小，可分为精细动作技能和粗放动作技能。

（2）操作技能形成阶段。操作技能形成可以分为操作定向、操作模仿、操作整合与操作熟练四个阶段。① 操作定向。是了解操作活动的结构与要求，在头脑中建立起操作活动的定向映象的过程。在操作定向阶段形成的映象应包括两方面：一是对操作活动的结构要素及其关系的认识；二是与操作技能学习有关或无关的各种内外刺激的认识与区分。② 操作模仿。即实际再现出特定的动作方式或行为模式，是掌握操作技能的开端，需要以认知为基础。这时在动作品质上，动作的稳定性、准确性、灵活性较差；在动作结构上，各个动作之间的协调性较差；在动作控制上，主要靠视觉控制，动觉控制水平较低；在动作效能上，完成一个动作往往比标准速度要慢，个体经常感到疲劳紧张。③ 操作整合。把模仿阶段习得的动作固定下来，并使各动作成分相互结合，成为定型的、一体化的动作。只有通过整合，各动作成分之间才能协调联系，动作结构才趋于合理，动作的初步概括才得以实现。这时在动作品质上，动作可以表现出一定的稳定性、精确性和灵活性，但当外界条件发生变化时，动作的这些特点都有所降低；在动作结构上，动作的各成分趋于精确，多余动作也有所减少；在动作控制上，视觉控制不起主导作用，逐渐让位于动觉控制；在动作效能上，疲劳感、紧张感降低。④ 操作熟练。指所形成的动作方式对各种变化的条件具有高度的适应性，动作的执行达到高度的完善化和自动化。这时在动作品质上，动作具有高度的灵活性、稳定性和准确性，在各种变化的条件下都能顺利完成动作；在动作结构上，各个动作之间的干扰消失，衔接连贯、流畅，高度协调；在动作控制上，动觉控制增强；在动作效能上，心理消耗和体力消耗降至最低。

（3）操作技能的形成途径。练习是操作技能形成的具体途径和基本条件。练习的主要作用是促进技能的进步与完善，它包括加快技能完成的时间，改善技能的精确度和使动作间建立更完善的协调。① 练习的分类。根据练习内容的完整性可分为整体练习和局部练习；根据练习时间分配不同可分为集中练习和分散练习；根据练习途径不同可分为模拟练习、实际练习和心理练习。② 练习与技能进步的关系。练习对技能进步有促进作用。一般来讲，随着练习次数的增加，操作活动速度会加快，准确性提高。而且，操作技能在练习初期进步较快，

之后逐渐减慢。但也存在成绩进步先慢后快或在练习中一直均匀发展的情况。练习中有时也会出现“高原现象”，即某一时期练习成绩不随练习次数提高的停滞现象。高原期现象出现的原因：学习方法固定化、学习任务复杂化、学习动机减弱、兴趣降低、心理上和生理上的疲劳、意志品质不够顽强等。怎样顺利度过“高原期”：学生调整好自己的心态，正确认识自我及现状，并采取一些改进学习方法的措施，消除消极因素的干扰，就能顺利度过“高原期”，学习成绩也会有所提高。③ 教学中组织练习应遵循的原则：a. 明确练习的目的和要求，增强学习动机。b. 准确示范和讲解。示范的作用在于在学生头脑中形成正确的动作表象，进而在实际的动作活动中可以调节动作的执行。教师示范要做到动作示范与言语解释相结合；整体示范与分解示范相结合；示范动作要重复，在示范中要指导学生观察。c. 帮助学生掌握正确的练习方法，并且及时进行反馈。第一，练习需要循序渐进，由易到难，先简后繁；第二，正确掌握练习速度，保证练习质量；第三，适当安排练习的次数和时间；第四，练习方式多样化；第五，及时反馈练习结果。反馈的作用主要是提供给学生进一步加工的信息，是动作技能学习最重要的外部条件之一。且在练习过后要给学生留出加工反馈信息的时间并采取相应措施促进学生对反馈信息的加工。反馈可来自两方面，内部反馈和外部反馈。在学生技能学习中给予反馈要注意反馈的方式、反馈的内容和反馈的频率。d. 建立稳定而清晰的动觉。动觉训练要注意：减少对视觉的依赖；采用分解法，让学生练习分解的个别动作；利用各种辅助手段或辅助器械让学生体验伴随动作的运动感觉线索。

2. 心智技能的分类、形成与训练

（1）心智技能的分类。根据适用范围不同，分为一般心智技能和专门心智技能；根据学生学习的结果，分为智慧技能和认知策略。

（2）心智技能的形成阶段。① 加里培林的五阶段论：活动定向阶段；物质活动或物质化活动阶段；有声的言语活动阶段；无声的外部言语阶段；内部言语活动阶段。② 安德森心智技能的三阶段论：

原型定向。即了解原型的活动结构，从而使主体明确活动的方向，知道该做哪些动作和怎样去完成这些动作。这一阶段是主体掌握操作性知识的阶段，也是心智技能形成的准备阶段。教师应注意：a. 让学生了解活动的结构，使学生对活动有一个完整的印象；b. 让学生了解围绕各个动作的结构而形成的各种规定的必要性；c. 采取有效措施发挥学生的主动性、独立性，激发学生的学习需要。

原型操作。即依据心智技能的实践模式，把主体在头脑中建立起来的活动程序计划，以外显的操作方式付诸实施。教师应注意：a. 让心智活动的所有动作以展开的方式呈现；b. 注意变更活动的对象，采用变式加以概括；c. 注意活动的掌握程度，适时地向下一阶段转化；d. 动作的执行注意与言语相结合。

原型内化。即心智活动的实践模式向头脑内部转化，由物质的、外显的、展开的形式变成观念的、内潜的、简缩的形式的过程。教师应注意：a. 动作的执行应从外部言语开始，再逐步转向内部言语；b. 开始时，操作活动应在言语水平上完全展开，再依据活动的掌握程度简缩；c. 要注意变换动作对象，对活动方式进行概括；d. 要注意适时地实现转化。

（3）心智技能形成的特征。① 从心智活动的方式看，心智活动的各个环节联合为一个有机的整体；② 从心智活动的调节看，心智活动已经不需要意识的过多控制就能自动进行；

③ 从心智活动的品质看，思维的广度和深度、独立性和批判性、灵活性等都大为增强。

（4）心智技能的培养要求。① 确定合理的智力活动原型，并且积极、正确地加以示范；② 遵循心智技能按阶段形成的理论，有效地进行分阶段练习；③ 注意原型的完备性、独立性与概括性；④ 熟练掌握心智活动规则和课题解答程序；⑤ 创设条件，提供心智技能应用的机会。

【练习思考】

一、单项选择题

1. 技能学习最基本的条件是（　　）。

A. 讲解　　B. 示范　　C. 练习　　D. 反馈

2. 把习得的动作固定下来，并使各动作成分相互结合，成为定型的一体化的动作叫（　　）。

A. 操作的定向　　B. 操作的模仿　　C. 操作的整合　　D. 操作的熟练

3. 智力活动转向头脑内部，借助言语来作用于观念性对象的阶段是（　　）。

A. 原型定向　　B. 原型操作　　C. 操作整合　　D. 原型内化

4. 对活动起定向作用的是（　　）。

A. 知识　　B. 能力　　C. 技能　　D. 智力

5. 技能实质上是一种（　　）。

A. 认知经验　　B. 动作经验　　C. 习惯　　D. 本能

6. 操作技能就动作的对象而言，具有（　　）。

A. 外显性　　B. 客观性　　C. 展开性　　D. 观念性

7. 技能的形成，在练习过程中，其进步情况的表示方法用（　　）。

A. 图示　　B. 坐标　　C. 遗忘曲线　　D. 练习曲线

8. 在技能形成过程中，练习中出现进步的暂时停顿现象，在心理学上称为（　　）。

A. 抑制现象　　B. 挫折现象　　C. 高原现象　　D. 低谷现象

9. 开车属于（　　）。

A. 连续的封闭技能　　B. 不连续的封闭技能

C. 连续的开放技能　　D. 不连续的开放技能

10. 心智技能的对象具有（　　）。

A. 外显性　　B. 客观性　　C. 观念性　　D. 展开性

11. 心智技能的执行具有（　　）。

A. 外显性　　B. 展开性　　C. 内潜性　　D. 客观性

12. 心智技能的结构具有（　　）。

A. 简缩性　　B. 外显性　　C. 内潜性　　D. 感念性

13. 加涅认为，心智技能与学习策略都属于（　　）的范畴。

A. 感性知识　　B. 理性知识　　C. 陈述性知识　　D. 程序性知识

14. 就有效的操作技能的形成而言，模仿需要以（　　）为基础。

A. 认知　　B. 知识　　C. 智力　　D. 练习

15. 通过学习而形成的合乎法则的心智活动方式即是（　　）。
A. 智力技能　B. 知识迁移　C. 智力　D. 思维程序

16. 在心智活动的研究上，最早进行心智活动系统研究的是（　　）。
A. 兰达　B. 赫钦斯　C. 加里培林　D. 库恩

17. 在操作的模仿阶段，动作的控制主要靠（　　）。
A. 听觉控制　B. 视觉控制　C. 触觉控制　D. 动觉控制

18. 动作技能的形成过程中，只有通过（　　），各动作成分之间才能协调联系。
A. 定向　B. 模仿　C. 整合　D. 练习

19. 根据练习时间分配的不同，练习可分为（　　）。
A. 集中练习与分散练习　B. 整体练习与部分练习
C. 口头练习与书面练习　D. 实际练习与心理练习

20. 在技能学习的最初阶段，（　　）对技能学习有非常明显的促进作用。
A. 知识　B. 能力　C. 练习　D. 活动

21. 在心智技能形成过程中，智力活动转向头脑内部，借助言语来作用于观念性对象的阶段是（　　）。
A. 原型定向　B. 原型模仿　C. 原型操作　D. 原型内化

二、多项选择题

1. 有关操作技能的特点，正确的是（　　）。
A. 物质性　B. 内潜性　C. 展开性
D. 外显性　E. 简缩性

2. 心理学家安德森认为，心智技能的形成需要三个阶段，即（　　）。
A. 动作的定向阶段　B. 认知阶段
C. 出声的外部言语动作阶段　D. 联结阶段
E. 自动化阶段

3. 以下技能属于操作技能的有（　　）。
A. 吹笛　B. 打网球　C. 体操
D. 阅读　E. 计算

三、填空题

1. 技能按其本身的性质和特点可分为操作技能和____________。
2. 操作技能练习中的反馈一般来自内部反馈和____________两个方面。
3. 技能的学习要以____________的掌握为前提。
4. 就有效的操作技能而言，模仿需要以____________为基础。
5. 通过原型定向阶段，学生建立起了关于活动的初步的____________，从而为进行实际操作提供了内部控制条件。
6. 反馈在操作技能的学习过程中的作用非常关键，其中____________的作用尤为明显。
7. ____________是形成各种操作技能所不可缺少的关键环节。
8. 操作熟练的内在机制是在大脑皮层中建立了____________。

四、简答题

简述在教学中应如何培训学生的操作技能？

五、论述题

如何运用有效的教学方法培养学生的心智技能？

【参考答案】

一、选择题

1. C　2. C　3. D　4. A　5. B　6. B　7. D　8. C　9. C　10. C　11. C　12. A　13. D　14. A　15. A　16. C　17. B　18. C　19. A　20. C　21. D

二、多项选择题

1. ACD　2. BDE　3. ABC

三、填空题

1. 心智技能　2. 外部反馈　3. 程序性知识　4. 认知　5. 自我调节机制　6. 结果反馈　7. 练习　8. 动力定型

四、简答题

（1）准确地示范与讲解。有利于学习者不断地调整头脑中的动作表象，形成准确的定向映象；（2）必要而适当的练习。通过应用不同形式的练习，可以使个体掌握某种技能；（3）充分而有效地反馈。准确的结果反馈可以引导学生矫正错误动作，强化正确动作，并鼓励学生努力改善其操作；（4）建立稳定而清晰的动觉。进行专门的动觉训练，以提高其稳定性和清晰性，充分发挥动觉在技能学习中的作用。

五、论述题

由于心智技能是按一定的阶段逐步形成的，因此在培养方面必须分阶段进行，才能获得良好的教学成效。为提高分阶段训练的成效，必须充分依据心智技能的形成规律，采取有效措施。为此，必须注意以下几点：

（1）激发学习的积极性与主动性。由于心智技能本身难以认识的特点，主体难以体验其必要性。因而，在主体完成这一学习任务时，往往缺乏相应的学习动机及积极性。为此，在培养工作中，教师应采取适当措施，以激发主体的学习动机，调动其学习的积极性。

（2）注意原型的完备性、独立性与概括性。心智技能的培养，开始于主体所建立起来的原型定向映象。在原型建立阶段，一切教学措施都要考虑到有利于建立完备、独立而具有概括性的定向映象。

（3）适应培养的阶段特征，正确使用言语。言语在原型定向与原型操作阶段，其作用在于标志动作，并对活动的进行起组织作用。所以，这时的培养重点在于使学生了解动作本身，利用言语来标志动作，并巩固对动作的认知，切不可忽视对动作的认识而片面强调言语标志练习。

言语在原型内化阶段，其作用在于巩固形成中的动作表象，并使动作表象得以进一步概括，从而向概念性动作映象转化。这时言语已转变成为动作的体现者，成为加工动作对象的工具。所以，这时培养的重点应放在考查言语的动作效应上。

除上述三点基本要求外，教师在集体教学中还应注意学生的个别差异，充分考虑学生所面临的主客观条件，并针对学生存在的具体问题采取有针对性的辅助措施，以求最大限度地发展学生的心智技能。

第八章　学习策略

【内容辅导】

一、目标要求

（1）识记学习策略的定义；认知策略、元认知策略和资源管理策略的种类。

（2）理解复述策略、精细加工策略和组织策略的含义；元认知的概念与结构；学习策略训练的原则与方法。

（3）重点掌握学习策略的训练方法，运用指导模式训练学生复述策略、精细加工策略和组织策略。

二、内容提示

（一）学习策略的含义、基本特征与构成

1. 学习策略的含义

学习策略是指学习者为了提高学习的效率和效果，有目的有意识地运用有效的学习程序、规则、方法、技巧及调控方式的综合。

2. 学习策略的基本特征

（1）是学习者为了完成学习目标而积极主动地使用的。

（2）是有效学习所需的。

（3）是有关学习过程的。

（4）是学习者制订的学习计划，由规则和技能构成。体现了操作性和监控性的有机统一；外显性和内隐性的有机统一；主动性和迁移性的有机统一。

3. 学习策略的构成

学习策略主要分为认知策略、元认知策略和资源管理策略。

（二）典型的学习策略

1. 认知策略

（1）认知策略定义与功能。认知策略是指对信息进行加工时所用的有关方法和技术的综合；基本功能有两个方面：一是对信息进行有效的加工与整理，二是对信息进行分门别类的系统储存。

（2）认知策略的构成。

① 复述策略。复述策略指在工作记忆中为了保持信息，运用内部言语在大脑中重现学习材料或刺激，以便将注意力维持在学习材料上的学习方法。它是短时记忆进入长时记忆的关键。常用的复述策略如下：在复述时间上，采用及时复习、分散复习，注意时间的合理安排；在复述的次数上，强调过度学习；在复述的方法上，常用排除相互干扰、运用多种感官协同记忆、整体识记和分段识记，复习形式多样化等方法。

② 精加工策略。精加工策略是指把新信息与头脑中的旧信息联系起来从而增加新信息意义的深层加工策略。它常被描述成一种理解记忆策略，通过充实意义的添加、构建或升华，旨在建立信息之间的联系。联系越多，能够回忆出信息原貌的途径就越多。常用的方法有：a. 记忆术：位置法；首字母缩略词法；关键词法；谐音法。b. 做笔记。c. 提问。d. 扩展与引申。e. 运用背景知识联系客观实际等促进学生的生成性学习。

③ 组织策略。组织策略是指建构新知识点之间的内在联系的信息加工策略。一般有两种：一种是归类策略，用于概念、语词、规则等知识的归类整理；一种是纲要策略，主要用于对学习材料结构的把握。具体方法有：a. 聚类组织策略；b. 概括法；c. 纲要法；d. 构建网络法；e. 比较法。

2. 元认知策略

（1）元认知策略定义。元认知是个体对认知的认知，即个体对认知活动的自我意识与调节，主要包括元认知知识和元认知监控。元认知策略即监控策略，是指学生对自己学习过程的有效监视和控制。

（2）元认知策略的构成。主要有计划策略、监控策略和调节策略。

3. 资源管理策略

（1）资源管理策略定义。即辅助学生管理可用的环境和资源的策略。

（2）资源管理策略的构成。主要包括时间管理策略、学习环境管理策略和寻求支持策略。

① 时间管理策略。学习时间管理要注意：统筹安排学习时间；高效利用最佳时间；灵活运用零碎时间。

② 环境管理策略。良好的学习环境对学生保持良好的心态具有重要作用。

③ 努力管理策略。为了使学生维持自己的意志努力，需要不断鼓励学生进行自我激励。包括激发内在动机、树立正确的学习信念、选择有挑战性的任务、调节成败的标准、正确归因、自我奖励等。

④ 学业求助策略。学业求助不是自身能力缺乏的表现，而是获取知识、增长能力的一种途径，是一种重要的学习策略。

（三）学习策略训练

1. 学习策略训练三要素

① 策略及巩固练习；② 自我执行及监控策略的使用；③ 了解策略的价值及适用的范围。

2. 学习策略训练的原则

主体性原则；内化性原则；特定性原则；生成性原则；效能性原则。

3. 学习策略训练的方法

指导教学模式；程序化训练模式；完形训练模式；交互式教学模式；合作学习模式。

（1）指导教学模式的基本步骤。a. 先向学生解释所选定学习策略的具体步骤和条件，在具体应用中不断给以提示；b. 让学生口头叙述和明确解释所操作的每一个步骤；c. 在教学中依据每种策略来选择恰当的事例以说明其应用的多种可能性。

（2）程序化训练模式的基本步骤。a. 将某一活动技能，按有关原理分解成可执行、易操作的小步骤；b. 通过活动实例示范各个步骤，并要求学生按步骤活动；c. 要求学生记忆各步骤，并坚持练习，直至达到自动化程度。

（3）完形训练模式的步骤。a. 提供一个几乎完整的提纲，需要学生听课或阅读时填写一些支持性细节；b. 提供一个只有主题的提纲，要求填写所有的支持性细节；c. 提供一个只有支持性的细节，而要求填写主要的观点。

（4）交互式教学模式的策略。a. 总结，即总结段落内容；b. 提问，即提与要点有关的问题；c. 析疑，即明确材料中的难点；d. 预测，即预测下文会出现什么。

4. 学习策略与自我调节学习

自我调节学习：指学生为了保证学习的成功、提高学习效果、达到学习目的，主动地运用与调控元认知、动机与行为的过程。学生要进行自我调节学习，必须具备四个条件：a. 能够自己确立学习目标；b. 能够意识到自己拥有的学习策略并确信它对自己学习的价值；c. 确信自己能够成功地进行自我调节学习；d. 具有为自己学习的意识、愿望与动机，并把学业作为一个积极的过程去探究、追求与享受。

【练习思考】

一、单项选择题

1. 学习者为了提高学习的效果和效率，有目的有意识地制订有关学习过程的复杂方案，称为（　　）。

A. 学习计划　　B. 学习策略　　C. 学习方法　　D. 学习规律

2. 计划安排每天详细时间表，属于学习策略中的（　　）。

A. 组织策略　　B. 认知策略　　C. 精细加工策略　　D. 资源管理策略

3. 学习策略中的元认知策略，包括计划策略，监控策略和（　　）。

A. 调节策略　　B. 精细加工策略　　C. 组织实施策略　　D. 价值性

4. 学习策略是学习者制订的学习计划，由（　　）构成。

A. 意识和能力　　B. 规则和技能　　C. 经验和方法　　D. 认知策略

5.（　　）是加工信息的一些方法和技术，有助于有效地从记忆中提取信息。

A. 认知策略　　B. 元认知策略　　C. 管理策略　　D. 调节策略

6. 在学习中，（　　）是一种主要的记忆手段。

A. 复述　　B. 组识　　C. 计划　　D. 调节

7. 随意记忆属于（　　）策略。

A. 组织　　B. 复述　　C. 精细加工　　D. 计划

8. 创造一个故事，将所要记忆的信息编在一起的学习策略属于（　　）。

A. 元认知策略　B. 组织策略　C. 精细加工策略　D. 复述策略

9. 学习一种新材料时运用联想假借意义，对记忆有帮助的这种方法称为（　　）。

A. 语义联想　B. 视觉现象　C. 关键词法　D. 谐音联想法

10. 在学习过程中，学习者为提高学习效果，尽可能地让多种感官参与学习，这种学习策略属于（　　）。

A. 组织策略　B. 精细加工策略　C. 元认知策略　D. 复述策略

11. 学习过程中，学习者通过对重点内容圈点批注的方法帮助记忆，这种学习策略属于（　　）。

A. 精细加工策略　B. 组织策略　C. 复述策略　D. 元认知策略

12. 人的学习主要是通过（　　）进行的。

A. 视觉　B. 听觉　C. 嗅觉　D. 触觉

13. 精细加工策略是一种（　　）的记忆策略。

A. 感知性　B. 理解性　C. 计划性　D. 调节性

14. 以下属于元认知计划策略的是（　　）。

A. 设置学习目标　B. 对材料进行自我提问

C. 测验先做简单题目　D. 考试时监视自己的速度和时间

15. 看完文章时，以金字塔的形式把要点呈现出来，这种编码策略叫作（　　）。

A. 作关系图　B. 列提纲　C. 运用理论模式　D. 利用表格

16. 充分利用学生头脑中生动而鲜明的形象来帮助记忆，这是使用了（　　）。

A. 组织策略　B. 精细加工策略

C. 元认知策略　D. 复述策略

17. 老师在教授课文时采用列提纲的形式来板书，这里老师使用的学习策略是（　　）。

A. 精细加工策略　B. 组织策略　C. 元认知策略　D. 阅读理解策略

二、多项选择题

1. 在一份书面学习材料中，记忆效果最好的位置往往是（　　）。

A. 开始部分　B. 结尾部分　C. 中间部分

D. 不一定　E. 都一样

2. 一般来说，元认知策略可分为（　　）。

A. 复述策略　B. 精细加工策略　C. 计划策略

D. 监视策略　E. 调节策略

3. 下列选项中属于组织策略的是（　　）。

A. 画线　B. 记笔记　C. 列提纲

D. 画关系图　E. 记忆术

三、填空题

1. 人的学习__________是通过视觉进行的。

2. “记忆术”很好，比如《二十四节气歌》：春雨惊春清谷天，夏满芒夏暑相连，秋处露秋寒霜降，冬雪雪冬小大寒。这是一种__________的记忆术。

3. 精细加工强调在新学信息和已有知识之间建立联系，________的多少在学习中是非常重要的。

4. 元认知包括两个成分，________与对认知行为的调节和控制。

5. 视觉联想就是要通过________来帮助人们对有联系的事物记忆。

6. 先学习的信息对后学习的信息的干扰，叫作________。

7. 在学习策略教学中，教师重视引导学生将新策略与其头脑中的有关知识整合起来，以便能在新的情境中灵活、熟练地运用，这遵循了策略教学的________。

8. 交互式教学旨在教会学生四种策略：总结、提问、析疑和________。

四、判断简析题

1. 多种器官参与学习能有效增强记忆。

2. 在学习策略的分类中，记忆术属于复述策略。

五、简答题

1. 什么是复述策略？简述常用的复述策略。

2. 如何高效利用最佳时间？

六、论述题

论述学习策略的分类。

【参考答案】

一、单项选择题

1. B　2. D　3. A　4. B　5. A　6. A　7. B　8. B　9. D　10. D　11. C　12. A　13. B　14. A　15. A　16. B　17. B

二、多项选择题

1. AB　2. CDE　3. CD

三、填空题

1. 83%　2. 编歌诀　3. 新信息和其他信息的联系　4. 对认知过程的认知　5. 视觉表象　6. 前摄抑制　7. 内化规律　8. 预测

四、判断简析题

1. 正确。多种感官参与学习，能丰富学生的认知途径，信息可以多渠道进入学生的记忆系统，增强记忆效果。

2. 错误。在学习策略的分类中，记忆术属于精加工策略。

五、简答题

1. 复述策略指在工作记忆中为了保持信息，运用内部言语在大脑中重现学习材料或刺激，以便将注意力维持在学习材料上的学习方法。它是短时记忆进入长时记忆的关键。常用的复述策略如下：在复述时间上，采用及时复习、分散复习，注意时间的合理安排；在复述的次数上，强调过度学习；在复述的方法上，常用排除相互干扰、运用多种感官协同记忆、整体识记和分段识记，复习形式多样化等方法。

2.（1）要根据自己的生物钟安排活动。（2）要根据一周内学习效率的变化安排学习活动。（3）要根据一天内学习效率的变化安排学习活动。（4）要根据自己的工作曲线安排学习活动。

六、论述题

（1）一般来说，学习策略可分为认知策略、元认知策略和资源管理策略等三个方面。认知策略是加工信息的一些方法和技术，有助于有效地从记忆中提取信息。一般而言，认知策略因所学知识的类型而有所不同，复述、精细加工和组织策略主要是针对陈述性知识的，针对程序性知识则有模式再认策略和动作系列学习策略等。元认知策略是学生对自己认知过程的认知策略，包括对自己认知过程的了解和控制策略，有助于学生有效地安排和调节学习过程。资源管理策略是辅助学生管理可用环境和资源的策略，有助于学生适应环境并调节环境以适应自己的需要，对学生的动机具有重要的作用。

（2）学习策略是指学习者为了提高学习的效率和效果，有目的有意识地运用有效的学习程序、规则、方法、技巧及调控方式的综合。学习策略主要分为认知策略、元认知策略和资源管理策略。认知策略是指对信息进行加工时所用的有关方法和技术的综合；基本功能有两个方面：一是对信息进行有效的加工与整理，二是对信息进行分门别类的系统储存。认知策略的构成：复述策略、精加工策略和组织策略。

① 复述策略。复述策略指在工作记忆中为了保持信息，运用内部言语在大脑中重现学习材料或刺激，以便将注意力维持在学习材料上的学习方法。它是短时记忆进入长时记忆的关键。常用的复述策略有以下方法：在复述时间上，采用及时复习、分散复习，注意时间的合理安排；在复述的次数上，强调过度学习；在复述的方法上，常用排除相互干扰、运用多种感官协同记忆、整体识记和分段识记，复习形式多样化等方法。

② 精加工策略。精加工策略是指把新信息与头脑中的旧信息联系起来从而增加新信息意义的深层加工策略。它常被描述成一种理解记忆策略，通过充实意义的添加、构建或升华，旨在建立信息之间的联系。联系越多，能够回忆出信息原貌的途径就越多，常用的方法有：a. 记忆术：位置法；首字母缩略词法；关键词法；谐音法。b. 做笔记。c. 提问。d. 扩展与引申。e. 运用背景知识联系客观实际等促进学生的生成性学习。

③ 组织策略。组织策略是指建构新知识点之间的内在联系的信息加工策略。一般有两种：一种是归类策略，用于概念、语词、规则等知识的归类整理；一种是纲要策略，主要用于对学习材料结构的把握。具体方法有：a. 聚类组织策略；b. 概括法；c. 纲要法；d. 构建网络法；e. 比较法。

第九章　问题解决与创造性

【内容辅导】

一、目标要求

（1）识记问题、问题解决、功能固着、创造性、发散思维等基本概念。

（2）理解并能以实例解释影响问题解决的因素，创造性的基本特征。

（3）掌握问题解决的心理过程、问题解决的策略。

（4）结合实例说明培养解决问题能力的有效措施及培养创造性的有效途径。

二、内容提示

（一）问题与问题解决

1．问题与问题解决的概念

（1）问题的概念。

① 问题。是指给定信息和要达到的目标之间有某些障碍需要被克服的刺激情境。就是个体不能用已有的知识经验直接加以处理并因此而感到疑难的情境。

② 问题的基本成分。有三个基本的成分：一是给定条件，这是一组已知的关于问题的条件的描述，即问题的起始状态；二是要达到的目标，即问题要求的答案或目标状态；三是存在的限制或障碍。

（2）问题解决的概念。

① 问题解决。指个人应用一系列认知操作，将问题从起始状态转变为目标状态的过程。分为两类：常规型问题解决和创造性问题解决。

② 问题解决的特点。a. 目的性；b. 认知性；c. 序列性。

2．问题解决的过程

（1）发现问题。

（2）理解与表征问题。

（3）提出假设。

（4）检验假设。

3．影响问题解决的主要因素

（1）问题的特征。个体解决有关问题时，常常受到问题的类型、问题情境即问题呈现的知觉方式等因素的影响。

（2）已有的知识经验、经验水平或实践知识影响问题解决。与问题解决有关的经验越多，解决该问题的可能性也就越大。

（3）定势与功能固着。定势（心向）是指重复先前的操作所引起的一种心理准备状态。在定势的影响下，人们会以某种习惯的方式对刺激情境做出反应。定势对解决问题有积极作用，也有消极作用。人们把某种功能赋予某物体的倾向称为功能固着。功能固着也可以看作是一种定势，即从物体的正常功能的角度来考虑问题的定势。在此影响下，人们不易摆脱事物用途的固有观念，从而直接影响问题解决的灵活性。

（4）原型启发。是指从其他事物上发现问题解决的途径和方法。在创造性问题解决时作用十分明显。

（5）个体的认知结构、情绪与动机、个性特征。

4. 问题解决的策略

（1）算法式。

（2）启发式。① 手段-目的分析；② 反推法；③ 简化法；④ 类比法。

5. 培养学生问题解决能力的方法

形成有组织的知识结构；教授学生运用策略；促使技能达到自动化水平；培养思考问题的习惯。

（1）提高学生知识储备的数量与质量。要注意：① 帮助学生牢固地记忆知识。应教给学生一些记忆和提取的方法，鼓励学生运用这些方法。② 提供多种变式，促进知识的概括。教师要重视概括、抽象、归纳和总结，应用同质不同形的各种问题的变式来突出本质特征。③ 重视知识间的联系，建立网络化结构。教师要有意识地沟通课内外、不同学科、不同知识点之间的纵横交错联系，完善学生的知识结构。

（2）教授学生运用策略。① 结合具体学科，教授思维方法。② 外化思路，进行显性教学。③ 训练逻辑思维能力，提高思维水平。

（3）促使技能达到自动化水平。提供多种练习机会。避免低水平的、简单的提问或重复的机械练习，注意练习形式的多样化，调动学生参与学习的积极性，提高学生知识应用的变通性、灵活性和广泛性。① 将较复杂的技能分解成许多子技能或前提技能，并分别掌握。② 促进各子技能或前提技能的组合。③ 多次综合练习，使其达到自动化水平。

（4）培养思考问题的习惯。① 鼓励学生主动发现问题，让学生养成主动解决问题、主动提问质疑的习惯，培养学生的观察意识和观察能力。② 鼓励学生多角度提出假设。③ 鼓励自我评价与反思。

（二）创造性及其培养

1. 创造性的含义及其特征

（1）创造性的含义。创造是根据一定目的，产生出某种新颖、独特的，有一定价值意义成品的活动或过程。创造可分为真创造和类创造。创造性是指个体产生新奇独特的、有社会价值的产品的能力和特性。创造性想象和创造性思维是人们创造活动的两大认识支柱。

（2）创造性的基本特征。发散思维是创造性思维的核心，它具有：① 流畅性。个人面对问题情境时，在规定时间内产生不同观念的数量的多少。② 变通性。即灵活性，指个人面对问题情境时，不墨守成规，不钻牛角尖，能随机应变，触类旁通。③ 独创性。个人面对问题情境时，能独具匠心，想出不同寻常的、超越自己也超越同辈的意见，具有新奇性。

2. 影响创造性的主要因素

（1）环境因素指家庭、学校和社会环境。① 创造性比智力更易受到环境的影响；② 家庭环境、父母的受教育程度和管教方式以及家庭氛围，温暖、融洽和民主的家庭氛围，对子女创造性发展十分重要；③ 学校教育中过分强调纪律和规范，缺乏自由和开放气氛也会妨碍学生创造性的发展；④ 社会文化中过分强调社会规范，因循守旧，不敢探索那些有可能失败的未知事物，也会限制个体创造性的发展。

（2）智力与创造性的关系。并非简单的线性关系，既独立又相关，整体上呈正相关趋势。① 低智商者不可能具有创造性；② 高智商者可能有高创造性，也可能有低创造性；③ 低创造性者的智商水平可能高，也可能低；④ 高创造性者的智商一般不低。

（3）高创造性者的个性特征。创造性不仅是能力开发的问题，也是个性培养的问题。强烈的好奇心、浓厚的兴趣是创造性的驱动力。较高的独立性和批判性对创造性高的人来说具有重要意义。好独立判断，有独立见解，不轻信，不盲从等都是高创造性者的特征。另外，良好的心理承受能力，善于自我调整等品质也有利于创造性的发挥。① 具有幽默感；② 有抱负和强烈的动机；③ 能容忍模糊与错误；④ 喜欢幻想；⑤ 具有强烈的好奇心；⑥ 具有独立性。

3. 创造性的培养

创设有利于创造性产生的适宜环境；注重创造性个性的塑造；开设培养创造性的课程，教授创造性的思维策略。

（1）创造适宜的环境。① 创设宽松的心理环境；② 给学生留有充分选择的余地；③ 改革考试制度与考试内容。要创造宽松的心理环境教师应该做到：① 给学生应有的信任；② 减少不必要的规定；③ 不作评判；④ 对学生表示诚恳的支持；⑤ 提供某些集体情境让学生体验到自我价值感、对集体的归属感和个人能力感。

（2）注重个性的塑造。在教学过程中要注意：① 保护好奇心。好奇心是创造活动的原动力，可以引发个体的探索行为；② 接受学生的想法，解除个体对答错问题的恐惧心理，鼓励学生正视并反思错误，为尝试新的探索做准备；③ 重视学生与众不同的见解和观点，鼓励独立性和创新精神；④ 重视非逻辑思维能力，应鼓励学生大胆猜测，进行丰富想象，而不拘泥于常规；⑤ 给学生提供具有创造性的榜样。使学生受到创造者优秀品质的潜移默化的影响，而挖掘自身优秀个性品质。

（3）创造性的思维策略训练。开设培养创造性的课程，教授创造性思维策略。① 培养学生的批判性思维；② 发散思维训练；③ 学会容忍模糊性；④ 推测与假设训练；⑤ 自我设计训练；⑥ 头脑风暴训练；⑦ 直觉思维训练。

4. 在教学实践中培养学生创造性思维

（1）创造民主开放的环境，运用启发式教学。

（2）激发学生求知欲，培养创造性动机，调动学生学习的积极性和主动性。

（3）培养学生将发散性思维和集中性思维相结合。

（4）鼓励学生创新，发展学生的创造性想象能力。

（5）进行创造性活动，正确评价学生的创造力。

（6）培养学生创造性的个性。

【练习思考】

一、单项选择题

1. 以下属于智力因素的是（　　）。

A. 注意力　B. 动机　C. 情感　D. 意志

2. 创造性是指个体产生新奇、独特的、有一定价值的产品的（　　）。

A. 智力技能　B. 思维品质　C. 思维程序　D. 能力或特性

3. 把解决问题的所有可能的方案都列举出来，逐一尝试的假设方法称之为（　　）。

A. 算法式　B. 推理式　C. 启发式　D. 演绎式

4. 一个人面对问题情境时，不墨守成规，不钻牛角尖，能随机应变，触类旁通，对同一问题想出多种不同类型的答案，这表明其思维具有（　　）。

A. 流畅性　B. 变通性　C. 指向性　D. 独创性

5. 创造性思维的核心是（　　）。

A. 形象思维　B. 发散思维　C. 辐合思维　D. 直觉思维

6. “利用红色可以做什么”属于（　　）发散思维。

A. 用途扩散　B. 结构扩散　C. 方法扩散　D. 形态扩散

7. 依据经验或直觉选择解法的假设方式称之为（　　）。

A. 算法式　B. 推理式　C. 启发式　D. 演绎式

8. 已知条件和要达到的目标都非常明确，个体按一定的思维方式即可获得的问题称为（　　）。

A. 明确问题　B. 模糊问题　C. 有结构问题　D. 无结构问题

9. 数学教师在教应用题时，一再强调要学生审清题意，必要时可以画示意图。这样做的目的是（　　）。

A. 牢记题目内容　B. 很好地完成对心理问题的表征

C. 有效地监控审题过程　D. 熟练地使用计算技能

10. 尽可能多地画出包含“△”结构的东西，并写出或说出它们的名字属于发散思维训练中的（　　）。

A. 结构扩散　B. 方法扩散　C. 形态扩散　D. 用途扩散

11. 给定信息和要达到的目标之间有某些障碍需要被克服的刺激情境称为（　　）。

A. 原型　B. 定势　C. 变式　D. 问题

12. 以黑猩猩摘取香蕉的经典实验为基础，提出了问题解决的顿悟说的格式塔派心理学家是（　　）。

A. 苛勒　B. 桑代克　C. 杜威　D. 格拉斯

13. 认知心理学把理解问题看作是在头脑中形成（　　）的过程。

A. 问题结构　　B. 问题线索　　C. 问题内容　　D. 问题空间

14. 受先前活动影响而产生的心理活动的特殊准备状态称为（　　）。

A. 原型启发　　B. 功能固着　　C. 负向迁移　　D. 定势影响

15. 一个人面对问题情境时，在规定的时间内能产生大量不同的观念，这是思维（　　）的表现。

A. 流畅性　　B. 变通性　　C. 指向性　　D. 独创性

16. 先有一个目标，它与当前的状态之间存在着差异，人们认识到这个差异，就要想出某种办法采取活动（手段）来减小这个差异。这种解决问题的方法或策略是（　　）。

A. 手段—目的分析法　　B. 逆向工作法

C. 尝试—错误法　　D. 爬山法

17. 专家与新手相比，专家在专门领域的短时记忆和长时记忆能力都更强。最适当的解释是（　　）。

A. 专家有更敏捷的记忆品质

B. 专家掌握了一般的记忆策略

C. 专家的智力水平普遍较高

D. 专家在专门领域有更丰富的知识与特殊的认知策略

18. 把握问题的性质和关键信息，摒弃无关因素，并在头脑中形成有关问题的初步印象，即形成问题的表征的过程称为（　　）。

A. 发现问题　　B. 理解问题

C. 提出假设　　D. 验证假设

二、填空题

1. 同质不同形的呈现各种问题例证的方式叫作＿＿＿＿＿。

2. ＿＿＿＿是个体对一个问题所达到的全部认识状态，包括问题的起始状态、目标状态以及由前者过渡到后者的各中间状态和有关的操作。

3. 一般认为，影响创造性的因素主要有环境、智力和＿＿＿＿＿。

4. 从完整的问题解决过程来看，＿＿＿＿＿是其首要的环节。

5. 根据问题解决的新颖性不同，可将问题分为＿＿＿＿＿和创造性问题解决两种类型。

6. 对问题的表征包括问题的表面特征和深层特征，其中＿＿＿＿＿是解决问题的关键。

7. ＿＿＿＿是根据已有信息作出概括、推论，获取答案的思维方式。

8. 在解决问题的方法中，使用手段—目标分析法的关键是＿＿＿＿＿。

9. 砖一般用于建筑中，但人们有时想不到它在黑夜中可以作为防身的武器，这说明＿＿＿＿也会影响问题的解决。

10. 科学家调查研究发现，＿＿＿＿＿是发明创造的源泉，也是创造性活动赖以进行的重要动力。

11. ＿＿＿＿既是个体在头脑中对所面临的事件或情境的表现和记载，也是个体解决问题时所加工的对象。

12. 问题解决经常是综合应用各种知识的过程，＿＿＿＿是保证正确地解决问题的基础。

三、简答题

1. 简述影响问题解决的因素。

2. 简述创造性的思维策略训练。

四、论述题

如何培养问题解决能力？如何结合具体的学科教学来培养学生解决问题的能力？

五、案例分析题

一位小学数学教师教学“千克的初步认识”时，在用教具——天平来称粉笔时，忘了拆下天平物盘下的胶垫，出现了第一次称一支粉笔为100克，第二次称一支粉笔为10克。而该老师把两次测量10倍之差向学生解释是天平这种测量工具的误差。请你评价一下这位老师处理错误的方法。

问题：假如你是这位老师，你用什么方法来解决？

【参考答案】

一、单项选择题

1. A　2. D　3. A　4. B　5. B　6. D　7. C　8. C　9. B　10. A　11. D　12. A　13. D　14. D　15. A　16. A　17. D　18. B

二、填空题

1. 问题的变式　2. 问题空间　3. 个性　4. 发现问题　5. 常规性问题解决　6. 深层特征　7. 聚合思维　8. 把大目标分成子目标　9. 功能固着　10. 好奇心　11. 表征　12. 知识之间的有机联系

三、简答题

1. 影响问题解决的因素：（1）问题的特征。个体解决有关问题时，常常受到问题的类型、问题呈现的方式等因素的影响；（2）已有的知识经验。与问题解决有关的经验越多，解决该问题的可能也就越大；（3）定势与功能固着。当在某种情形下需要利用物体的某一潜在功能来解决问题时，功能固着可能起到阻碍的作用。

2. 创造性的思维策略训练包括：（1）培养学生的批判性思维；（2）发散思维训练；（3）学会容忍模糊性；（4）推测与假设训练；（5）自我设计训练；（6）头脑风暴训练。

四、论述题

培养学生问题解决的能力包括以下几个方面：（1）完善学生的知识结构。扎实的专业知识、良好的知识结构是有效解决特定领域问题的最重要条件之一。（2）掌握问题解决的基本程序。在教学中教给学生一些通用的问题解决的方法和思维策略，会有效提高他们问题解决的能力。（3）培养学生发现和识别问题的能力。注意训练学生发现问题的能力，并使他们搞清问题的来龙去脉及与其他知识点的联系，以达到深刻地识别问题的目的。（4）掌握问题解决的启发式策略。经常采用的启发式策略主要有：手段-目的分析法、逆推法、联想法、简化法、类比法。（5）考虑影响解决问题的因素。教师应让学生了解习惯定势、功能固着、酝酿效应、动机情绪、知识经验、问题情境等对学生问题解决有什么影响，发挥这些因素的积极作用。采用主要的接受学习方式，辅以有指导的发现学习和主动解决问题的经验，有分析、有批判地进行特定学科的教学，将会大大地提高解决有关该学科问题的能力。

结合具体的学科教学来培养学生解决问题的能力有以下措施：（1）提高学生知识储备的数量与质量。① 帮助学生牢固地记忆知识；② 提供多种变式，促进知识的概括；③ 重视知识间的联系，建立网络化结构。（2）教授与训练解决问题的方法与策略。① 结合具体学科，教授思维方法；② 外化思路，进行显性教学。（3）提供多种练习的机会。（4）培养思考问题的习惯。① 鼓励学生主动发现问题；② 鼓励学生多角度提出假设；③ 鼓励自我评价与反思。

五、案例分析题

老师在课堂上出现错误是不可避免的，应正确对待和处理问题。对待课堂上出现的错误，应该是善待错误而不是放纵错误，并通过教学机智把错误的事实转变为探究问题的情境，打破课前的预定目标，促使具有鲜活的个性的探究发现在课堂中创造生成。如前面列举的那位老师，当发现这个“天平”称一支粉笔会相差 10 倍的错误问题时，假若以此来创设问题情境，把“怪球”踢给学生，则能迅速激起学生探究的欲望，让他们亲身经历寻找问题和解决问题的过程，学生就不仅会发现问题拆下天平的胶垫，还能通过亲自观察、积极思考、动手操作等感知和体验，从而获得认识天平、使用天平的经验。

第十章　态度与品德的形成

【内容辅导】

一、目标要求

（1）识记态度与品德的实质及结构。

（2）理解态度和品德的关系。

（3）掌握影响态度和品德形成的因素；掌握态度和品德形成的过程；掌握中小学生道德发展的基本特征。

（4）重点掌握皮亚杰道德发展阶段理论；科尔伯格儿童道德三水平六阶段理论；良好的态度和品德的培养方法。

二、内容提示

（一）态度与品德的实质及结构

1. 态度的实质与结构

（1）态度的实质。态度是通过学习而形成的影响个人行为选择的内部准备状态或反应的倾向性。

（2）态度的结构。包括认知成分、情感成分和行为成分。认知成分是指个体对态度对象所具有的带有评价意义的观念和信念；情感成分是指伴随态度的认知成分而产生的情绪或情感体验，是态度的核心成分；行为成分是指准备对某对象做出某种反应的意向或意图。一般情况下，三种成分是一致的，也有不一致的情况，如执行脱节。

2. 品德的实质与结构

（1）品德的实质。品德是社会道德在个人身上的体现，是个体依据一定的社会道德行为规范行动时表现出来的比较稳定的心理特征和倾向。品德是个性中具有道德评价意义的核心部分，具有以下特征：第一，以某种道德意识或道德观念为基础；第二，与道德行为密切联系，离开了道德行为就无法表现和判断个人的道德；第三，具有稳定的倾向性和特征。

（2）品德的结构。包括四种相辅相成的心理成分：道德认知、道德情感、道德意志和道德行为。① 道德认知：是对道德规范及其执行意义的认识。道德认识是道德情感、道德意志产生的基础，是行为的调节机制。品德的核心是道德认识。② 道德情感；是人的道德需要是否得到满足所引起的一种内心体验，也就是人在心理上所产生的对某种道德义务的爱憎、喜恶等情感体验。道德情感渗透在人的道德观念和道德行为中，内容主要包括爱国主义情感、集体主义情感、义务感、责任感、事业感、自尊感和羞耻感。道德情感从表现形式上看主要包括三种：a. 直觉式道德情感；b. 想象式道德情感；c. 伦理式道德情感。③ 道德意志：是个体自觉地调节道德行为，克服困难，以实现预定道德目标的心理过程。④ 道德行为：是指个体在一定的道德意识支配下表现出来的对他人和社会的有道德意义的活动。道德行为是品德形成的最终环节，是衡量道德品质的重要标志。

（二）品德发展的阶段理论

1. 皮亚杰的道德发展阶段理论

皮亚杰发现儿童道德的发展经历从他律到自律的认识、转化的发展过程。① 在10岁以前，儿童对道德行为的判断主要是依据他人设定的外在标准，称为他律道德；② 在10岁以后，儿童的判断主要是依据自己认可的内在标准，称为自律道德。

2. 柯尔伯格的道德发展阶段理论

（1）前习俗水平。4～10岁，特征是个体着眼于人物行为的具体结果及其与自身的利害关系，认为道德的价值不决定于人际准则，而是决定于外在的要求。该水平包括第一、二两个阶段：惩罚服从取向阶段；相对功利取向阶段。

（2）习俗水平。10～13岁，特征是个体着眼于社会的希望和要求，能够从社会成员的角度去思考道德问题，开始意识到人的行为必须符合群体或社会的准则，能够了解、认识社会行为规范，并遵守、执行这些规范。该水平包括第三、四两个阶段："好孩子"取向阶段；遵守权威取向阶段。

（3）后习俗水平。13岁以上。特征是个体不只是自觉遵守某些行为规则，还认识到法律的人为性，并在考虑全人类的正义和个人尊严的基础上形成某些超越法律的普遍准则。该水平包括第五、六两个阶段：社会契约取向阶段；普遍伦理取向阶段。

3. 尤尼斯的道德实践活动理论

强调青少年期的社会参与经验对其道德发展的持久影响。

（1）社会参与经验对青少年道德发展的影响的表现。① 可以促使青少年联系他人反思自身，从而改善道德观念和行为；② 可以影响其若干年后自愿参与社会的行为；③ 可能提高成年期参与政治活动和各种社会团体的可能性。

（2）道德同一性具有两个基本的要素。① 对他人的尊重；② 对社会的尊重。

（三）态度与品德的形成与培养

1. 中学生品德发展的基本特征

（1）伦理道德发展具有自律性、言行一致。① 形成道德信念与道德理想；② 自我意识增强；③ 品德结构更为完善。

（2）品德发展由动荡向成熟过渡。① 初中阶段品德发展具有动荡性；② 高中阶段品德发展趋向成熟。

2. 态度与品德的形成过程

该形成过程是一个从外到内的转化过程，是社会规范的接受和内化，大致经历三个阶段：① 依从；② 认同；③ 内化。

3. 品德学习的形式与条件

品德学习有两种形式：亲历学习和观察学习。

品德学习的一般条件：

（1）外部条件。① 家庭教养方式；② 社会风气；③ 同伴群体。

（2）内部条件。① 认知失调；② 态度定势；③ 道德认知。

4. 良好态度与品德的培养

（1）有效地说服。

（2）树立良好的榜样。

（3）利用群体的约定。

（4）价值辨析。

（5）给予适当的奖惩。

其中，利用群体约定的操作程序：① 清晰而客观地介绍问题的性质；② 唤起班集体对问题的意识，使他们明白只有改变态度才能更令人满意；③ 清楚而客观地说明要形成的新态度；④ 引导集体讨论改变态度的具体方法；⑤ 使全班学生一致同意把计划付诸实施，每位学生都承担执行计划的任务；⑥ 学生在执行计划的过程中改变态度；⑦ 引导大家对改变的态度进行评价，使态度进一步概括化和稳定化。

而一种观念要真正成为个人的道德价值观，须经历三个阶段七个子过程。

（1）选择阶段。① 自由选择；② 从多种可选范围内选择；③ 充分考虑各种选择的后果之后再进行选择。

（2）赞赏阶段。① 喜爱自己的选择并感到满意；② 愿意公开承认自己的选择。

（3）行动阶段。① 按自己的选择行事；② 作为一种生活方式加以重复。

（四）学生不良行为的矫正

1. 过错行为与不良品德行为的含义

（1）过错行为。不符合道德要求的行为。如调皮捣蛋、恶作剧、不做作业和考试舞弊等。

（2）不良品德行为。由错误道德意识支配的，经常违反道德准则，损害他人或集体利益的问题行为。

2. 学生不良行为的原因

（1）客观。家庭教育失误、学校教育不当、社会文化的不良影响。

（2）主观。缺乏正确的道德观念和道德信念、消极的情绪体验、道德意志薄弱、不良行为习惯的支配、性格上的缺陷等。

3. 学生不良行为矫正的基本过程

学生不良行为矫正效果取决于教育时机的选择和对众多教育因素的控制。一般认为矫正主要经历：醒悟阶段、转变阶段和自新阶段三个过程。矫正的心理学策略有：① 改善人际关系，消除疑惧心理和对立情绪；② 保护自尊心，培养集体荣誉感；③ 讲究谈话艺术，提高道德认识；④ 锻炼与诱因作斗争的毅力，巩固新的行为习惯；⑤ 注重个别差异，运用教育机制。

【练习思考】

一、单项选择题

1. 认知派认为，个体品德的核心部分是（　　）。

A. 道德信念　B. 道德情感　C. 道德认识　D. 道德意志

2. 采用两难故事法研究道德发展阶段的心理学家是（　　）。

A. 柯尔伯格　B. 皮亚杰　C. 斯金纳　D. 巴甫洛夫

3. 在思想观点上与他人的思想观点一致，将自己所认同的思想和自己原有的观点、信念融为一体，构成一个完整的价值体系称之为（　　）。

A. 模仿　B. 从众　C. 认同　D. 内化

4. 与依从相比，认同更深入一层，它不受外界压力控制，行为具有一定的（　　）。

A. 自觉性、主动性和稳定性　B. 积极性

C. 适应性和社会性　D. 内化性和意志性

5. 品德心理结构中最具有动力色彩的成分是（　　）。

A. 道德认识　B. 道德情感　C. 道德意志　D. 道德行为

6. 态度的构成要素中处于核心地位的因素是（　　）。

A. 认知因素　B. 情感因素　C. 意向因素　D. 情境因素

7. 态度的行为成分是指准备对某对象做出某种反应的（　　）。

A. 行为方式　B. 意向或意图　C. 行为习惯　D. 语言或行为

8. "亲其师、信其道"，主要表明了（　　）的作用。

A. 道德认识　B. 道德情感　C. 道德动机　D. 道德意志

9. 学生明知故犯，言行不一的主要原因是（　　）。

A. 道德情感异常　B. 道德行为不良

C. 道德意志薄弱　D. 道德认识缺乏

10. 在（　　），学生的伦理道德开始形成但又具有两极分化的特点。

A. 学前阶段　B. 小学阶段　C. 初中阶段　D. 高中阶段

11. 爱国主义情感属于（　　）的道德情感。

A. 直觉的　B. 想象的　C. 行为的　D. 伦理的

12. 表现为"富贵不能淫，贫贱不能移，威武不能屈"的阶段是（　　）。

A. 依从　B. 认同　C. 内化　D. 坚定

二、多项选择题

1. 品德学习的一般条件包括（　　）。

A. 教养方式　B. 人际关系　C. 个人信念

D. 社会风气　E. 同伴群体

2. 克拉斯沃尔和布卢姆将态度的水平分为（　　）。

A. 接受　B. 注意　C. 评价

D. 组织　E. 性格化

3. 以下关于态度与品德的关系叙述正确的是（　　）。

A. 二者实质是相同的　B. 二者结构是相同的

C. 二者功能是相同的　　D. 二者范围是不同的

E. 二者的内化程度是不同的

4. 影响态度与品德学习的外部条件，主要包括（　　）。

A. 家庭教养方式　B. 道德认知　C. 社会风气

D. 态度定势　E. 同伴群体

三、填空题

1. 道德情感从表现形式上看主要包括直觉的道德情感、＿＿＿＿＿的道德情感和伦理的道德情感三种。

2. ＿＿＿＿是道德观念和道德情感的外在表现，是衡量品德的重要标志。

3. 态度涉及的范围较大，品德是态度中涉及＿＿＿＿＿的那部分，范围较小。

4. 柯尔伯格认为，个体的道德认知是由低级阶段向高级阶段发展的，大部分青年和成人都处于＿＿＿＿＿水平。

5. 认同实质上就是对榜样的＿＿＿＿＿，其出发点就是试图与榜样一致。

6. 依从阶段的行为具有＿＿＿＿＿性、被动性、不稳定，随情境的变化而变化。

7. ＿＿＿＿是态度改变的先决条件。

8. 班杜拉认为观察学习是通过观察他人所表现的行为及结果而发生的学习。他的大量实验表明＿＿＿＿榜样在观察学习中起到了非常重要的作用。

9. ＿＿＿＿学习理论认为，学习的情感、态度、行为、品德等方面是通过对社会环境中他人的观察模仿而获得的。因此，教师的榜样对学生的发展将产生十分重要的影响。

四、简答题

1. 简述态度的实质与结构。

2. 道德情感的表现形式。

五、论述题

试论述中学生品德发展的基本特征。

六、案例分析题

初二的时候，我（台湾作家三毛）数学总是考不好。有一次，我发现数学老师每次出考试题都是把课本里面的习题选几题叫我们做。当我发现这个秘密时，就每天把数学题目背下来。由于我记忆力很好，那阵子我一连考了六个100分。数学老师开始怀疑我了，这个数学一向差劲的小孩功课怎么会突然好了起来呢？一天，她把我叫到办公室，丢了一张试卷给我，并且说："陈平，这十分钟里，你把这些习题演算出来。"我一看上面全是初三的考题，整个人都呆了。我坐了十分钟后，对老师说不会做。下一节课开始时，她当着全班同学的面说："我们班上有一个同学最喜欢吃鸭蛋，今天老师想请她吃两个。"然后，她叫我上讲台，拿起笔蘸进墨汁，在我眼睛周围画了两个大黑圈。她边画边笑着对我说："不要怕，一点也不痛不痒，只是晾晾而已。"画完后，她又厉声对我说："转过身去让全班同学看一看！"当时，我还是一个不知道怎样保护自己的小女孩，就乖乖地转过身去，全班同学哄堂大笑起来。第二天早上，我悲伤地上学去，两只脚像灌了铅似的迈不动，走到教室门口，我昏倒在地上，失去了知觉。从此，我离开了学校，把自己封闭在家里。

问题：请运用德育教育的原则对该教师的行为进行批判。如果你是三毛的老师，你会怎样帮助三毛?

【参考答案】

一、单项选择题

1. C 2. A 3. D 4. A 5. B 6. B 7. B 8. B 9. C 10. C 11. D 12. C

二、多项选择题

1. ACDE 2. ABCDE 3. ABDE 4. ACE

三、填空题

1. 想象 2. 道德行为 3. 道德规范 4. 习俗 5. 模仿 6. 盲目 7. 认知失调 8. 替代性 9. 社会

四、简答题

1. 态度是通过学习而形成的、影响个人的行为选择的内部准备状态或反应的倾向性。对于该定义，可以从下面几个方面来理解：(1) 态度是一种内部准备状态，而不是实际反应本身。(2) 态度不同于能力，虽然二者都是内部倾向。能力决定个体能否顺利完成某些任务，而态度则决定个体是否愿意完成某些任务，即决定行为的选择。(3) 态度是通过学习而形成的，不是天生的。无论是对人还是对事，各种态度都是通过个体与环境相互作用而形成、改变的。态度结构有三个成分：(1) 态度的认知成分。指个体对态度对象所具有的带有评价意义的观念和信念。(2) 态度的情感成分。指伴随态度的认知成分而产生的情绪或情感体验，是态度的核心成分。(3) 态度的行为成分。指准备对某对象做出某种反应的意向或意图。

2. 从表现形式上可分为三种：(1) 直觉的道德情感体验；(2) 与具体道德形象相联系的情感体验；(3) 与道德信念相联系的情感体验。

五、论述题

第一，伦理道德发展具有自律性，言行一致性。在整个中学阶段。学生的品德迅速发展，处于伦理形成时期。伦理是人与人之间的关系以及必须遵守的行为准则，它是道德关系的概括，伦理道德是道德发展的最高阶段。(1) 形成道德信念与道德理想。中学阶段是道德信念和道德理想形成，并以此指导行动的时期。中学生逐渐掌握伦理道德，并服从它，表现为独立、自觉地依据道德信念、价值标准等去行动，使学生的道德行为更有原则性、自觉性。(2) 自我意识增强。在品德发展的过程中，中学生更加关注自我道德修养，并努力加以提高。中学生对自我道德修养的反省性和监控性有明显的提高，这为产生自觉的道德行为提供了有效的前提。(3) 道德行为习惯逐步巩固。由于不断地实践、练习，加之较为稳定的道德信念的指导，中学生逐渐形成了与道德伦理相一致的、较为定型的道德行为习惯。(4) 品德结构更为完整。中学生的道德认识、道德情感与道德行为三者相互协调，形成一个较为完善的动态结构，使他们不仅按照自己的道德准则去行动，而且也逐渐成为稳定的个性心理结构的一部分。

第二，品德发展由动荡向成熟过渡。（1）初中阶段品德发展具有动荡性。从总体上看，初中即少年期的品德虽然具有伦理道德的特性，但仍旧不成熟、不稳定，具有动荡性，表现在道德观念的原则性、概括性不断增强，但还带有一定程度的具体经验特点。（2）高中阶段品德发展趋向成熟。高中阶段或青年初期的品德发展进入了以自律为主要形式、运用道德信念来调节道德行为的成熟时期，表现在能自觉地运用一定的道德观点、信念来调节行为，并初步形成人生观和世界观。

六、案例分析题

有效地进行德育，不仅要掌握德育工作的特点，客观上也需要依据一定的原则来解决和处理好各种各样的关系和矛盾；掌握德育工作的基本原则，是卓有成效进行德育所必需的。而三毛的数学老师发现了三毛的错误，没有进行个别教育，直接在全班同学的面前用极端的手段打击学生，没有正面教育，疏通引导，使学生丧失了信心，从此害怕上学，造成严重的负面效果。如果我是三毛的老师，我会对学生晓之以理、导之以行，以积极因素克服消极因素，严格要求与尊重信任相结合，让德育发挥到最大效果。

第十一章　心理健康教育

【内容辅导】

一、目标要求

（1）识记心理健康、心理评估、心理辅导等概念，行为塑造法的定义。

（2）理解心理辅导的基本目标和高级目标，以及强化法、行为塑造法、代币奖励法、自我控制法等促进学生行为改变的方法。

（3）掌握中小学生心理健康的标准，掌握中小学常见的心理疾病。

（4）掌握全身松弛训练、系统脱敏法、肯定性训练和艾里斯的理性情绪辅导方法。

二、内容提示

（一）心理健康的概念与标准

1．心理健康的概念

所谓心理健康，就是一种良好的、持续的心理状态与过程，表现为个人具有生命的活力，积极的内心体验，良好的社会适应能力，能够有效地发挥个人的身心潜力以及作为社会一员的积极的社会功能。心理健康包括两层含义：一是无心理疾病；二是有一种积极发展的心理状态。

2．心理健康的标准

（1）智力发育正常。即个体智力发展水平与其实际年龄相称。

（2）自我意识正确。能正确评价、接纳自己。

（3）情绪积极稳定。情绪乐观稳定，热爱生活，积极向上，对未来充满希望，有烦恼能自行解脱。

（4）意志健全。在困难和挫折面前，能采取合理的反应方式，能在行动中控制情绪和言行。

（5）人际关系和谐，乐于交往，能和多数人建立良好的人际关系，具有处理矛盾的能力。

（6）社会适应良好。有良好的环境适应能力，能够面对、接受、适应现实，能够妥善处理生活、学习和工作中的各种挑战。

（7）人格结构完整。具有较高的能力、完善的性格、良好的气质、正确的动机、广泛的兴趣和坚定的信念。

（8）心理行为表现符合年龄特征。其中性别角色分化，能够获得相应的性别角色，行为方式和相应的性别角色规范一致。

（二）学生心理健康教育

1. 学生心理健康教育的意义

（1）加强心理健康教育是预防精神疾病，保障学生心理健康的客观需要。

（2）加强心理健康教育，提高学生心理素质，促进其人格健全发展，是时代的呼唤，是素质教育的客观要求。

（3）加强心理健康教育是改进和加强学校德育工作的客观要求，是学校日常教育教学工作的配合与补充。

2. 学生心理健康教育的对象

应以正常学生为主，包括全体师生。

3. 学生心理健康教育的目标

心理健康教育的总目标：提高全体学生的心理素质，充分开发他们的潜能，培养学生乐观、向上的心理品质，促进学生人格的健全发展。具体目标是：① 使学生不断认识自我，增强调控自我、承受挫折、适应环境的能力；② 培养学生健全的人格和良好的个性品质；③ 提高学生的心理健康水平，增强自我教育能力；④ 对少数有心理困扰或心理障碍的学生，给予科学有效的心理咨询和辅导，使他们尽快摆脱障碍。

4. 学生心理健康教育的任务

（1）全面推进素质教育，增强学校德育工作的针对性、实效性和主动性。

（2）帮助学生树立在出现心理行为问题时的求助意识，促进学生形成健康的心理素质，维护学生的心理健康，减少和避免对他们心理健康的各种不利影响。

（3）培养身心健康，具有创新精神和实践能力，有理想、有道德、有文化、有纪律的一代新人。

5. 学生心理健康教育的途径

① 开设心理健康教育有关课程；② 开设心理辅导活动课；③ 在学科教学中渗透心理健康教育的内容；④ 结合班级、团队活动开展心理健康教育；⑤ 个别心理辅导或咨询；⑥ 小组辅导。

6. 中学生易产生的心理健康问题

习惯上，人们用心理困扰、心理障碍和心理疾病分别指称严重程度由低到高的几类心理健康问题。① 焦虑症；② 抑郁症；③ 强迫症；④ 恐惧症；⑤ 神经衰弱；⑥ 人格障碍；⑦ 性心理问题。

7. 中学生心理健康问题的特点

（1）隐匿性与突发性。

（2）多元性与单一性。

（3）无知性与盲目性。

8. 影响学生心理健康的因素

（1）个人因素。① 生物学方面，生理发育的鼎盛时期；② 心理方面，身心发展不平衡，心理活动也处于矛盾状态。

（2）家庭因素。① 父母关系，父母间的不良关系对学生心理健康会产生极大的不利影响；② 父母期望，父母对孩子过高或过低的期望，对孩子的心理健康和发展都是不利的；③ 教养方式，家庭教养方式对学生心理健康不仅具有直接的影响，而且还体现在对学校教育的效果起促进、干扰或者抵消的作用上；④ 父母个性，家庭成员的言行举止对孩子的心理健康起着潜移默化的示范作用。

（3）学校因素。① 教育方式，学校的教育方式、方法不当会造成学生的心理压抑；② 同伴关系，同伴关系对学生的日常生活和个体发展具有重要影响；③ 学习负担，沉重的课业负担使学生的心理整天处于超负荷的高度紧张状态之中。

（4）社会因素。

9. 学生心理健康的维护

（1）学生个体进行积极的自我调适。① 改变观念。学生要学会正确地看待学习，培养乐观的人生态度，树立信心；正确认识自己、勇于接纳自己。② 积极地应对策略和归因方式。学生应努力使自己成为更加内控的人，把原因归结为个体可以控制的因素；积极认知，理智、客观地看待压力对自身的影响，形成面对压力的良好心态。③ 合理的饮食和锻炼，保持身体健康。

（2）学校通过多种方式进行心理健康教育，维护学生心理健康。① 学校积极开展专门的心理健康课和心理卫生教育课，教给学生心理健康知识和调适心理的方法。② 学校组织专门的心理老师对学生进行个别心理辅导。③ 平时的课堂教学中注意穿插心理健康教育知识，培养学生积极的心理品质。④ 改变传统应试教育的教学方式和教育理念，提高教师的素质，培养学生对学习的兴趣，杜绝教师伤害学生的事件发生。

（3）与家长合作构建社会支持网络。① 学校积极与家长配合，通过班会等形式，共同关注学生的心理健康问题，并且针对问题进行相互交流。② 学校专门的心理健康教育机构应该为家长提供支持，对家庭教育中存在的问题及其解决提出建议。③ 国家采取切实措施，重视优化校园周边环境，打击不良媒体对学生心理健康的侵蚀，创造有利于学生心理健康发展的社会环境。

（三）心理辅导

1. 学校心理辅导含义

学校心理辅导是指学校教育者根据学生心理发展的特征与规律，在一种新型的、建设性的人际关系中，运用心理学等专业知识技能，设计与组织各种教育性活动，以帮助学生形成良好的心理素质，充分发挥个人潜能，进一步提高心理健康水平的过程。

心理辅导与心理咨询密切相关。心理咨询是指运用心理学的理论和技术，借助语言、文字等媒介与咨询对象建立一定的人际关系，帮助咨询对象消除心理问题，增进心理健康，有效地适应社会生活环境的过程。

2. 学校心理辅导目标

学校心理辅导的一般目标可归纳为：学会调适和寻求发展。前者是基本目标，后者是高级目标。两个目标分别是要引导学生达到基础层次的心理健康和高层次的心理健康。学校辅导教师运用其专业知识和技能，给学生以合乎其需要的协助与服务，帮助学生正确地认识自己，认识环境，依据自身条件，确立有益于社会进步与个人发展的生活目标，克服成长中的障碍，增强与维持学生心理健康，使其在学习、工作与人际关系各个方面做出良好适应。

3. 学校心理辅导原则

一般心理辅导原则有非指导性或不指示原则；重点与整体相结合的原则；保密性原则。要做好学生心理辅导工作，必须遵循面向全体学生、预防与发展相结合、尊重与理解学生、发挥学生主体性、个别对待学生、促进学生整体性发展的原则。

4. 心理辅导与咨询的方法

（1）精神分析疗法。自由联想、释梦、阻抗分析。

（2）行为疗法。系统脱敏疗法、满灌疗法、厌恶疗法、强化法、惩罚法、代币奖励法。

（3）认知行为疗法。合理情绪行为治疗。

（4）人本主义。个人中心法。

5. 心理咨询的技术

（1）参与性技术。① 倾听的技术；② 鼓励与重复；③ 内容反应与情感反应。

（2）影响性技术。① 指导技术；② 面质技术；③ 自我开放。

（3）非言语技术。① 目光注视；② 身体姿势；③ 声音特征。

（四）心理评估

1. 心理评估的含义

依据用心理学方法和技术搜集得来的资料，对学生的心理特征与行为表现进行评鉴，以确定其性质和水平并进行分类诊断的过程。

2. 心理评估的意义

（1）有针对性地进行心理健康教育的依据。

（2）检验心理健康教育效果的手段。

3. 心理评估的参考架构

心理评估有两种参考架构：① 健康模式。旨在了解健康状态下的心理智力及自我实现的倾向。② 疾病模式。旨在对当事人心理疾病的有无以及心理疾病的类别进行诊断。

4. 心理评估的常用方法

（1）心理测验。

（2）评估性会谈。① 倾听；② 鼓励；③ 询问；④ 反映；⑤ 澄清；⑥ 面质。

（3）其他方法。① 观察法；② 自述法。

【练习思考】

一、单项选择题

1. 要做好心理辅导工作，不能遵循的原则有（　　）。

A. 面向全体学生原则　　B. 预防与发展相结合原则

C. 尊重与理解学生原则　　D. 教师中心原则

2. 小张老怀疑自己的手脏，所以一天不停地洗手，这种行为属于（　　）。

A. 强迫行为　　B. 强迫观念　　C. 强迫考虑　　D. 强迫焦虑

3. 人格障碍是（　　）的产物。

A. 个体先天素质　　B. 后天教养

C. 不良习惯　　D. 个体先天素质与后天教养

4. 依据用心理学方法和技术搜集得来的资料，对学生的心理特征与行为表现进行评鉴，以确定其性质和水平并进行分类诊断的过程称为（　　）。

A. 心理测验　　B. 心理咨询　　C. 心理辅导　　D. 心理评估

5. 在心理测验中，成就动机测验属于（　　）。

A. 认知测验　　B. 能力测验　　C. 人格测验　　D. 智商测验

6. 筹码、小红星、盖章的卡片作为奖励替代物来使用，这属于（　　）。

A. 行为塑造法　　B. 代币奖励法

C. 系统脱敏法　　D. 情绪辅导法

7. 小学生中常见的焦虑反应主要是（　　）。

A. 交往焦虑　　B. 上学焦虑　　C. 课堂焦虑　　D. 考试焦虑

8. 人的各种心理疾病和躯体症状也都是通过系统学习而获得的，或者说是由于不适当的学习所造成的，因此，只要改变强化模式，所有异常行为都能得到纠正。这是（　　）的观点。

A. 人本主义　　B. 精神分析学派　　C. 行为主义　　D. 认知心理学

9. 下列中学生的表现不属于心理行为问题的是（　　）。

A. 过分依赖　　B. 吸烟

C. 受到批评，心里不高兴　　D. 一到考试身体就有不适反应。

10. 首创主要用于治疗恐惧症的系统脱敏法的心理学家是（　　）。

A. 斯金纳　　B. 沃尔朴　　C. 艾里斯　　D. 雅各布松

11. 强迫症包括强迫观念和（　　）。

A. 怪异观念　　B. 强迫行为　　C. 强迫洗手　　D. 强迫恐惧

12. 辅导老师将接受辅导学生表达出的思想、观念或流露出的情绪，加以综合整理，用自己的语言再表达出来的会谈技术为（　　）。

A. 鼓励　　B. 反映　　C. 澄清　　D. 询问

13. 通过不断强化逐渐趋近目标的反应，来形成某种较复杂的行为称为（　　）。

A. 行为塑造　　B. 行为训练　　C. 行为矫正　　D. 行为强化

14. 日记、周记、作文等是下列（　　）的具体形式。

A. 观察法　　B. 自陈法　　C. 作业法　　D. 心理测验

二、多项选择题

1. 中共中央在 1998 年的《关于进一步加强和改进学校德育工作的若干意见》的文件中提出要对学生进行心理健康教育和指导是为了（　　）。

A. 帮助学生提高心理素质　　B. 健全人格

C. 增强承受挫折的能力　　D. 增强适应环境的能力

2. 张春兴认为心理健康的条件有（　　）。

A. 情绪较稳定

B. 乐于工作

C. 能与人建立和谐的关系，并乐于和他人交往

D. 对自己有适当的了解，并悦纳自我

E. 对环境有适当的认识并能切实有效地面对问题和解决问题

3. 对于学习习惯的建立，以下哪几种说法是不正确的（　　）。

A. 基本学习习惯不良多始于小学

B. 家长的“陪读”会造成孩子在学习上对家长的依赖

C. 不良学习习惯的扭转和改变不是很难的事

D. 行为强化技术是改变不良学习习惯的一项重要技术

E. 学习习惯的改变和确立要趁热打铁，趁学生有改变的兴趣，在最短的时间内全面改变学生不良的学习习惯，建立好的学习习惯

4. 消除自卑感常用的方法包括（　　）。

A. 引导学生对自己进行客观全面的认知

B. 对成败进行正确的归因

C. 消除非理性观念

D. 帮助学生不时有成功的体验

E. 用激将法刺激学生，让他们通过逆反心理产生正面的动力

三、填空题

1. 无论采用何种方法进行心理辅导，都必须以建立良好的________为前提。

2. 强迫症一般包括强迫观念和________。

3. 为了提高会谈效果，需要运用的专门技术主要有倾听、鼓励、询问、反映、________、面质。

4. 心理辅导中人际关系的主要特点是________、尊重、真诚与同感。

5. 在评估性会谈中的询问，少提________的问题，多提开放型的问题。

6. 儿童多动综合征是一种以________和活动过度为主要特征的综合性障碍。

四、判断简析题

学校心理健康教育是面向全体学生。

五、简答题

1. 什么是心理健康？衡量心理健康的基本标准是什么？

2. 简述行为改变的方法。

六、论述题

结合实例说明如何通过系统脱敏法训练人的行为。

七、案例分析题

在古希腊神话故事中，有位叫潘多拉的姑娘有个神明给她的神秘的小匣子，万神之神宙斯严禁她打开。这反而激起了姑娘的猎奇和冒险心里，姑娘最终打开了小匣子，于是灾祸飞出，充满人间。

请问上述材料所指的心理效应是什么？什么年龄阶段最容易出现这类现象？联系工作实际，谈谈如何在班级管理中去运用这个心理效应。

【参考答案】

一、单项选择题

1. D　2. A　3. D　4. D　5. C　6. B　7. C　8. C　9. C　10. B　11. B　12. B　13. A　14. B

二、多项选择题

1. ABCD　2. ABCDE　3. CE　4. ABCD

三、填空题

1. 辅导关系　2. 强迫行为　3. 澄清　4. 积极关注　5. 封闭型　6. 注意缺陷

四、判断简析题

正确。心理健康教育有两级目标：第一级目标是学会调适，第二级目标是寻求发展。前者是基本目标，后者是高级目标。对于心理处于亚健康或者不健康的学生，我们要达到的是基本目标，而对于心理健康的学生，我们要达到的是高级目标。因此，学校心理健康教育应该是针对全体学生的。

五、简答题

1. 心理健康是一种良好的、持续的心理状态与过程，表现为个人具有生命的活力，积极的内心体验，良好的社会适应，能够有效地发挥个人的身心潜力以及作为社会一员的积极的社会功能。心理健康的标准：（1）具有正确的自我意识；（2）具有良好的社会适应能力；（3）具有良好的人际关系；（4）具有生活热情与工作的高效率；（5）情绪正常、乐观、稳定；（6）人格结构稳定协调。

2. 行为改变的方法：（1）强化法。根据学习原理，一个行为发生后，如果紧跟着一个强化刺激，这个行为就会再一次发生。（2）代币奖励法。代币是一种象征性强化物，筹码、小红星、盖章的卡片、特制的塑料币等都可作为代币。（3）行为塑造法。通过不断强化逐渐趋近目标的反应，来形成某种较复杂的行为。（4）示范法。通过求诊者观察和模仿来矫正其适应不良行为与神经症反应方法。（5）消退法。（6）处罚法。处罚有两种：一是在不良行为出现后，呈现一个厌恶刺激（如否定评价、给予处分），二是在不良行为出现后，撤销一个愉快刺激。（7）自我控制法。自我控制是让当事人自己运用学习原理，进行自我分析、自我监督、自我强化、自我惩罚，以改善自身行为。

六、论述题

（1）系统脱敏法是条件反射法与肌肉放松技术相结合的一种心理治疗方法。（2）具体步骤为，治疗者与求诊者共同设计出一个能引起恐惧感的由轻到重的恐惧事物分级表，然后要求诊者在放松的状态下逐级训练，想象恐惧事物同时放松，等恐惧感接近消失时，再升级想象更恐惧的内容。按恐惧事物分级表想象完成后，再过渡到真实事物的逐级训练。（3）采用系统脱敏法治疗时，掌握的要点有：第一，帮助求诊者建立对治疗的信心，要求求诊者积极配合，坚持治疗。第二，在引起焦虑的刺激参照时，要求求诊者不发生任何回避行为或意向。因为回避能强化恐惧的心理生理反应。第三，每一次治疗后，要与求诊者进行讨论，对其成功加以赞扬，以强化求诊者适应性行为。

七、案例分析题

心理学把这种“不禁不为、愈禁愈为”的现象，叫“潘多拉效应”。越是有阻力就越会激发人的好奇心和求胜心，想要打破权威禁忌。在青少年时期经常发生这种现象，有的孩子特别叛逆，家长老师让他向东，他偏偏向西，总是和大人对着干。其实这是青少年渴望摆脱对成年人的依赖，想要证明他们长大了，可以独立，不必再像小孩子一样对大人唯命是从，是他们自我意识成长的表现。在班级管理中，遇到特别叛逆的孩子，不要企图用老师的绝对权威来使他们就范，那样只会更糟，把他们推向更远。要充分理解他们，用一种平等的姿态和他们对话，要把它们看成大人，推心置腹地交谈。有时候也可以利用一下正话反说等小技巧。

第十二章 教学设计

【内容辅导】

一、目标要求

（1）识记教学目标的概念和分类，教学策略的概念、类型与特征，个别化教学的基本环节及典型程序。

（2）理解教学目标的表述方法、教学媒体选择方法、情境教学含义、合作学习的特征。

（3）运用指导教学法和发现教学法设计教学。

二、内容提示

教学设计是指在实施教学之前由教师对教学目标、教学方法、教学评价等进行规划和组织并形成设计方案的过程。

（一）教学目标设计

1．教学目标的含义及作用

（1）教学目标的含义。教学目标是预期学生通过教学活动获得的学习结果。

（2）教学目标的意义。教学活动以教学目标为导向，且始终围绕实现教学目标进行。教学目标是整个教学设计中最重要的部分。教学目标是对教学活动提出的具体要求，不仅规范着教师教的活动，且规范着学生学的活动。其主要作用有：① 是选择教学方法的依据；② 是进行教学评价的依据；③ 具有指引学生学习的作用。

2．教学目标的分类

（1）布鲁姆的教学目标分类。美国教育心理学家布鲁姆将教学目标分为认知、情感和动作技能三个领域。① 认知目标：包括知识、领会、应用、分析、综合、评价。② 情感目标：包括接受、反应、形成价值观念、组织价值观念系统、价值体系个性化。③ 动作技能目标：包括知觉、模仿操作、准确、连贯、习惯化。

（2）加涅的教学目标分类。加涅将学生的学习结果或教学目标分为五类：言语信息、智力技能、认知策略、动作技能和态度。加涅的教学目标分类被公认为具有处方性；加涅还特别强调了与实现学生学习结果密切相关的学习的内在条件。

3．教学目标表述

（1）行为目标。它是指用可观察和可测量的行为陈述的教学目标。行为目标具备三个要素：① 具体目标。即用行为动词描述学生通过教学形成的可观察、可测量的具体行为。② 产生条件。即规定学生行为产生的条件。③ 行为标准。即提出符合行为要求的行为标准。

（2）心理与行为相结合的目标。可分为一般教学目标和具体教学目标的表述。

4. 教学任务分析

任务分析指将教学目标逐级细分成彼此相连的各种子目标的过程。在进行任务分析时，教师要从最终目标出发，一级子目标、一级子目标地揭示其先决条件，然后把学生需要掌握的学习目标逐级排列出来。

5. 教学程序安排

加涅指出，在教学中，教师安排的教学程序，要依次完成以下九大教学事项：① 引起学生注意；② 提示教学目标；③ 唤起先前经验；④ 呈现教学内容；⑤ 提供学习指导；⑥ 展现学习行为；⑦ 适时给予反馈；⑧ 评定学习结果；⑨ 加强记忆与学习迁移。

（二）教学策略设计

1. 教学策略的概念

教学策略是指教师采取的有效达到教学目标的一切活动计划，包括教学事项的顺序安排、教学方法的选用、教学媒体的选择、教学环境的设置以及师生相互作用设计等。教学策略中常涉及的教学方法有：讲解法、演示法、课堂问答、练习、指导法、讨论法、实验法、游戏、参观法、实习作业。

2. 教学策略的分类

（1）以教师为主导的教学策略。如指导教学策略，包括：① 复习和检查过去的学习；② 呈现新材料；③ 提供有指导的练习；④ 提供反馈和纠正；⑤ 提供独立的练习；⑥ 每周或每月的复习。

（2）以学生为中心的教学策略。发现教学、情境教学。指在应用知识的具体情境中进行知识教学。

（3）合作学习。指学生们主动合作学习的方式代替教师主导教学的一种教学策略。

3. 可供选择的教学策略

（1）发现学习。① 发现学习的定义：发现学习又称启发式教学，是指给学生提供有关的学习材料，让学生通过探索、操作和思考，自行发现知识、理解概念和原理的教学策略，为布鲁纳所首倡。② 发现学习的作用：a. 能提高智慧的潜力；b. 有助于使外在的动机向内在的动机转化；c. 有利于学生学会发现探索的方法；d. 有利于所学材料的保持。③ 发现教学设计原则：a. 教师要将学习情境和教材性质向学生解释清楚；b. 要配合学生的经验，适当组织教材；c. 要根据学生心理发展水平，适当安排教材难度与逻辑顺序；d. 确保材料难度适中，以维持学生的内部学习动机。

（2）合作学习。① 合作学习的定义：是一种让学生在小组中相互帮助进行学习的教学策略。② 合作学习的作用：其目的不仅是培养学生主动求知的能力，还发展学生合作过程中的人际交往能力。③ 合作学习实施特征：a. 分工合作；b. 密切配合；c. 各自尽力；d. 社会互动；e. 团体历程。

（3）程序教学。由斯金纳首创，他将要学习的大问题分解为一系列小问题，并将其按一定程序编排和呈献给学生，要求学生学习并回答问题，学生回答问题后及时得到反馈信息。这是一种能让学生以自己的速度和水平自学，以特定顺序和小步子安排材料的个别化教学。

（4）掌握学习。是由美国心理学家布鲁姆提出来的一种适应学习者个别差异的教学方法。其基本理念是：只要给了足够的时间和适当的教学，几乎所有的学生对几乎所有的学习内容都可以达到掌握的程度。

（5）计算机辅助教学。简称 CAI，是使用计算机作为一个辅导者，以呈现信息、给学生提供练习机会、评价学生的成绩以及提供额外的教学。

程序教学、掌握学习、计算机辅助教学都是个别化教学的经典模式，个别化教学是指让学生以自己的水平和速度进行学习的一种教学策略。它包括这样几个环节：① 诊断学生的初始学业水平或学习不足；② 提供教师与学生或机器与学生之间的一一对应关系；③ 引入有序的教学材料，加以操练和练习；④ 容许学生以自己的速度向前学。

（6）非指导性教学。① 非指导性教学的含义：由罗杰斯提出，是带有较少的“直接性、命令性、指示性”的特征，而带有较多的“不明示性、间接性、非命令性”特征的一类教学。这类教学使学生更能为自己的学习负起责任，从而更加主动、有效、持久地学习。非指导性教学的理论假设是，学生乐于对他们自己的学习承担责任。② 非指导性教学的特点：a. 首先要建立无条件积极关怀的真诚人际关系。教学的精髓是给学生安全感。b. 教学中，负有主要责任的是学生，教师只是做些非指导性应答以引导和维持教学。c. 教学中的学习评价主要是学生的自我评价。

（三）教学媒体设计

1. 教学媒体的含义

教学媒体是指在教学过程中传递信息的物质工具。按感官来分包括：听觉媒体、视觉媒体（包括非投影视觉辅助；投影视觉辅助）、视听媒体和交互性媒体；按媒体表达手段可分为口语媒体、印刷媒体和电子媒体。

2. 教学媒体的选择

教师要综合权衡教学情境、学生的学习特点、教学目标以及教学媒体的特性等因素。

（四）教学评价设计

1. 教学评价的类型

（1）按对教学评价的处理方式不同，分为常模参照评价与标准参照评价。

（2）按教学评价中使用测验的来源，分为标准化学业成就测验和教师自编测验。

2. 教学评价的方法与技术

（1）教师自编测验。学校教学评价中使用最多的是教师自编测验。

（2）观察评价。指教师在教学过程中对学生的学习表现和学习行为进行自然观察，并对所观察到的现象作客观、翔实的记录，然后根据这些观察和记录对教学效果作出评价。

（3）档案评价。又称文件夹评价或成长记录评价，是依据档案袋收集的信息对评价对象进行的客观、综合的评价。档案评价的实施过程分为组织计划（最重要阶段）、资料收集和成果展示三个阶段。

3. 教学评价结果的处理

（1）评分。

（2）报告。

【练习思考】

一、单项选择题

1. 布卢姆等将教学目标分为认知目标、情感目标和（　　）。

A. 道德目标　B. 动作技能目标　C. 发展目标　D. 健康目标

2. 在发现教学中，教师的角色是学生学习的（　　）。

A. 促进者和引导者　B. 领导者和参谋

C. 管理者　D. 示范者

3. 在教学策略里，情境教学是一种（　　）。

A. 以教师为主的教学策略　B. 以教材为主的教学策略

C. 个别化教学　D. 以学生为主的教学策略

4. 在认识领域的教学目标中，（　　）是最低水平的认知学习结果。

A. 知识　B. 领会　C. 应用　D. 分析

5.（　　）是最高水平的认知学习结果，要求超越原先的学习内容。

A. 知识　B. 应用　C. 评价目标　D. 综合目标

6. 情感领域的教学目标根据价值内化的程度分为（　　）等级。

A. 二个　B. 五个　C. 三个　D. 四个

7. 根据认知学习理论，教学活动中学生学习的实质是内在的（　　）。

A. 信息加工　B. 智力活动　C. 信息输入　D. 心理变化

8. 在情感领域的教学目标，（　　）是低级的价值内化水平 。

A. 接受　B. 反应　C. 形成价值观念　D. 组织价值观念系统

9. 在乒乓球练习中，拍球动作的成功率至少达到 75%，这种技能达到目标是（　　）。

A. 模仿　B. 准确　C. 连贯　D. 习惯化

二、填空题

1. 组织价值观念系统内分两个水平：价值概念化和________。

2. 在进行任务分析时，教师要反复提出这样的问题："学生要完成这一项目，预先必须具备哪些能力？"一直追问到学生的________状态为止。

3. 布鲁姆等人在其教育目标分类系统中，将教学目标分为三大领域，即认知、________和动作技能。

4. 学生通过自身的学习活动而发现有关概念或抽象原理的一种教学策略是________。

三、简答题

1. 简述布鲁纳发现教学的教学设计原则。

2. 简述诱导式教学模式的特点。

四、案例分析题

两个教师在教学《圆的认识》一课。教师A在教学“半径和直径关系”时组织学生动手测量、制表，然后引导学生发现“在同一个圆中，圆的半径是直径的一半”。教师B在教学这一知识点时是这样设计的：先让学生通过自学对于半径与直径的关系进行表述，然后问学生可以用什么方法来证明，学生再说出自己的观点……体现的是学生要学，学生再自己通过猜测、验证，获得知识。

请结合教育心理学的相关知识对这两种教学进行分析。

【参考答案】

一、单项选择题

1. B　2. A　3. D　4. A　5. C　6. B　7. D　8. A　9. B

二、填空题

1. 组成价值系统　2. 起始　3. 情感　4. 发现教学

三、简答题

1.（1）向学生解释清楚学习情境和教材性质；（2）配合学生的经验，适当组织教材；（3）根据学生心理发展水平，适当安排教材难度与逻辑顺序；（4）材料难度要适中，以维持学生的内部学习动机。

2.（1）从教师在课堂上发挥的作用来看，教师扮演多重角色；（2）该模式重要环节是教师能够在班级中创设、确立并维持一个安全和温暖的环境，信赖和理解的和谐气氛；（3）该模式主要方式是活动与教师的诱导相结合，是学生在课程学习中充分展示内心世界，在群体互动中达到互助和自助。

四、案例分析题

从设计意图来看，这两位教师都注重了学生的实践操作，注重了学生的认知过程。从课堂的教学效果来看，前者课堂气氛沉闷，学生是被教师牵着鼻子走；而后者课堂气氛活跃，师生关系融洽，学生操作积极投入。同样是采用了体现学生主体性的教学形式——实践操作，为何教学效果迥然不同？分析其中原因，应当是教师是否真正掌握了教学设计的要素？是否真正了解学生？是否真正找到了适合学生学习的教学方式？

对于六年级学生而言，半径和直径的关系通过自学是能够找到答案的，也能够证明这个关系。而教师A无视学生的学习能力，没有了解学生的已有知识经验，而引导学生动手操作自己预设的教学活动。面对已知结果的操作，学生索然无味，激不起学生学习的热情。教师B则充分正视学生的现状，调整教学思路，把对未知的探索变为已知的思辨。学生为了证明知识的观点，认真地把自己的操作过程展示出来，这样的操作是学生根据自己的需要，主动的学习活动，这样的操作活动才能达到有效的目的。在教学中教师应当了解学生的知识现状，对学生的最近发展区要有正确的定位。在设计操作活动时，不能为了操作而设计操作，而应根据学生内容的需要，尊重学生的情感体验，引导学生完成操作活动，强化学生的学习兴趣。

第十三章　课堂管理

【内容辅导】

一、目标要求

（1）识记课堂管理、课堂纪律、课堂气氛的概念与类型。

（2）理解课堂管理及课堂气氛的影响因素、群体动力的要素。

（3）分析课堂管理目标、课堂管理中教师领导方式、学生座位安排对学生的影响以及课堂问题行为的类型。

（4）掌握课堂问题行为的处置和矫正的主要策略。

二、内容提示

（一）课堂管理概述

1. 课堂管理概念及功能

（1）课堂管理概念。课堂管理是指教师为有效利用时间. 创造愉快的和富有建设性的学习环境以及减少问题行为而采取的组织教学、设计学习环境、处理课堂行为等一系列活动与措施。或者说，是教师通过协调课堂内教师、学生和课堂情境三者之间的关系，从而有效地实现预定教学日标的过程。

（2）课堂管理功能。① 维持功能：指课堂管理能够在课堂教学中，持久地维持良好的学习环境，有效地排除各种干扰因素，使学生充分地参与到学习活动中。维持功能是课堂管理的基本功能。② 促进功能：是指良好的课堂管理能够增强、提升课堂教学的效果，促进学生的学习。③ 发展功能：课堂管理本身可以教给学生一些行为准则，促进学生从他律走向自律，帮助学生获得自我管理能力，使学生逐步走向成熟。科学有效的课堂管理，不仅能维持课堂秩序，而且能增进教学效果；不仅能提高课堂教学质量，而且能促进学生健康地发展。

2. 课堂管理的目标

（1）课堂管理总体目标。建立一个积极的、有建设性的课堂环境，而不是让学生安静、驯服地遵守课堂纪律。

（2）课题管理具体目标。① 为学生争取更多的学习时间；② 争取更多的学生投入学习，增加学生参与学习活动的机会；③ 帮助学生形成自我管理能力。

3. 影响课堂管理的因素

（1）教师的领导风格。

（2）班级规模。

（3）班集体的性质。

（4）对教师的期望。

4. 课堂管理的一般策略

（1）明察秋毫。

（2）一心多用。

（3）整体关注。

（4）变换管理。

5. 争取更多学习时间的策略

（1）增加参与。

（2）保持动量。

（3）保持教学的流畅性。

（4）管理过渡。

（5）讲课时集中学生的注意焦点。

（6）课堂自习时维持学生的注意力。

6. 帮助学生自我管理的策略

（1）让学生更多地参与课堂规则的制订。

（2）用较多的时间要求学生反思需要某些规则的原因以及产生不良行为的原因。

（3）给学生机会考虑他们将怎样计划、监视和调节自己的行为。

（4）要求学生回顾课堂规则，提出必要的修改意见。

（二）课堂群体管理

1. 群体特征

（1）群体由两个以上的个体组成。

（2）具有共同意识的群体目标。

（3）具有共同认同的群体规范。

（4）相互交往，协调活动。

2. 群体分类

（1）正式群体。是指在校行政部门、班主任和社会团体的领导下，按一定章程组成的学生群体。班级、小组、少先队都属于正式群体。集体是群体发展的最高阶段。

（2）非正式群体。是一些学生自由结合、自发形成的小群体。

3. 群体动力

（1）群体动力的定义。不管是正式群体还是非正式群体，其中都有群体凝聚力、群体规范、群体气氛以及群体成员的人际关系。所有这些影响群体与个人行为发展变化的力量的总和就是群体动力。

（2）群体动力的表现。

① 群体凝聚力：是指群体对成员的吸引力和成员之间的相互吸引力。凝聚力是衡量一个班集体成功与否的重要标准。教师应采取措施提高班集体的凝聚力：a. 了解群体凝聚力的情况；b. 要努力提高学生个体目标与群体目标的一致性；c. 帮助班级里所有学生对一些重大事件和原则问题保持共同的认识和评价，形成认同感；d. 引导所有学生在情感上加入群体，形成归属感；e. 当学生表现出符合群体规范和群体期待的行为时，给予赞许和鼓励，形成力量感。

② 群体规范：是约束群体内成员的行为准则，包括成文的正式规范和不成文的非正式规范。群体规范形成的阶段：a. 相互影响阶段；b. 优势意见阶段；c. 规范确立阶段。

③ 课堂气氛：是指在课堂上占有优势地位的态度和情感的综合状态。根据学生在课堂上表现出来的注意、情感、意志、定势与思维等状态水平，可以将课堂气氛分为积极的、消极的和对抗的三种形式。教师对课堂气氛的影响：a. 教师的领导方式；b. 教师对学生的期望；c. 教师的情绪状态；d. 教师的焦虑水平。为营造积极的课堂气氛，需要做到：第一，建立和谐的课堂人际关系，这是创设良好的课堂气氛的基础；第二，灵活运用各种教学方法；第三，采用民主的领导方法；第四，给予学生合理的期望。

④ 社会助长与社会惰化。

⑤ 群体极化：群体极化指群体成员中原已存在的倾向性得到加强，使一种观点或态度从原来的群体平均水平，加强到具有支配地位的现象。群体极化可分为两种情况：一种是冒险偏移，另一种是谨慎偏移。

⑥ 从众：从众指人们在群体影响和压力下，放弃自己的意见而采取与大家一致的行为的心理状态。

⑦ 课堂里的人际关系。主要包括吸引与排斥、合作与竞争。

4. 影响群体相互作用的因素

群体对个体的行为是起促进作用还是阻碍作用，取决于四个因素：① 活动的难易程度；② 个体在活动中的竞赛动机的激发；③ 个体对自己受到他人评价的意识；④ 注意的干扰。

（三）课堂纪律管理

1. 课堂纪律概述

（1）课堂纪律定义。课堂纪律是指为保障或促进学生学习而对学生课堂行为设置的行为标准及施加的控制。

（2）课堂纪律功能。良好的课堂纪律是课堂教学得以顺利进行的重要保障，有助于维持课堂秩序，减少学习干扰，也有助于学生获得学习上的安全感。

（3）课堂纪律的类型。根据形成途径，课堂纪律一般可分为四类：① 教师促成的纪律，即在教师的指导帮助下形成的班级行为规范；② 集体促成的纪律，即在集体舆论和集体压力的作用下形成的群体行为规范；③ 任务促成的纪律，即某一具体任务对学生提出的具体要求；④ 自我促成的纪律。即自律，是在个体自觉努力下由外部纪律内化而成的个体内部约束力。形成自我促成的纪律是课堂管理的最终目标。

2. 课堂结构

（1）课堂结构定义。课堂结构是指在教师指导下学习的学生、学习过程以及学习情境这三者之间形成的相对稳定的组合模式。

（2）课堂结构类型。包括课堂情境结构和课堂教学结构。① 课堂情境结构：班级规模的控制、课堂常规的建立、学生座位的分配。② 课堂教学结构：教学时间的合理利用、课程表的科学编制、教学过程的恰当规划。

3．维持课堂纪律的策略

（1）建立有效的课堂规则。课堂规则是课堂成员应遵守的课堂基本行为规范和要求。积极、有效的课堂规则有以下特点：第一，由教师和学生充分讨论，共同制定；第二，尽量少而精，内容表述多以正面引导为主。

（2）合理组织课堂教学。教师应做到：首先，增加学生参与课堂教学的机会；其次，保持紧凑的教学节奏，合理布置学业任务；最后，处理好教学活动之间的过渡。

（3）做好课堂监控。教师应能及时预防或发现课堂中出现的一些纪律问题，并采取言语提示、目光接触等方式提醒学生注意自己的行为。

（4）培养学生的自律品质。促进学生形成和发展自律品质，是维持课堂纪律的最佳策略之一。教师应做到：首先，教师要对学生提出明确的要求，加强课堂纪律的目的性教育；其次，引导学生对学习纪律持有正确、积极的态度，产生积极的纪律情感体验，进行自我监控；最后，集体舆论和集体规范是促使学生自律品质形成和发展的有效手段，教师应对其加以有效利用。

4．课堂问题行为及其应对

（1）课堂问题行为定义。问题行为指不能遵守公认的正常儿童行为规范和道德标准，不能正常与人交往和参与学习的行为。

（2）课堂问题行为的类型。① 外向攻击型问题行为；② 内向退缩型问题行为。

（3）导致课堂问题行为的原因。① 学生的人格特点、生理因素、挫折经历；② 教师的教学技能、管理方式、威信；③ 校内外的环境，如大众传媒、家庭环境、课堂座位编排。

（4）教师应对课堂问题行为的方法。① 预防；② 非言语暗示；③ 言语提示；④ 合理惩罚；⑤ 有意忽视；⑥ 转移注意；⑦ 进行心理辅导。

【练习思考】

一、单项选择题

1. 影响着群体与每个成员行为发展变化的力量的总和就是（　　）。

A. 群体压力　　B. 群体动力　　C. 群体凝聚力　　D. 群体规范

2. 个人的观念与行为由于群体的引导或压力而与群体中大多数人一致的现象称之为（　　）。

A. 服从　　B. 依从　　C. 从众　　D. 模仿

3. 注意创造自由空气，鼓励自由发表意见，不把自己的意见强加于人的领导属于(　　)。

A. 放纵型　　B. 专制型　　C. 监督式　　D. 参与式

二、多项选择题

1. 非正式群体内部是以（　　）为联系纽带。

A. 个人好恶　　B. 兴趣爱好　　C. 班级类型　　D. 班级特征

2. 影响课堂气氛的主要因素有（　　）。
A. 教师的领导方式　　B. 教师的期望值
C. 教师的情绪　　D. 教师的气质

三、填空题

1. 学生为了共同目的在一起学习和工作或者完成某项任务的过程称之为__________。
2. 课堂结构包括课堂情境结构与课堂__________。

四、案例分析题

转学还不到一学期的 10 岁儿子小雷（化名）跟过去比好像换了个人。以往由于喜欢做小动作，小雷没少挨老师的骂，结果看到老师就害怕，不得不转学。到新学校后不久，小雷在上课时又忍不住做起了小动作，被老师发现了。新老师什么也没说，只是微笑着轻轻拍了一下他的背，便继续上课了。以后，每次新老师走过小雷身边，如果小雷没做小动作，老师就会对他微笑并点头表示赞许。很快，小雷改掉了坏习惯，还爱上了学习，自信心大增。

请从该案例分析，对待有问题的学生新老师的教育机智。请从小学生的生理及心理发展特点来分析。

【参考答案】

一、单项选择题

1. B　2. C　3. D

二、多项选择题

1. AB　2. ABC

三、填空题

1. 合作　2. 教学结构

四、案例分析题

小学生身高体重处于两次增长高峰期之间，是相对稳定发展时期。他们的有意注意已开始发展，但无意注意仍占优势，他们的注意力不稳定不持久，小学生的情感不稳定性以及不善于控制的特点也很突出，特别是小学低年级还是依据他人的要求评价自己。这些都是小学生的生理及心理的发展特点。

上面这位新老师正是正确认识到了这点，并机智地运用这个特点来引导小雷，既纠正了他，又不伤害他的自尊心，教师在传授知识的同时，一定要注重培养孩子的情感，这对孩子的健康成长更为重要和紧迫。

第十四章　教学测量与评价

【内容辅导】

一、目标要求

（1）识记教学评价的概念和分类、教学测量与评价及测验的关系、非测验性评价技术的种类。

（2）理解标准化成就测验的含义与优越性、有效测验的基本特征。

（3）运用自编测验技术编制成就测验试题。

（4）重点掌握信度、效度、区分度的概念并能有效区分。

二、内容提示

（一）教学测量与评价的意义与作用

1．教学评价的概念

它是指系统地收集有关学生学习行为的资料，参照预定的教学目标对其进行价值判断的过程，其目的是对课程、教学方法以及学生培养方案做出决策。

2．教学评价的过程

教学评价包括确定评估目标、搜集有关的资料、描述并分析资料、形成价值判断以及做出决定等步骤。

3．教学评价与测量、测验的关系

（1）测量和测验是对学习结果的客观描述，而教学评价是对客观结果的主观判断与解释，以客观描述为基础。

（2）测量与测验所得到的结果，只有通过教学评价，才能判断这种客观描述的实际意义，才有实际价值。

4．教学评价的分类

（1）根据发生的时间。教学测评可分为：诊断性评价；形成性评价；总结性评价。

（2）根据对测验解释时所采用的标准。教学测评可分为：① 常模参照评价；② 标准参照评价。

（3）根据严谨程度，教学测评可分为。① 正式评价；② 非正式评价。

5．教学测量与评价的功能

（1）诊断功能。了解学生学习情况和诊断学生学习缺陷的重要方式，是教学过程的一个重要组成部分。

（2）激励功能。鞭策和促进学生的学习。

（3）鉴别功能。是学校鉴别学生学业成绩，家长了解学生学习情况的主要方式。

（4）管理功能。作为教育决策和制定管理措施的依据。

（二）教学测量与评价的方法与技术

1．标准化成就测验

（1）标准化成就测验的定义。标准化成就测验是指由专家或学者们所编制的适用于大规模范围内评定个体学业成就水平的测验。

（2）标准化成就测验的特点。① 由专门机构或专家学者编制；② 施测条件、计分手段、分数的解释完全相同；③ 测验都有常模为依据，且有信度、效度的资料可查；④ 测试规模大，整个地区、国家以至在国际上都可统一使用。

（3）测验标准化的程序。① 制定测验目的；② 修改测验项目；③ 扩大样本；④ 确定常模。

（4）标准化测验的优、缺点。① 标准化测验的优点：a. 客观性，比教师自编测验更加客观；b. 可比性，使得不同考试的分数可以进行比较。② 标准化测验的不足：a. 不能提高或促进学生的学习；b. 要求接受测验的人在所有的重要方面都接近标准化样本；c. 公平性有争议，学生在测验上的得分受其知识经验的影响，存在测验偏差。

2．教师自编测验

（1）教师自编测验定义。由教师根据具体的教学目标、教材内容和测验目的，自己编制的测验，是为特定的教学服务的。

（2）教师自编测验特点。① 测验由教师本人，或使用者根据不同的目的或时间来编制；② 对不同的被测者，可以有不同的测题，时间限制和记分手段，比较灵活；③ 测验规模限于校内或班级，测验的适用范围较小；④ 以教师本人的经验来估计测验的可靠、有效和实用。

（3）教师自编测验步骤。① 确定测验的目的；② 确定测验要考查的学习结果；③ 列出测验要包括的课程内容；④ 写出考试计划或细目表；⑤ 针对计划测量的学习结果，选择适合的题型。

（4）教师自编测验类型。① 客观题，包括是非题、匹配题、填空题和选择题；② 主观题，包括论文题和问题解决题。

（5）有效自编测验的必要条件。① 信度。指测验的可靠性，即多次测验分数的稳定一致的程度。② 效度。测量的准确性，即一个测验能够测量出其所要测量的东西的程度。③ 区分度。测验项目对所测量属性或品质的区分程度或鉴别能力。

（6）编制测验的注意事项。① 测验应与教学目标密切相关；② 测验必须是教学内容的良好取样；③ 根据测验目的，确定测验的结构；④ 注意测验的信度，在解释结果时应慎重；⑤ 测验应该能促进学生的学习。

（7）自编测验常见的错误。① 过于相信自己的主观判断而忽视测验的信度和效度指标；② 对测验准备的重要性缺乏足够的认识，对测验准备不够充分，甚至没有准备；③ 编制的测验太简单，题量太小。

3. 非测验的评价技术

（1）案卷分析。

（2）观察。观察信息记录方式有：① 行为检查单；② 轶事记录；③ 等级评价量表。

（3）情感评价。

4. 测评结果的报告形式

（1）分数制。

（2）等级制：合格与不合格。

（3）其他方式：① 个人鉴定；② 观察报告；③ 家访或家长会。

5. 合理的评分过程的内容

（1）搜集有关学生的信息。

（2）系统地记录下评定的结果，并随时保持最新的结果。

（3）尽量将搜集的资料量化，用数据来表示学生的学习情况。

（4）加大最后测验得分的比重。

（5）评定应该以成就为依据，不要和其他特征的评定混杂起来。

【练习思考】

一、单项选择题

1. 采用性格量表对学生进行测量，他们在一个月后的结果与六个月前和三个月前的得分大致相等，这表明测验的（　　）较高。

A. 效度　　B. 信度　　C. 区分度　　D. 相关度

2.（　　）被称为“教育测验之父”，拉开美国教育史上著名的测验运动的序幕。

A. 桑代克　　B. 斯金纳　　C. 泰勒　　D. 梅伊

3. 在教学过程中，学生对自己的学习状况进行自我评估或者凭教师的平常观察记录或与学生的面谈而进行的教学评价属于（　　）。

A. 配置性评价　　B. 形成性评价

C. 诊断性评价　　D. 总结性评价

4. 标准化成就测验是指由专家或学者们按一定测验理论和技术，根据全国或地区所有学校的共同教育目标来编制的适用于大规模范围内评定个体学业（　　）。

A. 智力发展的测验　　B. 结构的测验

C. 能力形成的测验　　D. 成就水平的测验

5. 为了考查学生学习本节内容的情况，让学生编制一份测验小学两步应用题的测题属于（　　）。

A. 形成性测验　　B. 间接测验　　C. 非正式测验　　D. 操作评价

二、填空题

1. 关于教学测量与评价的分类，单元小测验属于__________ 。

2. 考察测验有效性的指标主要有信度、效度、__________。

3. 依据评价资料的处理方式，教学评价可分为常模参照评价和__________。

4. 教学评价内容包括认知、情感和__________三方面。

三、案例分析题

成都市教育局《关于进一步规范基础教育办学行为有关问题的通知》中规定："坚持义务教育阶段公办学校就近免试入学，任何公办、民办和各类进行办学体制改革的小学、初中不得以考试的方式择优选拔新生，也不得以小学阶段各类学科竞赛（如小学数学奥赛等）成绩作为录取新生的依据。"

你对成都市教育局的规定有什么看法？请从全面发展的教育目的出发对奥赛进行评价。

【参考答案】

一、单项选择题

1. B　2. A　3. B　4. D　5. D

二、填空题

1. 总结性评价　2. 区分度　3. 标准参照评价　4. 技能

三、案例分析题

我认为成都市教育局的规定除了进一步规范基础教育的办学，避免教育偏离它的轨道，成了变相教育。这个规定也促进了全面发展教育目的的实现。实施全面发展教育是社会主义教育目的的必然要求。全面发展教育由德、智、体、美、劳动技术教育等五育组成。在新技术革命的挑战面前，注重智力发展是当代世界各国教育的共同趋向。奥赛正是发展学生的智力，用知识的精华去武装学生，迎合教育的趋向。但许多人却一味地为了奥赛，只注重去发展学生的智育，而忽视其他四育的发展，厚此薄彼，有所偏废。这样培养出来的学生只知竞赛，而不知其他是不是健全的。

第十五章 教师心理

【内容辅导】

一、目标要求

（1）识记微格教学、教学反思等概念。
（2）理解教师成长的阶段、新教师和专家型教师的差别。
（3）掌握罗森塔尔效应在教师教学中的应用。
（4）分析自己所处的教师成长的阶段，并运用教师成长和发展的途径进行自我发展设计。

二、内容提示

（一）教师的职业心理

1．教师的职业心理特征

（1）教师的认知特征。

① 教师的知识结构包括：专业学科内容知识、教育教学知识、心理学知识和实践性知识。

② 教师的能力包括：组织和运用教材的能力、言语表达能力、组织教学的能力、对学生学习困难的诊治及评估教学效果的能力、教学的媒体使用能力以及教育机智等。有研究表明，学生的知识学习同教师表达的清晰度有显著的相关，教师讲解的含糊不清则与学生的学习成绩有负相关；教师思维的流畅性与他们教学效果有显著的相关。这启示我们，教师专业需要某些特殊能力，其中最重要的可能是思维的条理性、逻辑性以及口头表达能力和组织教学活动的能力，

（2）教师的人格特征。教师的人格特征中，有两个特征对教学效果有显著影响，一是教师的热心和同情心，二是教师富于激励和想象的倾向性。

（3）教师的行为特征。教师行为的衡量标准：教师行为的明确性；教学方法的多样性；任务取向；学生参与；启发性。

2．教师角色及形成

（1）教师角色的含义。教师角色是指教师按照其特定的社会地位在学校教育关系中的身份及与此相应的行为模式的总和，反映了社会对教师人格的要求。

（2）教师角色的性质。教师角色具有多重性、教育性。教师要充当知识的传授者、团体的领导者、模范公民、纪律的维护者、家长的代理人、亲密朋友、心理辅导者等诸种角色。

（3）教师角色的形成。教师角色形成包括三个阶段：角色认知阶段，角色认同阶段，角色信念阶段。

3. 教师期望效应

（1）教师期望效应的含义。教师期望效应也叫罗森塔尔效应或皮革马利翁效应，即教师的期望或明或暗地传送给学生，会使学生按照教师所期望的方式来塑造自己的行为。

（2）教师期望效应发生。教师期望效应是否发生既取决于教师自身因素，也取决于学生的人格特征、原有认知水平、归因风格和自我意识等心理因素。

4. 教学效能感

教师对自己影响学生行为和学习结果的能力的主观判断。分为一般教学效能感和个人教学效能感。

5. 教师威信

（1）教师威信的含义。教师威信是教师在学生心目中的威望和信誉，是一种可以使教师对学生施加的影响产生积极效果的感召力和震撼力。

（2）教师威信的形成。教师威信的形成过程是由“不自觉威信”向“自觉威信”发展的。

（3）教师威信的内容。教师威信包括学识威信、情感威信、人格威信。

6. 教师应具备的素质

（1）正确的教育观念。正确的教师观、学生观。

（2）良好的个性品质。① 对教育事业工作怀有浓厚的兴趣；② 牢固确定先进价值观的主导地位；③ 良好的性格特征。

（3）高尚的职业道德。

（4）深厚的知识基础。① 掌握精深的专业知识；② 广博的知识领域；③ 必备的教育科学理论；④ 丰富的个体实践知识。

（5）较高的教学能力。① 敏锐的观察能力；② 较强的言语表达能力；③ 灵活的组织教学能力；④ 把握时机进行教育的能力；⑤ 一定的知识创新的能力。

（6）适宜的教育行为。① 形成民主的管理风格；② 合理地运用规则与惩罚；③ 充分发挥教育机智的作用。

（二）教师的职业成长

1. 新手型教师与专家型教师的比较

（1）课前计划的差异。

（2）课堂教学过程的差异。① 课堂规则的制定与执行；② 吸引学生注意力；③ 教材的呈现；④ 课堂练习；⑤ 家庭作业的检查；⑥ 教学策略的运用。

（3）课后评价的差异。

（4）其他差异（师生关系、人格魅力等）。

2. 教师成长的历程

福勒和布朗根据教师的需要和不同时期所关注的焦点问题不同，把教师的成长计划分为三个阶段。

（1）关注生存阶段。处于这一阶段的一般是新教师，他们非常关注自己的生存适应性。

（2）关注情境阶段。关注的焦点投向了提高学生的成绩，此阶段教师关心的是如何教好每一堂课的内容。

（3）关注学生阶段。能否自觉关注学生是衡量一个教师是否成长成熟的重要标志之一。

3. 教师的成长途径

教师成长与发展的基本途径主要有两个方面，一是通过师范教育培养新教师作为教师队伍的补充，二是通过时间训练提高在职教师的素质。具体有以下途径：

（1）观摩和分析优秀教师的教学活动。一般适宜用于培养新教师和经验欠缺的年轻教师。课堂教学观摩可分为组织化观摩和非组织化观摩。

（2）开展微格教学。微格教学指以少数学生为对象，微格教学最重要的特点是训练单元小，在较短的时间内（5~20分钟），尝试做小型的课堂教学，可以把这种教学过程摄制成录像，课后再进行分析。

（3）进行专门训练。关键程序有：每天进行回顾；有意义地呈现新材料；有效地指导课堂作业；布置家庭作业；每周、每月都进行回顾。

（4）反思教学经验。波斯纳提出了教师成长公式：经验+反思=成长。布鲁巴奇提出了四种反思的方法：① 反思日记；② 详细描述；③ 交流讨论；④ 行动研究。

（三）教师的心理健康

1. 教师心理健康的影响因素

（1）主观方面。教师的心理健康受其人格特征、心理因素等自身因素制约。

（2）客观方面。家庭、学校、社会环境的影响不容忽视。

2. 教师职业压力与职业怠倦

（1）职业压力。教师的职业压力主要是由工作引起的，是教师对来自教学情境的刺激产生的情绪反应。

（2）职业怠倦。长期的职业压力会导致教师的职业怠倦。职业怠倦是个体在长期的职业压力下，缺乏应对资源和应对能力而产生的身心耗竭状态。教师的职业怠倦是在长期工作压力和自身心理素质的互动下形成的，并带来生理、情绪、认知和行为等方面的问题，导致教师出现严重的身心疾病。

3. 教师心理健康的维护

（1）个体积极的自我调适。① 改变观念。正确看待自己的工作，培养乐观的人生态度；要认识到工作的复杂性，也要树立信心；正确认识自己，结合自身实际，对工作作出合理的期望，勇于接纳自己；既要努力工作，又要学会休闲，张弛有度。② 积极的应对策略和归因方式。努力使自己成为更加内控的人，把原因归结为个体可控的因素。注意培养良好的意志品质，当自己有职业怠倦的症状时，要勇于面对现实，主动应对，反思自己的压力来源，积极认知，理智、客观地看待压力对自身的影响，形成面对压力的良好心态。如有必要，应主动寻求专业人士的帮助。③ 合理的饮食和锻炼，保持身体健康。只有这样才能以最佳的精神状态对待自己，对待学生。

（2）构建社会支持网络。① 对教师的角色期待进行合理的定位；② 国家应切实采取措施提高教师的经济待遇和社会地位，维护教师的合法权利，使教师切实感受到社会的尊重；③ 教育部门应探索出有效的教师教育培训体系，将职前与职后培训有机结合，提高教师智力与非智力能力，重视教师承受压力和自我缓解压力的训练。

（3）对心理危机组织有效的干预。

【练习思考】

一、单项选择题

1. 一位新教师当他把大量的时间都花在如何与学生搞好个人关系上，那么在教师成长过程中它属于（　　）。

A. 关注情境阶段　　B. 关注生存阶段

C. 关注学生阶段　　D. 关注教学阶段

2. 某教师认为，“学生骨头轻，不能给他们好脸色看”。具有这种观点的教师最可能的领导类型是（　）。

A. 仁慈专断型　　B. 放任自流型

C. 民主型　　D. 强硬专断型

3. 教师对所有的对象都抱有较高的期望并肯定提高教育效果的是（　　）。

A. 晕轮效应　　B. 有晕效应

C. 皮格马利翁效应　　D. 名人效应

二、填空题

1. 对专家型教师和新教师的比较研究发现，专家型教师的课时计划更间接，灵活，具有预见性，并以__________ 为中心。

2. 一般来说，为培养提高新教师和经验缺乏的年轻教师宜进行__________。

三、简答题

简述罗森塔尔效应。

四、论述题

论述学生喜欢的教师的特征。

五、案例分析题

开学第一天，新任班主任邹老师走进初二（5）班教室，发现黑板上写着“你也下课吧”五个大字。原来，该班已连续换了两任班主任，原因是该班学生无论是学习、卫生以及日常行为规范等方面的表现都极差，前两任班主任就因为在班主任积分上被扣分而失去了当班主任的资格。

如果你是这位老师，你会怎么做？

【参考答案】

一、单项选择题

1. B 2. D 3. C

二、填空题

1. 学生 2. 组织化观摩教学

三、简答题

罗森塔尔效应主要是教师的期望对学生的影响。证明了教师对学生的期望产生了预言效应。也就是说，教师的期望或明或暗地传递给了学生，学生会按照教师所期望的方向塑造自己的行为。

四、论述题

大量研究表明，教师要充当知识的传授者、团体的领导者、模范公民、纪律的维护者、家长的代理人、亲密朋友、心理辅导者等多种角色。

（1）如果学生把教师当成家长的代理人，他们希望老师是仁慈，温和，易接近的。

（2）如果学生把老师看成知识的传授者，他们希望老师是知识渊博，精通教学的。

（3）如果学生把老师看成团体领导者和纪律维护者，他们希望老师是公正，民主的。

（4）如果学生把老师看成模范公民，则要求老师言行一致，幽默，开朗。

（5）如果学生把老师看成朋友，心理辅导者，则要求老师富有同情心，真诚，值得信赖。

五、案例分析题

我会在知行统一原则和以积极因素克服消极因素原则的指导下，运用陶冶教育法。作为一名教师，不仅要能言传、言教，还要善于身教、情教。这种不言之教主要是以自己的行为举止、对学生深切期望和真诚的爱，以及自己的情操来接触、感化学生。

综合练习一

一、单项选择题（每小题 1 分，共 20 分）

1. 已有研究指出，口头言语发展的关键期是（　　）。

A. 2 岁　　B. 4 岁　　C. 6 岁　　D. 8 岁

2. 生理自我在（　　）岁左右基本成熟。

A. 1 岁　　B. 3 岁　　C. 5 岁　　D. 7 岁

3. 布卢姆的掌握学习理论认为，通常要求成功地完成（　　）的教学评价项目，才能进入新单元的学习。

A. 50% ~ 60%　　B. 60% ~ 70%　　C. 70% ~ 80%　　D. 80% ~ 90%

4. 人格的核心是（　　）。

A. 能力　　B. 智力　　C. 性格　　D. 气质

5. 人和动物一旦学会对某一特定的条件刺激作出条件反应以后，其他与该条件刺激相类似的刺激也能诱发其条件反应，称为（　　）。

A. 刺激分化　　B. 消退　　C. 刺激泛化　　D. 获得

6. 个体由自己的学业成就而获得相应的地位和声望的需要是（　　）。

A. 认知内驱力　　B. 附属内驱力　　C. 欲望内驱力　　D. 自我提高内驱力

7. 在儿童早期，（　　）的作用最为突出。

A. 认知内驱力　　B. 附属内驱力

C. 自我提高内驱力　　D. 欲望内驱力

8. 倾向于选择非常容易或非常困难任务的是（　）。

A. 避免失败者　　B. 力求成功者　　C. 自我实现者　　D. 追求荣誉者

9. 平时我们所讲的举一反三，闻一知十等属于以下（　　）。

A. 顺向迁移　　B. 同化性迁移　　C. 重组性迁移　　D. 具体迁移

10. 在教“鸟”概念时，用麻雀、燕子说明“前肢为翼，无齿有喙”是鸟概念的本质特征，这是适当地运用了（　　）。

A. 命题　　B. 案例　　C. 反例　　D. 正例

11. 把《辛丑条约》的内容记为“钱禁兵馆”，主要是运用了（　　）记忆术。

A. 位置记忆法　　B. 关键词法　　C. 缩简法　　D. 视觉想象

12. 研究者认为创造性思维的核心是（　　）。

A. 发散思维　　B. 聚合思维　　C. 形象思维　　D. 抽象思维

13. 态度的核心成分是（　　）。

A. 行为成分　　B. 认知成分　　C. 情感成分　　D. 理智成分

14. 根据研究，（　　）是品德发展的关键期。

A. 初一　　B. 初二　　C. 初三　　D. 高一

15. 观察者因看到榜样受到强化而如同自己也受到强化一样，这称为（　　）。

A. 外部强化　B. 自我强化　C. 直接强化　D. 替代强化

16. 注重训练的形式而不注重内容的学习迁移理论是（　　）。

A. 关系转换理论　B. 经验类化理论

C. 共同要素说　D. 形式训练说

17. 未知概念是已知概念的上位概念，则对未知概念的学习属于（　　）。

A. 类属学习　B. 总结学习

C. 并列结合学习　D. 命题学习

18. 短时记忆的容量为（　　）个组块。

A. 4 ± 2　B. 5 ± 2　C. 6 ± 2　D. 7 ± 2

19. 学习者为了提高学习的效果和效率，有目的有意识地制定有关学习过程的复杂方案，称为（　　）。

A. 学习计划　B. 学习策略　C. 学习方法　D. 学习规律

20. 当教师非常关注自己的生存适应性时，这是教师成长过程中的（　　）的特征。

A. 关注发展阶段　B. 关注学生阶段

C. 关注情境阶段　D. 关注生存阶段

二、多项选择题（每小题 2 分，共 10 分）

1. 布鲁纳认为掌握学科基本结构的教学原则有（　　）。

A. 动机原则　B. 结构原则　C. 程序原则　D. 强化原则

2. 成败归因理论的稳定因素包括（　　）。

A. 个人的能力　B. 工作任务的难度

C. 个人的努力程度　D. 运气

3. 问题解决过程包括（　　）。

A. 发现问题　B. 理解问题　C. 提出问题　D. 检验假设

4. 美国心理学家科尔伯格把人的道德发展分为（　　）。

A. 前习俗水平　B. 习俗水平　C. 后习俗水平　D. 超习俗水平

5. 人类学习与动物学习的本质区别主要有（　　）。

A. 由反复经验引起　B. 以语言为中介

C. 积极主动性　D. 掌握社会经验

E. 后天习得性

三、填空题（每小题 1 分，共 10 分）

1. ________主要是使学生形成健康的心理，从而更好地适应社会，正常的、健康的成长发展。

2. 自我意识包括自我认识、自我体验和________三种成分。

3. 看见路上的垃圾便绕道走开，这属于________条件作用。

4. 通过一定的榜样来强化相应的学习行为或学习行为倾向，称为________。

5. 各种发明创造都可以看作是________问题解决的典型例证。

6. 测验项目对所测量属性或品质的区分程度和鉴别能力，称为__________。

7. 皮亚杰的研究表明，在10岁以前，儿童的道德主要处于__________发展阶段。

8. 教育心理学是研究学校情境中__________的基本心理规律的科学。

9. 在解决问题的方法中，使用手段—目标分析法的关键是__________。

10. 贾德认为，迁移的关键是学习者能对不同学习活动中的__________进行概括。

四、判断简析题（每小题3分，共6分）

1. 创造力并不是少数人才有的，是每个人都有的潜能。

2.“举一反三”“闻一知十”是负迁移。

五、简答题（每小题5分，共25分）

1. 意义学习需要具备哪些条件？

2. 在学习时间管理中怎样高效利用最佳时间？

3. 教学中影响迁移的主要因素有哪些？

4. 教学上怎样提高学生问题解决的能力？

5. 班级规模是从哪些方面影响课堂管理的？

六、论述题（每小题8分，共16分）

1. 什么是复述策略？试阐述常用的复述策略。

2. 结合教学实际谈谈马斯洛的需要层次理论的观点和运用。

七、案例分析题（13分）

伟大的物理学家牛顿看到苹果从树上掉下来，心生疑问“苹果为什么不向天上飞？”最终提出了万有引力。瓦特看到壶盖儿在水蒸气的推动下乱蹦乱跳，惊奇不已，从而发明了蒸汽机。班里的小朋友参观动物园，发现了站着睡觉的马，问老师：“为什么马站着也能睡觉？它不会摔倒吗？”他们还看到了水里游泳的鱼，又问：“老师，小鱼在水里怎么睡觉呢？”

请结合教育心理学的相关原理说说在教学中，我们应该如何引导学生学习。

【参考答案】

一、单项选择题

1. A　2. B　3. D　4. C　5. C　6. D　7. B　8. A　9. B　10. D　11. C　12. A　13. C　14. B　15. D　16. D　17. D　18. D　19. B　20. D

二、多项选择题

1. ABCD　2. AB　3. ABD　4. ABC　5. BCD

三、填空题

1. 心理健康教育　2. 自我监控　3. 逃避　4. 替代性强化　5. 创造性　6. 区分度　7. 他律道德　8. 学与教　9. 把大目标分成子目标　10. 共同要素

四、判断简析题

1. 正确。创造力是指在特定环境下，个体产生新异的和适合的思想和产品的能力。每个人都有智力和创造力，只是有些人的创造力多一些，有些人的创造力少一些。

2. 错误。正迁移和负迁移是按迁移的影响效果进行的分类，起积极促进作用的就是正迁移，起消极阻碍作用的就是负迁移。题干中的对后继学习都有积极作用，因此属于正迁移。

五、简答题

1. 意义学习的产生既受学习材料本身性质（客观条件）的影响，也受学习者自身因素（主观条件）的影响。

（1）从客观条件来看，意义学习的材料本身必须具有逻辑意义，在学习者的心理上是可以理解的，是在其学习能力范围之内的。

（2）从主观条件来看，首先，学习者认知结构中必须具有能够同化新知识的适当的认知结构；其次，学习者必须具有积极主动地将符号所代表的新知识与认知结构中的适当知识加以联系的倾向性。

（3）学习者必须积极主动地使这种具有潜在意义的新知识与认知结构中的有关旧知识发生相互作用，使认知结构或旧知识得到改善，使新知识获得实际意义即心理意义。上述条件缺一不可，否则就不能构成有意义的学习。

2. 首先，要根据自己的生物钟安排学习活动。其次，要根据一周内学习效率的变化安排学习活动。再次，要根据一天内学习效率的变化来安排学习活动。此外，要根据自己的工作曲线安排学习活动。

3.（1）相似性；（2）原有认知结构；（3）学习的心向与定势。

4.（1）提高学生知识储备的数量与质量；（2）教授与训练解决问题的方法与策略；（3）提供多种练习的机会；（4）培养思考问题的习惯。

5. 班级的大小是影响课堂管理的一个重要因素。首先，班级的大小会影响成员间的情感联系。再次，班级的大小也会影响交往模式。最后，班级越大，内部越容易形成各种非正式小群体，而这些小群体又会影响课堂教学目标的实现。

六、论述题

1. 复述策略的定义：复述策略是在工作记忆中为了保持信息，运用内部语言在大脑中重现学习材料或刺激，以便将注意力维持在学习材料上的方法。

常用的复述策略有：（1）利用随意识记和有意识记；（2）排除相互干扰；（3）整体识记和分段识记；（4）多种感官参与；（5）复习形式多样化；（6）画线。

2. 马斯洛认为人的基本需要有五种，由低级到高级依次排列成一定的层次，即生理需要、安全需要、归属与爱的需要、尊重需要、自我实现的需要。在人的需要层次中，最先满足的是最基本的需要，只有基本的需要满足了，才有可能进一步发展高层次的需要。需要层次理论说明，在某种程度上学生缺乏学习动机可能是由于某种低级需要没有得到充分满足，而正是这些因素成为学生学习和自我实现的主要障碍。所以，教师不仅要关心学生的学习，也应该关心学生的生活，以排除影响学习的一切干扰因素。

七、案例分析题

牛顿和瓦特的故事实际上都体现了他们良好的学习迁移能力。迁移在我们的实际学习和工作中起着非常重要的作用，主要体现在三个方面：(1)迁移能够提高我们解决问题的能力。学习的目的是在各种不同的情景下解决现实中的各种问题。能否准确、有效提取相关的经验来分析、解决实际问题就涉及我们的知识迁移能力。学校的教学更是如此，大部分问题的解决是通过迁移完成的，要让学生将在学校学到的知识运用到日常生活中去，也依赖于迁移的运用。(2)迁移是习得的经验得以概括化、系统化的有效途径，是品德和能力形成的关键环节。只有通过广泛的迁移，原有的经验才能得以改造，形成更加完善、充实的知识，从而建立起能够稳定的调节个体活动的心理结构，即能力和品德的心理结构。(3)迁移规律对学习者、教育工作者及相关人员都具有很强的指导作用。在学习和教学中，如果我们能够有效运用迁移理论，那么就能够促进学生学习效率的提高，并在适当的情景中主动运用经验。

在教学中具体做到：(1)精选教材。(2)合理安排教学内容，使教学内容达到结构化、一体化、网络化。为迁移的产生提供直接的支撑。(3)合理安排教学程序。(4)在教学中教授学生一定的学习策略，提高迁移的意识性。

此外，还可以从学生学习的创造性、教育的创造性、教师的品质等方面来进行回答。

综合练习二

一、单项选择题（每小题 1 分，共 20 分）

1. 在教育心理学的研究中，通过其他有关材料，间接了解被试者的心理活动的方法是(　　)。

A. 观察法　　B. 实验法　　C. 调查法　　D. 临床个案法

2. 社会测量法的提出者是(　　)。

A. 史莫克　　B. 莫雷若　　C. 加涅　　D. 奥苏贝尔

3. 根据柯拉斯沃等的分类法，情感的教学目标有五个程序，即接受、反应、评价、组织和(　　)。

A. 价值的性格化　　B. 非言语交流

C. 理解　　D. 统合

4. 研究发现，教师期望效应的大小要受学生年龄的影响，一般而言，更易受到期望效应影响的是(　　)。

A. 年龄上无明显差异　　B. 中等年龄的学生

C. 年龄较大的学生　　D. 年纪较小的学生

5. 按照皮亚杰的认知发展分期的理论，十一至十五岁儿童的处于(　　)。

A. 感觉运动阶段　　B. 思维准备阶段

C. 思维阶段　　D. 抽象思维阶段

6. 学习的意义表现在(　　)。

A. 促进心理的成熟与发展　　B. 获得好的成绩

C. 适应社会发展　　D. 个体生活的需要

7. 新的材料属于原有的具有较高概括性的观念中，原有的观念得到扩张、精确化、限制或修饰，新的观念或命题获得意义，这种学习是(　　)。

A. 派生类属学习　　B. 相关类属学习

C. 上位学习　　D. 并例结合学习

8. 下列说法中不能反映学习迁移现象的是(　　)。

A. 举一反三　　B. 由表及里　　C. 触类旁通　　D. 由此及彼

9. 短时间记忆的容量有限，一般来说，其容量的组块数是(　　)。

A. 3 ~ 6　　B. 4 ~ 7　　C. 5 ~ 9　　D. 6 ~ 10

10. 能对有关知识进行分析概括，找出知识间的内在联系，这种理解是(　　)。

A. 字面的理解　　B. 解释的理解

C. 批判性的理解　　D. 创造性的理解

11. 学生在学习过程中形成的对待学习的比较稳定的反映倾向叫作(　　)。

A. 学习目的　　B. 学习动机　　C. 学习态度　　D. 学习兴趣

12. 一般而言，要使学习效率较高，动机应维持在（　　）。

A. 较高水平　B. 中等水平　C. 较低水平　D. 不一定

13. 一般而言，学生的成就动机来源于三种需要。下列选项，不属于成就动机源泉的需要是（　　）。

A. 认知的需要　B. 交往的需要

C. 自我提高的需要　D. 学习过程派生的附属需要

14. 在教学设计工作中，中心是（　　）。

A. 分析教学内容　B. 设计教学策略

C. 分析教学对象　D. 设计学习目标

15. 在教和学的过程中进行的，其目的是了解教学结果，探究教学中存在的问题和缺陷，以便对教学工作进行调整。基于这一目的进行的评定是（　　）。

A. 配置性评定　B. 形成性评定

C. 总结性评定　D. 论文式评定

16. 在技能形成过程中，练习中期出现进步的暂时停顿现象，在心理学上称为（　　）。

A. 抑制现象　B. 挫折现象　C. 高原现象　D. 低谷现象

17. 智力的核心成分是（　　）。

A. 观察力　B. 记忆力　C. 想象力　D. 思维推理能力

18. “以提供建构认知结构的框架为教学的切入点”属于（　　）教学策略。

A. 先行组织者　B. 掌握学习　C. 支架式　D. 抛锚式

19. 由于看到鸟的飞翔而发明了飞机，这类创造活动的主要影响机制是（　　）。

A. 原型启发　B. 功能固着　C. 负向迁移　D. 定势影响

20. 埃里克森人格发展理论认为，儿童人格发展的每一阶段都有一种冲突和矛盾所决定的发展危机。比如12～18岁阶段的危机冲突是（　　）。

A. 勤奋感对自卑感　B. 主动感对内疚感

C. 自我同一性对角色混乱　D. 自主感对羞愧感

二、多项选择题（每小题2分，共10分）

1. 非正式学生群体的主要特点有（　　）。

A. 有固定的组织结构　B. 群体内部的一致性

C. 情感依赖性　D. 往往具有较突出的“领袖”人物

E. 凝聚力不强

2. 在我国，一般习惯于根据学习的内容和结果把学习划分为（　　）。

A. 知识的学习　B. 技能的学习

C. 以思维为主的能力的学习　D. 情意和人格的学习

E. 道德品质和行为习惯的学习

3. 斯金纳认为，“教学就是安排可能发生强化的事件促进学习”，所以他建议利用操作条件反射的理论安排程序教学，以便更有效地呈现与学习教材，其程序教学的基本原则是（　　）。

A. 小步子逻辑序列　B. 要求学生作出积极的反应

C. 及时反馈　　D. 学生自定步调
E. 低的错误率

4. 根据前后学习的难度差异，可以把迁移分为（　　）。
A. 正迁移　　B. 顺向迁移　　C. 垂直迁移
D. 逆向迁移　　E. 水平迁移

5. 学习评定的常见的教师心理误差有（　　）。
A. 宽大效应　　B. 光环效应　　C. 集中趋势
D. 逻辑误差　　E. 对比效应

三、填空题（每小题 1 分，共 8 分）

1. 一般认为，1903 年桑代克的＿＿＿＿的出版是教育心理学成为独立学科的标志。

2. 教师对学生的期望可以起一种潜移默化的作用，从而有助于学生学习进步，这就是＿＿＿＿，又称为皮格马利翁效应。

3. 制约儿童心理发展的因素有遗传与环境、＿＿＿＿、社会环境因素、学校教育因素及主观能动因素。

4. 根据奥苏伯尔的观点，学生学习的主要形式是＿＿＿＿。

5. 在对学习迁移现象进行解释时，＿＿＿＿认为，只要一个人对他的经验进行了概括，那么从一个情景到另外一个情景的迁移是能够完成的。

6. ＿＿＿＿是通过练习而自动化了的动作方式或智力的活动方式。

7. 在直观教学中，要使对象从背景中突出，必须遵循三个规律，即＿＿＿＿、活动律、组合律。

8. 在课堂教学的组织形式研究中，加涅和布里格斯把教学组织形式分成＿＿＿＿和个别化教学。

四、判断简析题（每小题 3 分，共 6 分）

1. 同一儿童能演算比较抽象的数学题，但在理解历史事件时却不能离开具体的形象。这是儿童思维发展不平衡的表现。

2. 婴儿逐渐学会说话是学习的结果。

五、简答题（每小题 6 分，共 24 分）

1. 简述教学目标的心理功能。

2. 桑代克提出的三条基本学习规律是什么？

3. 简述艾宾浩斯遗忘曲线和遗忘规律。

4. 简述因材施教的运用原则。

六、论述题（每小题 8 分，共 16 分）

1. 结合实际谈谈如何激发和培养学生的学习动机。

2. 学校教育巩固学生的优良行为有哪些心理学原则？

七、案例分析题（16 分）

在课堂上，教师让学生“列举砖头的用处”时，学生小方的回答是：“造房子、造仓库、造学校、铺路。”学生小明的回答是：“盖房子，盖花坛，打狗，敲打。”

请问小方和小明的回答如何？你更欣赏哪种回答？为什么？请根据思维的相关原理进行分析。

【参考答案】

一、单项选择题

1. C 2. B 3. A 4. D 5. D 6. A 7. B 8. B 9. C 10. B 11. C 12. B 13. B 14. C 15. B 16. C 17. D 18. C 19. A 20. C

二、多项选择题

1. BCD 2. ABCE 3. ABCDE 4. CE 5. ABCDE

三、填空题

1. 教育心理学 2. 教师的期望效应 3. 成熟与学习 4. 有意义接受学习 5. 贾德 6. 技能 7. 差异律 8. 集体授课

四、判断简析题

1. 正确。小学时期，儿童的抽象逻辑思维水平不断提高，思维中抽象的成分逐渐增多，但在不同学科、不同的教学内容中表现出不平衡性。如儿童熟悉的学科、难度小的任务，儿童思维中抽象的成分较多，抽象的水平较高；而对于儿童不熟悉的学科、难度大的任务，儿童思维中的具体成分就较多。

2. 正确。学习是个体在特定情境下由于练习或反复经验而产生的行为或行为潜能的比较持久的变化。说话是婴儿不断练习引起的持久的行为变化，如果没有说话环境，没有长期的练习，婴儿就无法学会说话。因此，婴儿学会说话是学习的结果。

五、简答题

1.（1）教学目标具有启动功能；（2）教学目标具有导向功能；（3）教学目标具有激励功能；（4）教学目标具有聚合功能。

2. 准备律；练习律（应用律；失用律）；效果律。（1）应用律：一个已形成的可以改变的连结，若加以应用，就会使这个连结增强。（2）失用律：一个已形成的可以改变的连结，若加以应用，就会使这个连结减弱。（3）效果率：在情绪与反应间建立可以改变的连结，并发或伴随着满意的情况时，连结力量就增强；当建立时，并发或伴随着烦恼的情况时，连结力量就减弱。

3. 德国心理学家艾宾浩斯首先用无意义音节为材料进行有关保持进程的研究，发现并绘制了第一个保持曲线，也称遗忘曲线。遗忘曲线揭示了遗忘规律：遗忘的进程是不均衡的，遗忘先快后慢。这一规律对课堂教学、特别是对复习的组织有重要意义。

4.（1）正常的对待方式；（2）正确的态度；（3）积极的评价；（4）主动的操作。

六、论述题

1.（1）加强学习目的的教育，发挥目标激励作用。（2）引起心理上的不确定性，激发学生的求知欲。（3）通过获得成功的机会和体验，激发学生的学习动机。（4）培养和激发学生的学习兴趣。(5)利用学习反馈和学习评定。(6)利用学习竞赛和奖惩激发学习动机。(7)与学生签订学习协议。

2.(1)尽量使已产生的行为定型或模式化。(2)尽量设法强化这些行为。(3)尽量引导这些行为。(4)通过成功的接近策略，逐步使行为上升到原则高度。

七、材料分析题

(要点)小方的回答都是沿着用作“建筑材料”这一方向发散出来的，几乎没有变通性。而小明的回答不仅想到砖头可以用作建筑材料，还可用作防身的武器，敲打的工具，这样的发散思维变通性就好，其新的思路和想法，有利于创造性思维的发展。

教育公共基础模拟试题

模拟试题一

一、单项选择题（在每小题列出的四个选项中只有一个选项是符合题目要求的，请将正确选项前的字母填在题后的括号内。每小题 1 分，共 20 分）

1. 构建学习化社会的理想主要体现的是（　　）。

A. 前制度化教育　　B. 制度化教育

C. 非制度化教育　　D. 正规教育

2. 为适应科学知识的加速增长和人的持续发展要求而逐渐形成的教育思想和教育制度称为（　　）。

A. 终身教育　　B. 普通教育　　C. 职业教育　　D. 义务教育

3. 教育目的是社会需求的集中反映，它集中体现了（　　）。

A. 教育的性质　　B. 教育的任务

C. 教育的内容　　D. 教育的规律

4. 教师胜任教学工作的基础性要求是，必须具有（　　）。

A. 学科专业素养　　B. 教育专业素养

C. 品德专业素养　　D. 职业道德素养

5. 学生主体性的形成，既是教育的目的，也是教育成功的（　　）。

A. 条件　　B. 任务　　C. 途径　　D. 结果

6. 率先正式使用“班级”一词著名教育家是（　　）。

A. 埃拉斯莫斯　　B. 夸美纽斯　　C. 洛克　　D. 卢梭

7. 德育过程中不同质的各种要素的组合方式称为德育过程的（　　）。

A. 内容　　B. 层次　　C. 结构　　D. 方法

8. 医生通过观察、号脉、听诊能诊断病情属于思维的（　　）特征。

A. 直接性　　B. 间接性　　C. 广阔性　　D. 概括性

9. 用信息加工的观点来研究人的感觉、知觉、记忆、思维等心理过程的心理观点是（　　）。

A. 行为的观点　　B. 生物学的观点

C. 现象学的观点　　D. 认知的观点

10. 发现与矫正错误是注意的（　　）功能。

A. 选择功能　　B. 整合功能

C. 维持功能　　D 调节与监督功能

11. 冯特建立第一个心理学实验室是在（　　）。

A. 1877 年　　B. 1879 年　　C. 1781 年　　D. 1780 年

12. “因材施教”遵循了心理健康教育的（　　）。

A. 艺术性　　B. 平等尊重　　C. 个体差异性　　D. 教育学

13. 认为失败无法避免的观念被称为（　　）。

A. 失败感　B. 自卑感　C. 习得性无助感　D. 失职

14. 根据皮亚杰的心理发展观，一个 10 岁的儿童属于认知的（　　）。

A. 感知运动阶段　B. 前运算阶段

C. 具体运算阶段　D. 形式运算阶段

15. 很容易将一个知觉目标从它的背景中分离出来，这种认知方式是（　　）。

A. 场独立型　B. 发散型　C. 场依存型　D. 沉思型

16. 儿童开始认识到规则不是绝对的、一成不变的，而是可以协商或修改的，按照皮亚杰的道发展阶段理论，该儿童的道德发展处于（　　）。

A. 他律阶段　B. 前习俗阶段

C. 自律阶段　D. 寻求认可取向阶段

17. 我国义务教育经费来源的主渠道是（　　）。

A. 国家财政拨款　B. 城乡教育费附加

C. 社会集资、捐资　D. 教育专项资金

18. 法律救济的前提是（　　）。

A. 义务得以履行　B. 权利受到损害

C. 弥补受损权利　D. 权利得以实现

19.（　　）是教师职业道德的主要特征，是教师应当遵守的基本师德原则。

A. 教书育人　B. 为人师表　C. 乐教勤业　D. 爱国守法

20.（　　）是教师胜任工作，做好教育工作的首要条件。

A. 教书育人　B. 为人师表　C. 乐勤敬业　D. 爱岗敬业

二、多项选择题（请将正确答案的字母序号填入括号内。每小题 2 分，共 10 分）

1. 下列各项属于个别差异的是（　　）。

A. 同一个体身心不同构成方面的差异　B. 性别差异

C. 同年龄人群差异　D. 儿童与青年的差异

2. 政治经济制度对教育政策的制约体现在（　　）。

A. 是否确实重点学校　B. 科学技术的发展

C. 是否允许个人办学　D. 教师的任免

3.（　　）因素影响知识的应用。

A. 知识的理解　B. 知识的巩固

C. 课题的性质　D. 智力活动的方式

4. 技能是通过学习形成的合乎法则的活动方式，一般分为（　　）。

A. 操作技能　B. 动作技能　C. 心智技能　D. 理解技能

5. 对教师“为人师表”的具体要求是（　　）。

A. 坚守高尚情操，知荣明耻，严于律己，以身作则

B. 衣着得体，语言规范，举止文明

C. 关心集体，团结协作，尊重同事，尊重家长

D. 作风正派，廉洁奉公，自觉抵制有偿家教，不利用职务之便谋取私利

三、填空题（每空 1 分，共 10 分）

1. 马克思认为，造成人的片面发展的是________。

2. 学生既是教育的对象，又是教育活动的________。

3. 广义课程是指所有学科的总和，或指学生在教师指导下________的总和，狭义的课程是指一门学科。

4. 教育国际化即教育要面向世界。也就是说现代教育从教育目标、教育制度、________到教育管理都要面向世界。

5. 学习长系列材料，首尾位置的材料记忆效果_____，中间位置的材料记忆效果_______。

6. 心境状态的主要特点是非定向的__________。

7. 根据认知心理学的研究，程序性知识的表征形式主要是__________。

8. “没有查出病就是健康”实质上忽视了人的__________健康。

9. 态度改变的先决条件是__________。

10. 加涅将心智技能分为辨别、具体概念等五种类型的依据是__________。

四、判断简析题（每小题 3 分，共 15 分）

1. 教育现代化主要在于教育设施的现代化。

2. 高原期是技能形成过程中练习成绩的起伏现象。

3. 多种感官参与学习能有效增强记忆。

4. 依法治教是指国家机关及其工作人员，为实现一定的教育目的，依法对教育行使的领导和管理的权力。

5. 在“教书育人”这句话中，育人就是特指对思想品德的培养教育。

五、简答题（每小题 5 分，共 15 分）

1. 为什么学校教育工作必须要坚持以教学为主？

2. 如何培养学生的创造性思维？

3. 简述布鲁纳的教育目标观。

六、论述题（每小题 8 分，共 16 分）

1. 结合教学实际，谈谈在教学中应该如何培养学生的创造性。

2. 论述如何培养和激发学生的学习动机。

七、案例分析题（每小题 7 分，共 14 分）

1. 一名初中学生向语文老师报告说，她新买的一本新华字典不见了，而她曾在这本新华字典的背面写了个“玉”字。老师问明了情况后，让这名学生先不要张扬，老师帮她找一找。这位老师来到教室说，前两天老师布置让每位同学都买一本字典，现在请同学们把自己的字典拿出来让老师检查一下。检查中，老师发现一名学生的字典后面一页写了个“壁”字，而这显然是在原来的“玉”字上面改的。老师当时迟疑了一下，这名女生顿时满面通红。但老师并没有表现什么，而是继续检查其他学生的字典。后来老师了解到这名女生品德很好，但她家境贫寒，母亲抱病卧床。因为还要给母亲买药，一本 11 元钱的字典对她来说是很难买得起的，而老师当时要求每个同学必须买一本字典。了解这些情况后，老师自己花钱买了一本字典，并在最后一页精心地摹下了一个“玉”字。然后，老师当着全班同学宣布说，某某同学的字典找到了，是其他班的同学捡到的。数年后，学生们毕业了，有一天这位老师收到一封信，里面夹着 11 元钱。信里，这名学生向老师承认了错误，并衷心地感谢老师对她的爱护。……

请用教育目的理论的有关知识，对这个材料进行分析。

2. 何某，男，某区中心小学教师。1993 年 11 月，学校根据其教育教学水平，聘请其担任后勤工作，何某不同意学校对他的工作安排，于 1997 年 6 月 18 日向区教育局提出申诉，区教育局于同年 7 月 7 日作出了处理决定。决定内容为：关于何某的工作问题，目前我区中小学教职工实行岗位聘任制，教职工的工作安排由学校负责。何某对此不服，向市教委申请复议。1997 年 9 月 8 日，市教委的行政复议决定维持区教育局的处理决定。

（1）学校的决定与区教育局的处理是否合法？请简要说明理由。

（2）市教委的行政复议决定是否合法？请简要说明理由。

【参考答案】

一、单项选择题

1. C　2. A　3. A　4. A　5. A　6. A　7. C　8. B　9. D　10. D　11. B　12. C　13. C　14. C　15. A　16. C　17. A　18. B　19. B　20. C

二、多项选择题

1. ABC　2. ABD　3. ABCD　4. ABC　5. ABCD

三、填空题

1. 社会分工　2. 主体　3. 各种活动　4. 教育内容　5. 较好　较差　6. 弥散性（或感染性）　7. 产生式　8. 心理　9. 认知失调　10. 学习层次的高低

四、判断简析题

1. 错误。教育现代化由教育思想现代化、教育制度现代化、教育内容和方法现代化、教育设施现代化、教育队伍现代化、教育管理现代化等六个方面的内容构成。这六个方面的现代化相辅相成，共同构成教育现代化的标准体系。教育设施是办学的基本条件，教育设施现代化是教育现代化的基础，但总的看来教育设施的现代化不是主要的方面。教育思想是指经过人们思维加工而形成的教育理论认识，具有实践性、抽象性、社会性和前瞻性等多种特征，具有主导的作用。教育思想现代化是教育现代化的观念条件、心理基础和精神支柱，是人才培养过程中最重要的因素和力量，是开展教育改革和发展的基本前提条件。所以这种理解是非常片面的。

2. 错误。高原期是技能形成过程中，当练习到一定时期后有时会出现技能水平暂时停顿、上升曲线趋于平缓的现象。而练习成绩的起伏是成绩随练习而提高是总趋势，但存在着时而上升时而下降的起伏现象。

3. 正确。认知策略强调在复述策略中，要想做到良好的识记，最好能够多感官参与。如我们在记忆的过程中，边读边听，同事手上还边记录，这种记忆效果肯定好于只看或只听。

4. 错误。依法治教指依据法律来管理教育，即在社会主义民主的基础上，使教育工作逐步走上法制化、规范化，具体指用法律来规范教育管理，协调教育关系，指导教育活动，解决教育纠纷，保护学校和师生的合法权益，促进教育事业的健康快速发展。

5. 错误。这种说法虽然指出了思想品德培养是教书育人题中应有之意，但却是不完全的；思想品德培养只是教书所育之人的一个方面，而不是它的全部。教书所育之人，实质应是能在多方面适应社会、推动社会发展的完整的人，即在德、智、体、美等方面和谐发展之人，培养良好的思想品德固然是很重要的，但如果其他方面被忽略或不能得到很好发展，也不会有能够很好生存和发展的能力；如果把教书育人仅仅理解为只是培养思想品德，就会在实践上窄化教学的多方面的功能，也会导致教学功能的片面性。

五、简答题

1.（1）以教学为主是由学校教育工作的特点所决定的；（2）教学是实现教育目的的基本途径；（3）教学为主是由教学自身特点决定的；（4）历史经验已经表明学校工作必须要以教学为主，如新中国成立以来教育实践能说明这一点。

2.（1）激发学习动机，培养学习兴趣和求知欲；（2）运用发展创造性思维的策略，培养创造性思维能力；（3）改变传统的评定学习成绩的观念，鼓励学生的创造性行为；（4）培养学生发散思维和聚合思维；（5）引导学生积极参加创造性活动。

3.（1）鼓励学生发现自己的猜测的价值和改进的可能性。（2）发展学生运用思想解答问题的信心。（3）培养学生的自我推进力，引导学生独自运用各种题材。（4）培养学生经济地使用思想的能力。（5）发展理智上的忠诚。

六、论述题

1.（1）创造有利环境：① 保障学生的心理安全与自由，激发学生的积极性与主动性。② 为学生的学习留有余地。③ 做有利于学生发挥创造性的教师。（2）培养创造性人格：① 保护学生的好奇心。② 解除学生怕犯错误的恐惧心理。③ 鼓励学生与创造性比较高的人接触。④ 培养学生的恒心和毅力。（3）设置创造性课程：① 发散性思维训练课。② 自我设计课。③ 创造发明课。（4）发展创造性思维：① 类比推理思维。② 对立思考策略。③ 多路思维策略。④ 综合运用多项思维机制。

2.（要点）（1）加强学习目的教育，发挥目标激励作用。（2）引起心理上的不确定性，激发学生的求知欲。（3）通过获得成功的机会和体验，激发学生的学习动机。（4）培养和激发学生的学习兴趣。（5）利用学习反馈和学习评定。（6）利用学习竞赛和奖惩激发学习动机。（7）与学生签订协议。（8）在课堂教学中合理使用激发学生学习动机的技巧。

七、案例分析题

1. 语文老师的做法是妥当的。（1）对于拿别人字典的女生，老师进行了细致的调查研究与分析，发现事出有因（因家境贫寒，母亲抱病，无钱买来字典），便没有当众“杀鸡儆猴”，而是自己掏钱为学生弥补了过失，表现了崇高的师德，令人敬佩。（2）体现了教育目的的人道精神和人文关怀。在整个时间的处理过程中，老师充分考虑到了学生在教育活动中的需要和感受，超越简单道德说教的束缚，对学生的品德影响深远而长久，教育效果是可靠的。（3）既是现代教育目的价值观中“客体论”向“主体论”转变，也是教育目的中由“占有性个人主体”向“共存的类主体”转变的集中体现。老师没有简单的息事宁人的态度，而是将个别的问题进行个别的处理，通过心灵的交流，给学生以自我觉悟的机会，表现出对于学生主体地位的充分尊重和对于学生自我教育能力的信任，同时又利用集体的心理氛围的影响，对学生的行为进行着无声的引导。

2.（1）学校的决定与区教育局的处理是合法的。理由是：① 学校有权对受聘教师的政治思想、业务水平、工作态度、工作成绩进行考核，并作为提职、实施奖惩的重要依据。② 教育法规定，考评行政部门应在接到申诉后第三十个工作日内作出处理。1997 年 6 月 18 日申诉，7 月 7 日做出决定。

（2）市教委的行政复议决定不合法，因为超出了教育法有关申诉后第三十个工作日作出处理的规定。

模拟试题二

一、单项选择题（在每小题列出的四个选项中只有一个选项是符合题目要求的，请将正确选项前的字母填在题后的括号内。每小题1分，共20分）

1. 教育改革的核心是（　　）。
A. 教材改革　　B. 课堂教学改革
C. 课程改革　　D. 教师素质提高

2. 班主任了解学生的基本方法是（　　）。
A. 观察法　　B. 问卷法　　C. 谈话法　　D. 调查法

3. 有目的、有计划、有结构地产生教学计划、教学大纲以及教科书等系统化的活动是（　　）。
A. 制定课程目标　　B. 制订教学计划
C. 课程设计　　D. 明确培养目标

4. 通过制定和执行规章制度去管理班级的经常性活动是班级管理是（　　）。
A. 常规管理　　B. 民主管理　　C. 平行管理　　D. 目标管理

5. 实用主义教育流派的代表人物是（　　）。所持观点是：教育无目的论。
A. 夸美纽斯　　B. 赫尔巴特　　C. 裴斯泰洛齐　　D. 杜威

6. “授人以鱼，仅供一饭之需，授人以渔，则终身受用无穷”说明教学中应重视（　　）。
A. 培养学生积极的心理品质　　B. 发展学生能力
C. 知识的传授　　D. 培养学生良好的思想品德

7. 学生最主要的权利是（　　）。
A. 人身自由权　　B．人格尊严权
C. 受教育权　　D．隐私权

8. 长时记忆的遗忘属于（　　）障碍。
A. 生理性障碍　　B. 心理性障碍　　C. 存储性障碍　　D. 提取性障碍

9. 开卷考试时，学生的主要记忆活动是（　　）。
A. 识记　　B. 保持　　C. 再认　　D. 回忆

10. 视觉中枢位于（　　）。
A. 额叶　　B. 顶叶　　C. 颞叶　　D. 枕叶

11. 在解决问题过程中，对解答问题具有启发作用的类似的事物叫（　　）。
A. 原型　　B. 原型启发　　C. 问题清楚　　D. 问题对象

12. 安德森的产生式迁移理论是（　　）的现代翻版。
A. 关系转换说　　B. 经验内化说
C. 相同要素说　　D. 形式训练说

13. 最早提出著名的遗忘曲线的心理学家是（　　）。

A. 艾宾浩斯　　B. 巴普洛夫　　C. 冯特　　D. 弗洛伊德

14. 桑代克认为动物的学习是由于在反复的尝试—错误过程中，形成了稳定（　　）。

A. 能力　　B. 技能

C. 兴趣　　D. 刺激—反应联结

15. 科尔伯格道德发展阶段论的观点，只根据行为后果来判断对错的儿童，其道德判断发展水平处于（　　）。

A. 好孩子取向阶段　　B. 惩罚和服从取向阶段

C. 良心或原则取向阶段　　D. 权威和社会秩序取向阶段

16. 利用图表、模型、幻灯片等进行直观教学被称为（　　）。

A. 实物直观　　B. 模像直观　　C. 语言直观　　D. 动作直观

17. 我国《教师法》规定，教师是（　　）

A. 国家公务员　　B. 教育公务员

C. 教育职员　　D. 专业人员

18. 下面选项中不属于学校事故的免责条件的是（　　）

A. 第三人过错　　B. 不可抗力

C. 过失　　D. 紧急避险

19. 很多教师从一定程度上将自己的劳动喻为“良心活”，说明教师职业道德具有（　　）。

A. 严格性　　B. 自觉性　　C. 示范性　　D. 深远性

20. 具有特殊的教育功能的教师职业道德规范是（　　）。

A. 爱国守法　　B. 爱岗敬业　　C. 乐勤敬业　　D. 教书育人

二、多项选择题（请将正确答案的字母序号填入括号内。每小题 2 分，共 10 分）

1. 我国新课程的课程评价强调（　　）。

A. 课程评价的对象应是多元的

B. 课程评价的对象是课程内容

C. 课程评价的直接意义是对被评价的课程提出质疑并为改进课程指明方向

D. 课程评价必须对实现教育目的作出贡献

2. 学校教育的基本途径有（　　）。

A. 科研　　B. 社会实践　　C. 课外活动　　D. 教学

3. 气质是一个人（　　）心理活动的动力特性。

A. 典型的　　B. 习惯化行为方式中表现出来的

C. 不依活动目的和内容而转移的　　D. 稳定的

4. 用行为塑造法应该注意的事项是（　　）。

A. 确定所要达到的最终行为目标

B. 了解清楚孩子现在的行为特点和行为基础

C. 目标的细化

D. 选择适当的强化物

5. 我国历代思想家教育家有关师德修养的内容有（　　）

A. 学而不厌，诲人不倦　　B. 以身作则，反躬自省

C. 教学相长，相互尊重　　D. 立志乐道，甘于奉献

三、填空题（每空 1 分，共 10 分）

1. 根据教学计划，以纲要的形式编写的有关学科教学内容的指导性文件是教学大纲。是教学大纲的具体化。

2. 道德和品德不同。道德是社会现象，品德是________。

3. 1912 年，以孙中山为首的南京临时政府颁布了________学制，第一次规定了男女同校，废止读经，充实了自然科学内容，将学堂改为学校。

4. 课外校外教育的组织形式有________、小组活动、个人活动。

5. 概念是用________来标志的。

6. 人在安静环境看书时，会感到桌上的座钟声音时强、时弱，这是注意的________，它是________的注意现象。

7. 贾德认为，迁移的关键是学习者能对不同学习活动中的________进行概括。

8. 衡量一个测验有效性、正确性的重要指标是________。

9. 个人在学习活动中感到某种欠缺而力求获得满足的心理状态是________。

10. 中学生人格发展的主要任务为________。

四、判断简析题（每小题 3 分，共 15 分）

1. 个别化教学就是个别教学。

2. 智力在不同的年龄段发展的速度几乎是相同的。

3. 课堂里某种占优势的态度与情感的综合状态成为课堂气氛。

4. 处理是指人们在法定条件下，做出或不做出某种法律规范规定的行为时，应承担的法律后果。

5. “亲其师而信其道”是教师良好职业道德对学生品德形成起催化和激励作用的写照。

五、简答题（每小题 5 分，共 15 分）

1. 联系实际简要说明德育过程具有渐进性和反复性的特点。

2. 如何有效培养学生的能力？

3. 简述发现学习的作用。

六、论述题（9 分）

“我们日常所见的人中，他们之所以或好或坏，或有用或无用，十分之九都是他们的教育所决定的。”谈谈你对这一观点的看法。

七、案例分析题（每小题 7 分，共 21 分）

1. 新学年开始了，一位充满工作热情而热爱教育工作的教师为了使学生更好地学习，为了给学生们提供一个更有情趣的学习环境，对教室进行了一番精心的布置，在教室内周围的墙上张贴了各种各样、生动有趣的图画，窗台上还摆上了花草、植物，使教室充满了生机。

请你判断，它将产生什么样的效果？为什么？

2. 课堂上有位学生指出老师对某个问题的解释有错误，老师当时就恼怒起来：“某某同学，算你厉害，老师不如你，以后老师的课由你来上好了！”全班同学随老师一起嘲笑这位学生，该生从此在课堂上不能发现问题，不能主动回答问题了。

请你通过实例分析并评价该老师的做法有哪些不当之处？这种行为违反了哪些教学原则？

3. 请阅读以下关于“学生课间玩耍受伤学校是否有责任”的案例。

某日下午，某小学课间，学生杨某（10岁）在操场玩耍，被正在追逐打闹的学生李某（9岁）、王某（8岁）撞倒在地，并被压在身下，造成阴茎包皮挫裂伤。杨某受伤后，学校立即将其送往医院治疗，并同时通知了3名学生的家长。在医院，杨某做了包皮环切手术，但未住院治疗，并于10天后到校继续上课。其医疗费、交通费等已由李某、王某的监护人支付。经公安部门法医活体检验鉴定，该包皮环切手术属正常手术，不会对杨某的身体造成不良影响，属于轻伤。其后，杨某的家长作为代理人，以杨某因伤害造成生殖器畸形，可能对今后生活产生影响为由，以另两个学生及该学校为被告，提起诉讼，要求三方赔偿他们误工减少的收入及精神损伤费10万元。

请依据教育法律关系的基本原理分析该案例。

【参考答案】

一、单项选择题

1. C　2. A　3. C　4. A　5. D　6. B　7. C　8. D　9. C　10. D　11. A　12. C　13. A　14. D　15. B　16. B　17. D　18. C　19. B　20. B

二、多项选择题

1. ACD　2. BCD　3. ACD　4. ABCD　5. ABCD

三、填空题

1. 教科书　2. 个体现象　3. 壬子癸丑学制　4. 群众性活动　5. 词语　6. 动摇（或起伏）　7. 共同要素　8. 效度　9. 学习需要　10. 培养自我同一性

四、判断简析题

1. 错误。个别化教学是一种因材施教的教学方法，是指教学方法个别化。当同一教材、教法不能针对班级教学中学生的程度差异时，为顾及个别能力、兴趣、需要及可能遭遇的困难，教师须在教学过程中特别设计不同的教学计划。个别教学是一种“一对一”的教学实施形态，与班级授课制相对应。它可能是个别化教学，也可能不是个别化教学，关键在于其是否为符合该生能力需要而特别设计了教学方案。所以，个别化教学不等同于个别教学。

2. 错误。在个人一生的发展过程中，智力水平随个体年龄的增长而变化。儿童期、少年期智力的发展与年龄的增长几乎是同步等速的过程，是能力发展最重要的阶段；18～25岁智力发展达到顶峰状态，也有的认为40岁左右达到顶峰。25～40岁是最有创造性与多出成果的时期；成人是人生最漫长的时期，也是能力发展相对稳定的保持期，可持续到60岁左右；进入老年阶段（60岁以后）智力发展表现出迅速下降的趋势。

3. 正确。课堂气氛是教学过程的软环境，它通常是指课堂里某些占优势的台语与情感的综合状态。

4. 错。法律责任是指人们在法定条件下，做出或不做出某种法律规范规定的行为时，应承担的法律后果。

5. 对。教师良好的职业道德在实践上具有教育、调节、社会促进等方面的功能。古人所云“亲其师而信其道”就是指教师只有满腔热忱地关心爱护学生、不歧视辱骂学生，学生才会愿意跟着教师学；同时，教师对工作强烈的责任心和精益求精、乐于奉献等精神也会给学生以强烈的影响和感染，起到催化和激励的作用。

五、简答题

1.（1）人的思想品德形成不是一朝一夕，通过几次教育就可完全实现的，而是一个长期的、反复的过程；（2）人的生活环境和条件（包括自然和社会的，物质的和精神文化的，等等）的多变性和复杂性，常常对人思想品德形成发展产生积极或消极的制约作用；（3）德育过程是多因素参与（有直接的，有间接的）并相互影响、相互制约的过程。根据德育过程具有渐进性和反复性的特点，把握好以下方面的问题对于我们做好德育工作是十分必要的。一是人的思想品德的培养不能急于求成，更不能搞“立竿见影”，而应当循序渐进，坚持“百年树人”，常抓不懈。二是思想品德教育要抓反复，反复抓。

2.（1）重视早期教育，适时进行早期教育；（2）在教学活动中培养学生的能力。学习领会知识，掌握技能对能力的形成与发展有很重要的作用。（3）通过培养学生兴趣促进能力的发展。有益的活动可以促进学生兴趣的养成和观察、想象与思维能力的发展。（4）根据能力的个别差异，因材施教。如超常儿童、常态范围的学生和生理或智力有缺陷的学生要有针对性的施教。

3.（1）发挥智力和潜力。（2）使外部奖励向内部动机转移。（3）通过对外信息的发现，学会以后发现问题最优方法和策略。（4）帮助信息的保持和探索。

六、论述题

这是17世纪英国洛克为代表的教育思想家提出的“教育万能论”观点。“教育万能论”对教育作用的高度评价对认识教育在人发展中的作用具有一定的意义。但把教育视为人发展的决定因素，就夸大了教育的作用。因为人的发展并不是单纯由教育决定的，而是各种条件综合作用和人多方面实践活动的结果。教育在人的发展中起主导作用只是相比较而言的，是相对的、有条件的，如果没有遗传为之提供相应的生物前提，同有环境的积极配合，没有社会发展作为物质基础，没有人的主观能动性的调动，教育要发挥它的主导作用也是不可能的。

七、案例分析题

1. 这位热情的教师出发点虽然很好，但事与愿违，过于精心布置的教室反而会产生分散学生注意力、影响学生集中学习的效果。根据无意注意的规律，有趣的图画和室内的花草、植物这些新异的刺激物吸引了学生的注意，尤其对低年级学生，他们容易把注意力转移到欣赏图画、花草、植物上，而影响了专心听课。

2.（要点）该老师对待学生提出的质疑，当头棒喝，严重挫伤了学生的学习积极主动性，而且对学生的心理造成了一定影响。这种行为违反了“教师主导与学生自觉性相结合”的原则，特别是违反了“创造民主的教学环境”的原则。民主的教学环境，能使学生的思维经常处于积极的活动之中，主动探索新知，能使学生的聪明才智最大限度地发挥出来，从而使启发的效果处于最佳状态。

3. 这是一起由于侵权引起的教育法律案件。

从主体上看，涉及学生李某、王某、杨某（及他们的监护人）和学校。

从客体上看，侵犯的是一种人身利益，具体来说是学生杨某的生命健康权。

从内容（权利义务关系）上看，首先，按照我国《民法通则》第十二条第二款的规定，“不满十周岁的未成年人是无民事行为能力人，由他的法定代理人代理民事活动。”一般情况下，父母是未成年人的监护人，对其负有监护责任；无民事行为能力人造成他人损害的，由监护人承担民事责任。我国《教育法》第四十九条第二款规定：“未成年人的父母或者其他监护人应当配合学校及其他教育机构，对其未成年子女或者其他被监护人受教育提供必要条件。”这就是说，父母对在校学习期间的未成年子女，仍负有法定的监护职责和配合学校进行教育的义务。据此，学生李某、王某的父母应当对其孩子实施的伤害行为承担赔偿责任。

其次，根据最高人民法院《关于贯彻执行〈中华人民共和国民法通则〉若干问题的意见（试行）》第一百六十条的规定，在幼儿园、学校生活学习的无民事行为能力人，受到伤害或者给他人造成伤害，单位有过错的，可以责令这些单位适当给予赔偿。这里所说的过错，不仅指一般的故意，也包括疏于管理防范、消极的不作为等情形。依本案所述，两个小学生在课间做游戏时造成伤害，说明学校管理不力。显然，学校在这起伤害事件中是有一定过错的，符合上述司法解释的规定。所以，学校也应当承担与其过错相适应的民事赔偿责任。

模拟试题三

一、单项选择题（在每小题列出的四个选项中只有一个选项是符合题目要求的，请将正确选项前的字母填在题后的括号内。每小题1分，共20分）

1. 我国最早的学校教育机构是（　　）。

A. 庠　B. 序　C. 校　D. 学

2. 讲授法的基本方式包括（　　）。

A. 讲述、讲解、讲读、讲演　B. 讲述、讲解、报告、讲演

C. 讲读、讲演、讲评、讲述　D. 讲述、讲解、讲评、报告

3. 课程改革的基本理念是（　　）。

① 学生发展为本　② 培养环境意识

③ 以创新精神和实践能力培养为重点　④ 减轻学生学习负担

A. ②③④　B. ①②③　C. ①③　D. ②④

4. 教师对学生指导、引导的目的是促进学生的（　　）。

A. 自由发展　B. 自主发展　C. 自愿发展　D. 自动发展

5. 教师按照一定的教学要求向学生提出问题，要求学生回答，并通过回答的形式来引导学生获得或巩固知识的方法叫作（　　）。

A. 讲授法　B. 谈话法　C. 讨论法　D. 实验法

6. 人力资本理论说明了（　　）。

A. 教育对经济发展的促进作用　B. 经济发展水平对教育的制约作用

C. 政治对教育的制约作用　D. 教育对科学技术的促进作用

7. 学校管理的目标和尺度是（　　）。

A. 经济收入　B. 良好的公共关系

C. 学校绩效　D. 政治影响

8. 如果客体较复杂，活动任务多，则注意的范围就（　　）。

A. 较广　B. 狭窄　C. 不变　D. 极广

9. 错觉（　　）。

A. 是对客观事物的歪曲知觉　B. 是一种知觉

C. 通过主观努力可以克服　D. 没有规律

10. 会骑自行车的人，有利于学习两轮摩托车，这主要受（　　）的影响。

A. 变式　B. 定势　C. 正迁移　D. 负迁移

11. 创造性思维的核心是（　　）。

A. 形象思维　B. 发散思维　C. 辐合思维　D. 直觉思维

12. 强迫症包括强迫观念和（　　）。

A. 怪异观念　B. 强迫行为　C. 强迫洗手　D. 强迫恐惧

13. 学生为了改变自己在班集体中的排名，这样的学习动机属于（　　）。

A. 认知内驱力　　B. 附属内驱力

C. 自我提高内驱力　　D. 交往内驱力

14. 格式塔关于学习实质的看法，是建立在其对（　　）学习现象的观察的基础上的。

A. 猿猴　　B. 白鼠　　C. 兔子　　D. 鸽子

15. 不属于元认知策略的是（　　）。

A. 计划策略　　B. 学习策略　　C. 监控策略　　D. 调节策略

16. 在教学中不断变换同类事物的非本质属性，以便突出本质属性的方法称为（　　）。

A. 变化　　B. 改变　　C. 变式　　D. 突出

17. 依据我国《教师法》，教育行政部门依法处理教师申诉的期限不得超过（　　）。

A. 60 日　　B. 50 日　　C. 40 日　　D. 30 日

18. 学生申诉制度建立的法律依据是（　　）。

A.《中华人民共和国宪法》　　B.《中华人民共和国未成年人保护法》

C.《中华人民共和国教育法》　　D.《中华人民共和国义务教育法》

19. 托尔斯泰说："如果一个教师把热爱事业和热爱学生结合起来，他就是一个完美的教师。"这意味着教师要（　　）。

A. 关心学生、了解学生　　B. 尊重学生、信任学生

C. 严格要求学生，对学生一视同仁　　D. 把热爱事业与热爱学生结合起来

20. 师德的灵魂是（　　）。

A. 教书育人　　B. 关爱学生　　C. 乐勤敬业　　D. 爱国守法

二、多项选择题（请将正确答案的字母序号填入括号内。每小题 2 分，共 10 分）

1. 科学技术对教育的作用表现在（　　）方面 。

A. 影响受教育者的数量　　B. 改变教育者的观念

C. 可以影响教育的内容　　D. 影响教育的质量

2. "课程是经验" 的观点具有（　　）的特点。

A. 强调学习者是课程的主体及能动性　　B. 课程联系学习者个人的经验

C. 课程从学习者的角度出发和设计　　D. 突出课程的综合性与整体性

3. 长时记忆系统中编码信息的方式是（　　）。

A. 听觉编码　　B. 形象编码

C. 语义编码　　D. 视觉编码

4. 学生心理发展的基本特征有（　　）。

A. 连续性和阶段性 B. 定向性和顺序性

C. 不平衡性　　D. 差异性

5. 承担教育行政法律责任的主要方式有（　　）。

A. 行政通报　　B. 行政处分

C. 行政诉讼　　D. 行政处罚

三、填空题（每小题 1 分，共 10 分）

1. 在教学中，学生以学习间接知识为主，________相结合，是教学的客观规律。

2. 教师是人类文化科学的传播者，在社会的延续和发展中起________作用。

3. 教育的根本职能在于通过人的培养实现________。

4. 社会性和________是人的教育活动与动物的“教育”活动的本质区别。

5. 情绪情感的外部表情变化，主要表现为面部表情、________和________三个方面。

6. 弗洛伊德把个性结构分成三部分：________、________和________。

7. 美国心理学家桑代克 1903 年前后写成《教育心理学》，主要探讨了人的本性、个体差异和________。

8. 教师成长成熟最主要的标志是是否关注________。

9. 在知识学习中，正例通常包含了事物的________。

10. 根据斯金纳的强化观，教育中使用“警告”，属于________。

四、判断简析题（每小题 3 分，共 15 分）

1.“活到老学到老。”

2. 需要是在动机的基础上产生的。

3. 认识方式、认知风格是指个人所偏爱使用的信息加工方式，认知方式有好坏之分。

4. 狭义的法律是指由国家行政机关制定和发布的规范性文件。

5. 师德规范不仅应通过系统的理论学习来掌握，更应在道德实践中鼓励教师将规范内化为自身的教育教学行为。

五、简答题（每小题 5 分，共 15 分）

1. 简述德育的一致性与连贯性原则。

2. 如何培养学生良好的记忆品质？

3. 简述人本主义心理学提出的教学原则。

六、论述题（每小题 8 分，共 16 分）

1. 联系课程改革实际，谈谈如何贯彻教师主导与学生自觉性相结合的原则。

2. 论述制约儿童发展的因素。

七、案例分析题（每小题 7 分，共 14 分）

1. 某小学的几位教师在办公室闲谈，甲教师说：“我们班的××这次数学考试又考了第一，真不愧是工程师的儿子。”乙教师说：“我班的××和上次一样，又没及格，没办法，父母都是小学文化。”甲教师说：“龙生龙，凤生凤，老鼠的儿子会打洞嘛，就是这个理儿。”

试根据所学理论分析这段对话。

2. 某镇因限电减负荷，规定每晚 8 时停电一周，并已通知该镇的一所初中。该校学生人数严重超标，每班超出标准 30 人。就在停电期间的某晚 8 时以后，学校下晚自习，学生从教室蜂拥而出。因没有电，楼道也没有备用灯，而整栋教学楼的楼梯结构为一楼到二楼只有一个楼梯通道，到二楼后又分为两个楼梯通道，到三楼后又合成一个楼梯通道。当众多学生都挤到一楼的时候，一名学生恶作剧地喊了一声“地震了”。结果造成学生严重拥挤，有些学生被挤倒，受到踩压。而学校也没专人负责及时疏通。这次事故造成 3 人死亡，8 人重伤。

试分析：

（1）本案中所涉及的法律关系主体有哪些？

（2）当事人违反了什么法律？应当承担什么责任？

（3）本案对我们有哪些启示？

【参考答案】

一、单项选择题

1. A 2. A 3. C 4. B 5. B 6. A 7. C 8. B 9. A 10. C 11. B 12. B 13. C 14. A 15. A 16. C 17. D 18. C 19. A 20. B

二、多项选择题

1. ABCD 2. ABC 3. BC 4. ABCD 5. BD

三、填空题

1. 间接知识和直接知识 2. 桥梁与纽带 3. 人的社会化 4. 意识性 5. 身段动作言语表情 6. 本我 自我 超我 7. 学习心理 8. 学生 9. 本质 10. 惩罚

四、判断简析题

1. 正确。“活到老学到老”体现了终身教育和终身学习的思想。尽管在历史上，只是少数思想家们的个人自觉，还没有成为整个社会的客观要求。在现代生产条件下，由于知识的激增和老化速度加快，某一时段的集中学习再也没有办法供个体终身享用。要想不断地应付社会生产和生活的挑战，唯一的途径就是改变储备式的教育为终身教育，而且从一个受教育者转变为积极的学习者。为此，就必须改变传统的教育观念、教育制度、课程结构和评价方式，打通正规教育与业余教育、学校教育与继续教育，建立一个更加一体化的，也更加灵活的满足不同类型和层次学习需要的新的教育体系。

2. 错误。需要是产生动机的基础。由于需要不同，人的活动动机的性质也不一样。动机有初级动机和高级社会性动机、内在动机和外部动机，这些动机都是在不同需要的基础上产生的。

3. 错误。认知风格也叫认知方式，是个体在知觉、思维、记忆和解决问题等认知活动中加工和组织信息时所显示出来的独特和稳定的风格。学生间认知方式的差异主要表现在场独立型和场依存型、冲动型和沉思型、辐合型和发散型。这些认识风格都各有优缺点，没有绝对的好坏之分。

4. 错误。狭义的法律是指由国家最高权力机关（全国人民代表大会及其常委会）制定和发布的规范性文件。

5. 正确。师德规范主要规定了教师在处理与学生、与同事、与自己所从事的事业等之间的关系时应遵循的基本规则和要求。作为一种道德要求，它既可以通过外化的（如专门的学习等）途径达到，更应该通过主体的实践活动实施这些规范要求，使得这种要求真正转化为主体自身的品质。美、德、英等国尤其是美国的师德教育实践也证明了这一观点的正确性和有效性。

五、简答题

1. 德育的一致性与连贯性原则是指在进行德育时，使各种教育力量互相配合、协调一致地对学生施加统一的、系统连贯的教育影响的德育原则。贯彻这一原则的基本要求是:（1）校内各方面的教育影响要协调一致。（2）统一社会各方面的教育影响。（3）加强德育的计划性。

2. 学生良好识记品质培养需要做到:（1）教育学生明确识记目的和任务，不断提高学习的自觉性和积极性;（2）指导学生运用正确的识记方法: ① 多发展理解识记和意义记忆的能力; ② 避免单纯死记硬背，引导学生多思考，充分调动智力活动的积极性; ③ 避免学生用单一分析器识记，注意采用“多通道协同记忆法”，把看、听、念（说或读）、写都利用起来; ④ 对特别抽象难记的材料，可以用“形象记忆法”，以增强识记的效果; ⑤ 对于机械的无内在联系的历史、地理及其他材料，可以引导学生用“记忆术”强记; ⑥ 运用组块化策略及多重编码方式，合理组织材料，提高加工质量; ⑦ 正确组织学生的复习和练习，以便及时强化，加深理解，纳入经验系统，巩固所记内容; ⑧ 培养学生自我检查的能力和习惯，注意正确地再认与回忆; ⑨ 注意学生的心理卫生和身心健康，合理使用大脑。

3.（1）教学更注重于情感发展而不是只是积累。（2）强调发展自我观念。（3）强调交往。（4）强调发展价值观。

六、论述题

1. 这一原则反映了教师主导与调动学生积极性相结合的教学规律。一方面学生是认识的主体，只有启发学生的自觉性、主动性，才能最终实现教学目的；另一方面，学生的认识活动是在教师的引导下进行的，没有教师的引导，学生的认识就不可能取得最佳效果。贯彻这一原则的基本要求：一是要激发学生的求知欲，调动学生学习的积极性；二是在激发学习欲望的基础上，注重引导学生动手动脑，培养学生逻辑思维能力和实际操作能力；三要创造民主的教学环境。

2.（要点）（1）遗传与环境：一般来说，我们对一切的机能发展可以直接观察测量到的，都是由于遗传素质同环境相互作用的结果所产生的反应。环境是作为实现遗传因素的阈限值而起作用的一种因素。（2）成熟与学习：在发展中，成熟是第一位的决定因素，不具备成熟条件的学习是无效的。“印刻”则说明了经验和学习对于发展过程具有重大的影响力。（3）社会环境因素。（4）学校教育因素：对儿童发展起主要作用，表现在学校教育充分利用儿童的遗传素质，对其心理发展施加积极影响；学校教育和社会生活环境对儿童心理发展的影响是有选择性的；学校教育能影响儿童心理发展的方向和水平。（5）主观能动性因素：对儿童的心理发展可以起到促进或延缓的作用。

七、案例分析题

1.（1）人的发展受多种因素的影响。不仅受遗传素质的影响，也受到社会需要、分工等环境因素和教育因素的影响和制约。（2）遗传素质是人的发展的生理前提，为人的发展提供了可能性。教育、环境等也是影响人的发展的重要因素。这些因素形成一个整体系统，共同作用于人的发展。（3）案例中的几位老师的谈话中，将学生的发展全部看作是遗传所起作用，忽略了环境和教育等因素对其所产生的影响，论断过于绝对化，有失偏颇。在这样的一种观念的指导下，将会对学生的发展产生不利影响，应多了解一些教育学、教育心理学相关理论，树立起科学的学生观、教育观，帮助学生成长。

2.（1）本案涉及的法律关系主体主要有学校和学生。（2）本案是一起由于学校管理疏忽而导致的重大恶性事故，学校应当承担主要的法律责任，喊“地震了”的学生也应负有一定的法律责任。

① 学校负有行政责任。学校在接到镇政府停电的行政通知后，并没有采取积极措施，避免学生伤害事故的发生；同时学校教学楼内没有备用灯，这就为事故的发生埋下了隐患；而且当学生挤到一楼时，如果能有人及时进行管理疏通，也不会造成如此重大的事故。正是由于学校的不作为导致了这场事故的发生，这种不作为违反了《中华人民共和国教育法》《中华人民共和国义务教育法》《中华人民共和国未成年人保护法》《中华人民共和国学生事故伤害处理办法》的有关规定，其行政主管机关可以根据《中华人民共和国行政处罚法》的规定对主要责任人进行行政处罚。

② 学校的主要负责人应当负有刑事责任。由于学校的过错致使3人死亡、8人重伤的重大恶性事故，根据《中华人民共和国刑法》的规定，有关责任人已经触犯了《中华人民共和国刑法》，可以构成渎职罪。

③ 学校负有民事责任。学校是对未成年人依法负有教育，管理、保护义务的教育机构，有保护未成年人不受人身损害的责任和义务。本案中，由于学校未尽职责范围内的相关义务，致使恶性事故的发生，根据《中华人民共和国民法通则》的有关规定，学校应当承担相应的民事赔偿责任。

④ 本案中，如果这个学生不喊“地震了”，就不会造成其他学生的恐慌，这场恶性事故也许不会发生。因此，根据有关法律规定，该生需承担一定责任，学校要对其进行批评教育。

（3）本案对我们的启示：学校要加强对教育设施的管理，消除安全隐患；学校应加强对学生的安全教育，提高他们的自救能力；学生也应增强安全和自我保护意识，提高自救能力。

模拟试题四

一、单项选择题（在每小题列出的四个选项中只有一个选项是符合题目要求的，请将正确选项前的字母填在题后的括号内。每小题 1 分，共 20 分）

1. 教学过程是一种特殊的认识过程，是实现（　　）的过程。

A. 教育目的　　B. 学生全面发展
C. 学校教学目标　　D. 认识和实践统一

2. 活动和交往是学生品德形成的（　　）。

A. 关键　　B. 基础　　C. 内容　　D. 途径

3. 校风是学校中物质文化、制度文化和（　　）的统一体。

A. 社会文化　　B. 精神文化　　C. 人文文化　　D. 地方文化

4. 20 世纪以后的教育特点有：教育的终身化、全民化、民主化、多元化和（　　）。

A. 个性化　　B. 教育技术的现代化
C. 个别化　　D. 教育权利的平等化

5. 在（　　）阶段，学生的伦理道德开始形成但又具有两极分化的特点。

A. 学前　　B. 小学　　C. 初中　　D. 高中

6. 根据学生的身心发展特点，小学、初中、高中不同学段的德育工作有相应的侧重点，其中，小学阶段的德育重点工作是（　　）。

A. 基本道德知识的理解与掌握　　B. 日常行为习惯的养成与实践
C. 道德理想信念的培养与指导　　D. 人生观价值观的选择与确立

7. 基础教育课程评价的根本目的在于（　　）。

A. 促进发展　　B. 甄别与选拔　　C. 展示激励　　D. 检验目标

8. 推动有机体活动的动力和源泉是（　　）。

A. 思维　　B. 性格　　C. 动机　　D. 需要

9. 注意是一种（　　）。

A. 心理过程　　B. 个性特征　　C. 组织特性　　D. 认识过程

10. “手舞足蹈”是人的（　　）。

A. 面部表情　　B. 言语表情　　C. 身段表情　　D. 外部表情

11. 学习正方体、长方体的体积计算公式后，再学习一般立方体的体积计算公式 V=SH，这属于（　　）。

A. 并列结合学习　B. 下位学习　　C. 上位学习　　D. 相关类属学习

12. 在巴普洛夫的实验中把事物称为（　　）。

A. 条件刺激　　B. 有效刺激　　C. 无条件刺激　　D. 中性刺激

13. 每个人对自己行为方式和行为结果的责任的认知或定向是（　　）。

A. 控制点　　B. 控制源　　C. 自我概念　　D. 自我认知

14. 人们对于某种行为要求的依据或必要性缺乏认识与体验，不知不觉受到群体的压力而产生的跟随他人行动现象称为（ ）。

A. 模仿　B. 从众　C. 服从　D. 感染

15. 对学习内容或学习结果感兴趣而产生的动机称为（ ）。

A. 近景的直接性的动机　B. 兴趣性动机

C. 情趣动机　D. 直接性动机

16. 韦纳归因理论中内部而不稳定的归因是（ ）。

A. 能力　B. 运气　C. 任务难度　D. 努力

17. 义务教育的最本质特征是（ ）。

A. 国家强制性　B. 普及性　C. 免费性　D. 基础性

18. 在国家举办的学校中，学校对其财产有（ ）。

A. 处分权　B. 管理、使用权　C. 所有权　D. 抵押、担保权

19. 教师职业的基本任务是（ ）。

A. 教书育人　B. 为人师表　C. 关爱学生　D. 爱岗敬业

20. 在《论语》中记载着许多孔子关于仁的解释，孔子“仁”的中心是（ ）。

A. 爱人　B. 人心　C. 诚信　D. 谦让

二、多项选择题 请将正确答案的字母序号填入括号内。（每小题 2 分，共 10 分）

1. 实现教师专业化的条件有（ ）。

A. 以奉献和服务精神为核心理念的职业道德

B. 具有公认的权威和影响力

C. 具备专门的知识技能

D. 有充分自治和自律性，有正式专业组织对资格认证进行管理

2. 我国教育目的的基本特征有别于其他社会制度，概括起来有以下（ ）几个方面。

A. 坚持全面发展与个性发展的统

B. 以马克思主义的全面发展学说为基础

C. 优越的社会制度保证教育的极高的社会效益

D. 教育的目的有鲜明的政治方向

3. 斯皮尔曼认为（ ）是人的基本心理潜能，是决定一个人能力高低的主要因素。

A. 首要因素　B. S 因素

C. G 因素　D. 一般因素

4. 学生心理发展的基本特征有（ ）。

A. 连续性和阶段性　B. 定向性和顺序性

C. 不平衡性　D. 差异性

5. 教师职业道德修养的基本原则有（ ）。

A. 确立可行目标，坚持不懈努力　B. 坚持知与行的统一

C. 坚持动机和效果的统一　D. 坚持继承和创新相结合

三、填空题（每小题 1 分，共 10 分）

1. ________是使用范围最广泛的课程类型

2. 教师的________是教师胜任教学工作的基础性要求。

3. 在教学过程中，传授知识与思想品德教育的统一，反映了教学的________规律。

4. ________是素质教育的核心，它是教育对知识经济向人才培养提出挑战的回应。

5. 现代心理学是一门研究个体行为及________的科学。

6. 解决问题与动机强度的关系，可以描绘成一条__________曲线。

7. 口渴会促使人做出觅水的行为活动，这是动机中的__________。

8. 通过集体讨论，使思维相互撞击，达到集思广益地培养学生创造性的方法属于________。

9. 学习者根据一定的评价标准进行自我评价和自我监督来强化相应学校行为属于________。

10. 规则学习主要有两种形式：发现学习和__________。

四、判断简析题（每小题 3 分，共 15 分）

1. 教育研究的对象是各种教育现象。

2. 灵长类动物虽然学会一些手势语，但它并不能进行从概念到概念的思维，所以它们的心理只能说到了思维的萌芽阶段。

3. 判断一个人心理健康状况应兼顾内部协调与对外良好适应两方面。

4. 省、自治区、直辖市和较大的市的人民政府，根据本行政区域的具体情况和实际需要，在不同宪法、法律、行政法规相抵触的情况下，可以制定地方性教育法规。

5. “教师打骂学生的行为其实也没什么，他们都是恨铁不成钢，也是对学生负责。”

五、简答题（每小题 5 分，共 15 分）

1. 什么是启发性原则？贯彻这一原则的基本要求是什么？

2. 人的意志品质有哪些差异？

3. 简述学生学习的特点。

六、论述题（9 分）

论依靠积极因素、克服消极因素的德育原则。

七、案例分析题（每小题 7 分，共 21 分）

1. 对独生子女的观点，孙教师说：“利用家长爱孩子的心理，发展学生的特长，将来升学也有利，但不守纪律、不爱劳动长大了就好了。”刘教师说：“家长只支持学习功课，重分数。学生不爱劳动，我批评了他。”

结合独生子女发展特点及其教育措施，评价两位老师的做法。

2. 赵老师是某小学五年级的班主任，他最近遇到了教学上的困难。他一贯好用的“奖励小红花”策略现在越来越没有效果了，而这一策略在三年级以前是非常有效的。

请结合有关学习动机的知识对赵老师的这种问题加以分析。

3. 某小学校长王某，曾因该校教师袁某调离时带走了公物，按学校管理规定，对袁作出扣工资 25.50 元的处理。袁的夫兄张某道听途说，不辨是非，先后四次对王校长进行威胁，多方寻衅。在此之后，王路过张家附近，张某再次上前侮辱，并喊来十多个家人将王围住大打出手，王当即被打得鼻子出血，口吐白沫，倒在地上不省人事。过路群众再三劝阻，张某等人才住手，扬长而去。王被送进卫生院，经抢救两个小时后才苏醒，后又转区、市医院治疗 37 天，共花去医疗费、护理费 4 000 元。后经市级法医所鉴定王校长的伤势为：脑震荡，多发性软组织挫伤，现有脑外伤综合征，影响工作。

王校长被侵害的责任由谁来承担？应该承担何种法律责任？

【参考答案】

一、单项选择题

1. B 2. B 3. B 4. B 5. C 6. B 7. A 8. D 9. C 10. D 11. C 12. C 13. D 14. B 15. A 16. D 17. A 18. B 19. A 20. A

二、多项选择题

1. ABCD 2. ABD 3. CD 4. ABCD 5. BCD

三、填空题

1. 学科课程 2. 学科知识素养 3. 教育性 4. 创新教育 5. 心理活动规律 6. 倒转的 U 形 7. 激活功能 8. 头脑风暴训练 9. 自我强化 10. 接受学习

四、判断简析题

1. 观点不确切。教育研究以教育现象和教育问题为研究对象，目的在于揭示教育现象背后的规律。但并非所有的教育现象都会成为教育研究的对象，被作为教育研究对象的教育现象必须具有潜在的探索研究价值。而有些教育现象是偶然的、个别发生的现象，不具有研究价值，因而不作为教育研究的对象。

2. 正确。思维是人脑对客观事物的概括和间接的反映，是借助于言语实现人的理性认识过程，可以揭示事物的本质和规律。灵长类动物只是会一些简单的手势语言，并不能进行真正意义的思维，所以说它们的心理还处在思维的萌芽阶段。

3. 正确。心理健康就是一种良好的持续的心理状态与过程，表现为个人具有生命的活力、积极的内心体验、良好的社会适应、能够有效发挥个人的身心潜力以及作为社会一员的积极的社会功能。归纳起来，心理健康就是个体内部协调与外部适应相统一的良好状态。

4. 错误。省、自治区、直辖市和较大的市的人民政府，根据本行政区域的具体情况和实际需要，在不同宪法、法律、行政法规相抵触的情况下，可以制定地方性教育规章。

5. 错误。这一说法表面看来有一定好心，但其实是一种伦理观念上的误区；因为在这样的伦理观念中，并没有把学生当作和自己一样是个有人的尊严的人，并没有把学生当作和自己一样是个与别人在地位上平等的人，这种爱具有很大的局限性，在实践中常常表现是一种无视学生人格尊严和人格平等的爱；教师对学生的那种“打是疼骂是爱”的做法 ，在实际上往往不知不觉地会造成对学生人格尊严的伤害和对学生合法权益的剥夺,对身心健康的摧残。

五、简答题

1. 启发性原则是指在教学活动中，教师要突出重点，深入讲解，同时要调动学生的主动性和积极性，引导他们通过独立思考，融会贯通地掌握知识，发展能力。贯彻此原则的要求：加强学习目的性教育，调动学生学习的主动性；教师的讲授应抓住重点、难点、关键；设置问题情境，启发学生积极思维；培养学生良好的思维方法。

2. 意志品质的差异在个体身上有如下表现：（1）自觉性差异。（2）果断性差异。（3）自制力差异。（4）坚韧性差异。

3. 学生的学习主要是指学生在学校中的学习。特点有：（1）间接性学习为主，直接性学习为辅。（2）组织计划性。（3）有效性。（4）年龄差异性。（5）面向未来性。

六、论述题

在德育工作中，教育者要善于依靠和发扬学生品德中的积极因素，限制和克服消极因素，扬长避短，因势利导，使学生思想品德不断进步。这一原则是对立统一规律在德育中的反映。每一个学生思想品德内部都存在积极和消极两个方面，这两个方面既矛盾斗争又可以转化，当积极因素居主导地位时，学生品德表现较好；反之，则较差。教育者的责任，则是促使这种矛盾向积极方面转化。贯彻这一原则的要求是：① 要用一分为二的观点，找出学生思想品德中的积极和消极因素；② 善于创造条件使积极因素健康成长，并逐步使这一因素成为学生思想因素中的主导力量；③ 要培养学生的进取心，启发他们自我教育，发扬优点，克服缺点。

七、案例分析题

1. 独生子女的特点：身体发育好；智力开发早；品行习惯有欠缺。针对性教育措施：扬长补短；指导家庭教育；学校加强良好品德养成教育。

评析孙老师：

（1）爱护学生身体健康，积极创造条件发展学生特长，都是正确的。

（2）发展学生特长，是为培养良好素质，不应与升学、得奖相联系，列为追求目标，那样就偏离素质教育思想。

（3）对学生不守纪律、不爱劳动抱“树大自然直”的消极态度是错误的。

评析刘老师：

（1）迁就学生家长只重视学业分数是不对的，应在实施素质教育中引导家长和学生树立全面发展思想。

（2）纠正学生不良行为习惯，教育学生养成良好品德，是完全正确、十分必要的。

2.（要点）赵老师是在使用外部强化的方法激发学生的学习动机，这种方法是没有错的。但是，不论使用何种形式的强化物，其关键在于能否对学生发挥有效的强化作用。选择有效的强化物的基本原则是学生所喜欢的、想要得到的物品或活动来强化其行为。而随着年龄的增长，他们对强化物的要求也会发生变化，教师应根据学生的不同特点来选择适当的强化物。

3. 根据张某及其家人对王校长的侵害程度，分别承担相应的民事和刑事法律责任。

这是一起本校教师勾结他人殴打校长的事件。王校长按本校规定严格管理，扣了袁某的部分工资以抵偿他带走学校公物所造成的损失，是完全正确的。张某及其家人应赔偿王校长受伤的各种损失。王校长可以向公安机关反映情况或向人民法院提起诉讼，判决违法者赔偿损失并根据刑法的有关规定追究其刑事责任。

模拟试题五

一、单项选择题（在每小题列出的四个选项中只有一个选项是符合题目要求的，请将正确选项前的字母填在题后的括号内。每小题 1 分，共 20 分）

1. 课堂不仅是传递知识的殿堂，更是（　　）的圣殿。

A. 情感体验　　B. 师生交流　　C. 学生成才　　D. 人性养育

2. 班主任工作计划一般包括（　　）。

A. 学期计划和具体活动计划　　B. 全面计划和专题计划

C. 课内计划和课外计划　　D. 教学工作计划和思想工作计划

3. 教学方式、学习方式转变的基本精神是（　　）。

A. 自主、合作、创新　　B. 自主、合作、探究

C. 主动、合作、改革　　D. 提高、发展、创新

4. 树立正确的学生观，对于教育工作者，特别是对（　　）意义更大。

A. 班主任　　B. 科任教师　　C. 校长　　D. 教研组长

5. 德育的实施渠道或形式就是德育的（　　）。

A. 目标　　B. 手段　　C. 方法　　D. 途径

6. 德育在人的全面发展教育中起着（　　）作用。

A. 关键　　B. 基础　　C. 物质基础　　D. 导向和动力

7. 首倡“教师作为研究者”的学者是（　　）。

A. 斯腾豪斯　　B. 斯腾伯格　　C. 杜威　　D. 赫尔巴特

8. 已有的解决问题的知识经验与方法对解决新问题的影响称为（　　）。

A. 变式　　B. 定势　　C. 迁移　　D. 原型启发

9. 直观时运用变式方法的目的是（　　）。

A. 激发兴趣　　B. 引起注意

C. 丰富想象　　D. 区分本质非本质特征

10. “眨眼反射动作”是（　　）。

A. 随意动作　　B. 不随意动作

C. 技能动作　　D. 条件反射动作

11. 根据认知心理学的研究，程序性知识的表征形式主要是（　　）。

A. 命题　　B. 命题网络　　C. 图式　　D. 产生式

12. 下列不属于心智技能的是（　　）。

A. 阅读　　B. 吹拉弹唱　　C. 运算　　D. 记忆

13. 学生在学习英语中对相似的单词不能加以正确区分的现象属于（　　）。

A. 分化　　B. 泛化　　C. 消退　　D. 遗忘

14. 小学生在英语课上学习书的英语单词“book”，按照奥苏伯尔对学习的分类，这类学习属于（ ）。

A. 表征学习 B. 概念学习 C. 命题学习 D. 发现学习

15. 学习策略包括认知策略、元认知策略和（ ）。

A. 记忆策略 B. 资源管理策略 C. 思维策略 D. 学习方法

16. 根据学习的定义，下列属于学习的现象是（ ）。

A. 吃了酸的食物流唾液 B. 望梅止渴

C. 蜘蛛织网 D. 儿童模仿电影中人物的行为

17. 教育民事关系的特征是（ ）。

A. 纵向性 B. 横向性 C. 从属性 D. 不平等性

18. 学生的基本权利是指（ ）赋予学生的在教育活动中享有的权利。

A. 社会 B. 学校 C. 国家 D. 教育法律

19. 从某种意义上说，教师的（ ）比道德宣言或道德演讲更能教育学生。

A. 人格魅力 B. 知识学问 C. 道德行为 D. 教学业绩

20. 教师职业道德的基本要求是（ ）。

A. 教书育人 B. 为人师表 C. 乐勤敬业 D. 爱国守法

二、多项选择题（请将正确答案的字母序号填入括号内。每小题 2 分，共 10 分）

1. 我们可以通过（ ）来实现对教学实践中评价的激励功能。

A. 注重学生发展过程中的纵向评价 B. 扩展评价范围，各显长项

C. 重视对学习过程的检测 D. 将课程分成小单元，及时激励

2. 课程管理有审定制、固定制和多样化自由选择几种模式，统整各自优势，课程一般结构发生了变化，体现在（ ）。

A. 采用导向式管理

B. 在多样性基础上增加调控

C. 强调统一基础上增加灵活性

D. 建立与学生自主探索学习方式相一致的课程结构

3. 注意分配时同时进行的两种活动中必须有一种是（ ）。

A. 动作 B. 自动化 C. 熟练的 D. 新奇的

4. 布鲁纳认为掌握学科基本结构的教学原则有（ ）。

A. 动机原则 B. 结构原则 C. 程序原则 D. 强化原则

5. 学生申诉制度包括（ ）等环节。

A. 提出申诉 B. 申诉审理 C. 申诉受理 D. 申诉处理

三、填空题（每小题 1 分，共 10 分）

1. 真正全面而系统地从理论上论证活动课程的特点与价值的是教育家________。

2. 学生的社会地位是通过其拥有的________体现出来。

3. 学校进行全面发展教育的基本途径是________。

4. 德育目标确定了培养人的总体规格和要求，但必须落实到________上。

5. 工程师蓝图设计时的想象主要是__________。
6. 意志是人的心理（即意识）_________的集中体现。
7. 先行组织者教学技术常用于__________。
8. 皮亚杰认为守恒概念的形成阶段在__________。
9. “高原现象”通常发生在技能学习过程中的__________期。
10. 初中阶段的学生最容易发生冲突的对象是__________。

四、判断简析题（每小题 3 分，共 15 分）

1. 现代教育的活动中心的观点就意味着活动应该成为教学的目的和中心。
2. 人的感觉能力高低是天赋的，无需训练。
3. 在学习策略的分类中，记忆术属于复述策略。
4. 民事诉讼的起诉要件可分为实质要件和形式要件。
5. 教师对优生的偏爱是自然的，无可非议的。

五、简答题（每小题 5 分，共 15 分）

1. 简述素质教育与全面发展和新课程的关系。
2. 情绪情感的个别差异表现在哪些方面？
3. 简述人类学习和动物学习的根本区别。

六、论述题（每小题 5 分，共 10 分）

1. 试论教师主导作用和学生主体作用相统一的教学规律。
2. 论述柯尔伯格的道德发展理论。

七、案例分析题（每小题 10 分，共 20 分）

1. 沉默寡言。天赋高，判断力健全，记忆力强。文字通顺，作风正派，有时不太用功，神学有成绩，虽然尝试讲道不无热情，但看来不是一个优秀的传教士。语言知识丰富，哲学上十分努力。

以上是黑格尔老师的评语，请谈谈这些评语有什么特点？你认为应该怎样给学生写评语？

2. 某山区某小学依山而建，一排土坯房教室成丁字形紧挨山坎下，山坎因过度采伐，所剩树木不多，女教师耿某和她的一年级 29 名学生的教室正好在丁字头。春夏之交，阴雨绵绵，山上流下的水已变成小溪在教室边流淌，教室有点漏，连墙上都是湿漉漉的好像要渗出水似的。下午第二节课耿老师在上课，突然雷声隆隆，接着带着唰唰响声的雨下起来了。就在这时，耿老师突然听见有点异样的响声，回头看，只见有碎土从黑板边掉下来，接着靠山的墙也掉下土，孩子们惊恐不安，耿老师边安慰孩子边要孩子将课桌椅往中间移。这时靠山的一边墙倒下来了，耿老师大声叫孩子们快跑，可有两个孩子吓呆了，不知所措地站在那里，耿老师扑上去护住孩子，而天花板掉下一块，砸在耿老师身上，耿老师当即受重伤，两个孩子一个小腿骨折，另一个安然无恙。

本案是否属于学校责任事故？怎么处理？

【参考答案】

一、单项选择题

1. D　2. A　3. A　4. A　5. D　6. D　7. A　8. B　9. D　10. B　11. D　12. B　13. B　14. A　15. B　16. D　17. B　18. D　19. C　20. D

二、多项选择题

1. ABD　2. BC　3. BC　4. ABCD　5. ACD

三、填空题

1. 杜威　2. 权利　3. 教学活动　4. 德育内容　5. 创造想象　6. 积极能动　7. 接受学习　8. 具体运算阶段　9. 中　10. 家长

四、判断简析题

1. 错误。现代教育正由以教师为中心向以直接经验为中心、以活动为中心、以学生为中心转变，学生在具体的教学情境和活动中获得新知识，促进能力发展。教学的目的和中心应该包括引导学生掌握科学文化基础知识和基本技能、促进学生身心的健康发展、培养学生良好的道德品质和情操，命题混淆了手段和目的的意义，活动是现代教学中一种必不可少的教学手段，但并不能代替教学目的。

2. 错误。人的感觉能力不仅在一定的条件下起伏变化，而且在长期的实践活动中可以逐步提高，如有计划的练习可以提高人的感觉能力。

3. 错误。记忆术属于认知策略中的精细加工策略，在区分认知策略的三大类型时，我们可以在理解的基础上进行区分：如果一个方法仅仅是把知识再次呈现在我们的直觉系统中，那么就是复述策略；如果是利用原有的知识对新知识进行了丰富的充实和理解，就是精细加工策略；如果对新知识进行了知识建构和组织，就是组织策略。

4. 正确。根据我国《民事诉讼法》第一百零八条、一百零九条和一百一十条的规定，起诉的要件可分为实质要件和形式要件。

第一，实质要件。实质要件包括：一是原告是与本案有直接利害关系的公民、法人和其他组织；二是有明确的被告。即原告控告的相对方应是明白、确切、具体的公民、法人或其他组织；三是有具体的诉讼请求和事实、理由；四是属于人民法院受理民事诉讼的范围和受诉人民法院管辖。以上四个要件是原告起诉时必须同时具备的条件，缺一不可。

第二，形式要件。形式要件，主要是指提交起诉状。根据《民事诉讼法》第一百零九条规定："起诉应当向人民法院递交起诉状，并按照被告人数提出副本。书写起诉状有困难的，可以口头起诉，由人民法院记入笔录，并告知对方当事人。"起诉状应依法记明以下事项：当事人的基本情况；诉讼请求和所根据的事实与理由；证据和证据来源，证人姓名和住所。

5. 错误。教师对学生的公正，是教师职业道德的要求，只有热爱每一个学生，才可能使每一个学生都得到尽可能的发展。教师要公正地对待每一个学生，必须走出的误区是对优生的偏爱和对差生的歧视。对优生的偏爱不但会造成其他学生感到受冷落进而产生自卑感，同时也不利于优生的健康成长。对差生的歧视是完全没有理由的。事实证明，在某阶段学习上有困难或其他方面有缺点的学生同样有着巨大的发展潜力，对他们的歧视会造成其身心的伤害。

五、简答题

1.（1）全面发展与素质教育和新课程在层次上是不同的。全面发展教育是教育发展的理想目标和最高层次，素质教育相对全面发展教育而言是隶属层，它是实现全面发展教育的有效途径和必经阶段。（2）全面发展和素质教育与新课程在本质上是一致的。全面发展的人必须具有较高的素质，提高人的素质是素质教育的目的和基本任务。素质教育呼唤新课程，新课程的实施也是为了进一步推进素质教育。新课程标准的实施，新教材的使用，为素质教育的开展创设了平台，调整和改革了传统的课程，改变学生的学习方式，建立与素质教育理念相一致的考试评价制度，新课程的实施归根到底是为了更好地推进素质教育。

2.（1）情绪、情感的倾向性差异。所谓倾向性差异是指一个人的情绪、情感体验趋向什么性质和经常由什么性质的事物所引起的差异。同一对象、事物、活动可能引起人不同的态度；相似的体验也可能由不同性质的对象和事件引起。如有的人目光远大心胸开阔，有的人目光短浅心胸狭窄。（2）情绪、情感的深度差异。情绪情感深度差异指一个人的情绪、情感体验在自己的思想和行为中联系的普遍性和深厚程度的差异。深厚的情绪情感与一个人的信仰、理想、世界观等紧密联系在一起，在生活的各个方面都表现出一致性。（3）情绪、情感的稳定性差异。情绪、情感的稳定性差异指情绪、情感体验在时间上持续和稳固程度的差异。深厚的情绪、情感是一种持久而相对稳定的体验。轻浮而浅薄的情绪、情感，即使非常强烈，也是短暂、易变的。（4）情绪、情感的效能差异。情绪、情感的效能差异指情绪、情感体验在鼓舞和推动人的行为的力量方面的差异。高效能情感体验可以激励人的行为，鼓舞士气，增强信心；低效能的情感即使表面看似强烈，也不能把情感转化为行动的力量。

3. 人的学习，无论在内容上、方式上、性质上都与其他动物有本质区别。首先，从内容上看，人的学习比动物的学习广阔得多；其次，从方式上看，动物的学习主要是一个自发的过程，而人类学习是在社会的传递下，以语言为中介实现的；再次，从性质上看，人类学习是自觉的、有目的的、积极主动的过程。

六、论述题

1.（1）教学过程是教师和学生共同活动的过程，是教师领导下的学生的学习过程，既要有教师的主导作用，又要有学生的主体作用。（2）教师是教育者，他要将国家社会规定的知识内容传授给学生。在这一过程中，教师闻道在先，是已知者，而学生是未知者，所以，教师要对教学过程起主导作用。（3）在教学过程中，学生是教育的对象，又是学习的主体。文化知识要内化为学生自身的智力才能，要通过学生自己的独立思考和实践活动，因而，教师要尊重学生的主体地位，充分发挥其学习主动性。（4）我们既不能片面地强调教师的绝对权威，也不能主张儿童中心主义，而要把发挥教师的主导作用和调动学生的自觉积极性正确地结合起来。

2.（要点）他指出道德发展为个人与社会交互作用的结果，道德经验重于道德环境。道德发展从一般到特殊，从自我中心和关心直接失误到基于一般原则去关心他人的福利。分为三个水平六个阶段。（1）前习俗水平。第一阶段：服从和惩罚的道德定向阶段。第二阶段：相对论者的快乐主义定向阶段。（2）习俗水平。第三阶段：好孩子定向阶段。第四阶段：维护权威和社会秩序的定向阶段。（3）后习俗水平。第五阶段：社会契约定向阶段。第六阶段：普遍道德原则的定向阶段。

柯尔伯格认为，儿童道德发展的先后次序是固定不变的，这与儿童的思维发展有关。环境和文化的影响只能决定发展的速度或改变其道德的内容，但不能改变它的发展顺序。在生活中，要让儿童不断接触道德环境和道德两难问题，以促进儿童道德的发展。

七、案例分析题

1. 黑格尔老师的评语，以比较艺术的方式，让学生知道其缺点与不足，这样有利于学生的进步。评语以平静的语气，力求写出这个人来，遵循了以下三个原则：（1）写给学生看。（2）写出这个人。（3）写这个人的新起点。

2. 本案不属于学校责任事故，学校不承担过错赔偿责任。

本案中，该山区小学的教室在当地的经济发展状况和地理环境状况下，是安全建筑。只是由于春夏之交的雷雨引发了山洪，从而导致了校园中教室的倒塌；而且事故发生时，教师耿某也已尽了其应尽的疏散与保护学生人身权利的义务，她的师德应当得到人们的敬重。因此，学校对于一名学生小腿骨折的伤害后果的发生既没有主观上的故意，也没有主观的过失，因此这不是一起学校责任事故，学校对此不负过错赔偿责任。

实际上，本案是一起发生在学校的学生伤害意外事故。其中导致学校意外事故发生的原因之中，就包括地震、雷击、台风、洪水等不可抗的自然因素。本案中之所以会出现教室倒塌并造成学生伤害的后果，不是因为校舍的安全没有得到保证，主要是由于春夏季节阴雨连绵的天气造成的山洪暴发，而雷雨和山洪都属于不可抗力的因素，故本案属意外事故，而非重大的责任事故。另外，教师耿某在这次事故中也受到重伤，因其是在履行教学职务和保护学生的过程中受伤的，学校应当对教师耿某给予补偿，以及行政奖励。

根据我国有关教育的法律、行政法规的规定，对于在校学习的未成年的中小学生实行意外保险，即中、小学生都应当参加人身意外伤害责任保险，具体由中、小学校集体办理。因此，基于本案中受到人身伤害的小学生是由于意外事故造成的（即雷雨天气），因此可由受害学生依法向承担保险责任的保险公司申请理赔，由保险公司调查、核实后依法予以赔偿。如果保险公司拒绝理赔，受害学生及其监护人可以向人民法院提起诉讼，受害学生所在学校可以支持其提起民事诉讼。

模拟试题六

一、单项选择题（在每小题列出的四个选项中只有一个选项是符合题目要求的，请将正确选项前的字母填在题后的括号内。每小题 1 分，共 20 分）

1. 新一轮课程改革所遵循的主导理念是（　　）。

A. 科学、人文融合的理念　　B. 终身学习、教育的理念

C. 以学生发展为本的理念　　D. 创新教育理念

2. 课外校外教育是一种有目的、有计划、有组织的教育活动，其实施范围是（　　）。

A. 在课程计划（教学计划）之中　　B. 在学科课程标准（教学大纲）之中

C. 在学校之外　　D. 在课程计划和学科课程标准之外

3. 教师分析研究所教学科的教材及课标（大纲），变革与完善自己的教学过程，从问题出发，开展专题性的课题研究，进行教育教学改革实验是属于教师（　　）的工作。

A. 教育工作　　B. 教学过程　　C. 教育科研　　D. 管理与组织

4. 教学的教育性主要体现在教学过程（　　）中。

A. 间接经验与直接经验相结合的规律

B. 教师主导作用与学生主体作用相统一的规律

C. 掌握知识和发展智力相统一的规律

D. 传授知识与思想品德教育相统一的规律

5. 罗杰斯的“以学生为本”“让学生自发学习”“排除对学习者自身的威胁”的教学原则属于（　　）。

A. 非指导教学模式　　B. 结构主义课程模式

C. 发展性教学模式　　D. 最优化教学模式

6. 我国教育目的的理论基础是（　　）。

A. 素质教育　　B. 马克思主义关于人的全面发展学说

C. 应试教育　　D. 著名学者的学说

7. 学校体育的最为基本的组织形式是（　　）。

A. 早操、课间操　　B. 体育课

C. 体育竞赛　　D. 学生自觉锻炼

8. 情感主要是和（　　）相关联的的态度体验。

A. 生理需要　　B. 交往性需要　　C. 成就需要　　D. 社会性需要

9. 基尔福特的三维智力结构模型中智力内容除图形、符号、语义之外还有（　　）。

A. 认知　　B. 记忆　　C. 评价　　D. 行为

10. “赛马跨越障碍，加速冲刺动作”是（　　）。

A. 本能行为　　B. 习惯动作　　C. 随意动作　　D. 不随意动作

11. 用来解决“做什么”和“怎么做”的问题的是（　　）。
A. 陈述性知识　B. 程序性知识　C. 感性知识　D. 理性知识
12. 在教学中不断变换同类食物的非本质属性，以便突出本质属性的方法称为（　　）。
A. 变化　B. 改变　C. 变式　D. 突出
13. 按照加涅的学习结果分类观点，学会陈述观念的能力称之为（　　）。
A. 智力技能　B. 认知策略　C. 动作技能　D. 言语信息
14. 广义的学习指人和动物在生活过程中，(凭借经验)而产生的行为或行为潜能的相对（　　）。
A. 升华　B. 发挥　C. 表现　D. 持久的变化
15. 20世纪60年代到70年代末是教育学的（　　）。
A. 初创时期　B. 发展时期　C. 成熟时期　D. 完善时期
16. 小学生人格发展的主要任务是（　　）。
A. 培养自主性　B. 培养勤奋感
C. 培养主动性　D. 培养自我同一性
17. 教育法律规范由三个要素构成，即（　　）。
A. 条件、内容和处理　B. 假定、责任和奖惩
C. 假定、处理和奖惩　D. 处理、责任和奖惩
18. 由省、自治区的人民政府所在地的市人民代表大会制定的规范性文件属于（　　）。
A. 行政法规　B. 政府规章
C. 地方性法规　D. 自治条例和单行条例
19. 学生对学校给予的处分不服可向有关部门提出（　　）。
A. 申诉　B. 复议　C. 控诉　D. 诉讼
20. 表示传统师德非常重视严于律己、身体力行、为人表率的模范作用的先哲名言是（　　）。
A. 躬自厚而薄责于人　B. 三人行必有我师焉
C. 学而时习之　D. 见贤思齐

二、多项选择题（请将正确答案的字母序号填入括号内。每小题2分，共10分）

1. 课程是经验的观点具有的特点是（　　）。
A. 课程从学习者角度出发设计　B. 突出课程的综合性和整体性
C. 强调学习是课程的主体及能动性　D. 课程联系学习者个人经验
2. 德育对智、体、美诸育的促进功能，就其共性来看主要有（　　）。
A. 习惯和方法的支持　B. 动机作用
C. 提升智慧　D. 获得体魂、体能上的提高
3. 心境是一种（　　）的情绪状态。
A. 影响主体对事物态度的体验　B. 具有弥散性
C. 比较微弱　D. 比较持久
4. 人类学习与动物学习的本质区别主要有（　　）。
A. 后天习得性　B. 以语言为中介
C. 积极主动性　D. 掌握社会经验

5. 对教师要“关爱学生”的具体要求是（　　）。

A. 关心爱护全体学生，尊重学生人格，平等公正对待学生

B. 对学生严慈相济，做学生良师益友

C. 保护学生安全，关心学生健康，维护学生权益

D. 不讽刺、挖苦、歧视学生，不体罚或变相体罚学生

三、填空题（每小题 1 分，共 10 分）

1. 新课程的主要理论基础是建构主义的学习理论和________。

2. ________是实施素质教育的关键，因为素质教育的实践者归根结底是他们。

3. 课程标准与教材的关系是：课程标准是教材编写的依据，教材是课程标准最主要的________。

4. 在班级管理中，班主任扮演着多重角色，担负着多种责任，发挥着特殊作用，______直接影响到学生的成长。

5. 大脑皮层的额叶主要是__________和__________中枢。

6. 暂时性遗忘是__________记忆的遗忘，是由于原因而引起的__________障碍。

7. 按照维果茨基的观点，学生在有指导的情况下，借助成人帮助所能达到的解决问题的水平与独自解决问题所达到的水平之间的差异就是__________。

8. 对客观事物做出判断时，容易受到外部因素的干扰，这种认知方式是__________。

9. 从事新学习时，学习者身心的发展水平对学习的适应性，成为__________。

10. 学过高等数学的只是后利于对初等数学知识的理解和掌握，这属于知识的_______。

四、判断简析题（每小题 3 分，共 15 分）

1. 义务教育学校不得开除学生。

2. 注意是一个独立的心理过程。

3. 品德等同于道德。

4. 要成为教育法律关系的主体，需要具备享有权利和承担义务的资格，即要具备权利能力和行为能力。

5. 只有心理健康的教师，才有可能培养出心理健康的学生。

五、简答题（每小题 5 分，共 15 分）

1. 简述教学过程中应处理好的关系。

2. 气质研究在生活和教育中有什么意义？

3. 简述儿童心理发展的一般趋势。

六、论述题（9 分）

根据加德纳的多元智力理论，说明我们应树立什么样的教育理念。

七、案例分析题（每小题 7 分，共 21 分）

1. 一位教师讲《祝福》一课，向学生提出一道很有意思的思考题：“祥林嫂是怎么死的？”这个问题在学生看来似乎是没有疑问的。有的回答是“冻死的”，有的回答是“饿死的”，也有的说“穷死的”。教师紧接着问：“既然祥林嫂是冻死的、饿死的，那么为什么她死前要‘我’

回答人死后有没有灵魂，有没有地狱，死掉的一家人能不能见面呢？”当学生谈了自己的看法后，教师接着又提出一个更为深刻的问题：“‘我’回答了祥林嫂的问话后，为什么心里很觉得不安，为什么又想到自己的答话怕对她有些危险？这些描述心理活动的话，跟祥林嫂的死有什么关系？”经过教师启发，学生发现了新问题，思维处于积极活跃的状态。教师便因势利导，指导学生仔细钻研课文。经过一番热烈争论，有的学生居然提出了祥林嫂是“自杀”而死的这个新的看法，并且举出课文中的原话作为自己立论的根据。教师在学生发表见解之后，进一步阐述了作者写祥林嫂的“死”所包含的深刻意义。

试分析上述教学体现了哪一教学原则？并说明在教学过程中该教师是如何体现这一教学原则的。

2. 幼儿园规定：午饭后，小朋友都要午休，当小二班的小朋友都准备睡觉时，有一个叫亮亮的小朋友怎么也不肯睡，非要去玩玩具。这样一来，别的小朋友也不想睡觉，也想去玩玩具。王老师看到这一情况后，就对所有小朋友说：“谁能先躺倒床上睡 10 分钟，下午谁就可以先玩玩具，谁今天中午不睡觉，下午就不能玩玩具。”这时，小朋友都迅速地跑到自己的床上安静地躺下了。

这是在幼儿园教学中经常遇到的问题。试结合教育心理学的相关理论对这位幼儿教师的做法进行分析。

3. 某中学，因翻修校舍，急需一部分资金，1990 年扣留了全体教师从 7 月份到 9 月份的全部工资款额共计 4.32 万元。全体教师对学校的行为极为不满，联名向教育行政部门提出申诉。其申诉依据是：《中华人民共和国教育法》第三十三条：“国家保护教师的合法权益……教师的工资报酬、福利待遇，依法律法规的规定办理。”《中华人民共和国教师法》第七条第四款规定：教师享有“按时获取工资报酬、享有国家规定的福利待遇以及寒、暑假期带薪休假”的权利。要求学校马上归还扣留教师的全部工资。

学校侵犯了教师什么权利？教师的申诉县教育局会支持吗？为什么？如何处理？

【参考答案】

一、单项选择题

1. C　2. D　3. C　4. D　5. A　6. B　7. B　8. D　9. D　10. C　11. B　12. C　13. D　14. D　15. C　16. B　17. C　18. C　19. A　20. A

二、多项选择题

1. ACD　2. AB　3. ABCD　4. BCD　5. ABCD

三、填空题

1. 多元智能理论　2. 校长和教师　3. 载体　4. 班主任工作的优劣　5. 言语、智慧、计划运动躯体感觉　6. 长时记忆 提取性　7. 最近发展区　8. 场依存型　9. 学习准备　10. 逆向正迁移

四、判断简析题

1. 正确。这是由我国《义务教育法》规定的。我国《义务教育法》规定不得开除学生，

是由义务教育的性质决定的，目的是为保障学生接受义务教育的权利。义务教育是强制性教育，是所有适龄儿童、少年必须接受的教育，不能因为学生违反学校管理制度，就剥夺学生受教育的权利。在这一点上，义务教育同非义务教育有所不同。非义务教育阶段的学生如果严重违反学校管理制度，学校可给予其开除学籍的处分。

2. 错误。注意和人的心理过程紧密联系，是心理活动的选择性、指向性和集中性，是心理活动的一种组织特性，而非独立的心理过程。

3. 错误。品德也叫道德品质，是指个体依据一定的社会道德行为规范时所表现出来的比较稳定的心理特征和倾向。道德是依靠舆论力量和内心趋势来支持的行为准则的总和。两者有联系也有差别：品德是社会道德在个人身上的体现；道德的发散和发展有赖于社会的发展，而品德不同，它是一种个体心理现象，其形成和发展不仅受到社会发展规律的制约，更重要的是受个人身心发展特点和规律的制约，即有赖于个体的存亡。因此，将两者等同起来是错误的。

4. 正确。要成为教育法律关系的主体需要具备享有权利和承担义务的资格，即要具备权利能力和行为能力。权利能力是指由法律所确认的，能够参加一定的法律关系，依法享有一定的权利或承担一定义务的资格。这是教育法律关系主体参加任何教育法律关系都必须具备的前提条件。行为能力是指法律所确认的，能够通过自己的行为参加法律关系确认的，行使一定权利和履行一定义务的资格。行为能力不是作出一定行为的能力，而是作出取得权利、行使权利和承担义务的能力。因此，它的前提是权利能力，主体只有具备权利能力，有取得权利的资格和履行义务的资格，才有条件作出取得权利、行使权利和承担义务的行为。

5. 正确。教师良好的心理素质对学生心理品质的形成起着完善作用。一个心理健康的教师在认识能力、行为方式、情绪状态、性格特征等方面表现出积极良好的姿态，对学生有潜移默化的作用，进而促进学生身心健康发展。反之教师心理不健全、不健康会对工作产生消极影响，严重的不仅影响其传道、授业、解惑作用的发挥，而且也会对教师职业道德形象产生严重的负面影响，并给学生身心带来不同程度的伤害。所以，只有心理健康的教师，才有可能培养出心理健康的学生。

五、简答题

1.（1）间接经验与直接经验的关系；（2）掌握知识与发展思想品德的关系；（3）掌握知识与提高能力的关系；（4）智力因素与非智力因素的关系；（5）教师主导作用与学生主体作用的关系。

2. 气质在教育和生活中的意义：（1）气质本身不能决定一个人活动的社会价值和成就的高低。在同一生活实践中可以有不同气质类型的人，在不同生活领域的杰出人物中，也有不同气质类型的人。（2）气质对人身心健康有一定的影响。如缺乏泰然自若的态度、不善于适应环境、性急、争强好胜、易动肝火、易急躁等特征是某些疾病的诱因。（3）气质特征是职业选择的重要依据之一。在职业选拔中经常会根据气质类型的符合程度选择人才，不同气质类型的人适宜从事的职业不一样。

3.（1）综合的分化；（2）平衡化；（3）概念化；（4）社会化；（5）个性化。

六、论述题

加德纳的多元智力理论认为，智力主要由语文智力、逻辑—数学智力、视觉—空间智力、音乐智力、运动智力、人际智力、自知智力等七种能力构成。这一理论为我国新课程改革“建立促进学生全面发展的评价体系”提供了有力的理论依据与支持。

运用这一理论，分析我国的教育教学问题，应树立以下教育理念：积极乐观的学生观，对所有学生都抱有热切的成长希望，尊重每一个学生的智力特点；科学的智力观，充分认识到学生智力的多样性、广泛性和差异性；因材施教的教学观，采用多元化的教学模式和教学方式，使不同的学生都能得到最好的发展；多样化人才观和成才观，每个学生都有自己的智力优势，教育应鼓励不同的学生走上不同的成才道路。

七、案例分析题

1. 该教师在教学过程中，很好地体现和贯彻了启发性教学原则。

通过提出一系列富有启发性的问题对学生进行积极引导是该教师贯彻启发性教学原则的关键。首先该教师通过提出“祥林嫂是怎么死的？”这一切中要害、发人深省的问题，启发学生独立思考，活跃了学生的思想，接着又通过提出“既然祥林嫂是冻死的、饿死的，那么为什么她死前要‘我’回答人死后有没有灵魂，有没有地狱，死掉的一家人能不能见面呢？”“‘我’回答了祥林嫂的问话后，为什么心里很觉得不安，为什么又想到自己的答话怕对她有些危险？这些心里活动的话，跟祥林嫂的死有什么关系？”这一系列的问题对学生进行启发和积极引导，从而使学生的认识步步深入，最终获取了新的知识。教学就应当是这样一个不断启发、引导学生去分析矛盾和解决矛盾的过程。

2.（要点）该教师采用的是斯金纳的操作学习论。他认为，人的行为大部分是操作性的，任何习得的行为，都与强化有关，因此，可以通过强化来塑造儿童的行为。强化分为正强化和负强化，无论是正强化还是负强化，它们的结果都是增加反应概率。材料中“谁能先躺倒床上睡 10 分钟，下午谁就可以先玩玩具，谁今天中午不睡觉，下午就不能玩玩具”采用的就是负强化。

3. 教师获取报酬权被学校侵害，教师的请求能得到县教育局的支持。原因是拖欠教师工资，违反我国《教育法》《教师法》，是侵害了教师合法权益的行为。它不仅侵害了教师获取劳动报酬的基本权利，危及教师及其家庭生计，还严重影响了教师队伍的稳定和教育教学工作的正常进行，不利于教育事业的健康发展。

处理：经县教育行政部门深入调查，查明该校拖欠教师 3 个月工资的情况属实。县教育行政部门责令该校及其责任人限期归还被挪用的教师工资，修建校舍的经费由该校另行解决。并决定对该校领导及其直接责任人员给予行政处分。

模拟试题七

一、单项选择题（在每小题列出的四个选项中只有一个选项是符合题目要求的，请将正确选项前的字母填在题后的括号内。每小题 1 分，共 20 分）

1. 以培养学生技能为目的，一般程序为：定向—示范—参与性练习—自主性练习—迁移的教学模式为（　　）。

A. 讲解—接受式　　B. 示范—模仿式

C. 探究—发现式　　D. 情境—陶冶式

2. 我国目前主要由下列（　　）主体承担普及九年义务教育的责任。

A. 地方　　B. 中央　　C. 社会力量　　D. 学生家长

3. 近代教育史上，教育家（　　）首次试图把教育学建立在心理学和哲学的基础之上。

A. 夸美纽斯　　B. 赫尔巴特　　C. 杜威　　D. 洛克

4. 长期以来的教育实践证明，学校工作必须做到（　　）。

A. 以教学为主　　B. 教学、科研并重

C. 教学、科研、生产三中心　　D. 所有时间用于搞教学

5. 教学过程的中心环节是（　　）。

A. 感知教材、形成表象　　B. 理解教材、形成概念

C. 巩固与保持知识　　D. 运用知识，形成技能技巧

6. “其身正，不令而行；其身不正，虽令而不从”，孔子这句名言体现出的德育方法是（　　）。

A. 陶冶教育法　　B. 说服教育法

C. 榜样示范教育法　　D. 实践锻炼教育法

7. 在“所有学生都能学好”的思想指导下，（　　）把集体教学、小组教学与个别教学融为一体，有效地解决了集体教学与因材施教相统一的问题。

A. 发现教学模式　　B. 程序教学模式

C. 掌握学习教学模式　　D. 非指导性教学模式

8. 与顽固、见异思迁相反的意志品质是（　　）。

A. 自觉性　　B. 自制性　　C. 果断性　　D. 坚韧性

9. 高原现象是练习到一定时期的（　　）现象。

A. 停顿现象　　B. 起伏现象　　C. 高峰现象　　D. 后退现象

10. 智力的核心成分是（　　）。

A. 创造能力　　B. 抽象概括能力

C. 观察力　　D. 记忆力

11. 布鲁纳认为学习的结果是（　　）。

A. 形成认知结构　　B. 增加知识

C. 形成能力　　D. 提高生活质量

12. 会英语的人学习德语，学的比其他人快，这属于（　　）。

A. 正迁移　　B. 负迁移　　C. 纵向迁移　　D. 逆向迁移

13. "闻一知十、触类旁通"指的是学习中的（　　）。

A. 定势现象　　B. 迁移现象　　C. 记忆现象　　D. 创造现象

14. 桑代克提出的学习迁移理论是（　　）。

A. 形式训练说　　B. 经验泛化说

C. 共同要素说　　D. 关系转换说

15. 学习是学生通过尝试错误，使某情景和某行为之间形成稳定的联系。该观点的提出者是（　　）。

A. 巴普洛夫　　B. 桑代克　　C. 布鲁纳　　D. 加涅

16. 个人在学习活动中感到某种欠缺而力求获得满足的心理状态是（　　）。

A. 学习动机　　B. 学习需要　　C. 学习兴趣　　D. 学习期待

17. 下列选项中，学生应当履行的义务是（　　）。

A. 参加教育教学活动　　B. 使用教育教学设施

C. 使用图书资料　　D. 努力学习完成规定的学习任务

18. 根据我国侵权民事责任的归责原则，学校事故一般适用（　　）。

A. 过错责任原则　　B. 过错推定原则

C. 无过错责任原则　　D. 公平原则

19.（　　）反映了教师这一行业的本质特征，指出了教师这一行业与其他行业区别的根本所在。

A. 教书育人　　B. 为人师表　　C. 乐勤敬业　　D. 爱岗敬业

20.（　　）决定了教师需要终身学习。

A. 教师职业特点　　B. 教师劳动特点

C. 学生学习特点　　D. 社会发展特点

二、多项选择题（请将正确答案的字母序号填入括号内。每小题 2 分，共 10 分）

1. 教学认识过程是一种间接性的认识过程，具体表现在（　　）。

A. 认识方式的间接性　　B. 由教师发挥主导作用

C. 认识对象的间接性　　D. 学生是不成熟的认识主体

2. 设计教学法的优点在于（　　）。

A. 有利于系统知识的掌握　　B. 能激发学生的学习动机

C. 有利于调动学生学习的主动性　　D. 对教学设施和条件要求不高

3. 下列属于高级社会性需要的是（　　）。

A. 求美需要　　B. 求知需要　　C. 交往需要　　D. 成就需要

4. 下列选项属于学习现象的有（　　）。

A. 见贤思齐　　B. 望梅止渴　　C. 蜘蛛结网　　D. 谈虎色变

5. 对教师"为人师表"的具体要求是（　　）。

A. 坚守高尚情操，知荣明耻，严于律己，以身作则

B. 衣着得体，语言规范，举止文明

C. 关心集体，团结协作，尊重同事，尊重家长

D. 作风正派，廉洁奉公，自觉抵制有偿家教，不利用职务之便谋取私利

三、填空题（每小题1分，共10分）

1. 教育目的和教育价值是________关系。

2. ______是学生实现全面发展的重要环境。

3. 学生接受影响的过程是在能动吸取环境和________的过程中实现的。

4. 新课程条件下教师不再是教育科学研究的旁观者，而是研究者。_______成为近几年来使用率术极高的词语。

5. 德国心理学家__________于1879年在__________大学创立了世界上第一个心理实验室，标志着科学心理学的诞生。

6. 注意分配的基本条件是____________________。

7. 我国心理学家对学习的分类是__________、技能的学习和行为规范的学习。

8. 态度的核心成分是__________。

9. 某儿童开始认识到规则不是绝对的、一成不变的，而是可以协商或修改的，按照皮亚杰的道德发展阶段论，该儿童的道德发展处于__________阶段。

10. 迈克卡等人将学习策略分为认知策、__________以及资源管理策略。

四、判断简析题（每小题3分，共15分）

1. 新课程的特点包括了课程管理的创新。

2. 辐合思维与发散思维相比，聚合思维对创造力的贡献更大些。

3. 我们能熟练操作该知识，但不一定能清楚说出该知识，这讲的是程序性知识。

4. 教育法的正式解释主要有立法解释、司法解释和学理解释。

5. 师德行为的选择仅仅受外部条件的制约。

五、简答题（每小题5分，共15分）

1. 请说明教育目的同培养目标的关系。

2. 试述工具性条件反射与经典性条件反射的关系。

3. 简述学习动机对学习效果的影响。

六、论述题（每小题8分，共16分）

1. 论述掌握知识与发展能力相统一的教学规律。

2. 论述班杜拉的社会学习理论。

七、案例分析题（每小题7分，共14分）

1. 某学校地理教研组教师对本校地理课课程资源进行了评价，认为地理教具只有挂图和地球仪两类，而且全校地球仪只有六个，与新课程标准要求的距离较大，课程资源缺乏，课程开发困难较大。

请联系我国当前的新课程改革，并运用有关教师角色以及教师专业发展等理论对这一案例进行分析？

2. 请依法分析以下案例。

广东河源惩处高考作弊师生　7名涉案人员受处分

2001年7月高考时，广东河源市紫金县某中学的6名考生与2名社会青年互相勾结，利用手机将试卷答案信息发送到考生所携带的传呼机上。还有一名考生通过紫金某中学体育教师刘某，用8 000元收买监考老师，这些监考老师收款后，对该位考生在考场作弊均视而不见，甚至还有一名监考老师帮他填写答题卡。案发后，紫金县招生委员会和纪检监察等有关部门高度重视，立即进行调查，很快就查清了这宗考场作弊案。为严肃法纪，该县对涉及违纪作弊的老师和考生作出严肃的处理。紫金某中学体育教师刘某被开除公职，并移送司法机关处理；6名监考教师分别受党纪政纪处分；违纪作弊的6名考生被取消考试资格，并停考3年。

【参考答案】

一、单项选择题

1. B　2. A　3. B　4. A　5. B　6. C　7. C　8. D　9. A　10. B　11. A　12. A　13. B　14. C　15. B　16. B　17. D　18. A　19. A　20. A

二、多项选择题

1. AC　2. BC　3. ABD　4. ABD　5. ABCD

三、填空题

1. 因果　2. 班级　3. 教育影响　4. 教师行为研究　5. 冯特　莱比锡　6. 同时从事的两种活动，必须有一种达到自动化程度　7. 言语信息的学习　8. 情感成分　9. 自律　10. 元认知策略

四、判断简析题

1. 正确。新课程的特点可归纳为六个创新之处：(1) 课程目标的创新，每门学科的目标至少包括知识与技能、过程与方法、情感态度与价值观三个方面。(2) 课程结构的创新，强调课程的均衡性、综合性、选择性。(3) 课程标准的创新，用课程标准取代过去的教学计划和教学大纲。(4) 教学的创新，强调教学与课程的整合，注重科学探究的教学，提倡交流与合作的学习，关注体验性教学，推进信息技术在教学中的应用。(5) 课程评价的创新，提出了发展性的评价观，侧重学生的全面发展，关注教师的成长。(6) 课程管理的创新，强调实行国家、地方、学校三级课程管理。

2. 错误。美国心理学家基尔福特在他的智力结构说中把思维品质分为辐合思维与发散思维。辐合思维是遵循统一模式求同地解答问题的方式，也叫求同思维、集中思维；发散思维是一题多解，演绎推理，沿着多方向、多通道求异地解答问题的方式，也叫求异思维。辐合思维与发散思维都是智力活动不可缺少的品质，都带有创造的成分，但发散思维带有更多的创造性特征。

3. 正确。程序性知识也叫操作性知识，主要反映活动的具体过程和操作步骤，主要用来解决做什么和怎么做的问题。对程序性知识的掌握，不是我们能不能把它说出来，而是在实

际操作中我们能不能表现出来。这就是程序性知识的特点。

4. 错误。教育法的正式解释主要有立法解释、司法解释和行政解释，学理解释属于任意解释，不具有法律约束力。

5. 错误。教师职业道德行为的选择，不仅要受到外部环境条件的制约，主要包括社会历史条件、具体的生活环境和社会道德观念与教师道德规范体系等；而且还要受到教师个人的主观内部条件的制约，诸如教师个人的世界观和人生观，教师个体的道德素质，教师个体能力素质等。尤其是教师的主观内部条件对于自身选择合乎道德的行为具有十分重要的意义。因此，"师德行为的选择仅仅受外部条件的制约"的观点是片面的。

五、简答题

1. 首先，教育目的是一个国家对其各级各类学校教育的总体要求，而培养目标是根据教育目的制定的某一级或某一类学校或某一个专业人才培养的具体要求，是国家总体教育的在不同 教育阶段或不同类型学校、不同专业的具体化；其次，培养目标的确定必须建立在教育目的的基础上，而教育目的又必须通过各级各类学校、各专业的培养目标而实现。

2. 工具性条件反射与经典性条件反射的共同之处：它们都是在一定条件下建立起来的反射，而最根本的共同点是都需要强化，不强化就消退，在消退后又都会自然恢复。而且都可以建立初级强化。工具性条件反射也有泛化和分化。不同之处：（1）无条件反射是否明确。在经典性条件反射中，食物作为无条件刺激很明确；而工具性条件反射中，刺激物不明确，只能说是动物身体内部的某些情况。（2）强化是与刺激有关，还是与反应有关。在经典性条件反射中，强化同刺激有关，且出现在反应之前；而在工具性条件反射中，强化只同反应有关，且出现在反应之后。（3）反应方式不同。经典性条件反射中，动物被动地接受刺激，反应是先天固有的；工具性条件反射中，动物通过主动操作来达到一定的目的，反应是在学习过程中形成的。（4）学习的结果不同。经典性条件反射是学会了以一种刺激替代另一种刺激，属于刺激替代学习；工具性条件反射是学会了以一种反应替代另一种反应，属于反应替代学习。

3. 学习动机对学习效果的影响可分为两个方面：（1）总体上整个动机水平对整个学习活动的影响。总体而言，学习动机越强，有机体学习活动的积极性就越高。（2）具体的学习活动中学习动机对学习效果的影响。在具体活动中，学习动机对学习效果的影响是复杂的，根据耶基斯-多德森定律，中等强度的学习动机最佳。

六、论述题

1.（1）智力通常被看作是人的综合认识方面的能力，即认识客观事物的基本能力，是认识活动中表观出来的那些稳定的心理特征。（2）关于掌握知识和发展智力问题，在近代教育史上，形式教育论者和实质教育论者曾有过长期争论。形式教育论者主张，教学的主要任务在于训练学生的思维形式，知识的传授则是无关紧要的；学校的课程设置应当偏重古代语（拉丁文、希腊文）、数学、逻辑学等，认为这些学科对于训练学生的思维最有价值。实质教育论者主张，教学的主要任务在于传授对实际生活有用的知识，至于学生的认识能力则无须特别训练，学校的课程设置应当偏重自然学科、现代语言等，认为这些知识对学生参与实际生活最有用处。这两派理论割裂了思维内容和思维形式的辩证统一性质，因而其主张都是片面的。（3）在教学过程中，学生智力的发展有赖于知识的掌握，因为知识是学生进行认识活动的工具，他们只能根据已有的知识去认识世界，接受尚未掌握的知识，解决面临的问题，并在这个过程中发展自己的智力。但是，知识不等于智力。学生知识的多少并不能标志他们智力的高低。知识转化为智力是有条件的。教学中必须有明确的发展智力的目标，并有计划地去加以实现；传授和学习的必须是系统的科学的规律性的知识；必须引导学生在掌握文化科学知识的过程中自觉、积极、主动地进行认识活动，真正理解知识并将知识运用到实际中去，解决问题，这样才能使他们的智力得到发展。知识是发展智力的条件和基础，智力是掌握知识的前提和结果。在整个教学过程中，掌握知识与发展智力是统一的，教师必须同时完成两个方面的任务。（4）联系实际。

2.（要点）班杜拉认为人类的学习是个人与特殊的社会环境持续相互作用的过程，学习者可以通过观察被模仿者（榜样）收到奖励或强化而产生自我强化的作用，也就是说通过模仿他人而学习。（1）强调观察学习或替代强化学习（即上行下效，耳濡目染）。（2）强调符号强化作用。总之，社会学习强化包括替代强化、符号强化和自我强化。

七、案例分析题

1.（1）课程实施所需要的资源统称为课程资源，它既包括教材、教具、仪器设备等有形物质资源，也包括学生已有的知识和经验、家长的支持态度和能力等无形的资源。课程资源是决定课程目标能否有效达成的重要因素。充分利用现有的课程资源，积极开发新的课程资源，是深化教学改革、提高教学效益的重要途径。对于课程资源的评价，主要从以下几个方面进行：一是课程资源的丰富性。二是课程资源的适合性。三是课程资源的有效利用。四是课程资源的可持续发展性。（2）课程资源对学生的发展具有独特的价值，与传统教科书相比，课程资源是丰富的、大量的、具有开放性的，它以其具体形象、生动活泼和学生能够亲自参与等特点，激发学生兴趣，在愉悦中增长知识，培养能力，陶冶情操，这是传统教科书所无法代替的。（3）该校教师对课程资源认识不够全面，有教育意义的自然和社会资源未纳入教育资源范畴，其教育的功能和意义没有被充分地认识和利用。（4）教师不仅应当成为课程资源的开发者和利用者，充分挖掘各种资源的潜力和深层次价值，提高利用率。还要成为学生利用课程资源的引导者。

2. 这是一起严重违反《教育法》的案件。此案件中，涉案人员的行为不但违反了国家《保密法》的有关规定还违反了《教育法》。《教育法》第七十九条规定："在国家教育考试中作弊的，由教育行政部门宣布考试无效，对直接负责的主管人员和其他责任人员，依法给予行政处分。"高考是重要的国家教育考试，涉案人员违反国家法律，应当依法处理。体育教师刘某不但要承担行政责任（被开除公职），还有可能承担刑事责任；6名监考教师要承担行政责任（分别受到党纪政纪处分）；违纪作弊的6名考生也要承担行政责任（被取消考试资格，并停考3年）。

模拟试题八

一、单项选择题（在每小题列出的四个选项中只有一个选项是符合题目要求的，请将正确选项前的字母填在题后的括号内。每小题 1 分，共 20 分）

1. 布置课外作业的目的是（　　）。

A. 使学生进一步巩固所学知识，并培养独立学习和工作的能力

B. 复习已学过的教材，对已学过的知识进行巩固和加深

C. 使学生掌握新知识

D. 使学生对所学教材当堂理解，当堂消化

2. 教学的教育性主要体现在教学过程的（　　）中。

A. 间接经验与直接经验相结合的规律

B. 教师主导作用与学生主体作用相统一的规律

C. 掌握知识和发展智力相统一的规律

D. 传授知识与思想品德教育相统一的规律

3. 任何社会文化中的课程，事实上都是该社会文化的反映，学校教育的职责是要再生产对下一代有用的知识和价值。这反映的课程定义为课程即（　　）。

A. 社会改造的过程　　B. 教学科目

C. 文化再生产　　D. 学习经验

4. 课程标准是（　　）的基本纲领性文件。

A. 国家课程　　B. 地方课程　　C. 校本课程　　D. 学科课程

5. 群体是中学生健康成长、顺利完成个体社会化所必需的（　　）。

A. 教育条件　　B. 社会条件　　C. 客观条件　　D. 物质条件

6. 下列活动中，不属于课外活动的是（　　）。

A. 家庭作业　　B. 少先队活动

C. 读书报告会　　D. 课外兴趣小组

7. 规范是集体生活中不可缺少的（　　）。

A. 内容　　B. 方式　　C. 途径　　D. 准则

8. 由于新异刺激的出现使原来的条件反射受到暂时抑制是（　　）。

A. 延缓抑制　　B. 消退抑制　　C. 内抑制　　D. 外抑制

9. “万绿丛中一点红”是（　　）引起的。

A. 刺激物的强度　　B. 刺激新奇

C. 刺激对比　　D. 刺激物的运动变化

10. 艾宾浩斯发现遗忘进程的规律是（　　）。

A. 先慢后快　　B. 先快后慢　　C. 很快　　D. 很慢

11. 充分利用学生头脑中生动而鲜明的形象来帮助记忆，这是使用了（　　）。

A. 组织策略　　B. 精细加工策略

C. 元认知策略　　D. 复述策略

12. 先行组织者教学技术的提出者是美国著名心理学家（　　）。

A. 斯金纳　　B. 布鲁姆　　C. 奥苏伯尔　　D. 桑代克

13. 知识是个体通过与环境相互作用后获得的（　　）。

A. 感受与体验　　B. 前人经验

C. 记忆的内容　　D. 信息及其组织

14. 皮亚杰认为在具体运算阶段儿童形成了（　　）。

A. 物体守恒　　B. 概念守恒

C. 自我中心　　D. 不可逆思维

15. 同一儿童能演算较抽象的数学题，但在理解历史事件时却不能离开具体的形象，这是儿童思维发展的（　　）。

A. 阶段性　　B. 连续性　　C. 稳定性　　D. 不平衡性

16. 数学课上，为了更好地形成心智技能，教师常常在黑板上青春细致地演算例题，这是给学生提供（　　）。

A. 原型定向　　B. 原型模型　　C. 原型操作　　D. 原型内化

17. 在教育法律关系中，学生是教育法律关系的（　　）。

A. 主体　　B. 被监护人　　C. 公民　　D. 未成年人

18. 学校及其他教育机构专有的权利是（　　）。

A. 财产所有权　　B. 司法监督权　　C. 办学自主权　　D. 行政处罚权

19. 教师的师德修养，只有在（　　）中才能得到不断的充实、提高和完善。

A. 学习　　B. 交往　　C. 思考　　D. 实践

20.（　　）是教师胜任工作，做好教育工作的首要条件。

A. 教书育人　　B. 为人师表　　C. 乐勤敬业　　D. 爱岗敬业

二、多项选择题（请将正确答案的字母序号填入括号内。每小题 2 分，共 10 分）

1. 教育多元化的基本内容有（　　）。

A. 评价标准的多元化　　B. 教学内容的多元化

C. 培养目标的多元化　　D. 管理模式的多元化

2. 决定教学任务的因素主要有（　　）。

A. 学生的年龄特征　　B. 教育目的

C. 学科特性　　D. 教师素质

3. 定势是一种影响问题解决的（　　）。

A. 心理活动的倾向性　　B. 过去解决问题的经验

C. 心理活动的准备状态　　D. 动能固着

4. 成败归因理论的稳定因素包括（　　）。

A. 个人的能力　　B. 工作任务的难度

C. 个人的努力程度　　D. 运气

5. 教师要培养良好的道德义务感可以从（　　）方面努力。

A. 努力培养自己的道德义务认知水平

B. 努力提高自己的业务能力

C. 努力提升自己的教育事业意识水平

D. 实现教育义务意识向教育良心的转化

三、填空题（每小题 1 分，共 10 分）

1. 教育通过对文化的传递、选择、________、创造来促进文化的发展。

2. ______是德育工作的基本方法。

3. 19 世纪，英国学校中出现了________，这对班级组织的发展产生了巨大的推动作用

4. ______是在对具体问题的深入分析和对相关资料掌握的基础上形成的

5. 黑猩猩利用木棍从远处取糖块，属于心理发展的__________。

6. 道德认识形成的主要标志是_________的掌握，_________的确定，_________的发展。

7. 通过不断强化逐渐趋近目标的反应，来形成某种复杂的行为的方法是__________。

8. 在初中阶段，学生的伦理道德开始形成，但又具有__________的特点。

9. 概念同化的典型方式是__________。

10. 影响迁移的组要因素有相似性、__________和学习的心向和定势。

四、判断简析题（每小题 3 分，共 15 分）

1. 新课程的评价是发展性的评价。

2. 情绪是情感的外在表现。

3. 学习动机与学习效果总是一致的。

4. 公平责任原则，是指一方在对另一方造成损害有过错的情况下，由法院（法官）根据公平概念，结合当事人财产状况及其他条件，确定一方对另一方的损失给予适当的补偿的法律责任。

5. 有人认为："教师打骂学生的行为其实也没什么，他们都是恨铁不成钢，也是对学生负责。"

五、简答题（每小题 5 分，共 15 分）

1. 对学生进行学习指导是班级日常管理的重要任务之一，请简单谈谈班主任如何对学生进行学习指导。

2. 教学中怎样组织好学生的注意？

3. 简述有意义接受学习理论的要点。

六、论述题（9 分）

论述怎样培养学生的良好性格。

七、案例分析题（每小题 7 分，共 21 分）

1. 据《河南日报》2004 年 7 月 23 日刊载的董德中的《四国道德教育管窥》一文载，韩国人十分重视青少年的养成教育，强调"坐而言不如起而行"，通过设置"道德训练教室"，对学生进行行为规范的训练。仅礼节教育方面就具体包括：（1）个人生活礼节，如坐、立、

走的姿势，与人谈话时的语调、眼神及面部表情，接递物品时的举止；（2）家庭生活礼节，如对父母长辈、兄弟姐妹、亲戚邻里的礼节；（3）学校生活礼节，如对老师、前辈、同窗的礼节，上学、放学时的见面礼、告别礼；（4）社会生活的礼节，如在社会交往中的鞠躬礼、举手礼、注目礼、对拜礼以及各种称谓；（5）国家生活礼节，如国旗、国歌的礼节等。

谈谈阅读这段材料之后，你认为韩国青少年的养成教育对我国抓好中小学生的道德行为的教育有哪些启示？

2. 李华是一个十分聪明的学生，他的最大特点就是贪玩，学习不用功。每次考试都有侥幸心理，希望能够靠运气过关。这次期末考试他考得不理想，他认为这次是自己的运气太差了。

请运用维纳的归因理论来分析：

（1）他的这种归因是否正确？这种归因对他以后的学习会产生怎样的影响？

（2）如不正确，正确的归因应该是怎样的？

（3）对教师来讲，正确掌握维纳的归因理论有何意义？

3. 一位学生的母亲在起诉中称，儿子1990年就读于丰台某小学，1994年7月因考试分数低，未能升入中学，而后在该校留级。为了能让孩子继续升学，母亲应学校要求到医院给孩子开了一张“中等智力低下的证明”，并向学校申请儿子年龄已大，不适宜留级，希望让他升入初中。

然而，她没有想到，这张证明给孩子带来了长达两年的精神伤害。学校很快把这个秘密公之于众。课上，个别老师当着众多学生的面多次侮辱他是“弱智、白痴、大傻子”；课间，个别同学还轮流打他，让他喊自己是“大傻子”。1998年2月6日，她的儿子被医生诊断患了精神分裂症。她认为是学校的部分老师和学生长时间持续地对孩子打骂侮辱，才导致了这种可悲的结果。为此，她提出了巨额的赔偿要求。

请依法分析该案例。

【参考答案】

一、单项选择题

1. A　2. D　3. C　4. C　5. B　6. A　7. D　8. D　9. C　10. B　11. B　12. C　13. D　14. B　15. D　16. A　17. A　18. C　19. D　20. D

二、多项选择题

1. ABCD　2. ABC　3. AC　4. AB　5. ACD

三、填空题

1. 融合　2. 说服教育　3. 导生制　4. 研究假设　5. 具体思维　6. 道德知识 道德信念 道德判断能力　7. 行为塑造法　8. 两极分化　9. 接受学习　10学习者原有认知结构

四、判断简析题

1. 正确。新课程改革，课程评价的创新在于提出了发展性的评价观，侧重学生的全面发展，关注教师的成长。新课程的评价体系，要求既关注结果，更重视过程的评价，要以促进发展为核心，发挥评价的检查、诊断、导向、反馈、激励等功能。要求评价内容标准要体现多样化、多维化。

2. 错误。情绪和情感有密切的关系，首先情绪受情感的制约和调节；其次情感在情绪的基础上形成，又在情绪中表现。

3. 错误。根据耶基斯—多德森定律，最佳的动机水平与作用难度密切相关：任务较容易，最佳激起水平较高；任务难度中等，最佳动机激起水平适中；任务越困难，最佳激起水平越低。因此，动机与学习效果之间的关系是倒 U 形曲线关系，而非直线关系。

4. 错误。指当事人双方在造成损害时均没有过错的情况下，由人民法院根据公平的原则，来判定当事人对受害人的财产损失给予适当的补偿。《民法通则》第一百三十二条规定："当事人对造成损害都没有过错的，可以根据实际情况，由当事人分担民事责任。"

5. 错误。这一说法表面看来有一定好心在内其实是一种伦理观念上的误区；因为在这样的伦理观念中，并没有把学生当作和自己一样是个有人的尊严的人，并没有把学生当作和自己一样是个与别人在地位上平等的人，这种爱具有很大的局限性，在实践中常常表现是一种无视学生人格尊严和人格平等的爱；教师对学生的那种"打是疼骂是爱"的做法 ，在实际上往往不知不觉地会造成对学生人格尊严的伤害和对学生合法权益的剥夺，是对学生身心健康的摧残。

五、简答题

1.（1）促进学生智力因素的发展：① 激发学习动机；② 帮助小学生明确学习目标，提高学生学习积极性；③ 要善于激发学生的学习兴趣，增强学生的求知欲；④ 要使学生看到自己学习的进步，培养学生的成就感。⑤ 培养学习的意志品质。（2）指导学生掌握学习方法：① 班主任要帮助学生制定适合自己的学习目标，进行学习的自我规划，正确地开展自己的学习活动；② 指导小学生掌握具体的学习方法；③ 培养学生良好的学习习惯；④ 指导学生学会合理安排学习时间。

2. 组织好学生的注意是教学成功的一个重要条件。在教学中组织学生的注意，应做到以下几点：（1）唤起学生的有意注意，提高学习的自觉性。让学生明确学习的目的任务；创设"问题情境"，启迪学生的思维；教师正确组织学生教学，严格要求学生，建立正常教学秩序与学校常规，对唤起有意注意也有重要作用。（2）正确运用无意注意的规律组织教学。运用无意注意，教学活动会生动有趣。在教学环境方面，要防止干扰刺激分散注意力；在教学方法上，教师讲授内容要科学、新颖、生动、系统，教师语言要生动形象、简洁流畅，适时呈现教具。用感性形象吸引学生，教学方式的变化、灵活、启迪性等课堂教学艺术，都易激发学生的兴趣与无意注意。（3）引导学生几种注意交替使用，有助学生注意的集中、稳定与持久。

3. 有意义学习的标准：（1）建立实质性的练习，其含义为新观念与学习者认知结构中的观念完全等值，等值的语言用不同的话表达，其关系不变。（2）新旧观念之间的联系是非人为的，也就是说，这种关系是一种合理的、别人可以理解的，自然的而非人们主观强加的关系。

六、论述题

（1）加强政治思想教育，培养学生良好的性格；（2）在实践中培养与锻炼学生的性格；（3）家长与教师应该给学生树立良好的榜样；（4）建立优良学生集体，形成良好班风与校风，促进学生良好性格的形成；（5）注意个别指导、有针对性地进行性格培养。

七、案例分析题

1.（1）韩国养成教育的做法应给予肯定，德育要重视良好行为习惯的训练。（2）① 道德行为是基于道德认识、道德情感等因素表现出的实际行动，也是道德形成过程的目的。判断一个人，不是根据他自己的表白或自己的看法，而是根据他的行动。人的道德面貌是以自己的言行举止来展现，也是在实际行动中形成和发展的。要培养学生的品德必须加强道德行为教育。② 分析我国当前忽视学生养成教育的错误。（3）如何借鉴韩国抓学生的道德行为的方法。① 应从中小学生日常行为规范抓起。② 从中小学生实际出发。③ 要特别强调训练和强化。

2.（要点）（1）不正确。他将行为的原因归因于外部的不可控因素，这样他就对自己的行为不用负责，因此学习动机不高，学习成绩也不会提高，甚至会越来越差。（2）他应该将其归因为自己内部可控因素，如不努力。如果他认为学习失败是不努力造成的，那他就会相信只要自己努力，学习一定可以获得成功。（3）对教师来讲，正确掌握维纳归因理论有助于教师了解学生心理活动发生的因果关系，有助于根据学生行为及其结果推断出个体的稳定心理特征和个性差异，有助于从特定的学习行为及其结果预测个体在某种情况下可能产生的学习动机，对于改善其学习行为，提高其学习效果也会产生一定的作用。此外，归因训练还有助于提高自我认知。教师要注意培养学生正确的归因，对学生的归因进行辅导，如果一个学生长期处于消极的归因心态，就有碍于人格的成长，如习惯与逃避的学生，他们经常将失败归为能力不足，将成功归因于运气或者任务容易，长此以往，成为一种习惯，就会演变为一种习得性无助感。

3. 学校侵犯了学生人身权中的身心健康权、隐私权和侮辱了学生的人格尊严。同时，学校又侵犯了该学生受教育的平等权利。

我国《未成年人保护法》第十五条规定："学校、幼儿园的教职员工应当尊重未成年人的人格尊严，不得对未成年学生和儿童实施体罚、变相体罚或者其他侮辱人格尊严的行为。"案例中，学校人个别教师当众多次侮辱该学生是"弱智、白痴、大傻仔"，这严重侵犯了他的人格尊严权，由此而导致他患上精神分裂症，又是对他身心健康权的侵犯。

我国《未成年人保护法》第三十条规定："任何组织和个人不得披露未成年人的隐私。"案例中，学校把学生的隐私公布于众，这是对他隐私权的严重侵犯。我国《教育法》第九条规定："中华人民共和国公民有受教育的权利和义务。"案例中的学校以各种理由，企图剥夺该名学生接受适当的教育的权利，这也是对他受教育权的侵犯。

全真试题

全真试题一

四川省 2013 年特岗教师招聘考试
教育公共基础知识笔试试卷

本试卷共 8 页，满分 100 分，考试时间 120 分钟。

一、单项选择题（本大题共 30 小题，每小题 1 分，共 30 分）在每小题列出的四个选项中只有一个是符合题目要求的，请将其代码填写在题后括号内。错选、多选或未选均无分。

1. 认为教育活动不仅存在于人类社会之中，也存在于动物界的教育起源说是（　　）。

A. 神话起源说　B. 生物起源说　C. 心理起源说　D. 劳动起源说

2. 主张“教育即生活，学校是一个雏形的社会”的是（　　）。

A. 实用主义教育学　B. 实验教育学

C. 文化教育学　D. 批判教育学

3. 教育可促进人的主体意识、主体能力的发展，帮助人形成理想、信念、价值观、气质与性格等，这说明教育可促进个体（　　）。

A. 社会化　B. 个体化　C. 生存适应　D. 生活享用

4. 规定着各级各类学校的性质、任务、入学条件、修业年限以及它们之间的关系的是（　　）。

A. 教育方针　B. 教育目的　C. 学位条例　D. 学制

5. 以下关于教育目的的说法错误的是（　　）。

A. 教育目的是教育活动的出发点和归属　B. 教育目的具有社会性

C. 教育目的由统治阶级的意志决定　D. 教育目的具有时代性

6. 教师社会地位最直观的表现是（　　）。

A. 经济地位　B. 法律地位　C. 专业地位　D. 政治地位

7. 格塞尔的双生子爬楼梯实验说明（　　）。

A. 环境对人的发展具有重要影响　B. 人的发展受到生理成熟的制约

C. 后天训练对人的发展具有重要作用　D. 儿童的心理发展具有不平衡性

8. 桑代克通过猫逃出笼子的实验，提出了（　　）。

A. 认知学习理论　B. 有意义接受学习理论

C.“试误-联结”学习理论　D. 社会学习理论

9. 用巴甫洛夫的条件反射理论分析，“一朝被蛇咬，十年怕井绳”是一种（　　）。

A. 消退现象　B. 泛化现象　C. 分化现象　D. 练习现象

10. 教师给予学生微笑、赞扬、奖品等来提高学生某一行为的反应概率，这是（　　）。

A. 正强化　B. 负强化　C. 惩罚　D. 代币奖励

11. 以下不是托尔曼提出的概念的是（　　）。

A. 中介变量　　B. 潜伏学习　　C. 顿悟学习　　D. 认知地图

12. 布鲁纳认为，学习知识的最佳方式是（　　）。

A. 发现学习　　B. 机械学习　　C. 意义学习　　D. 接受学习

13. 以下关于“先行组织者”的说法错误的是（　　）。

A. 由奥苏贝尔提出　　B. 在正式学习之前呈现

C. 往往是比学习内容概括性更高的材料　　D. 指的是课堂教学中的教师

14. 关于完成某项任务的行为或操作的知识，称为（　　）。

A. 陈述性知识　　B. 程序性知识　　C. 理性知识　　D. 感性知识

15. 以下关于动作技能的表述，正确的是（　　）。

A. 复杂的动作技能比简单的动作技能保持的时间更短

B. 动作技能的遗忘进程与无意义音节的遗忘进程是一样的

C. 动作技能的学习不存在迁移现象

D. 技能学习过程中会出现练习高原现象

16. 如果认为抑制是一种迁移现象，那么前摄抑制属于（　　）。

A. 逆向负迁移　　B. 顺向负迁移　　C. 逆向正迁移　　D. 顺向正迁移

17. 按照柯尔伯格的观点，道德发展的最高水平是（　　）。

A. 后习俗水平　　B. 前习俗水平　　C. 他律水平　　D. 自律水平

18. 下列属于非正式意义上的法的渊源的是（　　）。

A. 宪法　　B. 规章　　C. 道德准则　　D. 条约

19. 教育法的本质特征是（　　）。

A. 国家意志性　　B. 普遍性　　C. 强制性　　D. 规范性

20. 教育政策的最高表现形式是（　　）。

A. 教育策略　　B. 教育方针　　C. 教育行动准则　　D. 教育法规

21. 惩罚最为严厉的法律责任是（　　）。

A. 行政法律责任　B. 违宪责任　　C. 民事法律责任　　D. 刑事法律责任

22. 教育法律救济的主要方式是（　　）。

A. 司法救济　　B. 行政救济　　C. 仲裁　　D. 调解

23. 平权型教育法律关系是指两个具有平等法律地位的教育关系主体之间产生的教育法律关系，通常被视为（　　）。

A. 教育民事法律关系　　B. 教育行政法律关系

C. 教育刑事法律关系　　D. 保护性教育法律关系

24. 下列不属于教育法律规范的构成要素的是（　　）。

A. 假定　　B. 内容　　C. 处理　　D. 制裁

25. 最基本的教育权是（　　）。

A. 家长的教育权利　　B. 学校的教育权利

C. 国家的教育权利　　D. 青少年儿童的受教育权利

26.《中华人民共和国教育法》的制定主体是（　　）。

A. 中共中央委员会　　B. 国务院

C. 全国人民代表大会　　D. 教育部

27. 对学生进行体罚和变相体罚主要侵犯了学生的（　　）。

A. 财产权　B. 受教育权　C. 人身权　D. 知识产权

28. 我国中小学校的法定代表人物是（　　）。

A. 市长　B. 县长　C. 镇长　D. 校长

29. 根据我国《未成年人保护法》的规定，未成年人是指（　　）。

A. 未满十四周岁的公民　B. 未满十五周岁的公民

C. 未满十六周岁的公民　D. 未满十八周岁的公民

30. 能体现教师职业道德本质的是（　　）。

A. 职业理想　B. 职业责任　C. 职业态度　D. 职业技能

二、判断简析题（本大题共 5 小题，每小题 4 分，共 20 分）请判断每小题的正误，在题后的括号内，正确的画上“√”，错误的画上“×”。无论正误，均说明理由。

31. 教学与教育两个概念是对同一事物的不同表述。（　　）

32. 教育的本体功能是促进人的发展，它是派生其他功能的源泉。（　　）

33. 在教育实践中，所有与教育有关的行为都应以教育法律规范来约束。（　　）

34. 教师职业权利是可以放弃的。（　　）

35. 教师周末在家对学生进行辅导，向学生收取辅导费，是自己的劳动所得，是合理的。（　　）

三、简答题（本大题共 7 小题，每小题 5 分，共 35 分）

36. 理想的师生关系有哪些基本特征?

37. 简述课程的理论流派。

38. 简述桑代克提出的三条主要学习律。

39. 发现学习有哪些优点?

40. 简述教育行政执法的原则。

41. 简述教育法律责任的归责要件。

42. 简述教师职业道德自我养成的方法。

四、案例分析题（本大题共 1 小题，15 分）阅读案例材料，根据材料分析问题。

43.（1）张晓是来自农村的一名高三学生。父母都是老实农民，他们天天含辛茹苦地劳作，想尽最大的努力为张晓提供好一点的学习条件。张晓非常懂事，学习刻苦，成绩优异，他想考上一所好的大学，以回报父母。但是，随着高考的临近，张晓的成绩却急剧下滑，平时会做的题，在考试中也会出错。晚上，他往往辗转反侧，难以入眠，好不容易睡着了，还会半夜惊醒。（2）王宏业是一名城里的高三学生，自小家庭殷实，父母对他关爱有加，爷爷奶奶更是对他的生活照顾得无微不至，家人对他的各种要求都尽量满足。他在学习上微小的进步也会让父母欣喜若狂，同时给予他各种物质奖励。在低年级，王宏业的学习还较好。但是，随着年级的升高，他对学习越来越不感兴趣，对父母的各种奖励也没有了兴趣，学习成绩越来越不理想。高考临近了，但他一点也不紧张，上课时往往心猿意马。

请从学习动机角度分析这两名学生在临近考试时出现不同状态的原因，并论述应采取的教育策略。

参考答案

一、单项选择题

1. B 2. A 3. B 4. D 5. C 6. A 7. B 8. C 9. B 10. A 11. C 12. A 13. D 14. B 15. D 16. B 17. A 18. C 19. C 20. B 21. D 22. B 23. A 24. B 25 D 26. C 27. C 28. D 29. D 30. A

二、判断简析题

31.（×）教育有广义和狭义之分。广义的教育是指凡是增进人们的知识和技能、影响人们的思想品德的活动，都是教育。狭义的教育主要指学校教育，即教育者根据一定的社会或阶级的要求，有目的、有计划、有组织地对受教育者身心施加影响，把他们培养成为一定社会或阶级所需要的人的活动。教学是在教育目的的规范下，教师的教和学生的学共同组成的一种教育活动。因此，教学是实现教育目的的途径，教学与教育并不是对同一事物的不同表述。

32.（√）促进人的发展是现代教育所预期的正向功能，即显性功能。这一功能是教育本质和教育目的的体现，因此也被称为教育的本体功能，成为派生其他功能的源泉，在教育的功能系统中处于基础性地位。

33.（×）教育法律规范是指由国家机关制定或认可，通过国家强制力保证实施的关于教育方面的行为规则。每部具体的教育法都是由若干个行为规则组成的有机整体，其中组成教育法行为规则有机整体的单个行为规则，就是一个具体的教育法律规范，它是组成教育法的“基本细胞”。在教育实践中，并非所有与教育有关的行为都应以教育法律规范来约束，这没有必要而且也不可能。因为教育过程在很大程度上是一种精神活动过程，其最大特点之一是人的主观能动性的发挥。因此，对教育活动的某些方面以过于具体的教育法律规范来约束，会限制这种主观能动性的发挥。另外，精神活动还具有灵活性的特点。过于具体的行为规则会导致教学过程的刻板和程式化，影响教育教学效果。

34.（×）职业权利是教师作为教育工作者依据教育法律享有的教育权利及与职业相关的其他权利，即教师依照《教师法》的规定所享有的权利，表现为教师可以自主作出一定的行为，或要求他人作出相应的行为，在必要的时候可请求国家以强制力保障其权利的实现。教师的职业权利从性质上看，是一种与教师职业相关的特殊权利，如教育教学权，只有具有教师资格证书的学校教师才能享有。教师的职业权利由教育法律规定。在教师的职业权利中，既包括了与教育教学相关的权利，也包括了与职业相关的一些利益，如教师的福利待遇、带薪假期等。由于教师的职业权利是一种公务性质的行为，且涉及学生，因此往往是不能放弃的。

35.（×）教育部颁布的《中小学教师违反职业道德行为处理办法》第四条明确规定：教师有“组织、要求学生参加校内外有偿补课，或者组织、参与校外培训机构对学生有偿补课的”行为者，将视情节轻重分别给予相应处分，处分包括警告、记过、降低专业技术职务等级、撤销专业技术职务或者行政职务、开除或者解除聘用合同。所以教师周末在家对学生进行辅导，向学生收取辅导费违反了《中小学教师违反职业道德行为处理办法》，会受到行政处分。

三、简答题

36.【答案要点】

良好师生关系主要有以下特征：

（1）民主平等。

（2）尊师爱生。

（3）教学相长。

（4）宽容理解。

37.【答案要点】

（1）经验主义课程论：派代表人物为：杜威。基本观点为：① 课程应以儿童的活动为中心。课程必须与儿童的生活相沟通，应该以儿童为出发点，为中心和目的。② 课程的组织应心理学化。应考虑到心理发展的次序以利用儿童现有的经验和能力。优点：以学生的活动为中心，有利于调动学生的兴趣，培养社会实践能力；缺点：过分强调学生的兴趣，课程设置缺乏系统性。

（2）学科中心主义课程论：该流派主要分为两类：要素主义（代表人物：巴格莱）和永恒主义（代表人物：赫钦斯）。基本观点：① 要素主义：强调课程的内容应该是人类文化的共同要素，课程应给学生提供风化的，有组织的经验，即知识。② 永恒主义：课程应以永恒学科组成，他推移出我们人性的共同要素，使人与人联系起来，对于任何进一步的研究首要的，首先是古典书籍。优点：有利于学生掌握系统的科学文化知识，继承优秀的人类文化遗产；缺点：容易使各门知识发生断裂现象，加重学生的学习负担，忽视学生的兴趣，理论和实践相脱离。

（3）社会改造主义课程论：该流派代表人物为：布拉梅尔德。基本观点为：课程不应该帮助学生适应社会，而是要建立一种新的社会秩序和社会文化。主张学生尽可能地参与到社会中去；以广泛的社会问题为中心。优点：重视课程与社会的联系，有利于为社会需要服务；缺点：缺乏系统的知识学习，夸大了教育的作用。

（4）存在主义课程论：该流派代表人物为：奈勒。基本观点为：课程最终要由学生需要来决定。人文学科应以社会问题为中心。优点：注重学生的情感、责任和人生价值，有利于建立和谐的师生关系；缺点：缺乏系统知识的传授和评价标准，学习评价流于主观。

（5）后现代主义课程论：该流派代表人物为：多尔。基本观点为：分析和批判泰勒模式，将后现代课程标准概括为 4R：丰富性（richness），体现了课程的一种开放性的特点；循环性（recursion），旨在发展能力；关联性（relation），教育上的关联，文化方面的联系；严密性（rigor），意味着一种有意识的企图。优点：将课程当作不断展开的动态过程，丰富了知识的内涵，重视学生的个体经验，有利于建立和谐的师生关系； 缺点：多元化发展趋势，且批判远多于建设，在实践中较难操作。

38.【答案要点】

桑代克（1874—1949）是美国著名心理学家，西方教育心理学奠基人之一，联结主义学习理论的创始人，他依据学习实验所得材料。创立了联结-试误说，提出了 3 条学习规律：

（1）效果律。在试误学习的过程中，如果其他条件相等，在学习者对刺激情境作出特定反应之后能够获得满意的结果时，则其联结就会增强；而得到烦恼的结果时，其联结就会削弱。桑代克的效果律表明，如果一个动作跟随着情境中一个满意的变化，在类似的情境中这个动作重复的可能性将增加。但是，如果跟随的是一个不满意的变化，这个行为重复的可能性将减少。可见一个人当前行为的后果对决定他未来的行为起着关键的作用。也就是说，在刺激与反应之间形成可改变的联结，给以满意的后果，联结就增强；给以不满意的后果，联结就减弱。奖励是影响学习的主要因素，它也是感到愉快的或可能进行强化的物品、刺激或后果。在桑代克后来的著作中，他取消了效果律中消极的或令人烦恼的部分。因为他发现惩罚并不一定削弱联结，其效果并非与奖励相对。

（2）练习律。在试误学习的过程中，任何刺激与反应的联结，一经练习运用，其联结的力量就会逐渐增大；如果不运用，则联结的力量会逐渐减小。也就是说，尝试一错误联结被练习和使用的次数越多，就变得越来越强，反之变得越弱。在后来的著作中，桑代克修改了这一规律，因为他发现没有奖励的练习是无效的，联结只有通过有奖励的练习才能增强。

（3）准备律。在试误学习的过程中，当刺激与反应之间的联结在事前有一种准备状态时，实现则感到满意，否则感到烦恼；反之，当此联结不准备实现时，实现则感到烦恼。

应该说明的是，虽然尝试一错误学习模式是从动物实验中推导出来的，但它对于人类学习和学生学习来说，仍有很大的借鉴意义。

39.【答案要点】

（1）有利于增强学生的智慧潜力。

（2）有利于激发学生的内在学习动机。

（3）有助于学生学会发现的方法。

（4）有利于学生对所学知识的保持和检索。

40.【答案要点】

教育行政执法必须遵循合法性、越权无效、应急性、合理性和公开、公正等原则。

（1）合法性原则。教育行政执法必须符合有关法律规定，做到：

① 必须在法定职权范围内进行；② 必须符合法定的执法程序；③ 执法的内容与手段必须符合有关法律规定；④ 执法主体既然拥有某种职权，就必须使用才合法，否则也构成违法。

（2）越权无效原则。指超越法定职权范围的教育行政执法行为属于无效行为。

（3）应急性原则。指根据公共利益的需要，在紧急情况下，采取的非法行为可以有效。在诸如战争、自然灾害等非正常情况下，维护公共利益的必要性会超过对合法性的要求。

（4）合理性原则。指在进行教育行政执法时，所采取的措施、手段等在内容上要客观、适度、符合理性。

（5）公正、公开原则。只有做到公正、公开，才便于监督，并能使执法过程成为法制教育过程。

41.【答案要点】

教育法律责任是指行为人违反教育法律规范的行为所引起的，应当由其依法承担的惩罚性的法律后果，教育法律责任的归责要件包括：

（1）有损害事实。行为人有侵害教育管理、教学秩序及从事教育教学活动的公民、法人和其他组织的合法权益的客观事实存在，这是构成教育法律责任的前提条件。

（2）有违法行为。行为人实施了违反法律、法规的行为。

（3）行为人主观上有过错。指行为人在实施行为时，具有主观上的故意或过失的心理状态。

（4）违法行为与损害事实之间有因果关系。违法行为是导致损害事实发生的原因，损害事实是违法行为造成的必然结果，二者之间存在着内在的必然的联系。前者决定后者的发生，后者是前者的必然结果。

42.【答案要点】

（1）加强理论学习，注重内省，慎独。

（2）勇于实践磨炼，加强情感体验。

（3）虚心向他人学习，自觉与他人交流。

（4）确立可行的目标，坚持不懈努力。

四、案例分析题

学习动机是激发个体进行学习活动，维持已引起的学习活动，并使行为朝向一定学习目标的一种内在过程或内部心理状态。

（1）学习动机与学习效果之间的关系不是直接的，而是以学习行为为中介的。同时，学习动机与学习效果的关系是双向的。

（2）一般情况下，学习动机可以促进学习，学习动机与学习效果的关系是一致的。学习动机使学习者具有明确的学习目标，并积极主动、持之以恒地寻求有关的信息。

（3）学习动机只是影响学习效果的因素之一。知识基础、智力水平、学习技能和方法等多种因素都会影响学习效果。学习者个性不同，学习任务的难度不同，学习动机与学习效果的关系不同。因此，学习动机与学习效果之间的关系并不总是一致的。

（4）“耶克斯-多德森定律”表明：

① 动机不足或过分强烈都会影响学习效果。动机的最佳水平随任务性质的不同而不同。在比较容易的任务中，学习效果随动机的提高而上升；随着任务难度的增加，动机的最佳水平有逐渐下降的趋势。② 一般来讲，最佳水平为中等强度的动机。③ 动机水平与行为呈倒U形曲线。

材料一中，随着高考的临近，张晓出现成绩急剧下滑，难以入眠等症状，主要是由于过度焦虑和紧张造成的。教师和家长要注意引导他正确看待高考，合理释放心理压力，调整好日常身体锻炼、饮食和睡眠，这将有助于他的学习。

材料二中，王宏业高考临近了，他却一点也不紧张，上课时往往心猿意马。主要原因是王宏业长期缺乏学习兴趣，学习积极性不高造成的。针对这种情况，教师和家长应注重激发他的内部动机，合理引导，提高他的求知欲望和学习兴趣。

全真试题二

四川省2012年特岗教师招聘考试
教育公共基础知识笔试试卷

本试卷共8页，满分100分，考试时间120分钟。

一、单项选择题（本大题共30小题，每小题1分，共30分）在每小题列出的四个选项中只有一个是符合题目要求的，请将其代码填写在题后括号内。错选、多选或未选均无分。

1. 世界上最早的成体系的教育学作品是（　　）。
A.《大学》　B.《师说》　C.《论语》　D.《学记》

2. 作为"现代教育学之父"或"科学教育学奠基人"的是（　　）。
A. 夸美纽斯　B. 康德　C. 赫尔巴特　D. 杜威

3. 教育为"个人完满生活"做准备体现的功能属于（　　）。
A. 个体享用　B. 经济发展　C. 文化选择　D. 个体谋生

4. 教育应该"因材施教"，这是因为学生发展具有（　　）。
A. 个体差异性　B. 顺序性　C. 阶段性　D. 不平衡性

5. 为我国教育目的确立提供理论基础的是（　　）。
A. 马克思主义关于人的全面发展学说　B. 科学发展观
C. 有中国特色的社会主义　D. 辩证唯物主义

6. 在学校教育制度上，实行"双轨制"的国家是（　　）。
A. 美国　B. 法国　C. 英国　D. 日本

7. 教育专业性的核心因素是（　　）。
A. 专业理想　B. 专业能力　C. 专业知识　D. 专业自我

8. 教师的根本任务是（　　）。
A. 课堂教学　B. 教书育人　C. 学生管理　D. 道德教育

9. 学校校风、学风属于（　　）。
A. 物质性隐型课程　B. 观念性隐型课程
C. 制度性隐型课程　D. 心理性隐型课程

10. 提出"生活即教育"的教育家是（　　）。
A. 杜威　B. 蔡元培　C. 陶行知　D. 夸美纽斯

11. 教学设计首先要确定的是（　　）。
A. 教学目标　B. 教学内容　C. 教学策略　D. 教学评价

12. 在班主任管理风格中，值得提倡的是（　　）。
A. 专制型　B. 民主型　C. 放任型　D. 松散型

13. 真正使教育心理学成为一门独立学科的是（　　）。

A. 冯特　B. 詹姆斯　C. 桑代克　D. 弗洛伊德

14. 下列说法中不属于心理发展一般规律的是（　　）。

A. 心理发展具有不平衡性　B. 心理发展具有个别差异性

C. 心理发展具有逐渐分化和统一的过程　D. 心理发展具有一定的方向性与顺序性

15. 皮亚杰认为 7～11 岁儿童，其认知发展正处于（　　）。

A. 感知运动阶段　B. 前运算阶段

C. 具体运算阶段　D. 形式运算阶段

16. 下列理论中不属于认知派学习理论的是（　　）。

A. 班杜拉的社会学习理论　B. 格式塔的完形学习理论

C. 布鲁纳的发现学习理论　D. 奥苏贝尔的同化学习理论

17. 人本主义学习理论的主要代表是（　　）。

A. 加涅　B. 托尔曼　C. 斯金纳　D. 马斯洛

18. 知识学习的心理过程分为三个阶段，其中第二个阶段是（　　）。

A. 认识　B. 理解　C. 巩固　D. 运用

19. 将迁移划分为正迁移和负迁移，其划分依据是（　　）。

A. 依迁移的结果　B. 依迁移产生的情景

C. 依迁移的内容　D. 依迁移产生的方向

20. 从内容来看，心理健康教育应包括以下哪两项任务？（　　）。

A. 发展性教育与补救性教育　B. 心理素质培养和心理健康维护

C. 心理疾病预防和心理素质培养　D. 心理疾病预防和心理健康维护

21. 个体的行为可以归纳为许多可能因素，用内在—外在、稳定—不稳定来对归因维度进行划分的是（　　）。

A. 海德　B. 维纳　C. 凯利　D. 迈耶

22. 学生的智力水平有高低差异，大部分人的智力属于（　　）。

A. 高等水平　B. 中等水平　C. 较低水平　D. 不确定

23. 要形成学生良好的品德，学校教育是“晓之以理、动之以情、持之以恒、导致以行”，这种做法相应的品德心理结构是（　　）。

A. 情、意、行、知　B. 行、情、知、意

C. 知、行、情、意　D. 知、情、意、行

24. 一种学习对另外一种学习所产生的影响是（　　）。

A. 动机　B. 态度　C. 迁移　D. 元认知

25. 我国有权制定教育法律的是的是（　　）。

A. 全国人民代表大会及其常务委员　B. 国务院

C. 省级人民代表大会及其常务委员　D. 教育部

26. 在我国的教育法律体系中，作为“母法”的是（　　）。

A.《教师法》　B.《教育法》　C.《义务教育法》　D.《宪法》

27. 在教育法规实施中，作为准绳的是（　　）。

A. 事实　B. 法律规范　C. 教育规律　D. 教育方针

28. 教师作为专业技术人员的基本权利是（　　）。
A. 教育教学权　　B. 学生管理权
C. 学术自由权　　D. 参与学校管理权

29. 未成年人保护的首要原则是（　　）。
A. 保障未成年人的合法权利　　B. 尊重未成年人的人格尊严
C. 适应未成年人身心发展规律　　D. 教育与保护相结合

30. 下列哪一项不是教师职业道德的特点？（　　）。
A. 教师职业道德要求比其他职业道德更高、更全面
B. 教师职业道德影响比其他职业道德更具广泛性
C. 教师职业道德调节比其他职业道德更具自觉性
D. 教师职业道德要求比其他职业道德更具一般性

二、判断改错题（本大题共 6 小题，每小题 3 分，共 18 分）请判断每小题的正误，正确的请在题后括号内画上“√”，错误的画上“×”，若有错，请改正。

31. 教育就是塑造人的活动。（　　）

32. 教学中的基本矛盾是知与不知、知之不多到知之较多、知之完善的矛盾。因此，教师要成为知识的传授者。（　　）

33. 学生的学习主要以掌握直接经验为主。（　　）

34. 一般而言，学生的学习动机处于中等水平时，学习效果最好。（　　）

35. 教育法规最根本的特点是阶级性。（　　）

36. 教师职业道德是职业道德的一种表现形式，它是在教师职业劳动产生之后才逐渐形成的。（　　）

三、简答题（本大题共 7 小题，每小题 6 分，共 42 分）

37. 简述学生发展的一般规律。

38. 简述当代教学观的变革趋势。

39. 简述内部学习动机培养与激发的方法。

40. 影响解决问题的因素有哪些？

41. 简述学校侵权责任的构成要件。

42. 依据《教育法》的规定，受教育者的权利有哪些？

43. 简述《中小学教师职业道德规范》的内容。

四、案例分析题（本大题共 1 小题，10 分）

44. 某小学三年级学生在操场上上体育课，学习打篮球。体育老师在给学生讲解完打球要点和有关安全事项后，把班上的同学分为几个组，练习投篮和抢篮板球。张某（10 岁）和王某（10 岁）分在一个组内。因场地不平，张某在抢球时不慎摔倒在地，恰巧被奔跑上来的王某踏在腿上，致使小腿骨折。此时，教师正在指导其他小组练球。张某住院三个月，医疗费、护理费、营养费加上张某父母误工费共计约 6 000 元。有人说这 6 000 元应该由体育老师支付，请对这一说法进行分析。

参考答案

一、单项选择题

1. D　2. C　3. A　4. A　5. A　6. C　7. C　8. B　9. B　10. C　11. A　12. B　13. C　14. A　15. C　16. A　17. D　18. C　19. A　20. B　21. B　22. B　23. D　24. C　25. A　26. B　27. B　28. A　29. A　30. D

二、判断改错题

31.（×）本题考查教育的本质。

关于教育的本质有多种学说，其中之一就是“教育的本质是有目的的培养人的社会实践。”题目表述不准确。

32.（×）本题考查对教师角色的定位和认识

教学中的基本矛盾是知与不知，知之不多到知之较多、知之完善的矛盾。但学生是学习的主体，教师要在学生学习的过程中扮演指导者和促进者的角色，帮助学生由已知走向未知，而不是直接教授给学生。

33.（×）本题考查教学过程的基本规律。

教学过程的基本规律之一是：间接经验与直接经验相结合的规律。主要又分为三个方面：（1）学生以掌握间接经验为主；（2）学生学习间接经验必须以一定的直接经验为基础；（3）防止忽视系统知识传授或直接经验积累的偏向。

34.（×）本题考查学习动机与学习效果之间的关系。

两者关系具体表现为：（1）学习动机与学习效果的关系并不是直接的，它们之间往往以学习行为为中介。（2）学习动机强，学习积极性高，学习行为也好，则学习效果好；相反，学习动机弱，学习积极性不高，学习行为也不好，则学习效果差。不一致的情况是：学习动机强，学习积极性高，如果学习行为不好，其学习效果也不会好；相反，学习动机不强，如果学习行为好，其学习效果也可能好。（3）学习动机是影响学习行为、提高学习效果的一个重要因素，但却不是决定学习活动的唯一条件。

35.（√）　　36.（√）

三、简答题

37.（1）顺序性和阶段性。

（2）稳定性和可变性。

（3）不平衡性。

（4）个别差异性。

（5）整体性。

38.（1）从重视教师向重视学生转变。

（2）从重视知识传授向重视能力培养转变。

（3）从重视教法向重视学法转变。

（4）从重视认知向重视发展转变。

（5）从重视结果向重视过程转变。

（6）从重视继承向重视创新转变。

39.（一）学习动机的培养

（1）利用学习动机与学习效果的互动关系培养学习动机。学习动机作为引起学习活动的动力机制，是学习活动得以发动、维持、完成的重要条件，并由此影响学习效果。

（2）利用直接发生途径和间接转化途径培养学习动机。教育心理学研究表明，新的学习需要可以通过两条途径来形成，一是直接发生途径；一是间接转化途径。

（二）学习动机的激发

（1）创设问题情境，实施启发式教学。

（2）根据作业难度，恰当控制动机水平。

（3）充分利用反馈信息，妥善进行奖惩。

（4）正确指导结果归因，促使学生继续努力。

40. 问题解决受到许多因素的影响，有社会、自然、物质和心理等因素。这里主要分析心理因素对问题解决的影响。

（1）问题情景与表征方式。问题情境是指呈现问题的客观情境（刺激模式）。问题情境对问题的解决有重要的影响。

（2）个体的智能与动机。个体的智力水平是影响问题解决的极重要的因素。因为智力中的推理能力、理解力、记忆力、信息加工能力和分析能力等成分都影响着问题解决。动机是促使人解决问题的动力因素，对解决问题的思维活动有重要影响。动机的性质和动机的强度会影响解决问题的进程。

（3）思维定式与功能固着。思维定式有时也称定势，是指由先前的活动所形成并影响后继活动趋势的一种心理准备状态，通常表现为以最熟悉的方式做出反应或者解决问题。定势在问题解决中有积极作用，也有消极影响，如定势使解决问题的思维刻板化。功能固着是指个体在解决问题时往往只看到某种事物的通常功能，而看不到事物其他方面可能有的功能。

（4）原型启发与酝酿效应。原型启发是指在其他事物或现象中获得的信息对解决当前问题的启发。当一个人长期致力于某一问题的解决而又百思不得其解的时候，如果他对这个问题的思考暂时停下来去做别的事情，几小时、几天或几周之后，他可能会忽然想到解决的办法，这就是酝酿效应。

（5）情绪状态。情绪状态对问题解决有一定的影响。紧张、烦躁、悲伤等消极情绪会阻碍问题的解决，而乐观、平静的积极情绪则有助于问题的解决。

41.（1）侵权行为造成了损害事实，且损害必须是学生在学校或者学校组织的活动中发生的。

（2）学校的违法行为。

（3）学校行为须与损害事实有因果关系。

（4）学校主观上须有过错。

42. 我国《教育法》规定，受教育者享有下列权利：

（1）参加教育教学计划安排的各种活动，使用教育教学设施、设备、图书资料。

（2）按照国家有关规定获得奖学金、贷学金、助学金。

（3）在学业成绩和品行上获得公正评价，完成规定的学业后获得相应的学业证书、学位证书。

（4）对学校给予的处分不服向有关部门提出申诉，对学校、教师侵犯其人身权、财产权等合法权益，提出申诉或者依法提起诉讼。

（5）法律、法规规定的其他权利。

43.《中小学教师职业道德规范》的内容主要有：

（1）爱国守法。

（2）爱岗敬业。

（3）关爱学生。
（4）教书育人。
（5）为人师表。
（6）终身学习。

四、案例分析题

44. 根据对案例的分析和我国有关法律法规的规定，案例中安全事故的责任完全由体育教师来承担是不合理的。总体说来，在这场事故中，学校、学生、教师和家长都是有责任的。

（1）学生是在学校正常的教学活动中出现安全事故，学校对确保在校学生的安全负有不可推卸的责任。我国《义务教育法》第十六条明确规定，学校建设，应当符合国家规定的办学标准，适应教育教学需要；应当符合国家规定的选址要求和建设标准，确保学生和教职工安全。同时，我国于 2002 年颁布的《学生伤害事故处理办法》中也提到，学校应当对在校学生进行必要的安全教育和自护自救教育；应当按照规定，建立健全安全制度，采取相应的管理措施，预防和消除教育教学环境中存在的安全隐患。因此，鉴于该事故发生在正常的学校教学活动中，加上学校场地不平存在安全隐患而未采取措施，因而学校应当负主要责任。

（2）在事件当中，老师按正常体育课教学规范上课，而且事前给同学讲解过动作要领和注意事项。然而，当存在安全隐患时，向学生强调安全注意事项远远不够。《学生伤害事故处理办法》中明确规定，学校教师或者其他工作人员在负有组织、管理未成年学生的职责期间，发现学生行为具有危险性，但未进行必要的管理、告诫或者制止的。该体育教师明知学校场地不平存在安全隐患，仍然组织体育教学活动，同样负有不可推卸的责任。

（3）同时，王某踏上张某腿部导致其受伤，无论有意还是无意，都是由于其行为直接造成张某的伤害，因此需要承担一定责任。

（4）《学生伤害事故处理办法》中规定，未成年学生的父母或者其他监护人（以下称为监护人）应当依法履行监护职责，配合学校对学生进行安全教育工作。

全真试题三

2013 年德阳市公开聘用事业单位工作人员考试《教育综合知识》试卷

一、单项选择题（每题 1 分，共 70 分）在每小题列出的四个选项中只有一个是符合题目要求的，请将其代码填写在题后括号内。错选、多选或未选均无分。

1. 在我国，一般认为“教育”概念最早见于（　　）中的“得天下英才而教育之，三乐也”一句。

A.《学记》　　B.《论语·子路》　　C.《大学》　　D.《孟子·尽心上》

2. 教育的心理起源说在学术界被认为是对教育的生物起源说的批判，其代表人物是美国教育家（　　）。

A. 利托尔诺　　B. 沛西·能　　C. 孟禄　　D. 马斯洛

3.“教育活动不仅存在于人类社会中，而且也存在于人类社会之外，甚至存在于动物界，不仅在脊椎动物中存在，甚至在非脊椎动物中也存在。人类社会的教育是对动物界教育的继承、改善和发展。”此种说法是（　　）的观点。

A. 教育的神话起源说　　B. 教育的生物起源说

C. 教育的生物起源说　　D. 教育的劳动起源说

4.（　　）是我国古代最早也是世界最早的成体系的古代教育学作品。

A.《论语》　　B.《大学》　　C.《学记》　　D.《孟子》

5. 在（　　）一书中，夸美纽斯提出了泛智教育思想，探讨“把一切事情教给一切人类的全部艺术”，在教育学史上，一般把夸美纽斯的这本书看成是近代第一本教育学著作。

A.《普通教育学》　B.《教育漫话》　　C.《爱弥儿》　　D.《大教学论》

6. 对教育功能类型的划分，可以从多个角度着手，从作用的对象看，教育功能可分为（　　）。

A. 个体功能与社会功能　　B. 正向功能与负向功能

C. 显性功能和隐性功能　　D. 个体功能与群体功能

7. 广义的教育目的是指对教育活动具有指向作用的目的领域，含有不同层次预期实现的目标系列。其结构层次有上下位次之分，依次为（　　）。

A. 培养目标—教育目的—课程目标—教学目标等

B. 教育目的—培养目标—课程目标—教学目标等

C. 教育目的—课程目标—教学目标—培养目标等

D. 培养日标—课程目标—教学目标—教学目的等

8. 教育目的是教育活动的出发点和归宿，其层次的多样性，使它具有多方面的功能，下列不是教育目的的功能的是（　　）。

A. 对教育活动的定向功能　　B. 对教育活动的调控功能

C. 对教育活动的评价功能　　D. 对教育活动的选择功能

9. 教育目的选择、确立的价值取向，涉及的基本问题是人本位的价值取向和社会本位的价值取向。人本位的价值取向主要反映在自然主义和人文主义的教育思想中，下列不是其主要代表人物的是（　　）。

A. 孔德　　B. 卢梭　　C. 裴斯泰洛齐　　D. 萨特

10.（　　）是我国教育目的的理论基础。

A. 注重提高全民素质

B. 马克思主义关于人的全面发展学说

C. 以素质发展为核心

D. 为经济建设和社会的全面发展进步培养各级各类人才

11. 教育制度是指一个国家各级各类教育机构与组织的体系及其管理规则，现代教育制度的核心部分是（　　）。

A. 教育目的　　B. 课堂教学　　C. 教师与学生　　D. 学校教育制度

12. 下列不是现代学制三种主要类型之一的是（　　）。

A. 双轨学制　　B. 单轨学制　　C. 多轨学制　　D. 分支型学制

13. 美国单轨学制自下而上的结构是：小学、中学，而后可以升入大学，其特点是（　　）。

A. 一个系列，多种分段　　B. 一个系列、一个分段

C. 多个系列、多种分段　　D. 多个系列、一个分段

14. 1902 年，清政府颁布了钦定学堂章程，亦称（　　），这是我国正式颁布的第一个现代学制。

A.“癸卯学制”　　B.“壬寅学制”　　C.“壬戌学制”　　D.“晚清学制”

15. 下列不是教师个体的专业发展的具体内容的是（　　）。

A. 专业理想的建立　　B. 专业知识的拓展

C. 专业能力的发展　　D. 专业精神的培养

16. 一般认为，教师专业发展有三种取向，下列不是其取向之一的是（　　）。

A. 理智取向　　B. 实践-反思取向

C. 文化生态取向　　D. 能力取向

17. 下列不是学生的本质特点的是（　　）。

A. 以系统学习间接经验为主　　B. 是具有主体性的人

C. 努力形成健全人格　　D. 具有明显的发展特征

18. 学生在教育过程中的地位一直是教育史上争论的重大问题，其中“把学生看成是可以随意涂抹的一张白纸，一个可以任意填灌的装知识的容器”，这是（　　）的代表观点。

A. 社会本位论　　B. 个体本位论　　C. 教师中心论　　D. 学生中心论

19. 个体身心发展的（　　）要求教师把握其发展的关键期，不失时机地采取教育措施，使其获得最佳发展。

A. 阶段性　　B. 可变性　　C. 不均衡性　　D. 个别差异性

20. 以（　　）为代表的经验主义课程论流派认为，以学科为中心的传统课程是不足取的，应代之以儿童的活动为中心的课程。

A. 奈勒　　B. 杜威　　C. 泰勒　　D. 斯金纳

21.(　　)认为，为学生规定一种固定不变的课程是不适当的，因为它没有考虑到学生对知识的态度。如果知识不能引起学习者的感情，就不可能是明确的知识。

A. 后现代主义课程论　　B. 学科中心主义课程论

C. 社会改造主义课程论　　D. 存在主义课程论

22. 学者们一般认为，(　　)既指所有学生都要学习的一部分学科或学科内容，如美国的科学、数学和外语，英国的科学、数学和英语，中国的语文、数学和外语；也指对学生有直接意义的学习内容。

A. 综合课程　　B. 核心课程　　C. 国家课程　　D. 显性课程

23. 在课程评价领域，(　　)是指一门课程结束时或一个学年结束时进行的评价。

A. 形成性评价　　B. 终结性评价　　C. 过程性评价　　D. 结果性评价

24.(　　)强调完善人格的道德教育，并在讲学中采用启发性教学方法——“产婆术”，至今还具有实践指导意义。

A. 亚里士多德　　B. 柏拉图　　C. 苏格拉底　　D. 赫尔巴特

25.(　　)是有关“怎么办”的知识，是关于方法和应用的知识，如语文中的句子规则，数学、物理、化学中的大部分知识，体育中的动作技能等。

A. 陈述性知识　　B. 程序性知识　　C. 策略性知识　　D. 规则性知识

26. 研究表明，学生每天不同时段的学习能力都有高低变化，每天学习能力最强的时间段是(　　)。

A. 上午一、二节课　　B. 上午二、三节课

C. 上午三、四节课　　D. 下午一、二节课

27. 在复杂知识的教学中，可采用指导学生释义、写概要、创造类比，用自己的话写出注释、解释、自问自答等具体技术。这是指教学策略中的(　　)。

A. 复述策略　　B. 组织策略　　C. 精加工策略　　D. 认知策略

28. 要组织好学生的谈论有一定的难度，教师有必要通过周密的课堂组织来提高讨论的效能。有研究表明，讨论一般以(　　)人最为理想，超过这个数目，平均每个人的发言次数和内容就会相对减少，进而降低组员的参与感和满足感。

A. 2 ~ 3　　B. 5 ~ 8　　C. 12 ~ 15　　D. 18 ~ 20

29. 法国教育家(　　)在《终身教育引论》中提到，“现代人面临的各种挑战”对正规的学校教育提出了挑战，学校必须改变传统的功能，实施终身教育。

A. 胡塞尔　　B. 保罗·朗格朗　　C. 狄尔泰　　D. 托尔曼

30. 17世纪伟大的捷克教育家(　　)为班级授课制的确立奠定了理论和方法的基础，他提出了“一个教师同时教很多学生是可能的”假设。

A. 赫尔巴特　　B. 帕森斯　　C. 夸美纽斯　　D. 康德

31. 在现代教育活动中，教育评价主要包含学生评价、教师评价和学校管理评价等几个领域，其中，(　　)是教育评价的基础和重点。

A. 学业评价　　B. 品德评价　　C. 学生评价　　D. 教师评价

32.(　　)作为对教师行为的基本要求和评价标准，在教师职业道德体系中居于主导地位。

A. 教师职业道德原则　　B. 教师职业道德规范

C. 教师职业道德范畴　　D. 教师职业道德内容

33.（　　）是履行教师职责的要求，是教师职业劳动特点的要求，也是整个社会对教师的要求。

A. 教书育人　　B. 为人师表　　C. 爱国守法　　D. 爱岗敬业

34.（　　）作为教育伦理的一个重要范畴，既是教师职业道德的灵魂，又是教师道德自律的最高实现形式。

A. 诲人不倦　　B. 教育威信　　C. 教育良心　　D. 教育公正

35.（　　）是教师对职业理想、职业人格、职业原则、执职业规范坚定不移的信仰，是师德修养的核心问题。

A. 教师职业道德认识　　B. 教师职业道德情感

C. 教师职业道德意志　　D. 教师职业道德信念

36. 堪称世界上最早的、成体系的教育法学著作是德国国际教育大学法律系的汉斯·赫克尔与西普教授合著的（　　）。

A.《学校法——教师手册》　　B.《学校法学》

C.《教职员许可证法》　　D.《教育法律》

37. 我国的教育基本法是 1995 年 3 月 18 日通过并颁布的（　　）。

A.《中华人民共和国学位条例》　　B.《中华人民共和国义务教育法》

C.《中华人民共和国教育法》　　D.《中华人民共和国高等教育法》

38. 教育法律关系的形成以（　　）的存在为前提。

A. 教育法律规范　　B. 教育法律事实

C. 教育权利义务关系　　D. 教育主体与客体

39. 我国第一部比较完整的成文法典——（　　），是战国时期魏国的李悝于公元前 407 年编成的。

A.《开皇令》　　B.《法典》　　C.《法经》　　D.《法言·学行》

40. 实现教育的（　　），是教育管理发展和教育体制改革的方向，它意味着人民有权参与教育管理，意味着广大教育行政工作人员和教师有权参与教育管理和决策。

A. 科学管理　　B. 民主管理　　C. 规范管理　　D. 校长负责制

41. 下列同时属于教育行政处分与教育行政处罚的是（　　）。

A. 警告　　B. 记过　　C. 罚款　　D. 撤职

42. 教师如果对学校和其他教育机构提出申诉，受理申诉的机关为（　　）。

A. 同级人民政府　　B. 主管的教育部门

C. 上一级人民政府对口的行政主管部门　　D. 上级部门领导

43. 教育行政赔偿的主体是（　　）。

A. 教育行政机关　　B. 教育行政机关工作人员

C. 作出行政侵权行为的教育行政机关所在地政府　　D. 国家

44. 公民、法人或其他组织认为行政机关的具体行政行为侵犯其教育法所保护的合法权益时，应当在该具体行政行为作出次日起（　　）日内以书面形式向有关机关提出教育行政复议申请。

A. 7　　B. 15　　C. 30　　D. 60

45.（　　）是义务教育最典型的特征，也是义务教育与非义务教育的最基本区别。

A. 免费性　　B. 基础性　　C. 强制性　　D. 普及性

46. 社会环境中不良因素的影响长期作用必然导致未成年人形成不良的态度和习惯，最终可能出现犯罪行为。所以，(　　) 是对未成年人最基本的保护。

A. 有效预防未成年人犯罪　　B. 司法保护
C. 学校保护　　D. 社会保护

47. (　　) 是我国国民经济和社会发展的一项基本国策。

A. 人才强国　B. 科教兴国　C. 教育先行　D. 依法治教

48. 对于教育心理学学科的建立起到关键作用的是 (　　)。

A. 卡普捷列夫的《教育心理学》　　B. 赫尔巴特的《心理学》
C. 冯特的心理学　　D. 桑代克的《教育心理学》

49. 皮亚杰认为，个体心理发展起源于 (　　)。

A. 先天的成熟　　B. 后天的经验
C. 一种心理构建过程　　D. 教育与环境的作用

50. 奥苏贝尔根据“逐渐分化”和“整合协调”这两个教学原则，提出了 (　　)。

A. “先行组织者”的教学策略　　B. 发现法教学模式
C. 自上而下的教学设计　　D. 学习双机制理论

51. 所谓概念的 (　　)，是指在课堂学习的条件下，利用学生认知结构中原有的相关概念以定义的方式直接向学生揭示概念的关键特征，从而使学生获得概念的方式。

A. 理解　B. 编码　C. 形成　D. 同化

52. 道德教育的认知发展方法是由 (　　) 第一次完整陈述出来的。

A. 约翰·杜威　B. 皮亚杰　C. 柯尔伯格　D. 罗伯特·塞尔曼

53. 马斯洛认为 (　　) 驱动人寻求他人和社会的接纳、爱护、关注、鼓励等行为。

A. 安全需要　B. 归属和爱的需要　C. 尊重的需要　D. 认知需要

54. (　　) 是内部动机最为核心的部分，它们是培养和激发学内部学习动机的基础。

A. 生理和安全需要　　B. 力求成功与回避失败
C. 自我实现的需要　　D. 求知欲和好奇心

55. 总的来讲，学生的自我概念与其学业成绩之间 (　　)。

A. 有因果关系　B. 有负相关关系　C. 有正相关关系　D. 基本没有关系

56. (　　) 是教学理论向教学实践转化的桥梁。

A. 教学计划　B. 教学手段　C. 教学设计　D. 课堂教学

57. 课堂管理中的行为主义模型是以 (　　) 为核心来实施的。

A. 学生　B. 教师　C. 活动　D. 师生双方

58. 研究表明，在教学活动中，教师以 (　　) 的方式领导学生集体，效果最好。

A. 民主型　B. 专断型　C. 放任型　D. 综合型

59. 对教师的角色构建期待来说，现代教育心理学研究表明，学生的学习是一个积极主动的知识构建过程，教师所应该充当的是 (　　) 角色。

A. 学生的管理者　　B. 知识的传授者
C. 指导者和促进者　　D. 校纪校规的维护者

60. 教师对学生的认知，一般来说应该秉持 (　　) 的学生观。

A. 评价性　B. 稳定性　C. 发展性　D. 移情性

61. 教育法规是上层建筑的一个组成部分，具有很强的（　　），这是教育法规最根本的本质特征。

A. 强制性　　B. 普适性　　C. 社会性　　D. 阶段性

62.（　　）是教育法制运行的中心环节。

A. 教育法规制定　　B. 教育法规解释

C. 教育法规实施　　D. 教育法规执法

63. 某学校小学二年级教师（非班主任）在上课时随便离开教室，期间同学打闹，一个学生眼睛被扎坏。对此事故不承担责任的是（　　）。

A. 事故所在学校　　B. 该课堂的任课教师

C. 该班班主任　　D. 实施伤害行为的学生

64. 为维护未成年人的合法权益，1991 年 9 月 4 日，第七届全国人民代表大会常务委员会第二十一次会议通过并颁布了（　　）。

A.《义务教育法》　　B.《未成年人保护法》

C.《预防未成年人犯罪法》　　D.《教师法》

65. 一个原是中性的刺激与一个原来就能引起某种反应的刺激相结合，而使动物学会对那个中性刺激作出反应，这是（　　）。

A. 经典性条件反射　　B. 操作性条件反射

C. 观察学校　　D. “试误—联结”学习

66.（　　）认为，根据学习对学习者的个人意义，可以将学习分为无意义学习与意义学习两大类。

A. 构建主义　　B. 联结派　　C. 科学主义　　D. 人本主义

67.（　　）表现在教师的优秀心理品质对学生产生了心理影响，博得了学生的尊敬与依赖，它反映的内容同样是学生对教师的角色期待。

A. 教师权威　　B. 教师威信　　C. 教师品德　　D. 教师魅力

68. 动作技能的学习与知识的学习一样，也存在着（　　）现象，即一种技能的学习对另一种技能的学习产生影响。

A. 迁移　　B. 同化　　C. 干扰　　D. 抑制

69.（　　）在个体智力结构中居于核心地位。

A. 记忆力　　B. 创造力　　C. 元认知　　D. 思维能力

70. 在道德情感中有一种（　　）的心理现象，指的是个体对他人情绪状态的无意识情绪体验。

A. 共情　　B. 理解　　C. 尊重　　D. 同情

二、多项选择题（每题 1.4 分，共 21 分）在下列每小题列出的选项中至少有两个是正确的，请将其代码填入括号内。错选、多选或未选均不得分。

71. 作为在一定社会背景下发生的促使个体的社会化和社会的个性化的实践活动，教育是一种相对独立的社会子系统。这个子系统的基本要素包括（　　）。

A. 教育者　　B. 学习者　　C. 教育过程　　D. 教育影响

72. 从教育系统所赖以运行的场所或空间标准出发，可以将教育形态划分为（　　）。

A. 家庭教育　　B. 终身教育　　C. 学校教育　　D. 社会教育

73. 教育学的价值是在教育习俗性认知与教育科学性认知的比较中凸显出来的，主要体现在（　　）上。

A. 反思日常教育经验　　B. 科学解释教育问题

C. 提高教育者的教育学修养　　D. 沟通教育理论与实践

74. 学校是个体社会化的场所，学校教育是个体社会化的途径，学校教育主要通过以下方面实现个体的社会化，即（　　）。

A. 教育促进个体思想意识的社会化

B. 教育促进个体行为的社会化

C. 教育培养个体的职业意识和角色

D. 教育开发人的创造性和促进个体价值的实现

75. 教育对文化的正向功能表现在（　　）。

A. 教育的文化保存功能　　B. 教育的文化选择功能

C. 教育的文化融合功能　　D. 教育的文化创造功能

76. 教育制度既有与其他类型的社会制度相类似的特点，又有其自身独特的特点，如（　　）。

A. 客观性　　B. 规范性　　C. 历史性　　D. 强制性

77. 动作技能的形成一般经历三个阶段，即（　　）。

A. 泛化阶段　　B. 分化阶段　　C. 综合阶段　　D. 自动化阶段

78. 教育法规的工具价值体现在（　　）等方面。

A. 分配与确认　　B. 指导与评价　　C. 惩罚与教育　　D. 规范与保护

79. 教育法律规范的内在构成要素有（　　）。

A. 假定　　B. 关系　　C. 处理　　D. 制裁

80. 教育立法科学化的标准有（　　）。

A. 是否符合教育规律　　B. 是否具有可行性

C. 是否有实效　　D. 是否具有针对性

81. 下列属于学校无法律责任的事故有（　　）。

A. 在正常上课期间，教师提前放学，学生因此在回家途中发生事故的

B. 学生自行组织在情况良好的学校操场上进行篮球比赛，比赛中学生意外受伤

C. 某小学四年级班主任组织全班学生在周五下午到河边春游，一名学生不下心掉入河中溺亡

D. 上课期间，学生无故未假离校，在校外被人打成重伤

82. 桑代克在其前期总结出的几条主要的学习律有（　　）。

A. 效果律　　B. 准备律　　C. 练习律　　D. 巩固律

83. 影响解决问题的因素有（　　）。

A. 问题情境　　B. 定势　　C. 功能固着　　D. 知识经验

84. 在教师期望的应用中，教师信念的差异可以阻止消极的自我实现预言的发展，影响教师期望的信念有（　　）。

A. 教师道德感　　B. 教师情感　　C. 教师效能感　　D. 教师控制点

85. 下列关于学习动机与学习效果的关系说法正确的有（　　）。

A. 总体而言，学习动机越强，有机体学习活动的积极性就越高，从而学习效果越佳

B. 在比较容易的任务中，学习效率有随着学习动机的提高而上升的倾向，中等偏高的动机水平时，学习效果最好

C. 在比较苦难的任务中，学习效率反而会由于动机强度的增加而下降，中等偏低的动机水平时，学习效果最好

D. 在中等难度的任务中，学习动机水平为中等时，学习效果最好

三、判断题（每题 0.6 分，共 9 分）请判断每小题的正误，正确的请在题前括号内画上“√”，错误的画上“×”。

（ ）86. 狭义的教育，主要指学校教育，即凡是增进人们的知识和技能，影响人们的思想品德的活动，都是教育。

（ ）87. 当代教育目的的社会价值取向，在功利性和人文性的价值问题上不可忽视教育的人文价值。

（ ）88. 终身教育的含义相当简单，指教育并非局限于学校教育，相反，它的影响扩展到学习者的私人生活和公众生活的所有方面——他的家庭和职业关系，他的政治、他的社会活动、他的业余爱好等。

（ ）89. 教师专业发展，又称教师专业成长，是指教师在整个专业生涯中，依托专业组织、专门的培养制度和管理制度，通过持续的专业教育，习得教育教学专业技能，形成专业理想、专业道德和专业能力，从而实现专业自主的过程，它包括教师群体的专业发展和教师个体的专业发展。

（ ）90. 学生个体身心发展的顺序性是指处于一定社会环境和教育中的某个年龄阶段的青少年儿童，其身心发展的顺序、过程、速度都大体相同。

（ ）91. 学生既是教育的对象，又是教育的主体。

（ ）92. 构建主义教学模式的共同点在于反对传统教学中的机械客观主义，主张知识是在主体与环境、他人的交互作用中构建的，同时，知识不是绝对的和中立的，而是相对的和蕴涵了主体的价值观的。因此，构建主义教学理论在本质上是对人的主观价值给予了充分肯定的理论。

（ ）93. 同辈群体是指因年龄、地狱、观念、兴趣、活动类型，发展水平等相近或相同，而较自发地形成的群体。

（ ）94. 在同一社会中，教育法规与占主导地位的教育道德具有共同的作用方向，反映的利益关系一致。

（ ）95. 仲裁裁决作出后，当事人一方面不服的，可以再申请仲裁或者向人民法院提起诉讼。

（ ）96. 学习是有机体在后天生活过程中经过练习或经验而产生的行为或内部心理的比较持久的变化的过程。

（ ）97. 教育法律关系主体只有具备教育法律责任的归责要件，才被认定为教育法律责任主体，承担相应的法律后果。

（ ）98.《教师法》的适用对象是教师，遵守《教师法》的主体也仅仅是教师。

（ ）99. 家长把子女送到学校，就等于把子女的监护权交给学校，因此，学校在上课期间应对学生承担监护责任。

（ ）100. 创造力应该是所有人都共同具有的一种能力品质，并非天才和伟人所独有。

参考答案

一、单项选择题

1. D 2. C 3. B 4. C 5. D 6. A 7. B 8. D 9. A 10. B 11. D 12. C 13. A 14. B 15. D 16. D 17. C 18. C 19. C 20. B 21. D 22. B 23. B 24. C 25. B 26. B 27. C 28. B 29. B 30. C 31. C 32. A 33. A 34. C 35. D 36. B 37. C 38. A 39. C 40. B 41. A 42. B 43. D 44. D 45. C 46. D 47. B 48. C 49. C 50. A 51. D 52. A 53. B 54. D 55. C 56. C 57. B 58. A 59. C 60. C 61. D 62. C 63. C 64. B 65. A 66. D 67. B 68. A 69. D 70. A

二、多项选择题

71. ABD 72. ACD 73. ABD 74. ABC 75. ABCD 76. ABCD 77. ABD 78. ABD 79. ACD 80. ABC 81. BD 82. ABC 83. ABCD 84. CD 85. ABCD

三、判断题

86. × 87. √ 88. √ 89. √ 90. × 91. √ 92. × 93. × 94. × 95. × 96. √ 97. √ 98. 99. × 100. √

全真试题四

2012 年宜宾教育公共基础笔试

一、单项选择题（本大题共 20 个小题，每小题 1 分，共 20 分）在每小题的四个备选答案中选出一个正确答案，并将正确答案的序号填入括号内。错选、多选或未选均不得分。

1. 在今宜宾城始设戎州的时期是（　　）。
A. 西晋永嘉五年　B. 北宋政和四年
C. 梁武帝大同十年　D. 汉武帝建元六年
2. 我市人民政府成立时间是（　　）。
A. 1985 年 2 月　B. 1997 年 2 月
C. 2000 年 2 月　D. 1980 年 2 月
3. 我市地形西南高、东北低，其市境最高点和最低点分别位于哪两个区县？（　　）。
A. 筠连县和翠屏区　B. 高县和珙县
C. 屏山县和长宁县　D. 屏山县和江安县
4. 我市植物资源丰富，以下属于宜宾在西部的美称是（　　）。
A. 药物宝库　B. 香料之城　C. 植物之都　D. 樟树世界
5. 我市被国务院批准为国家历史文化名城的时间是（　　）。
A. 1986 年 12 月　B. 1986 年 2 月　C. 1997 年 12 月　D. 1997 年 2 月
6. 以下属于宜宾的支柱产业的是（　　）。
A. 能源 化工 化纤　B. 能源 旅游 制造
C. 能源 白酒 加工　D. 建材 制造 白酒
7. 以下哪个风景区是川南有名的佛教圣地？（　　）。
A. 筠连县的大雪山　B. 长宁的蜀南竹海
C. 兴文的石海洞乡　D. 兴文县的博望山
8. 以下属于省级历史文化名镇的是（　　）。
A. 李庄镇和晏阳镇　B. 李庄镇和横江镇
C. 李庄镇和龙华镇　D. 龙华镇和横江镇
9. 以下属于宜宾市市情的是（　　）。
A. 资源不足　B. 发展滞后　C. 缺乏水资源　D. 交通发达
10. 我市创造了全国知名的以人才资源市场化配置为核心的人才经验，叫（　　）。
A. “宜宾经验”　B. “长江经验”　C. “三江经验”　D. “翠屏区经验”
11. 对于评审机构的组成人员，由政府人事职改部门按照（　　）方式确定评审人员。
A. 委任　B. 随机抽取　C. 选任　D. 推荐

12. 以下不属于我市“五大人才开发工程”的是（　　）。

A. 实施“宜宾复合型党政领导人才开发工程”

B. 实施“宜宾企业经营管理人才开发工程”

C. 实施“农村实用人才开发工程”

D 实施“宜宾科技人才开发工程”

13. 当学生取得好的成绩后，老师、家长给予表扬和鼓励，这符合桑代克学习规律中的（　　）。

A. 准备律　　B. 练习律　　C. 动机律　　D. 效果律

14. 当人们在观察某个人时，某一品质在观察者看来是极为突出的，从而对这种突出的品质有了清晰明显的知觉并掩盖了对其余品质的知觉。这种现象称为（　　）。

A. 投射效应　　B. 晕轮效应　　C. 皮格玛利翁效应　　D. 首因效应

15. 小学生在英语课上学习“书”的英语单词“book”。按奥苏伯尔的学习分类，这里的学习属于（　　）。

A. 表征学习　　B. 概念学习　　C. 命题学习　　D. 发现学习

16. 下列情境中代表内在动机的情境是（　　）。

A. 语文课上小李做数学作业　　B. 王老师对张华的单词测验成绩表示满意

C. 校长在全校大会上宣布三好学生名单　　D. 陈英每天独自读几小时文学名著

17. 科尔伯格认为，儿童道德判断的前习俗水平包括的两个阶段是（　　）。

A.“好孩子”定向水平、权威定向水平

B. 权威和维护社会秩序定向水平、原则定向水平

C. 原则定向水平、良心定向水平

D. 惩罚和服从定向、工具性的享乐主义定向

18. 学生的说谎、偷窃和欺骗等属于（　　）。

A. 情绪冲动　　B. 性格障碍　　C. 情绪适应困难　　D. 行为障碍

19. 在加德纳的多元智力理论中，他认为智力由 7 种相对独立的智力成分所构成，那么认识环境的能力属于（　　）。

A. 自知智力　　B. 空间智力　　C. 逻辑数学智力　　D. 身体运动智力

20. 小敏是班上的学习委员，学习一直非常努力，成绩名列前茅。在一节自习课上，她遇到一道数学计算试题，半节课过去了还没做出来，正着急时，忽然听到有个同学说“她越来越笨了”。小敏心中咯噔一下，琢磨他是在说自己吧，然后就不断地想自己是不是变笨了。从那以后，小敏很在意别人说什么，而且总觉得在说自己，非常难受，后来朋友跟她开玩笑也耿耿于怀。整天被一些无关紧要的事占着脑子，乱糟糟的，头都快炸了。你认为，小敏同学的心理问题是中小学生常见（　　）。

A. 焦虑症　　B. 恐惧症　　C. 强迫症　　D. 抑郁症

二、多项选择题（本大题共 10 个小题，每小题 2 分，共 20 分）在下列每小题列出的选项中至少有两个是正确的，请将其代码填入括号内。错选、多选或未选均不得分。

1. 以赫尔巴特为代表的传统教育学派的主要观点可以归纳为“三个中心”，即（　　）。

A. 教师中心　　B. 活动中心　　C. 儿童中心

D. 课堂中心　　E. 书本中心

2. 教育活动中要注意“三结合”，发挥教育合力，这“三结合”所指的三种教育是(　　)。

A. 家庭教育　　B. 道德教育　　C. 社区教育

D. 学校教育　　E. 体育教育

3. 教育目的的功能有(　　)。

A. 导向功能　　B. 强制功能　　C. 调控功能

D. 示范功能　　E. 评价功能

4. 教育法的规范作用(　　)。

A. 指引作用　　B. 评价作用　　C. 教育作用

D. 预测作用　　E. 强制作用

5. 参观教学法可分为(　　)。

A. 可行性参观　　B. 准备性参观　　C. 现实性参观

D. 并行性参观　　E. 总结性参观

6. 我国中小学德育的重点具体说来应当包括或强调以下哪几方面？(　　)

A. 基本道德和行为规范的教育　　B. 公民道德与政治品质的教育

C. 世界观、人生观和理想的基础教育　　D. 提高人的智慧水平的教育

E. 注重自主性、创造性的教育

7. 小学生常见的情绪适应问题是(　　)。

A. 恐惧　　B. 抑郁　　C. 紧张

D. 情感冲动　　E. 失眠

8. 班杜拉提出的观察学习的过程包括(　　)。

A. 注意过程　　B. 保持过程　　C. 复制过程

D. 动机过程　　E. 识记过程

9. 正强化包括(　　)。

A. 奖学金　　B. 对成绩的认可　　C. 表扬

D. 改善学习　　E. 给予学习和成长的机会

10. 学校咨询活动应遵循哪些咨询原则？(　　)

A. 积极关注和信任来访学生　　B. 充分支持和鼓励来访学生

C. 注重来访学生的主动参与　　D. 严格为来访学生保密

E. 澄清和评估问题

三、判断题(本大题共10个小题，每小题1分，共10分)判断下列各题的正误，并在题后括号内打“√”或“×”。

1. 一个班级里几十个学生集合在一起，有了班级组织，就标志着班集体的形成。(　　)

2. 只要运用正面说服的教育方法，一切学生都能教育好，因此，反对纪律处分等强制性的方法。(　　)

3. 讲授法就是注入式教学。(　　)

4. 社会生产方式是确立教育目的的客观依据，因此，教育目的就应该仅仅根据社会发展的需要来确定。(　　)

5. 中小学的教育任务是升入高一级的学校。(　　)

6. 教育必须适应儿童的身心发展水平。(　　)

7. 形成技能、技巧是巩固知识的中心环节。(　　)

8. 教育观察力是指教师在教育教学过程中，在与学生相处的复杂而多样的关系中，对学生的活动具有高度的敏感性，对学生的偶发事件，能迅速做出正确的判断和处理。(　　)

9. 测验的效度是指测验的可靠性，即多次测验分数的稳定和一致程度。(　　)

10. 教学设计首先要考虑的问题就是教学方法的选择。(　　)

四、简答题（本大题共 4 个小题，每小题 5 分，共 20 分）

1. 影响人的发展的因素主要有哪些?其具体作用是什么?

2. 简述教学的一般任务。

3. 简述我国小学德育原则。

4. 简述动机及其功能。

五、论述题（本大题共 2 小题，每题 10 分，共 20 分）

1. 结合马斯洛的需要层次理论，分析教师为什么应全面关心学生?

2. 在新课改中，强调学生参与课堂教学，强调让学生做学习的主人。于是，有些学校就出现教师站在教室后面，完全由学生来组织、决定教学的现象。请根据所学习的教学规律分析该种现象。

六、案例分析（10 分）

“如何培养学生的创造力”的会上，王老师说：“我的课没人听。”李老师说：“我们赞成培养学生的创造力，可不知道怎么做。”张老师说：“考试是个指挥棒，培养了学生的想象力，答辩时答案五花八门，学生怎能通过考试？”请根据创造力培养的有关知识逐一回答老师们的困惑。

参考答案

一、单项选择题

1.【答案】C。解析：春秋战国时期，中国出现的第一部教育文献是《学记》，“长善救失”“教学相长”的教学思想都出自该书。

2.【答案】A。解析：这句话是华生的名言，反映了在个体身心发展中外铄论的观点。

3.【答案】C。解析：教育的民主化提倡教育机会均等和师生关系平等，是对教育的等级化、特权化和专制化的否定。

4.【答案】C。解析：学校教育是教育中最基本、最主要的教育形式。

5.【答案】A。解析：教师和学生，也就是教育者和被教育者是构成教育活动的两个最基本的要素。

6.【答案】A。解析：“近朱者赤，近墨者黑”反映了环境对人的发展的影响。

7.【答案】C。解析：学校教育具有文化功能，题干体现学校教育促进学生世界观的形成。

8.【答案】B。解析：《中华人民共和国教育法》对学生的义务作出了明确具体的规定。

9.【答案】D。解析：传授知识与思想品德教育相统一的规律即教学的教育性规律，由此提出的教学性原则是科学性和教育性相统一的原则。

10.【答案】A。解析：陶冶法是利用环境和自身的教育因素，对学生进行潜移默化的熏陶和感染，使其在耳濡目染中受到感化的方法。

11.【答案】B。解析：新课程强调将学生学习知识的过程转化为形成正确价值观的过程，就是将知识、个人、社会价值有机结合。

12.【答案】B。解析：意志的基本品质包括自觉性、果断性、自制性和坚韧性四个方面。学生缺交作业等情况是缺乏意志的自觉性、自制性等品质，班主任可对学生进行意志品质的培养。

13.【答案】D。解析：效果律指某一行为在某一情景下出现时，如果受奖励，那么它下次出现的几率就会增加；如果受到惩罚，下次出现的几率就减少。

14.【答案】B。解析：晕轮效应又称光环效应，指某人外表或是极为突出的重要的品质，掩盖了人们对他其他特征的评价。晕轮效应的产生，往往是由于掌握有关知觉对象信息很少而又急于进行整体判断所造成的结果。

15.【答案】A。解析：表征学习指学习单个符号或一组符号的意义。

16.【答案】D。解析：内在动机是指因学习活动本身的意义和价值所引起的动机。动机的满足在活动之内，不在活动之外。A 中小李可能怕完不成作业受批评而去做数学作业；B、C 中的学生学习都是为了拿到奖励（教师的赞许和三好学生），这三种情况都是外在动机引起的，只有 D 项是对活动本身感兴趣，是内在动机。

17.【答案】A。解析：科尔伯格认为，儿童道德判断的前习俗水平包括“好孩子”定向水平和权威定向水平两个阶段。

18.【答案】D。解析：说谎、偷窃和欺骗都属于行为障碍。

19.【答案】B。解析：空间智力强的人对色彩、线条、形状、形式、空间及它们之间关系的敏感性很高，空间智力可以划分为形象的空间智力和抽象的空间智力两种能力。由此可知认识环境应属于空间智力。

20.【答案】C。解析：强迫症是以强迫观念和强迫动作为主要表现的一种神经症。

二、多项选择题

1.【答案】ADE。解析：“活动中心”“儿童中心”是现代教育学派的观点。

2.【解析】ACD。解析：教育合力是指家庭、学校、社区教育“三结合”。

3.【答案】ACE。解析：教育目的有导向、调控、评价功能。

4.【答案】ABCDE。解析：教育法的规范作用：指引作用、评价作用、教育作用、预测作用、强制作用。

5.【答案】BDE。解析：参观教学法可分为准备性参观、并行性参观和总结性参观。

6.【答案】ABC。解析：提高人的智慧水平的教育是智育的内容；注重自主性、创造性的教育是素质教育的内容。

7.【答案】ACD。解析：常见的小学生情绪适应问题有恐惧、紧张和情感冲突。

8.【答案】ABCD。解析：美国行为主义心理学家班杜拉提出了观察学习的模仿理论，他把观察学习分为注意、保持、复制和动机四个过程。

9.【答案】ABCDE。解析：这五种行为皆是正强化的表现。

10.【答案】ABCD。解析：澄清和评估问题是学校咨询过程的一个阶段，重点任务是收集资料并进行分析，对来访学生的问题加以澄清作出评估。

三、判断题

1.【答案】×。解析：集体形成的条件是：① 要有共同的奋斗目标；② 要有健全的组织和积极分子骨干；③ 要有正确的舆论和优良的班风；④ 开展有教育意义活动。仅仅有了班级组织，不能标志班集体已经形成。

2.【答案】×。解析：在学生的思想品德教育中，说服的方法作用是很大的，但说服的方法不是万能的。不可能“一切”学生都能教育好，必须辅以纪律处分等强制性的方法，才能收到良好的效果。

3.【答案】×。解析：在启发式教学思想指导下的讲授，是启发式教学，而在注入式教学思想指导下的讲授，则是注入式教学。

4.【答案】×。解析：该观点属于教育目的社会本位论，只看到教育目的受社会生产方式的制约，而忽视了教育目的也受人的发展需要制约。

5.【答案】×。解析：这种说法是不科学的，是片面的。教育是一种有目的培养人的社会活动，因此学校的教育任务除了让学生升入高一级的学校之外，还要教会学生更多各个方面的知识，如树立正确的人生观和价值观、有崇高的理想；形成良好的生活和学习习惯，掌握一定的科学文化知识等，因此题中的说法是片面的。

6.【答案】√。解析：教育必须遵循儿童身心发展的一般规律，只有这样才能达到较好的效果。

7.【答案】×。解析：形成技能、技巧是运用知识的中心环节。

8.【答案】×。解析：将“教育观察力”改为“教育机智”。

9.【答案】×。解析：将“效度”改为“信度”。

10.【答案】×。解析：教学设计应综合考虑教学对象、教学内容、教学目标、教学策略、教学媒体、教学评价等要素。最先要考虑的是设计教学目标。

四、简答题

1.【答案要点】

影响人发展的因素主要有遗传、环境、教育以及个体的主观能动性。

它们各自的作用是：

（1）遗传素质是人的身心发展的前提，为个体的身心发展提供了可能性；

（2）环境是人的发展的外部条件，为个体的发展提供了多种可能包括机遇、条件和对象；

（3）教育在人的发展中起主导作用；

（4）个体的主观能动性是身心发展的动力。

2.【答案要点】

（1）引导学生掌握科学文化基础知识和基本技能；

（2）发展学生智力，培养学生的创造能力；

（3）发展学生体力，提高学生的健康水平；

（4）培养学生高尚的审美情趣，养成良好的思想品德，形成科学的世界观和良好的个性心理品质。

3.【答案要点】

我国小学的德育原则主要有：

（1）导向性原则；

（2）疏导原则；

（3）尊重学生与严格要求学生相结合原则；

（4）教育的一致性与连贯性原则；

（5）因材施教原则。

4.【答案要点】

动机是直接推动有机体活动以满足某种需要的内部过程，是行为的直接原因和内部动力。动机由内驱力和诱因两个基本因素构成。内驱力是指在有机体需要的基础上产生的一种内部推动力，是一种内部刺激。诱因是指满足有机体需要的物体、情境或活动，是有机体趋向或回避的目标。

动机有三种功能：

一是激活功能。动机是人们从事某种活动的原因，是推动人们进行某种活动的内部动力。

二是指向功能。在动机的支配下，有机体的行为将指向一定的目标或对象。

三是强化功能。当动机把某种活动引起之后，动机并不能也不会立即停止，而是继续发挥其作用，即维持或调整已引起的活动，并使该活动朝向某一目标进行。

五、论述题

1.【答案要点】

需要层次理论是人本主义心理学理论在动机领域中的体现，美国心理学家马斯洛是这一理论的提出者和代表人物。

（1）马斯洛认为人的基本需要有五种，由低到高依次排列成一定的层次，即生理的需要、安全的需要、归属和爱的需要、尊重的需要和自我实现的需要。

（2）自我实现作为一种最高级的需要，是在其他低层次需要满足的基础上产生的，包括完整而丰满的人性的实现以及个人潜能或特性的实现两方面的含义，由认知、审美和创造的需要组成。人们进行学习就是为了追求自我实现，即通过学习使自己的价值、潜能、个性得到充分而完备的发挥发展。

（3）需要层次理论说明，在某种程度上，学生缺乏学习动机可能是由于某种低层次需要没有得到充分满足（如父母离异使儿童归属与爱的需要得不到满足），这些因素会成为学生学习和自我实现的主要障碍。所以，教师不仅要关心学生的学习，也应该关心学生的生活，以排除影响学习的一切干扰因素。

2.【答案要点】

这种现象违背了教学过程是教师主导作用与学生主体作用相统一的规律。

（1）教学是教师引导下的学生的学习过程，教师起着主导作用，学生是学习的主体，二者是辩证统一的。

（2）在教学过程中，教师受过专门训练，是教学活动的领导者、组织者，是学生学习发展的指导者、教育者。

（3）学生既是教育的对象，又是学习活动的主体，是发展的主体和自我教育的主体。在教学中必须发挥学生的主体作用。

（4）在教学时程中，教师的主导作用与学生的主体作用是既对立又统一的，不能因为强调教师主导作用而忽略学生主体作用，同样，也不能因重视学生主体作用而否定教师主导作用。而本题中所说的现象就是重视学生主体作用而否定教师主导作用，是对新课程改革的误解。

六、案例分析题

【答案要点】

（1）王老师的课没人听讲，说明他的课缺乏一种自由和开放的氛围，没有为学生创造出一个有利于创造性产生的环境。对此，王老师应该改革自己的教学方法，改进教学内容，给学生营造一个较为宽松的学习的心理环境。只有这样，才能够真正激发学生学习的积极性和主动性，提高学生学习兴趣，促进学生的认知功能和情感功能的充分发挥。

（2）李老师认识到了培养学生创造力的重要性，可以通过以下方法来进行：

第一，创设有利于创造性产生的适宜环境。

第二，注重创造性个性的塑造。

第三，开设培养创造性的课程，教授创造性思维策略。

（3）首先，张老师错误地认为考试是检验学生学业成绩的唯一途径，片面地放大了考试的功能。教师应该认识到考试的目的在于检查教学的完成情况，借以指导和调节教学过程和学习过程。其次，张老师没有正确把握创造力培养与学生学业成绩的关系。创造力的产生是知识、技能、策略、动机等多方面综合发展的结果，教师应该意识到知识在创造力培养过程中的作用，帮助学生认识到知识学习的深度和灵活性，建立良好的知识结构，促进学生对知识的理解和掌握。

全真试题五

2012 年资阳安岳市教师招聘考试《教育基础知识》

一、判断题（本大题共 20 小题，每小题 1 分，共 20 分）请判断每小题的正误，在题前的括号内，正确的画上“√”，错误的画上“×”。

（　　）1. 生产力水平制约着教育的发展规模和速度，制约着教育目的的确定，制约着教育的变化和内容的选择，制约着教育形式与手段的更新，所以说一个国家教育水平的高低是由生产力决定的。

（　　）2. 教育机智是教师对意外情况和偶发事件能够及时作出灵敏的反应，并采取恰当措施解决问题的特殊能力。

（　　）3. 德育过程的基本矛盾是社会通过教师向学生提出的道德要求与学生已有的品德水平之间的矛盾。

（　　）4. 学生条件不同，决定了教师劳动的创造性。对教师来说，完全相同的条件是不存在的，是绝对找不到的。

（　　）5. 教师在教育过程中起决定性作用，因为教师是教育过程的组织者与领导者，会对学生的学习方向、学习内容和学习方法产生重大影响。

（　　）6. 教学大纲是学校对一门学科教学的统一要求，是教师教学工作的主要依据，对学校统一教学要求，保证教学质量有重要作用。

（　　）7. 教学是系统地将知识传授给学生，使学生掌握必要的知识和技能的过程，是学生和教师双方的共同活动。教学双方在活动中相互作用，失去如何一方，教学活动便不存在。

（　　）8. 我国现行的九年制义务教育学制分为两种：一种是“五四”制，即小学 5 年，初中 4 年，另一种是“六三”制，即小学 6 年，初中 3 年。

（　　）9. 学生由于知识等方面缺乏，具有天然的向师性和对教师的依赖性，因此是被动的教育对象。

（　　）10. 只有不会教的老师，没有不会学习的学生，只要老师运用正面说服的教育，一切学生都能教育好，因此，反对纪律处分等强制性的方法。

（　　）11. 我国现阶段小学教育的目的，是把小学生培养成德、智、体等全面发展的人。

（　　）12.“学”主要指获取知识技能，“习”主要指巩固知识技能。

（　　）13. 渗透在生产、生活过程中的口授身传生产、生活经验的现象称之为自然形态教育。

（　　）14. 个体身心发展有两个高速发展期，新生儿与青春期，这是身心发展个别差异规律的反映。

（　　）15. 创新教育的实施，必须是在基本普及九年义务教育基础上和全面实施素质教育的过程中进行。由于我国现阶段实行的是应试教育，所以说现在实施创新教育的时机还不成熟。

(　　) 16. 继续教育是一种成人教育，它不属于学制体系的范畴，是为适应知识与技术不断发展的要求而继续进行的教育与训练。

(　　) 17. 心理学研究表明，男女智力总体水平大致相等，但男性智力分布的离散程度比女性大，也就是说很笨的男性比女性多。

(　　) 18. 学生的学习过程是通过教学过程把人类总结的经验，人类经过几年、几十年乃至几百年创造，发明的经验接收下来，而不是往未知领域的进军。

(　　) 19. 根据法律规定，适龄儿童和青少年都必须接受，国家、社会、家庭必须予以保证的教育是义务教育和中等职业技术教育。

(　　) 20. 新一轮基础教育课程改革的理论基础包括人本主义理论、合作教育学理论和素质教育理论。

二、选择题（本大题共 40 小题，每小题 1 分，共 40 分）在每小题列出的四个选项中只有一个是符合题目要求的，请将其代码填写在题中括号内。错选、多选或未选均无分。

1. 根据《未成年人保护法》和《预防未成年人犯罪法》规定的未成年人不公开审理的年龄是（　　）。

A. 14 周岁以下　　B. 14 周岁以上不满 16 岁

C. 16 周岁以上不满 17 周岁　　D. 18 周岁以下

2. 作为一名受教育者，依法享有的权利有（　　）。

① 参加教育教学计划的各种活动

② 使用教育教学设施、设备、图书资料

③ 按照国家有关规定获得奖学金、贷学金、助学金

④ 完成规定的学业后获得相应的学业证书、学位证书

A. ①③④　　B. ①①②④　　C. ②③④　　D. ①②③④

3. 下列属于体罚学生的情形是（　　）。

① 让 1～2 年级的小学生一个生字抄写 10 遍

② 王某上课姜华，老师令其抄课文 5 遍

③ 李某等 8 人上自习课，姜华老师令李某等到学校运动场跑 10 圈

④ 体育课教师在课堂上为纠正某学生的不规范动作，令其反复练习 4 次

A. ①②　　B. ①②③　　C. ②③　　D. ①②④

4. 世界上最早、最完整的一步教育著作是（　　）。

A.《学记》　　B.《论语》

C.《论演说家的培养》　　D.《理想国》

5. 布鲁纳认为，无论我们选择何种学科，都务必使学生理解该学科的基本结构，依此而建立的课程理论是（　　）。

A. 百科全书式课程理论　　B. 综合课程理论

C. 使用主义课程理论　　D. 结构主义课程理论

6. “知之者莫如好之者，好之者莫如乐知者”，这句话体现的课程理念是（　　）。

A. 关注学生对知识的收获　　B. 关注学生的情感生活和情感体验

C. 关注学生的健康成长　　D. 关注学生的道德生活和人格养成

7. “君子欲化民成俗，其必由学乎”“古之王者，建国君民，教学为先”体现了（　　）。

A. 教育无目的论　B. 社会本位论　C. 科学本位论　D. 个人本位论

8. 王某担任某县高二英语教师期间通过了硕士研究生入学考试，学校以王某服务期未满、学校英语教师不足为由不予批准王某在职学习。王某欲以剥夺其参加进修权利为由提出申诉，受理申诉的机构应当是（　　）。

A. 当地县教育局　B. 当地县人民政府　C. 地市教育局　D. 省教育厅

9. 实施义务教育（　　）。

① 是国家对人民的义务　② 是学生对家庭的义务

③ 是家长对国家和社会的义务　④ 是公民应尽的一项基本义务

A. ①②③　B. ②③④　C. ①②④　D. ①③③④

10. 苏轼评价王维“诗中有画，画中有诗”，这一思想过程属于（　　）。

A. 联想　B. 幻想　C. 理想　D. 想象

11. 对残疾儿童的教育要依据（　　）的特征进行。

A. 儿童身心发展的顺序行　B. 儿童身心发展的分化与互补的协调性

C. 儿童身心发展的统一性　D. 儿童身心发展的不平衡性

12. “十年树木，百年树人”这句话反映了教师劳动的（　　）。

A. 创造性　B. 长期性　C. 连续性　D. 主体性

13. 说课的基本要求包括（　　）。

A. 科学性、思想性和实践性　B. 科学性、理论性、和严谨性

C. 科学性、思想性和理论性　D. 思想性、严谨性和实践性

14. 教育史上两大学派传统教育与现代教育的代表人物分别是（　　）。

A. 凯洛夫和赫尔巴特　B. 杜威和赫尔巴特

C. 赫尔巴特和杜威　D. 夸美纽斯和杜威

15. 一般来说，标志着教育学的发展进入独立形态阶段的是（　　）。

A. 洛克的《教育漫画》　B. 夸美纽斯的《大教学论》

C. 赫尔巴特的《普通教育学》　D. 赞可夫的《教学与发展》

16. 现代学生观的基本特点是（　　）。

① 学生是发展的人

② 学生是独立的人

③ 学生是自由的人

④ 学生是教育活动的主体

A. ①②③　B. ②③④　C. ①③④　D. ①②④

17. 研究学习实践的过程是（　　）。

A. 计划阶段—问题阶段—研究阶段—解释阶段—反思阶段

B. 问题阶段—计划阶段—研究阶段—解释阶段—反思阶段

C. 问题阶段—计划阶段—研究阶段—反思阶段—解释阶段

D. 计划阶段—问题阶段—解释阶段—研究阶段—反思阶段

18. 某学生在研究事物时，容易受他人态度的影响，这位学生的认知方式很可能属于（　　）。

A. 场依存型　B. 场独立型　C. 冲动型　D. 沉思型

19. 掌握了“蔬菜”这个概念，再学习“萝卜、白菜”等概念属于（　　）。

A. 并列结合学习　B. 下位学习　C. 上位学习　D. 强化学习

20. 师德的灵魂是（　　）。

A. 关爱学生　B. 提高修养　C. 加强反思　D. 提高业务水平

21. 把实物、教具演示给学生，或通过示范性地实验来说明或通过示范性地实验来说明和印证要求学生掌握的知识的一种方法称（　　）。

A. 讲授法　B. 实验法　C. 参观法　D. 演示法

22. “授人以鱼，仅供一饭之需；授人以渔，则终生受益无穷。”说明教育中应重视（　　）。

A. 知识的传授　B. 发展学生的能力

C. 培养学生积极的心理品质　D. 培养学生良好的思想品德

23. 有关大脑两半球功能单侧化的研究表明，大多数人的言语活动中枢在（　　）。

A. 杏仁核　B. 边缘系统　C. 大脑左半球　D. 大脑右半球

24. “外行看热闹，内行看门道”体现的是知觉的（　　）。

A. 选择性　B. 整体性　C. 理解性　D. 恒常性

25. 能控制自我，克制与实现目标不一致的思想和情绪，排除外界诱因的干扰，迫使自己执行已经采取的、具有充分根据的决定，这体现的是意志品质中的（　　）。

A. 自觉性　B. 果断性　C. 坚韧性　D. 自制力

26. 各级学校根据培养目标所设置的课程、组织的活动以及开展的教育，这是（　　）过程。

A. 早期社会化　B. 预期社会化　C. 反向社会化　D. 再社会化

27. 以下说法错误的是（　　）。

A. 学校教育尤其是中小学的基础教育对个体发展的影响，具有及时的价值，但也具有延时的价值。

B. 教育者不仅要注意为受教育者的发展提供较有利的条件，更要培养受教育者超越环境的意识和能力。

C. 学校教育具有加速个体发展的特殊功能。

D. 在教育中，影响人的身心发展起主导作用的是教育，起决定作用的是个体行动。

28. 中国第一本教育心理学翻译著作是1908年房东岳翻译日本小原又一的著作（　　）。

A.《教育心理学》　B.《教育心理学概论》

C.《年龄和教育心理学》　D.《教育实用心理学》

29. 学校教育在个体身心发展中的作用是（　　）。

A. 物质前提　B. 主导作用　C. 发展动力　D. 决定作用

30. 我国中小学应遵循的教学原则是（　　）。

① 科学性与思想性相统一

② 突出重点与注意实效相结合

③ 循序渐进与促进发展相结合

④ 集体教学与因材施教相结合

A. ①②③　B. ①②③④　C. ②③④　D. ①③④

31. 我国小学现阶段德育的目标要求是（ ）。

① 向小学生进行以爱国、爱人民、爱劳动、爱科学、爱社会主义为基本内容的社会公德教育和有关的社会常识教育

② 教育学生自觉遵守社会公德和宪法、法律

③ 着重教育学生心中有他人，心中有集体，心中有人民，心中有祖国

④ 注重培养和训练学生逐步养成良好的道德品质和文明行为习惯

A. ①②③④ B. ①③④ C. ②③④ D. ①②③

32. 教师的角色主要有（ ）。

① 传道、授业、解惑者角色 ② 示范者角色

③ 父母与朋友的角色 ④ 管理者与被管理者的角色

A. ①②③ B. ①②④ C. ①③④ D. ②③④

33. “近朱者赤，近墨者黑”这句话反映了（ ）对人的发展的影响。

A. 环境 B. 遗传 C. 教育 D. 社会活动

34. 教育活动中要注意“三结合”，发挥教育合力，这“三结合”所指的三种教育是（ ）。

① 家庭教育 ② 道德教育 ③ 社区教育 ④ 学校教育

A. ①②③ B. ①②④ C. ①③④ D. ②③④

35. 新课程积极倡导的学生观是（ ）。

① 学生是发展的人 ② 学生是独特的人

③ 学生是单纯抽象的学习者 ④ 学生是具有独立意义的人

A. ①②③ B. ②③④ C. ①③④ D. ①②④

36. 由两个及两个年级以上的儿童编在一个班级，直接教学与布置，完成作业轮流交替进行，在一节课内由一位教师对不同年级学生进行的组织形式是（ ）。

A. 分层教学 B. 合作教学 C. 小班教学 D. 复式教学

37. 某教师上一堂诗歌欣赏课，学生要求逐字解释，老师就请学生一一解释并加入探讨。但又有学生提出不同看法，并以参考书为依据。老师激发学生讨论，科代表说：“不同的版本是会有不一致的解释，有分歧是允许的。”这个教学片段体现了教学互动方式的（ ）。

A. 单向性 B. 双向性 C. 多向性 D. 成员性

38.《中国教育改革和发展纲要》提出教育发展的“两全”目标，“两全”是指（ ）。

A. 全面普及义务教育，全面扫除青壮年文盲

B. 全面进行教育改革，全面发展职业教育

C. 全面改革政府包揽办学的格局，全面深化教育体制改革

D. 全面贯彻党的教育方针，全面提高教育质量

39. 在教育活动中，教师负责组织、引导学生沿着正确的方向，采用科学的方法，获得良好的发展，这句话的意思是说（ ）。

A. 学生在教育活动中是被动的客体

B. 教师在教育活动中是被动的客体

C. 要充分发挥教师在教育活动中的主导作用

D. 教师在教育活动中是不能起到主导作用

40. 王老师中途接手小学三年级 8 班的班主任，有几个学生经常缺交数学作业，经过了解，发现只要题目难一点或运算量大一点，这几个同学就不能按时完成作业。不仅如此，在

各项活动中会有一些同学叫苦叫累。如果你是班主任的话，可在全班进行（　　）。

A. 积极的情感教育　　B. 意志品质的培养

C. 人际交往教育　　D. 良好性格的教育

三、填空题（每空 1 分，共 10 分）

1. 新课程倡导的学习方式是自主学习、合作学习、________。

2.《教师法》从公民地位、思想品德、________、教师专业素养等四个方面规定了教师资格，这是国家对教师的最基本的要求。

3. 国际 21 世纪教育委员会在向联合国教科文组织提交的报告中指出："终身学习是 21 世纪人的通行证。"终身学习又特指"________，学会做事，________，学会做人"。这是 21 世纪教育的四大支柱，也是每个人一生成长的支柱。

4. 课堂教学中，经常出现教师在学生不注意参与学习时突然加重语气或提高声调的现象，教师采用这种手段的目的是为了引起学生的________。

5. 循序渐进原则是要遵循学科和学生的________。

6. 教育的本质是________________。

7. 我国中小学的教学内容，具体体现在中小学各类________和________教科书之中。

四、阅读写作题（本题 30 分）

阅读下列材料，并回答问题。

20 世纪 90 年代中后期的计划生育政策以及城市化、工业化发展，造成农村就读学龄人口减少。村办小学布点分散，班额小，教育资源浪费严重，教师素质不齐，教育质量堪忧，教育经费紧缺，软硬件设施差等问题明显。

2001 年《国务院关于基础教育改革与发展的决定》正式出台。文件规定凡是 10 人以下的乡村小学教育点，一律给予撤销式合并，农村教育管理体制由原来的"三级办学两级管理"，即县、乡、村办学，县、乡两级管理，改为以县为主。当时，这一消息曾让多年研究农村教育的一些专家学者兴奋不已。他们评这是"第一次将农村教育纳入国民财政保障体系"。

随后，农村"撤点并校"工作在中国大地快步推进。以广东省为例，2007 年化州市撤并教学点 105 个，2008 年撤并小学 207 所，初中 9 所，两年共撤并学校 321 所，仅两年时间，化州撤并的学校就占学校总数的 37.5%"。同样，大埔县的小学由 2002 年的 254 所减少到如今的 142 所，七年时间共撤并小学 112 所，撤并比例为 42.3%；四会中小学数目从 2001 年调整前的 175 所减少到目前的 125 所，撤并比例为 28.6%。

大力度地撤并"麻雀校"和集中办学使当地农村教育出现新亮点，如显著扩大了学校服务半径和服务人口，一定程度上集中了优质资源，教育质量有了保证，特别是寄宿制对留守儿童、单亲家庭儿童的积极作用突出。

但这个"撤点并校"的改革在 8 年的推广过程中，一系列"尴尬"也逐渐暴露出来，近日，某省社科院"农村改革背景下贫困山区基础教育需求与评估"课题组发布调研报告，详细分析了偏远地区实施撤点并校的利与弊。

课题组在陕南调查时发现，撤点并校后，六七岁的孩子为了上学，每天都要走几十里山路，早晨四五点钟就要起床，晚上十来点钟才能回到家里，每天在路上耗费的时间最多超过4个小时。

在岚皋县东坪乡中心小学，课题组访问了23个学生，其中，4个学生在上学路上被蛇咬过，9个学生被狗咬过，大多数学生被蚂蟥和马蜂蛰过，有些学生还被山上掉下来的石头砸伤过。

有的地方寄宿制学校建设滞后，学生食宿条件较差，生活费用超出当地群众承受能力，增加了农民负担，有的地方对布局调整后的学校处置不善，造成原有教育资源的浪费和流失等。

教育部在回复部分网友反映的布局调整导致部分学生上学难的问题时指出：今后农村小学布局调整要按照实事求是、稳步推进、方便就学的原则实施，农村小学和教学点的调整，要在保证学生就近入学的前提下进行，在交通不便的地区仍须保留必要的小学和教学点，防止因过度调整造成学生失学、辍学和上学难问题。这个回复被舆论解读为国家叫停"强行撤并"。

某文化研究机构郑教授对此发表意见说，农村中小学"撤点并校"暴露了太多的问题。早该到打住的时候了，撤点并校名义上是让农村中小学生享受到优质教育资源，听起来挺美，实则是在实行了义务教育免收学费后，以县为主的财政制度让不少地方政府为了减轻负担而出的一个"馊主意"。通过学校大合并可以减轻财政压力，但却毁了农村的教育。把学生都集中在几个学校，也可以搞一些形象工程，看着好看。这些撤点并校大跃进，除造成上述严重后果外，还忽略了一个重要问题：一个学校的存在不仅仅是学校，它还担负起传播的重任，是知识中心，不分青红皂白地给并了撤了，等于文化中心给亡了，农村就真成了文化沙漠了。

问题：给定材料，有人认为 "撤点并校"是一个"馊主意"，是"形象工程"。请你对这些事进行分析，谈谈见解。

要求：概括准确，观点明确，条理清晰，不超过500字。

参考答案

一、判断题

1. √ 2. √ 3. √ 4. √ 5. √ 6. × 7. × 8. × 9. × 10. × 11. √ 12. √ 13. √ 14. × 15. × 16. √ 17. × 18. √ 19. × 20. ×

二、选择题

1. B 2. D 3. C 4. A 5. D 6. B 7. B 8. A 9. D 10. D 11. B 12. B 13. C 14. C 15. B 16. D 17. B 18. A 19. B 20. A 21. D 22. B 23. C 24. C 25. D 26. B 27. D 28. D 29. B 30. B 31. A 32. A 33. A 34. C 35. D 36. D 37. C 38. D 39. C 40. B

三、填空题

1. 探究学习
2. 教师职业素养
3. 学会求知　学会共处
4. 无意注意
5. 逻辑系统　认识发展顺序
6. 促进人类生命个体健康成长，实现生命个体由自然人向社会人高度转化
7. 课程计划　各科课程标准

四、阅读写作题

“撤点并校”是政府根据小学布点分数、班额小，教育资源浪费严重，教育经费紧缺等问题提出的一项政策，它扩大了学校服务半径和服务人口，一定程度上集中了优质资源，保证教育质量。对寄宿制的留守儿童、单亲家庭儿童起到了积极作用。

部分“撤点并校”可能被一些地方政府利用，成为减轻财政负担、大搞形象工程的工具。但被叫停的根本原因是其并没有依据农村的实际形势做出切合实际的政策。过去，在实施的过程中出现了一系列的问题，有的地方寄宿制学校基础设施建设滞后，学生食宿条件较差，路途遥远的学生上学放学耗费时间太长、存在人身安全隐患；生活费用增多，给当地人民带来了沉重的负担，甚至出现大量学生失学、辍学和上学难问题。为此，教育部指出农村小学布局调整要按照实事求是、稳步推进、方便就学的原则实施，要深入实际，调查研究，结合乡镇机构改革和撤乡并镇的新区划，考虑农村小学和教学点的调整，以达到优化教学资源、提高办学效益、方便学生上学的目的。

全真试题六

2012年绵阳市公开聘用事业单位工作人员考试
《教育公共基础知识》

（满分：100分，时限：90分钟）

姓名：________ 准考证号：________

答题须知：

1. 请首先在题本和答题卡上填写（涂）好自己的姓名和准考证号。准考证号一律从左至右填写，答题卡上的准考证号横排空白方格用蓝、黑色墨水笔填写，竖排用2B铅笔填涂相对应的数字。

2. 所有试题均在答题卡上作答。注意：在题本上作答无效。

3. 在答题卡上填涂答案时一定要认准题号！严禁折叠答题卡！

一、单项选择题（每题1分，共70分，下列各选项中，只有一个符合题意的答案，请将正确答案的代码填涂在答题卡相应的题号里）

1. 真正使教育心理学成为一门独立学科的人是（　　）。

A. 桑代克　B. 詹姆斯　C. 冯特　D. 赫尔巴特

2. 维果茨基提出了（　　）的概念，认为教学一方面要适应学生的现有水平，但更重要的是发挥教学对发展的主导作用，走在儿童发展的前面。

A. 发生认识论　B. 二因素论　C. 最近发展区　D. 超前发展观

3. 白鼠在"斯金纳箱"里自由活动，偶尔踏上操纵杠杆，供丸装置就会自动落下一粒食丸，白鼠经过几次尝试，会不断压杠杆，直至吃饱为止，这时白鼠不断压杠杆的行为属于（　　）。

A. 经典性条件反射　B. 操作性条件反射

C. 领悟　D. 观察学习

4. 提出"认知—发现学习理论"的主要代表人物是（　　）。

A. 托尔曼　B. 布鲁纳　C. 奥苏贝尔　D. 苛勒

5. 在课堂学习条件下，利用学生认知结构中原有的有关概念以定义的方式直接向学生揭示概念的关键特性，从而使学生获得概念的方式是（　　）。

A. 概念的形成　B. 概念的类比　C. 概念的推演　D. 概念的同化

6.（　　）即监控性的学习策略，主要是学习者对认知过程进行监控、评价与调节的策略。

A. 反思策略　B. 内省策略　C. 元认知策略　D. 监视策略

7. 动作技能的学习与知识的学习一样，也存在着（　　）现象，即一种技能的学习对另一种技能的学习产生影响。

A. 模仿　B. 迁移　C. 示范　D. 同化

8.（　　）是指在结构比较复杂的动作技能形成过程中，练习到一定时期会出现练习成绩暂时停顿的现象。

A. 高原期现象　B. 平原期现象　C. 疲劳期现象　D. 懈怠期现象

9.（　　）是个人在一定的道德认识的指引下和道德情感激励下，表现出来的对他人和社会具有一定的道德意义的行动。

A. 道德行为　B. 品德行为　C. 见义勇为行为　D. 模范行为

10. 新研究表明，在影响心理健康的众多因素中，被列为首位的是（　　）。

A. 社会文化因素　B. 家庭因素　C. 学校教育因素　D. 学生自身因素

11.（　　）是指在矫正学生不良心理与行为时，辅导教师设身处地地去体会受辅导学生的内心感受，进入到他的内心世界。

A. 积极关注　B. 尊重　C. 真诚　D. 共情

12. 提出“人类的基本需要包括生理需要、安全需要、归属和爱的需要、尊重需要、认知组要、审美需要和自我实现的需要”的“需求层次论”的心理学家是（　　）。

A. 弗洛伊德　B. 赫尔　C. 斯金纳　D. 马斯洛

13. 下列不是影响解决问题的因素是（　　）。

A. 问题情境　B. 思维方式　C. 功能固着　D. 知识经验

14.“学不躐等”体现的教学原则是（　　）。

A. 直观性原则　B. 启发性原则　C. 循序渐进原则　D. 巩固性原则

15.（　　）是教学理论向教学实践转化的桥梁。

A. 教学设计　B. 教学计划　C. 课堂教学　D. 教学模式

16.“道之所存，师之所存也”这句话反映了教师职业角色中的（　　）。

A. 传道者角色　B. 示范者角色

C. 授业、解惑者角色　D. 研究者角色

17. 学习教育的特点决定了教师在师生互动过程中起着（　　）。

A. 主体作用　B. 主导作用　C. 主要作用　D. 主动作用

18.“当教师期望某个学生会表现出较大程度的智力提高时，这名学生就真的出现了较大程度的提高。”这是心理学中的教师期望效应，也称为（　　）。

A. 哈佛现象　B. 罗森塔尔实验

C. 皮革马利翁效应　D. 期望赋予效应

19. 教育法规最根本的本质特征是具有很强的（　　）。

A. 强制性　B. 实践性　C. 普适性　D. 阶级性

20. 教育法规的调整对象是（　　）。

A 教育活动　B. 教育机构　C. 教育主体　D. 教育关系

21.（　　）是中国历史上第一部比较系统的封建成文法典。

A.《法经》　B.《开皇令》　C.《大唐六典》　D.《大元通制》

22.（　　）是实现依法治教的中心内容。

A. 教育立法　B. 教育执法　C. 教育守法　D. 教育法制监督

23. 1980 年 2 月 12 日通过的新中国第一部教育教育方面的法律是（　　）。

A.《中华人民共和国教育法》　B.《中华人民共和国义务教育法》

C.《中华人民共和国学位条例》 D.《中华人民共和国未成年人保护法》

24.（ ）不是教育立法科学化的标准。

A. 是否具有普遍性 B. 是否符合教育规律

C. 是否具有可行性 D. 是否有实效

25. 在国家法律体系中，《教育法》处于国家（ ）地位。

A. 根本法律 B. 专门法律 C. 基本法律 D. 单行法律

26.（ ）是义务教育最典型的特性，也是义务教育与非义务教育最基本的区别。

A. 普及性 B. 免费性 C. 强制性 D. 权利与义务统一性

27. 违反《义务教育法》的行为，通常视为一般违法行为，国家制裁手段主要是行政制裁，以（ ）为主。

A. 批评教育 B. 罚款 C. 拘留 D. 赔偿损失

28.（ ）是国家队教师实行的一种法定的职业许可制度。

A. 教师资格制度 B. 教师职务评审制度

C. 教师职务聘任制度 D. 教师培养和培训制度

29. 在《未成年人保护法》中明确规定了未成年人是指（ ）周岁的中国公民。

A. 0～10 B. 0～14 C. 0～16 D. 0～18

30.（ ）是对未成年人的最基本保护。

A. 社会保护 B. 家庭和学校保护

C. 司法保护 D. 有效预防未成年人犯罪

31. 教育行政复议的被申请人只能是（ ）。

A. 教育行政管理相对人 B. 作出具体行政行为的行政机关

C. 作出具体行政决定的行政机关 D. 作出抽象行政行为的行政机关

32.（ ）不是法律制裁的主要方式。

A. 刑法制裁 B. 行政制裁

C. 民事制裁 D. 刑事制裁

33. 对教师提出的申诉，主管教育行政部门应当在收到申诉书的次日起（ ）天内进行处理。

A. 7 B. 15 C. 30 D. 60

34. 美国的教育法规类型主要包括成文法和（ ）两种。

A. 不成文法 B. 判例法 C. 习惯法 D. 实体法

35. 教育法律关系的形成一般以（ ）的存在为前提。

A. 教育法律事实 B. 教育法律权利义务关系

C. 教育法律规范 D. 教育法律主体和客体

36. 在我国，一般认为"教育"概念最早见于（ ）中的"得天下英才而教育之，三乐也"一句。

A.《学记》 B.《孟子·尽心上》 C.《大学》 D.《进学解》

37."教育活动不仅存在于人类社会之中，而且也存在于人类社会之外，甚至存在于动物界。""人类社会的教育是对动物界教育的继承、改善和发展。"此种关于教育起源的观点是（ ）。

A. 教育的神话起源说 B. 教育的生物起源说

C. 教育的心理起源说 D. 教育的劳动起源说

38.（　　）是我国古代最早也是世界最早的成体系的古代教育作品。

A.《论语》　B.《孟子》　C.《师说》　D.《学记》

39. 在教育学史上，一般把夸美纽斯的（　　）看成是近代第一本教育学著作。

A.《普通教育学》　B.《教育漫话》

C.《雄辩术原理》　D.《大教学论》

40. 教育目的的结构层次有上下位次之分，依次为（　　）。

A. 教学目标—培养目标—课程目标—教育目的等

B. 教育目的—培养目标—教学目标—课程目标等

C. 教育目的—培养目标—课程目标—教学目标等

D. 培养目标—教育目的—课程目标—教学目标等

41.（　　）是我国教育目的的理论基础。

A. 注重提高全民素质

B. 马克思主义关于人的全面发展学说

C. 要以素质发展为核心

D. 为经济建设和社会的全面发展进步培养各级各类人才

42.（　　）是指一个国家各级各类教育机构与组织的体系及其管理规则。

A. 教育制度　B. 教育目标　C. 学校教育制度　D. 学制

43. 清政府于 1904 年颁布的《奏定学堂章程》，亦称（　　），这是我国正式实施的第一个现代学制。

A. 壬寅学制　B. 癸卯学制　C. 六三三学制　D. 五四学制

44. 教师个体专业发展的具体内容是：（1）专业理想的建立；（2）专业知识的拓展；（3）专业能力的发展；（4）（　　）。

A. 设计教学能力　B. 专业表达能力

C. 教育教学组织管理能力　D. 专业自我的形成

45. 个体身心发展的（　　）要求教师把握其发展的关键期，不失时机地采取教育措施，使其获得最佳发展。

A. 整体性　B. 个别差异性　C. 不均衡性　D. 可变性

46. 以杜威为代表的（　　）流派认为，以学科为中心的传统课程是不足取的，应代之以儿童活动为中心的课程。

A. 后现代主义课程论　B. 经验主义课程论

C. 社会改造主义课程论　D. 存在主义课程论

47.（　　）强调完善人格的道德教育，并在讲学中采用启发性教学方法——“产婆术”，至今还具有实践指导意义。

A. 亚里士多德　B. 赫尔巴特　C. 苏格拉底　D. 柏拉图

48.（　　）是有关“怎么办”的知识，是关于方法和应用的知识，语文中的句子规则，数学、物理、化学中的大部分知识，体育中的动作技能等，都属于此类知识。

A. 陈述性知识　B. 程序性知识　D. 策略性知识　D. 描述性知识

49. 有研究表明，讨论一般以（　　）人最为理想。超过这个数目，平均每个人的发言次数和内容就会相对减少，进而降低组员的参与感和满足感。

A. 2 ~ 3　B. 5 ~ 8　C. 10 ~ 13　D. 15 ~ 20

50. 每个人的一生中存在着一些对自己影响特别大的具体个人，这一类人被称为（　　）。

A. 模范　　B. 榜样　　C. 重要他人　　D. 偶像

51.（　　）在《终身教育引论》中提到的“现代人面临的各种挑战”，如社会急剧变化、人口增长、科学知识和技术的进步，政治挑战以及闲暇时间的增多。对正规的学校教育提出了挑战，要求学校必须改变传统的功能，实施终身教育。

A. 法国教育家保罗·朗格朗　　B. 美国“优异委员会”

C. 日本内阁会议　　D. 联合国教科文组织

52. 在现代教育活动中，教育评价主要包括学生评价、教师评价和学校管理评价等几个领域。其中，（　　）是教育评价的基础和重点。

A. 学业评价　　B. 教师评价　　C. 学校管理评价　　D. 学生评价

53.（　　）主要是在教学和学习过程中进行的，一般以学习内容的一个单元为评价点，采用及时的反馈和根据学生个体的差异进行有针对性的矫正。

A. 诊断性评价　　B. 终结性评价　　C. 形成性评价　　D. 相对性评价

54. 动作技能的形成一般经历三个阶段，即泛化阶段、分化阶段和（　　）。

掌握动作阶段　　B. 改进阶段　　C. 提高阶段　　D. 自动化阶段

55.（　　）是教师职业道德体系的核心。

A. 教师职业道德原则　　B. 教师职业道德规范

C. 教师职业道德范畴　　D. 教师职业道德内容

56.（　　）主要是指教师个体在教育实践中，对社会向教师提出的道德义务的自觉意识，对履行教育职责的道德责任感的价值认同和情感体认，以及对自我行为进行道德判断、道德调控和道德评价的能力，等等。

A. 教育爱　　B. 教育良心　　C. 教育威信　　D. 教育公正

57. 师生之间的（　　），是指教师和学生以其各自的心理、情感、意志、信念和行为，遵循一定的社会行为规范所形成的相互之间的辈分关系。

A. 教育管理关系　B. 人际关系　　C. 伦理关系　　D. 心理关系

58.（　　）是师德修养的核心问题。

A. 提高教师职业道德认识　　B. 陶冶教师职业道德情感

C. 锻炼教师职业道德意志　　D. 坚定教师职业道德信念

59. “遵循教育规律、实施素质教育。循循善诱、诲人不倦、因材施教。培养学生良好品行，激发学生创新精神，促进学生全面发展。不以分数作为评价学生的唯一标准。”这是指《中小学教师职业道德规范》（2008 年修订）中的（　　）。

A. 爱国守法　　B. 爱岗敬业　　C. 教书育人　　D. 为人师表

60. 下列不是学生的本质特点的是（　　）。

A. 以系统学习间接经验为主　　B. 生理成熟期提前

C. 具有明显的发展特征　　D. 是具有主体性的人

61.“教育必须为社会主义现代化建设服务，必须与生产劳动相结合，培养德智体等方面全面发展的社会主义的建设者和接班人。”这是我国的（　　）。

A. 教育目的　　B. 教育方针　　C. 教育制度　　D. 教育目标

62. 我国目前大多数学校实行的是（　　）的管理体制，它是由校长，学校党组织和教职工代表大会共同组成的“三位一体”结构。

A. 校长负责制　　B. 党委负责制
C. 校务委员会制　　D. 民主管理

63. 在现代学校教育制度的类型中，有一种学制的特点是“一个系列，多种分段，四六三三，五三四，四四四，八四，六六等”，这是（　　）。

A. 双轨学制　B. 单轨学制　C. 分支型学制　D. 多轨学制

64. 国内学者将校本课程开发的程序分为四个步骤，即（　　）。

A. 需求分析，目标制定，资源评估，优势评价
B. 明确理念，需求分析，资源评估，课程实施
C. 明确理念，需求分析，资源评估，优势评估
D. 明确理念，需求分析，资源评估，课程评价

65.（　　）认为，学校的课程应该给学生提供分化了的、有组织的经验，学科课程是最行之有效的途径。

A. 经验主义者　B. 要素主义者　C. 永恒主义者　D. 后现代主义者

66. 教育目的是教育活动的出发点和归属，其层次的多样化，使它具有多方面的功能，主要有（　　）。

A. 对教育活动的调控功能，对教育活动的评价功能，对教育活动的协调功能
B. 对教育活动的定向功能，对教育活动的评价功能，对教育活动的协调功能
C. 对教育活动的定向功能，对教育活动的调控功能，对教育活动的评价功能
D. 对教育活动的定向功能，对教育活动的调控功能，对教育活动的协调功能

67. 学生在教育过程中的地位一直是教育史上争论的重大问题，主要有两种对立的观点。其中一种是（　　），它把学生看成是可以随意涂改的一张白纸，一个可以任意填充的装知识的容器，对教室来说，学生处于一种从属地位。

A. 社会本位论　B. 个体本位论　C. 教师中心论　D. 学生中心论

68. 一般认为，教师专业发展有三种定向，其中（　　）主张教师通过正规的培训，向专家学习先进的“学科知识”和“教育知识”，以提高教育理性认识水平和教学技能。

A. 专业技能取向　B. 实践-反思取向　C. 文化生态取向　D. 理智取向

69. 在复杂知识的教学中，可采用指导学生释义，写概要，创造类比，用自己的话写出释、解释、自问自答等具体技术，这是有效且适合于学习与记忆陈述性知识策略中的（　　）。

A. 复述策略　B. 精加工策略　C. 组织策略　D. 讲授策略

70. 17世纪伟大的捷克教育家（　　）为班级授课制的确立奠定了理论和实践的基础，他提出了“一个教师同时教很多学生是可能的”的假设，进而对课堂教学的课程，时空模式，班级组织等进行了界定。

A. 赫尔巴特　B. 凯洛夫　C. 贝尔　D. 夸美纽斯

二、多项选择题（每题1.4分，共21分。下列备选答案中，有两个及两个以上符合题意的答案，请将正确答案的代码填涂在答题卡相应的题号里。多选、少选、错选均不得分）

71. 人本主义心理学家提出的典型教学模式主要有（　　）。

A. 以题目为中心的课堂讨论模式　　B. 自由学习的教学模式

C. 示例演练的教学模式　　D. 开放课堂的教学模式

72. 课堂情景中学生学习原理的基本方式有（　　）。

A. 探究式　　B. 发现式　　C. 接受式　　D. 提问式

73. 品德培养的策略有（　　）。

A. 晓之以理，提高认识　　B. 动之以情，引起共鸣

C. 许之以利，激发动机　　D. 导之以行，落实行动

74. 个体认知风格的重要特征有（　　）。

A. 发散性　　B. 聚集性　　C. 持久性　　D. 一致性

75. 法律救济的渠道有（　　）。

A. 行政渠道　　B. 司法渠道　　C. 冲裁渠道　　D. 调节渠道

76. 教育法律规范在逻辑结构上的内在构成要素有（　　）。

A. 假定　　B. 判断　　C. 处理　　D. 制裁

77. 某小学三年级学生在学校操场上上体育课，练习打篮球。体育教师在给学生讲解完打球要点和有关安全注意事项后，把班上学生分为几个组，练习投篮球和抢篮板球。李某（10岁）和赵某（10岁）分在一个组内。因地不平，李某在抢球时不慎摔倒，恰巧被奔跑上来的赵某踏在腿上，致小腿骨折。此时，教师正在指导其他小组练球，李某住院三个多月，共花费医疗费、护理费、营养费，李某父母误工费10 000元。在此案例中，应承担李某经济损失赔偿责任的有（　　）。

A. 体育课教师　　B. 李某所在的学校

C. 赵某　　D. 赵某父母

78. 作为在一定社会背景下发生的促进个体的社会化和社会的个性化的实践活动，教育是一种相对独立的社会子系统，这个子系统包括三种基本要素，即（　　）。

A. 教育者　　B. 学习者　　C. 管理者　　D. 教育影响

79. 从教育系统所赖以运行的场所成空间标准出发，可以将教育形态划分为（　　）。

A. 家庭教育　　B. 学校教育　　C. 社会教育　　D. 终身教育

80. 作为培养学生的重要场所，学校教育主要通过（　　）三方面来实现个体的个性化。

A. 教育促进个体思想意识的社会化

B. 教育培养个体的职业意识和角色

C. 教育促进个体差异的充分发展，形成人的独特性

D. 教育促进个体行为的社会化

81. 教育对文化具有正向功能，具体说来，表现在（　　）。

A. 教育的文化保存功能　　B. 教育的文化选择功能

C. 教育的文化融合功能　　D. 教育的文化创造功能

82. 对过去教育事业发展轨迹的分析，可以预见21世纪教育发展的主要趋势是（　　）。

A. 全民教育正从观念走向行动　　B. 教育民主化

C. 教育信息化　　D. 教育全球化

83. 以培养人作为基本价值追求的学校教育应该是（　　）。（请选择主要的三条）

A. 面向全体学生　　B. 尊重和培养学生的个性

C. 关注全体学生的完整生活　　D. 促进全体学生的全面发展

84. 从学科理论体系结构来看，教师职业道德体系是由（　　）三个基本要素构成。

A. 教师职业道德原则　　B. 教师职业道德规范

C. 教师职业道德内容　　D. 教师职业道德范畴

85. 教育人道主义原则有着丰富的内涵，在社会主义初级阶段，这一原则的主要内容有两个方面（　　）。

A. 教育要尊重人的发展需要　　B. 尊重人权的精神

C. 个人全面发展的价值取向　　D. 尊重和保护师生的一般权利

三、判断题（每题 0.6 分，共 9 分。请在答题卡相应的题号里填涂，正确涂 A，错误涂 B）

（　　）86. 教育法律关系主体只有具备教育法律责任的归责要件，才能被认定为教育法律责任主体，承担相应法律后果。

（　　）87. 学习是有机体在后天生活过程中经过练习或经验而产生的行为或内部心里的比较持久的变化过程。

（　　）88. 一般来说，发现学习就是有意义学习，接受学习就是机械学习。

（　　）89. 总体而言，学习动机越强，有机体学习活动的积极性就越高，从而学习效果越佳。

（　　）90. 一般说来，智力高的人都有高的创造力。

（　　）91. 在同一社会中，教育法规与占社会主导地位的教育道德具有共同的作用方向，反映的利益关系一致。

（　　）92. 授权立法是对立法主体的立法权力的一种限定，被授权机关可以根据授权的范围行使立法权力，也可以将授受的立法权力转授给其他机关。

（　　）93. 广义的，凡是增进人们的知识和技能、影响人们的思想品德的活动，都是教育。

（　　）94. 从教育作用的方向看，教育功能可分为显性功能和隐性功能。

（　　）95. 当代教育目的的社会价值取向，在功利性和人文性的价值问题上不可忽视教育的人文价值。

（　　）96. 个体身心发展的稳定是指处于一定社会环境和教育中的某个年龄阶段的青少年儿童，其身心发展的顺序、过程、速度都大体相同。

（　　）97. 在课程评价领域，形成性评价是一门课程结束成一个学年结束时进行的评价。

（　　）98. 建构主义教学模式的共同点在于反对传统教学中的机械客观主义，主张知识是在主体与环境、他人的交互作用中建构的。同时，知识不是绝对的和中立的，而是相对的和蕴涵了主体的价值观的。因此，建构主义教学理论在本质上是对人的主体价值给予了充分肯定的理论。

（　　）99. 传统学校生活的典型表现是强调知识和技能的学习，以强制为根本特征。

（　　）100. 学校是儿童社会化过程中最重要的社会化机构之一，而教师也就当仁不让地在儿童成长过程中扮演着“重要他人”的角色。教师对儿童的态度，在很大程度上影响着儿童对待自己、对待他人的态度。

参考答案

一、单项选择题

1. C 2. C 3. B 4. B 5. D 6. C 7. B 8. A 9. A 10. C 11. D 12. D 13. B 14. C 15. A 16. A 17. B 18. B 19. A 20. D 21. A 22. B 23. C 24. A 25. C 26. C 27. A 28. A 29. D 30. B 31. B 32. A 33. C 34. A 35. C 36. B 37. B 38. D 39. D 40. C 41. B 42. A 43. B 44. D 45. C 46. B 47. C 48. B 49. B 50. C 51. A 52. A 53. C 54. D 55. A 56. B 57. C 58. D 59. C 60. B 61. B 62. C 63. B 64. C 65. A 66. C 67. C 68. A 69. B 70. D

二、多项选择题

71. ABD 72. ABC 73. ABCD 74. CD 75. AB 76. ABD 77. BD 78. ABD 79. ABC 80. ABD 81. ABCD 82. ABCD 83. ABD 84. ABD 85. AB

三、判断题

86. A 87. A 88. B 89. A 90. B 91. A 92. B 93. A 94. B 95. A 96. A 97. B 98. A 99. A 100. A

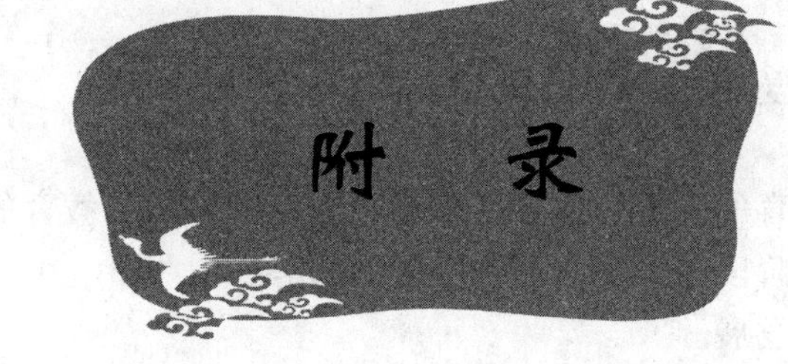

附　录

附录一

四川省中小学公开招聘教师
教育公共基础笔试和复习大纲

本大纲仅供参加四川省中小学公开招聘教师公共科目——《教育公共基础笔试》的考生复习和考试时参考。请考生重点掌握以下知识内容。

《教育公共基础笔试》题型包括选择、判断简析、案例分析、阅读分析和论述五种类型。

第一部分　教育学基础

一、教育与教育学

（一）教育的概念、教育的要素、教育的形态、教育的本质、教育的基本规律

（二）教育发展的历史阶段、教育改革和发展的趋势

（三）教育学的产生和发展

二、教育的功能

（一）教育功能的含义、教育功能的类型、教育的个体功能与社会功能、教育功能的限制

（二）影响教育功能发挥的因素

三、教育的目的

（一）教育目的的含义、教育目的的功能

（二）确立教育目的的依据、教育目的确立中的价值取向

（三）我国的教育目的及其理论基础、我国全面发展教育的基本内容

四、教师与学生

（一）教师的定义、教师的角色、教师的基本素质、教师的专业化发展及途径

（二）学生的定义、学生的本质特点、学生发展的规律

（三）教育过程中的教师与学生、教育过程中的师生关系

五、课　程

（一）课程的含义、课程理论及课程理论流派、课程的类型、课程的组织、课程的管理

（二）我国课程改革的回顾、新课程改革的总体要求、新课程改革的具体目标、课程标准及其地位、作用和特点

（三）新课程带来的变革

六、课堂教学

（一）教学的含义、教学理论及教学理论流派

（二）课堂教学设计的含义、基本程序、主要模式、内容和方法

（三）教学策略的含义、常用的课堂教学策略

七、学校德育

（一）德育的含义、功能及地位

（二）德育过程的含义、德育过程与教学过程和思想品德形成的关系、德育过程的理论、德育过程的规律

（三）德育的任务、目标、内容与课程

（四）德育的原则、途径与方法

八、班级管理与班主任工作

（一）班级的含义与特点、班级的历史发展、班级的结构与功能、班级的发育过程

（二）班级管理的内容、原则与方法

（三）班主任的角色、任务、职责与素质

第二部分　教育心理学

一、心理发展与教育

（一）心理发展的概念、心理发展的一般规律

（二）心理发展的理论：皮亚杰的认知发展理论、埃里克森的心理发展阶段理论、维果茨基的认知发展理论

（三）早期教育与心理发展、准备状态与心理发展、教育如何促进心理的发展

（四）儿童、青少年的心理发展与教育

二、学习与学习理论

（一）学习的含义、人类学习与动物学习的重要区别、学生学习的特点

（二）学习理论：行为主义学习理论、认知结构学习理论、掌握学习和指导学习理论、建构主义学习理论、人本主义学习理论

三、学习的迁移、记忆和遗忘

（一）学习迁移的含义、学习迁移的种类、影响学习迁移的主要因素、学习迁移的促进

（二）记忆的含义、记忆的三种存储模式

（三）遗忘的含义、主要规律、产生原因及克服遗忘的策略

四、学习策略与不同类型的学习

（一）学习策略的定义、分类、特点；学习策略的发展；一般的学习策略及其培养

（二）知识的含义、知识学习的一般心理过程、知识的分类与学习

（三）技能的含义与种类、影响技能形成的因素、动作技能形成的阶段

（四）解决问题的历程、影响学生解决问题的主要心理因素、学生解决问题能力的培养

（五）品德与道德的界定、品德的心理结构、柯尔伯格品德发展阶段的理论、道德教育的基本观点

五、影响学习的心理因素

（一）学习动机的概念、学习动机对学习过程和结果的影响、学习动机的激发与培养

（二）归因与归因方式、维纳的归因理论、归因对学生学习的影响、引导合理归因

（三）注意的含义、学生注意的组织与培养

六、个别差异与教育

（一）人格差异的含义、人格差异与教育

（二）认知风格差异的含义、场依存与场独立、整体性策略与系列性策略、内倾与外倾

（三）学困生的含义、学困生与优生知识水平的差异、学困生的教育措施

七、学生心理健康教育

（一）心理健康的含义、学校心理健康教育工作的意义、学校实施心理健康教育的途径

（二）学校心理健康教育的基本内容和具体方法

第三部分　教育法学

一、法与教育法

（一）法的含义、法的特征、法的渊源

（二）教育法的含义、教育法规的含义

二、教育法律关系

（一）教育法律关系的含义、特征、类型；教育法律关系的产生、变更和消灭

（二）教育法律关系主体的含义、教育法律关系主体的权利能力和行为能力

（三）教育法律关系客体的含义、教育法律关系客体的种类

（四）教育法律关系内容的含义、权利和义务的含义、权利和义务的关系、权利和义务的类型、教育权利和教育义务

三、教育法律规范

（一）教育法律规范的含义、类型

（二）教育法律规范的构成要素

（三）教育法规与教育道德：教育道德的含义、教育法规与教育道德的比较、教育道德的作用

（四）教育政策的含义、教育法规与教育政策的关系

四、教育法制过程

（一）教育立法的含义、原则；教育立法体制与立法主体权限；教育立法的程序

（二）教育法规实施的含义、教育法规实施的方式、教育法规的效力与解释

（三）教育行政执法的含义、特征、地位、原则、内容与方式

（四）法律制裁的含义、违法的含义与种类、法律制裁的方式

五、教育法律责任

（一）教育法律责任的含义、归责要件、归责原则

（二）教育法律责任的分类

（三）学校（包括教师）对学生的侵权责任、学校对教师的侵权责任、行政机关及其工作人员对学校和教师的侵权责任、社会其他主体对学校和教师或学生的侵权责任

六、学生的权利及其维护

（一）学生权利的含义、主要内容
（二）学生受教育权的维护、学生财产权的维护、学生人身权利的维护
（三）学生伤害事故的定义、学生伤害事故案例分析、学生伤害事故的预防和处理

七、教师的权利及其维护

（一）教师权利的含义、教师权利的性质
（二）教师权利的内容：教师的职业权利、教师的一般权利
（三）教师权利的维护：教师教育权利的维护、教师人身权利的维护

八、教育法律救济

（一）法律救济的含义、特征、渠道、基本原则；法律救济在教育中的重要作用
（二）教育行政申诉制度：教师申诉制度、学生申诉制度

第四部分　教师职业道德

一、教师职业道德概述

（一）教师职业道德的含义和结构
（二）职业道德在教师素养中的地位、教师职业道德的功能与作用
（三）教师职业道德的特点

二、中小学教师的职业道德规范

（一）爱国守法
（二）爱岗敬业
（三）关爱学生
（四）教书育人
（五）为人师表
（六）终身学习

三、教师职业道德的养成

（一）教师职业道德养成的含义
（二）教师职业道德教育
（三）教师职业道德的自我养成
（四）教师职业道德管理

附录二

教师资格统考考试大纲
《教育知识与能力》(中学)

一、考试目标

1. 理解并掌握教育教学和心理学的基础知识、基本理论，能运用这些知识和理论分析、解决中学教育教学和中学生身心发展的实际问题。

2. 理解中学生思想品德发展的规律，掌握德育原则和德育方法，具有针对性地开展思想品德教育活动的能力。

3. 掌握中学生学习心理发展的特点和规律，能指导学生进行有效的学习。

4. 理解中学生生理、心理的特性和差异性，掌握心理辅导的基本方法。

5. 掌握班级日常管理的一般方法，了解学习环境、课外活动的组织和管理知识，具有设计一般课外活动的能力。

6. 掌握教师心理，促进教师成长。

二、考试内容模块与要求

(一)教育基础知识和基本原理

1. 了解国内外著名教育家的代表著作及主要教育思想。

2. 掌握教育的含义及构成要素；了解教育的起源、基本形态及其历史发展脉络；理解教育与社会发展的基本关系，包括教育与人口、教育与社会生产力、教育与社会政治经济制度、教育与精神文化等的相互关系；理解教育与人的发展的基本关系，包括教育与人的发展，教育与人的个性形成，以及影响人发展的主要因素——遗传、环境、教育、人的主观能动性等及它们在人的发展中的各自作用；了解青春期生理的变化，包括中学生的身体外形、体内机能、脑的发育、性的发育和成熟。

3. 理解义务教育的特点；了解发达国家学制改革发展的主要趋势；了解我国现代学制的沿革，熟悉我国当前的学制。

4. 掌握有关教育目的的理论；了解新中国成立后颁布的教育方针，熟悉国家当前的教育方针、教育目的及实现教育目的的要求；了解全面发展教育的组成部分(德育、智育、体育、美育、劳动技术教育)及其相互关系。

5. 了解教育研究的基本方法，包括观察法、调查法、历史法、实验法和行动研究法等。

（二）中学课程

1. 了解不同课程流派的基本观点，包括学科中心课程论、活动中心课程论、社会中心课程论等；理解课程开发的主要影响因素，包括儿童、社会以及学科特征等。

2. 掌握基本的课程类型及其特征，其中包括分科课程、综合课程、活动课程；必修课程、选修课程；国家课程、地方课程、校本课程；显性课程、隐性课程等。

3. 了解我国当前基础教育课程改革的理念、改革目标及其基本的实施状况。

（三）中学教学

1. 理解教学的意义，了解有关教学过程的各种本质观。

2. 熟悉和运用教学过程的基本规律，包括教学过程中学生认识的特殊性规律（直接经验与间接经验相统一的规律）、教学过程中掌握知识与发展能力相统一的规律、教学过程中教师的主导作用与学生的主体作用相统一的规律、教学过程中传授知识与思想教育相统一的规律（教学的教育性规律），分析和解决中学教学实际中的问题。

3. 掌握教学工作的基本环节及要求；掌握和运用中学常用的教学方法；了解教学组织形式的内容及要求。

4. 了解我国当前教学改革的主要观点与趋势。

（四）中学生学习心理

1. 了解感觉的特性；理解知觉的特性。

2. 了解注意的分类，掌握注意的品质及影响因素；了解记忆的分类，掌握遗忘的规律和原因，应用记忆规律促进中学生的有效学习。

3. 了解思维的种类和创造性思维的特征，理解皮亚杰认知发展阶段论和影响问题解决的因素。

4. 了解学习动机的功能，理解动机理论，掌握激发与培养中学生学习动机的方法。

5. 了解学习迁移的分类，理解形式训练说、共同要素说、概括化理论、关系转换理论、认知结构迁移理论，掌握有效促进学习迁移的措施。

6. 了解学习策略的分类，掌握认知策略、元认知策略和资源管理策略。

7. 理解并运用行为主义、认知学说、人本主义、建构主义等学习理论促进教学。

（五）中学生发展心理

1. 掌握中学生认知发展的理论、特点与规律。

2. 了解情绪的分类，理解情绪理论，能应用情绪理论分析中学生常见的情绪问题。

3. 掌握中学生的情绪特点，正确认识中学生的情绪，主要包括情绪表现的两极性、情绪的种类等。

4. 掌握中学生良好情绪的标准、培养方法，指导中学生进行有效的情绪调节。

5. 理解人格的特征，掌握人格的结构，并根据学生的个体差异塑造良好人格。

6. 了解弗洛伊德的人格发展理论及埃里克森的社会性发展阶段理论，理解影响人格发展的因素。

7. 了解中学生身心发展的特点，掌握性心理的特点，指导中学生正确处理异性交往。

（六）中学生心理辅导

1. 了解心理健康的标准，熟悉中学生常见的心理健康问题，包括抑郁症、恐惧症、焦虑症、强迫症、网络成瘾等。

2. 理解心理辅导的主要方法，包括强化法、系统脱敏法、认知疗法、来访者中心疗法、理性—情绪疗法等。

（七）中学德育

1. 了解品德结构，理解中学生品德发展的特点。

2. 理解皮亚杰和柯尔伯格的道德发展理论，理解影响品德发展的因素，掌握促进中学生形成良好品德的方法。

3. 熟悉德育的主要内容，包括爱国主义和国际主义教育、理想和传统教育、集体主义教育、劳动教育、纪律和法制教育、辩证唯物主义世界观和人生观教育等。

4. 熟悉和运用德育过程的基本规律（包括德育过程是具有多种开端的对学生知、情、意、行的培养提高过程；德育过程是组织学生的活动和交往，对学生多方面教育影响的过程；德育过程是促使学生思想内部矛盾运动的过程；德育过程是一个长期的、反复的、不断前进的过程），分析和解决中学德育实际中的问题。

5. 理解德育原则，掌握和运用德育方法，熟悉德育途径。

6. 了解生存教育、生活教育、生命教育、安全教育、升学就业指导等的意义及基本途径。

（八）中学班级管理与教师心理

1. 熟悉班集体的发展阶段。

2. 了解课堂管理的原则，理解影响课堂管理的因素；了解课堂气氛的类型，理解影响课堂气氛的因素，掌握创设良好课堂气氛的条件。

3. 了解课堂纪律的类型，理解课堂结构，能有效管理课堂；了解课堂问题行为的性质、类型，分析课堂问题行为产生的主要原因，掌握处置与矫正课堂问题行为的方法。

4. 了解班主任工作的内容和方法，掌握培养班集体的方法。

5. 了解课外活动组织和管理的有关知识，包括课外活动的意义、主要内容、特点、组织形式以及课外活动组织管理的要求。

6. 理解协调学校与家庭联系的基本内容和方式，了解协调学校与社会教育机构联系的方式等。

7. 了解教师角色心理和教师心理特征。

8. 理解教师成长心理，掌握促进教师心理健康的理论与方法。

三、试卷结构

模　块	比　例	题　型
教育基础知识和基本原理	19%	单项选择题 辨析题 材料分析题
中学教学	14%	
中学生学习心理	18%	
中学德育	17%	
中学课程	5%	单项选择题 简答题
中学生发展心理	9%	
中学生心理辅导	8%	
中学班级管理与教师心理	10%	
合　计	100%	单项选择题：约 30% 非选择题：约 70%

四、题型示例

1. 单项选择题

（1）1958 年我国曾提出过“两个必须”的教育方针。“两个必须”是指（　　）。

A. 教育必须为当前建设服务，必须与生产劳动相结合

B. 教育必须为阶级斗争服务，必须与社会活动相结合

C. 教育必须为无产阶级政治服务，必须与生产劳动相结合

D. 教育必须为社会主义建设服务，必须与工农相结合

（2）人在心理活动和行为中表现出的稳定的动力特点是（　　）。

A. 人格　　B. 性格　　C. 能力　　D. 气质

2. 辨析题（判断正误，并说明理由）

（1）美育就是指艺术教育。

（2）负强化等同于惩罚。

3. 简答题

（1）我国中学应贯彻哪些基本的教学原则？

（2）如何组织有效的复习？

4. 材料分析题

（1）阅读下列材料，运用教育与社会发展相互关系的有关理论进行简要评析 。

我国著名平民教育家晏阳初在 20 世纪 30 年代曾提出过“教育救国”的理论。他认为中国落后的主要原因是因为当时农民存在贫、愚、弱、私四大病害，只要我们的教育工作者、仁人志士深入到广大农村推行相应的四种教育，即生计教育、文艺教育、卫生教育和公民教

育，这样就可以克服上述四大病害，中国自然就富强了。但实践证明，这种设想只是善良的愿望，并未成功，正如毛泽东同志所说，“教育救国”，唤来唤去还是一句空话。

（2）阅读下列材料，回答问题。

李明学习非常用功，平时各科成绩都还不错，但每逢大考前他就非常紧张、烦躁、害怕，前一天晚上睡不好觉，第二天进入考场头脑就一片空白，结果成绩总是不理想。老师与同学都认为，李明的考试成绩与平时的努力程度不相称。

问题：

① 运用情绪相关知识分析李明同学面临的问题。

② 作为教师，你会采取什么措施来帮助他？

附录三

教师资格统考考试大纲
《教育教学知识与能力》(小学)

一、考试目标

1. 教育的基础知识和基本能力。具有教育基本理论、学生发展、教师发展、小学组织与运行的基础知识，能够针对我国小学教育教学实践中的问题进行一定的分析和探索。

2. 学生指导的知识和能力。具有小学生身心发展、思想品德发展、医疗、保健、传染病预防和意外伤害事故等方面的相关知识，能够运用这些知识有针对性地设计并实施小学教育的有关活动。

3. 管理班级的知识和能力。具有小学班级管理、班队活动组织，以及与学生、家长、社区等沟通的知识，能够运用这些知识设计和组织班级管理活动。

4. 学科知识和运用能力。具有小学有关学科、学科课程标准、学科知识整合的基础知识，能够运用这些知识开展学科教学活动。

5. 教学设计的知识和能力。具有小学生学习需求分析、学习内容选择、小学教案设计、小学综合课程和综合实践活动的基础知识,能够运用这些知识完成指定教学内容的教学设计。

6. 教学实施的知识和能力。具有小学教学组织、教学评价的基础知识，能够运用这些知识分析和开展教学活动。

7. 教学评价的知识和能力。具有小学教学评价、教学反思的基础知识，能够运用这些知识进行教学评价和教学反思。

二、考试内容模块与要求

小学教师教育教学知识与能力考试内容主要涵盖教育知识与应用、教学知识与能力两大板块。前者包括教育基础、学生指导和班级管理，后者包括学科知识、教学设计、教学实施、教学评价。能力要求分为了解、理解或掌握、运用三个层次。具体考试内容模块与要求如下：

（一）教育基础

1. 了解我国小学教育的历史与现状。
2. 了解我国基础教育课程改革的现状和发展趋势。
3. 了解教育科学研究的基础知识。
4. 了解小学组织与运行的基础知识和基本要求。
5. 了解有关教育学、心理学的基础知识。

6. 理解小学教育的基本特点。

7. 掌握小学教育研究的基本方法。

8. 掌握教师专业发展的基础知识。

9. 能够运用相关知识对小学教育教学实践中的问题进行一定的分析。

（二）学生指导

1. 了解小学生身心发展的一般规律和特点。

2. 了解小学生的认知特点以及学习兴趣培养、良好学习习惯养成的一般方法。

3. 了解小学生思想品德发展的基本规律和特点。

4. 了解小学生医疗、保健、传染病预防和意外伤害事故的相关知识。

5. 掌握指导小学生学习的主要方法。

6. 掌握小学生德育、美育和心理辅导的基本策略和方法。

7. 能够根据小学生学习规律和个体差异，有针对性地指导学生学习。

8. 能够遵循小学生身心发展规律，有针对性地开展德育、美育和心理辅导工作，促进小学生全面、协调发展。

（三）班级管理

1. 了解小学班级管理的一般原理。

2. 了解小学班主任的基本职责。

3. 了解小学班队活动的基本类型。

4. 了解小学课外活动的基本知识。

5. 掌握小学班级管理的基本方法。

6. 掌握组织小学班级活动的基本途径和方法。

7. 能够针对班级实际和小学生特点，分析班级日常管理中的现象和问题。

8. 能够整合各种教育资源，组织有效的班队活动，促进小学生健康成长。

（四）学科知识

1. 了解小学有关学科的基础知识、基本理论和学科发展的重大事件。

2. 了解小学有关学科课程标准的主要内容和特点。

3. 掌握小学有关学科课程标准的内容领域所涵盖的核心知识及其关联。

4. 能够针对小学生综合学习的要求，适当整合小学有关学科内容，开展学科教学活动。

（五）教学设计

1. 了解小学教学设计的基本原则、依据和步骤。

2. 了解小学综合课程和综合实践活动的基本知识。

3. 了解小学生在不同学习领域的基本认知特点。

4. 了解信息技术与小学教学整合的基本途径和方式。

5. 理解已有的生活经验、知识和能力、学习经验对新的学习内容的影响。

6. 掌握小学教案设计的基本内容、步骤和要求。

7. 能够依据小学生学习规律、小学相关学科课程标准，结合教材特点，合理地确定教学目标、重点和难点，完成指定内容的教案设计。

（六）教学实施

1. 了解小学课堂教学情境创设的基本方法。
2. 了解小学生学习动机激发的基本方法。
3. 了解小学课堂教学组织的形式和策略。
4. 了解小学生学习方式的基本类型和小学教师的课堂教学行为对小学生学习的影响。
5. 掌握小学课堂教学的基本策略和主要方法。
6. 掌握小学课堂教学总结的基本方法。

（七）教学评价

1. 了解小学教学评价的基本内容、类型和主要方法。
2. 了解小学教师教学反思的基本内容、类型和主要方法，以及教学反思对教师专业发展的作用。
3. 能够针对小学课堂教学设计和实施进行恰当评价。

三、试卷结构

<table>
<tr><th>模　块</th><th>比　例</th><th>题　型</th></tr>
<tr><td>教育基础</td><td>19%</td><td>单项选择题
简答题</td></tr>
<tr><td>学生指导</td><td rowspan="2">31%</td><td rowspan="2">单项选择题
简答题
材料分析题</td></tr>
<tr><td>班级管理</td></tr>
<tr><td>学科知识</td><td rowspan="4">50%</td><td rowspan="4">单项选择题
简答题
材料分析题
教学设计题</td></tr>
<tr><td>教学设计</td></tr>
<tr><td>教学实施</td></tr>
<tr><td>教学评价</td></tr>
<tr><td>合　计</td><td>100%</td><td>单项选择题：约 33%
非选择题：约 67%</td></tr>
</table>

（注：可根据当前小学教师培养和小学教育教学知识与能力考试的具体情况，在材料分析题和教学设计题中分别设置语文、数学等科目的选考内容，考生可任意选择一个科目作答。）

四、题型示例

1. 单项选择题

（1）在世界教育学史上，被公认为第一部具有科学形态的教育学著作是（　　）。

A. 夸美纽斯的《大教学论》　　B. 赫尔巴特的《普通教育学》
C. 杜威的《民主主义与教育》　　D. 布鲁纳的《教育过程》

（2）课堂导入方式多种多样。通过对旧知识的回忆、复习、做练习等活动，对照新内容，发现新问题，明确学习任务来导入新课。这种导入方式称之为（　　）。

A. 直接导入　　B. 练习导入　　C. 事例导入　　D. 温故导入

2. 简答题

（1）小学生认知的主要特点是什么？

（2）小学课堂教学常用的组织形式有哪些？

3. 材料分析题

阅读材料，回答问题。

（1）有一位班主任在介绍班风建设经验时谈到："在我们学校，校长要求班主任在教室'盯班'，及时了解班级情况，适时处理突发事件。只要学生出教室门、宿舍门都要排队，班主任都要在场。同时还制定了'班主任十到位制度'：学生上课要到；课前打了预备铃要到；学生听广播要到；学生做眼保健操要到；学生上室外课要到；学生去宿舍要到；学生去餐厅吃饭要到；学生生病要到；学生看电视时要到；学生打扫卫生时要到。这一制度的施行，使班风、班纪大为好转。"可是，有的教师却对这种做法提出异议。

问题：

请运用小学班级管理的有关理论分析"班主任十到位制度"。

（2）请在下述材料中任选其一回答问题。

材料一：教师在教学"相同位数的数"大小比较方法时，请同学比较 3 215 和 2 145 的大小。有位小女孩站起来说："3 215 大于 2 145，因为 3 215 的最高位是千位，有 3 千，2 145 的最高位也是千位，是 2 千，3 千比 2 千多。"

（教师预设："相同位数的数"比较大小时应从最高位开始）

一个小男孩高声喊了起来："你比较的两个数千位是不一样的，如果一样了怎么办呢？"

（教师预设：该问题是"相同位数的数"大小比较的重点和难点）

教师示意女孩对男孩的提问进行回答。小女孩有点急了，马上答道："如果千位是一样的，我就比较百位。""百位也一样了呢？"小男孩继续追问。"百位也一样的话，我就比较十位；十位也一样的话，我就再比较个位。"小女孩一口气把男孩没有问的问题也回答了出来。话音一落，全班同学都为小女孩的精彩回答和小男孩穷追不舍的问题意识鼓掌喝彩！

材料二：一位初任教师在进行《伊犁草原漫记》教学时，要求学生归纳课文中描写猎人猎熊果敢的词句，但是，有一名学生没有按照教师的要求进行归纳，反而说猎人很残忍，同时指出猎人的猎熊行为是违法的。

原本课文是歌颂猎人的，学生却痛斥猎人的猎熊行为，这是教师始料未及的。这位教师并没有因为学生提出不同观点而气恼或回避，而是因势利导，从保护野生动物的角度出发，让学生充分讨论，发表意见。

材料三：（具体学科教学片断或案例描述略）

问题：

请结合所选择的材料谈谈你对小学教学中预设与生成及其关系的理解。

4. 教学设计题

材料一："周长的认识"（具体教学内容略）。

材料二："汉语拼音·认识汉字"（具体教学内容略）。

材料三：（具体学科及其教学内容略）

请在上述材料中任选其一，就课堂教学目标及某一教学环节（譬如课堂导入、讲授新知等）进行教学设计。

附录四

教师资格统考考试大纲
《保教知识与能力》(幼儿园)

一、考试目标

1. 学前儿童发展知识和了解幼儿的能力。熟悉婴幼儿生理与心理发展的基本规律、年龄阶段特征、个体差异及其影响因素的相关知识和了解幼儿的基本方法，并能够运用这些知识了解幼儿。

2. 学前教育理论知识和应用能力。掌握教育基本理论和学前教育基本原理，理解幼儿园教育的特性，了解幼儿教育历史和幼儿园教育改革动态，并能结合幼儿教育实践问题进行分析。

3. 幼儿生活指导的基础知识与能力。掌握幼儿园一日生活和幼儿卫生、保健、营养、安全等方面的基本知识，并能在实践中应用。

4. 幼儿园环境创设的知识与能力。了解幼儿园环境创设的意义、功能和创设原则，并能结合幼儿园教育实际加以运用。

5. 游戏指导与组织实施教育活动的知识和能力。理解幼儿园游戏的意义、作用与指导方法，能根据幼儿园教育目标和幼儿实际组织和实施教育活动。

6. 幼儿园教育评价的基础知识和能力。了解教育评价的基础知识，能够运用评价知识对教育活动进行反思，改进保育教育工作。

二、考试内容模块与要求

考试内容主要涵盖学前儿童发展、学前教育原理、生活指导、环境创设、游戏活动的指导、教育活动的组织与实施、教育评价等七个模块。能力要求分为了解、理解、熟悉、掌握、运用五个层次。

具体考试内容与要求如下：

（一）学前儿童发展

1. 理解婴幼儿发展的含义、过程及影响因素等。

2. 了解儿童发展理论主要流派的基本观点及其代表人物，并能运用有关知识分析论述儿童发展的实际问题。

3. 了解婴幼儿身心发展的年龄阶段特征、发展趋势，能运用相关知识分析教育的适宜性。

4. 掌握幼儿身体发育、动作发展的基本规律和特点，并能够在教育活动中应用。

5. 掌握幼儿认知发展的基本规律和特点，并能够在教育活动中应用。

6. 掌握幼儿情绪、情感发展的基本规律和特点，并能够在教育活动中应用。

7. 掌握幼儿个性、社会性发展的基本规律和特点，并能够在教育活动中应用。

8. 理解幼儿发展中存在的个体差异，了解个体差异形成的原因，并能运用相关知识分析教育中的有关问题。

9. 掌握观察、谈话、作品分析、实验等基本研究方法，能运用这些方法初步了解幼儿的发展状况和教育需求。

10. 了解幼儿身体发育和心理发展中容易出现的问题或障碍，如发育迟缓、肥胖、自闭倾向等。

（二）学前教育原理

1. 理解教育的本质、目的和作用，理解教育与政治、经济和人的发展的关系，能够运用教育原理分析教育中的现实问题。

2. 理解幼儿教育的性质和意义，理解我国幼儿教育的目的和任务。

3. 了解中外幼儿教育发展简史和著名教育家的儿童教育思想，并能结合幼儿教育的现实问题进行分析。

4. 理解学前教育的基本原则，理解幼儿园教育的基本特点，能对教育实践中的问题进行分析。

5. 理解幼儿园以游戏为基本活动的依据。

6. 理解幼儿园环境创设的重要性。

7. 理解幼儿园班级管理的目的和意义。

8. 掌握《幼儿园教育指导纲要（试行）》在幼儿园教育活动的目标、内容、实施和评价上的基本观点和要求。

9. 了解我国幼儿教育的改革动态与发展趋势。

（三）生活指导

1. 熟悉幼儿园一日生活的主要环节，理解一日生活的教育意义。

2. 了解幼儿生活常规教育的要求与培养幼儿良好生活、卫生习惯的方法。

3. 了解幼儿卫生保健常规、疾病预防、营养等方面的基本知识。

4. 了解幼儿园常见的安全问题和处理方法，了解突发事件如火灾、地震等的应急处理方法。

（四）环境创设

1. 熟悉幼儿园环境创设的原则和基本方法。

2. 了解常见活动区的功能，能运用有关知识对活动区设置进行分析，并提出改进建议。

3. 了解心理环境对幼儿发展的影响，理解教师的态度、言行在幼儿心理环境形成中的重要作用。

4. 理解协调家庭、社区等各种教育力量的重要性，了解与家长沟通和交流的基本方法。

（五）游戏活动的指导

1. 熟悉幼儿游戏的类型以及各类游戏的特点和主要功能。

2. 了解各年龄阶段幼儿的游戏戏特点，并能提供相应材料支持幼儿的游戏，根据需要进行必要的指导。

（六）教育活动的组织与实施

1. 能根据教育目标和幼儿的兴趣需要和年龄特点选择教育内容，确定活动目标，设计教育活动方案。
2. 掌握幼儿健康、语言、社会、科学、艺术等领域教育的基本知识和相应教育方法。
3. 理解整合各领域教育的意义和方法，能够综合地设计并开展教育活动。
4. 能根据活动中幼儿的需要，选择相应的互动方式，调动幼儿参与活动的积极性。
5. 在活动中能根据幼儿的个体差异进行指导。

（七）教育评价

1. 了解幼儿园教育评价的目的与方法，能对保育教育工作进行评价与反思。
2. 能够利用评价手段发现教育活动中出现的问题，提出改进建议。

三、试卷结构

模　块	比　例	题　型
学前教育原理	27%	单项选择题 简答题 论述题
学前儿童发展	31%	单项选择题 简答题 材料分析题
生活指导	42%	单项选择题 简答题 材料分析题 活动设计题
环境创设		
游戏活动的指导		
教育活动的组织与实施		
教育评价		
合　计	100%	单项选择题：约 20% 非选择题：约 80%

四、题型示例

1. 单项选择题

幼儿最先掌握的实词是（　　）。

A. 形容词　　B. 动词　　C. 名词　　D. 代词

2．简答题

幼儿园教育与中小学教育的主要不同之处是什么？

3．论述题

结合实例，试论游戏的教育价值。

4．材料分析题

请分析下面案例中教师指导行为的适宜性，并说出依据。

活动片段：一场足球赛

17 位幼儿自愿组成了班级足球队，老师和他们一起来到了操场草坪上。刚聚在一起，幼儿就迫不及待地展开了讨论：

小杰：我们大家要分成两队才能比赛。

老师：好啊!我们该怎么分？

（幼儿迅速分成了两堆，结果一边 7 人，另一边 10 人）

小红：不行不行，他们队多了 3 人，这样不公平!

（其他幼儿也跟着数了起来）

小泰：是呀，多了 3 人。

老师：怎样让两队的人数相等呢？

光恒：让他们队过来 2 人。

江昀：不对，过去 1 人。

宗涵：老师，到底要过来几个？

欣怡：试试不就知道了吗？

（幼儿们自己指挥起来，先让一个伙伴过去，然后大家数数，发现还是不平均）

昱煌：不行，要过去 2 人。

（他们又让一个伙伴过去，大家又数了起来。这次他们发现原来多一人的队现在却少了一人，大家不知该怎么办。这时，老师把多出的小朋友请到大家面前，幼儿发现两队的人数一样多了。）

老师：多出了一位小朋友怎么办？

鹭杰：就让他当裁判。

（于是，足球比赛开始了……）

5．活动设计题

围绕保护动物的主题，设计一个幼儿园大班活动方案。

参考文献

[1] 教育部人事司教育部考试中心. 教育学考试大纲[M]. 北京：北京师范大学出版社，2002.

[2] 教育部人事司教育部考试中心. 教育心理学考试大纲[M]. 北京：北京师范大学出版社，2002.

[3] 全国十二所重点师范大学. 教育学基础[M]. 北京：教育科学出版社，2008.

[4] 袁振国. 当代教育学[M]. 北京：教育科学出版社，1999.

[5] 雷智慧，石杨平，杨红艳，等. 教育理论综合最新真题精解 1001 例[M]. 北京：教育科学出版社，2012.

[6] 四川省教师招聘考试专业教材编委会. 教育公共基础笔试[M]. 成都：成都时代出版社，2013.

[7] 程正方，高玉祥，郑日昌. 心理学[M]. 北京：北京师范大学出版社，2009.

[8] 李小融. 教育心理学新编[M]. 成都：四川教育出版社，2005.

[9] 伍新春. 儿童发展与教育心理学[M]. 2 版. 北京：高等教育出版社，2004.

[10] 黄明友. 教育法学与教师职业道德[M]. 成都：西南交通大学出版社，2014.